车辆先进技术丛书

汽车车身电子控制技术

AUTOMOTIVE BODY
ELECTRONIC CONTROL TECHNOLOGY

张蕾 著

化学工业出版社

·北京·

内容简介

本书从汽车车身稳定性控制与优化两个方面对汽车车身电子控制技术进行分析研究，系统介绍汽车动力学模型、汽车车身稳定性控制、汽车运行状态估计、汽车换道控制策略、汽车轨迹跟踪控制、汽车避撞控制系统、基于稳健性能的汽车稳定性优化、汽车座椅压力分布识别系统等理论与实践案例。

本书既可作为汽车企业开发人员的技术参考书，也可作为高等学校车辆工程相关专业的研究生课程教材。

图书在版编目（CIP）数据

汽车车身电子控制技术 / 张蕾著． -- 北京：化学工业出版社，2025．8． --（车辆先进技术丛书）．
ISBN 978-7-122-48199-3

Ⅰ．U463.6

中国国家版本馆 CIP 数据核字第 20255FP610 号

责任编辑：邢　涛　　　　文字编辑：侯俊杰　温潇潇
责任校对：杜杏然　　　　装帧设计：韩　飞

出版发行：化学工业出版社
　　　　　（北京市东城区青年湖南街 13 号　邮政编码 100011）
印　　装：河北延风印务有限公司
710mm×1000mm　1/16　印张 19¼　字数 345 千字
2025 年 9 月北京第 1 版第 1 次印刷

购书咨询：010-64518888　　售后服务：010-64518899
网　　址：http://www.cip.com.cn
凡购买本书，如有缺损质量问题，本社销售中心负责调换。

定　　价：138.00 元

车辆先进技术丛书编委会

随着电子技术的迅速发展，现代汽车车身电子控制技术发生了巨大的变革，为提高汽车的安全性、舒适性、操纵稳定性提供了重要的技术支撑。汽车车身是一个复杂的系统，当汽车在不同工况下行驶时，各子系统间的运动相互影响、相互作用，影响汽车的整车性能。因此，本书综合考虑转向系统、悬架系统、制动系统的协同作用，应用多体系统动力学理论、仿真技术、优化设计理论、稳健优化理论，阐述汽车车身电子控制技术及其优化。

汽车系统动力学可以按汽车运动方向分为纵向、垂向和侧向动力学三大部分，而汽车车身的运动与汽车的悬架系统、制动系统和转向系统紧密相关。为了得到汽车在复杂工况下最佳的动力学性能，以及它们之间的耦合关系，建立汽车动力学模型。通常，汽车控制需要综合考虑车辆在纵向、侧向、垂直方向以及车辆的侧倾、横摆和俯仰的运动情况，进而改善汽车的操纵稳定性、平顺性以及安全性和制动性等。

由于路况及周围环境的多变特性，使得汽车在行驶的过程中也有不同状态。当车速较高或在低附着力路面的弯道行驶时，轮胎的侧向力呈现饱和状态，其抗侧滑的能力迅速下降，汽车的弯道跟踪性能下降。当汽车处于这种不稳定的状态时，驾驶员通过方向盘难以操控汽车，这时便有可能出现转向不足或者过度转向的危险状况，最终导致汽车发生侧滑、横摆、驶出弯道等情况。因此，通过控制汽车车身稳定性，防止汽车出现危险状况，降低事故发生率尤为重要。

汽车运行状态估计是自动驾驶和智能交通系统的重要组成部分，是指通过对汽车运动状态的相关参数进行测量，然后根据汽车动力学模型和传感器数据进行计算，从而估计汽车的位置、速度和姿态等信息。传统的汽车状态估计方法主要基于传感器数据，如加速度计、陀螺仪、GPS等，但这些方法存在精度低、鲁棒性差等问题。因此，准确、可靠的汽车运行状态估计方法成为重要的研究内容。

换道决策是汽车自动换道控制策略的重要组成部分，对于提高道路通行效率、降低交通事故发生率具有重要意义。对于车辆进行换道的可行性分析，必须综合考虑车辆的当前状况、周围交通情况、道路几何、前方障碍物、驾驶意图等多个方面，确保车辆在换道过程中实现平稳过渡，避免与其他车辆发生危险情况。同时，遵循交通法规，选择合适的换道时机和方式，以确保操作的合法性。

目前应用于车辆轨迹跟踪的方法众多，但是模型预测控制理论使用最广。对于横向坡道路况下的汽车轨迹跟踪控制，涉及的物理量繁杂，因此应用模型预测控制理论研究横向坡道路况的汽车轨迹跟踪控制器。基于传统车辆动力学的 MPC 轨迹跟踪控制器的确能够很好地适应无道路坡度角的水平道路，但是在具有一定道路坡度角即考虑侧倾因素的路面上追踪效果、稳定性差，增加侧倾因素设计的 MC-MPC 轨迹跟踪控制器能够适应具有一定道路坡度角和变曲率工况，稳定精确地完成追踪任务。

汽车避撞控制系统能够在汽车行驶的过程中，根据周围的环境信息，判断出可能存在的碰撞危险，从操作方式上汽车避撞控制系统主要分为两种，横向避撞即主动转向避撞和纵向避撞即主动制动避撞。但是实际避撞过程非常复杂与多样，仅仅依靠单一的避撞方式具有局限性，无法实现较好的避撞效果。因此通过分析横纵向的动力学耦合，研究影响横纵向运动的因素，进行横纵向耦合避撞，可以弥补独立控制在避撞效果方面的缺陷，提高避撞系统的鲁棒性和汽车的行驶稳定性。

在工程优化设计方法中，确定性设计忽略对影响产品质量特性波动因素的考虑，优化结果一般分布在约束的边界周围，所以当不确定性因素导致约束函数产生较大波动时，极易造成确定性设计结果失去优化效果。但稳健优化不仅能优化产品质量特性的均值，还可以降低产品质量特性的波动大小，降低产品不确定性因素的敏感程度，使产品质量特性保持稳定，因此在汽车车身稳定性优化中应用稳健设计方法具有重要意义。

基于座椅压力分布信号的汽车车内乘员识别系统，根据实验设计要求，在性别、年龄、身材、姿势等影响因素范围内，针对不同人群和座椅姿势，合理采集乘员的座椅压力分布，基于座椅压力分布输出值及压力分布存在分布区间上的显著性差异，可以识别不同车内乘员的不同座椅姿势，为汽车的乘坐舒适性、安全性提供有效的依据。

由于著者水平有限，书中不足之处诚望读者批评和指正。

张　蕾

目　录

第一章

汽车动力学模型

第一节　汽车系统动力学模型

一、多体动力学理论基础

1. 多刚体系统动力学理论基础

20 世纪 80 年代后期，在机械领域和航天领域，提出了针对多刚体系统的模型研究方法，分别为拉格朗日和笛卡尔方法。从本质上来说这两种方法没有明显的差异，不同点主要表现为构件的位移、形态分析技术等。

拉格朗日方法基于相对坐标系建立起对象的模型方程，在进行坐标系建立过程中，需要分析三个相互联系的独立整体单元，选择铰为中心，而对应的参照为和其连接的构件坐标，并据此描述出另一个构件的广义拉格朗日坐标。在进行广义坐标描述时，基于二者的相对转角和位移。在此基础上通过拉格朗日坐标矩阵来描述系统内所有铰的位置。基于这种方法建立的坐标位置中方程数量最少，而坐标数和系统的自由度直接相关。根据实际的应用结果表明，这种方法建立的方程容易简化处理，而其缺点则表现为引入了转角和位移进行描述，这种情况下方程并非线性的，增加了方程的求解难度，同时也不满足通用性要求。而其中的拓扑信息也明显地增加了自动建模的难度。在应用过程中需要对其广义坐标进行修正处理，因而在多体动力学研究中，这种方法的应用比例低于笛卡尔方法。

笛卡尔方法是一种以函数极值为主题的数学优化方法。它建立在拉格朗日

1

多项式插值定理基础上，具有极大的数学处理优势，可以解决线性规划问题，而且能够完成更复杂的非线性规划任务。笛卡尔方法的基本思想是将一个函数的最大值或最小值拆分成多个变量的最大值或最小值，每个变量都是前面所有变量的函数。笛卡尔方法的主要步骤包括：首先，根据最大化或最小化目标函数，将原始规划问题转化为一个给定约束条件下目标函数的极大值或极小值问题；其次，通过求解极大值或极小值来解决该问题；最后，根据给定的变量、约束条件和目标函数，解决该系统的最优解。笛卡尔方法用于求解数学优化问题，可以有效地解决复杂的数学优化问题。

2. 多柔体系统动力学理论基础

多体系统在分析过程中一般可看作一定量存在交互性的刚性体与可变形的柔性体连接形成的，其中各构件在空间内可以进行平动和转动。这种理论主要目的为分析由刚性体与柔性体组成的系统特性。在实际研究中也可通过不同的方法来分析多柔体系统动力学特性，如离散化方法、模态集成法、计算机多体动力学方法等。

离散化方法：这种方法在处理过程中主要是设置合适的柔体模型，进行适当的简化假设后，确定出相应的刚体动力学模型，对目标进行分段，其中的各段存在单元约束，据此确定出所需要的模型。

模态集成法：这种方法在处理过程中将柔性体看作一定节点的集合。而其中坐标系存在相应的变形情况，进行总体上分析则存在平动和转动。其中各节点的运动可看作模态振型或对应的叠加。可在相应预处理后确定出目标矩阵，这对求解柔性体方程可提供支持。

计算机多体动力学方法：这种方法在分析过程中需要对目标进行适当的简化处理，并据此设定出对应的多体动力模型。而这种系统应该对动力学模型进行转换，形成适当的力学数学模型，然后利用软件中的求解器进行处理。根据实际的应用结果表明，这种模型表现出高效、稳定的性能，可对处理所得结果进行高效的显示，也为查询分析提供支持。

二、汽车整车模型

1. 半车模型

在研究部分汽车整车系统控制时，为了使计算和仿真能更加流畅顺利地进行，通常会对汽车整车系统进行适当的简化。当研究汽车悬架系统和制动系统之间的集成控制时，可以将汽车底盘视为左右对称的系统。此时，建立半车模型进行仿真研究的结果亦可表达整车的性能状态。半车模型简化图如图 1-1

所示。

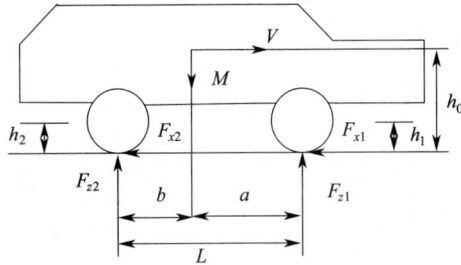

图 1-1　半车模型简化图

图 1-1 中，M 为半车质量；V 为车辆前进的速度；L 为车辆轴距；a 为质心距前轴的距离；b 为质心距后轴的距离；h_0 为汽车质心距地面的垂直距离；h_1、h_2 分别为前后轮距地面的垂直距离；F_{x1}、F_{x2} 分别为前后轮地面制动力；F_{z1}、F_{z2} 分别为地面对前后轮的垂直载荷。

应用半车模型进行汽车系统动力学研究，在一定程度上反映了悬架系统与制动系统间的相互作用关系，并且能验证两系统协调控制下主要参数间的影响因素。但是，这样的模型作为整车仿真研究过于简单，没有说服力，与实际车辆的复杂度相距甚远。

2. 七自由度车辆模型

为了研究车辆转弯制动时的稳定性，考虑到实际情况的复杂性，一般对实际车辆模型做一些简化：首先，忽略悬架系统的作用，假设车辆没有垂直方向的运动；并忽略车辆运动中的俯仰角和侧倾角；驾驶员方向盘的转角假设与车轮转角成一定的比例，且汽车前轮转角相同；最后，车辆制动中的空气阻力视为零。

通常可以采用七自由度的车辆模型，包括车辆的纵向位移、横向位移、四个车轮的转动和车辆的横摆运动。七自由度车辆模型如图 1-2 所示。

图 1-2 中，O 为车辆质心；a 为质心距前轴的距离；b 为质心距后轴的距离；γ 为汽车的横摆角速度；δ 为前轮转角；V_y 为车辆沿 y 轴的速度；V_x 为车辆的纵向速度；F_{x1}、F_{x2}、F_{x3}、F_{x4} 分别为前后车轮在轮胎坐标系下的纵向力；F_{y1}、F_{y2}、F_{y3}、F_{y4} 分别为前后车轮在轮胎坐标系下的侧向力。

对于七自由度的车辆模型，整合转向系统和制动系统间的相互影响参数，作为被控制对象或输出对象加以控制调节，可以实现汽车转向制动时的稳定性研究。但是，车辆本身是复杂、立体的系统，此方法忽略了车辆的垂直方向的运动情况。在研究时，车辆在侧倾运动和俯仰运动时产生质心位置变化，进而

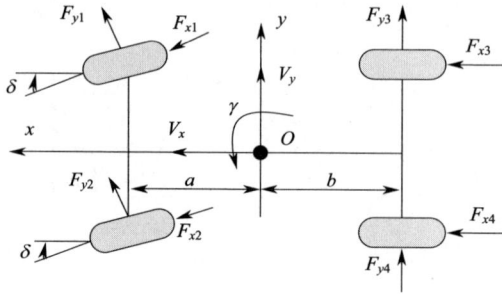

图 1-2　七自由度车辆模型

引起车轮载荷的变化未能被考虑到影响因素之列。

3. 十四自由度车辆模型的建立

十四自由度车辆模型如图 1-3 所示，车辆模型相对坐标系建立在汽车的非簧载质量，并以汽车静止时整车质心垂线与侧倾轴交点为原点 O，通过 O 点的水平面与汽车行驶方向纵向面交线视为 x 轴（汽车前进方向为正方向），过 O 点与 x 坐标轴垂直的方向为 y 轴（汽车行驶左侧为正），过 O 点且与 x、y 轴垂直方向为 z 轴（向上为正）。该坐标系符合右手定则。

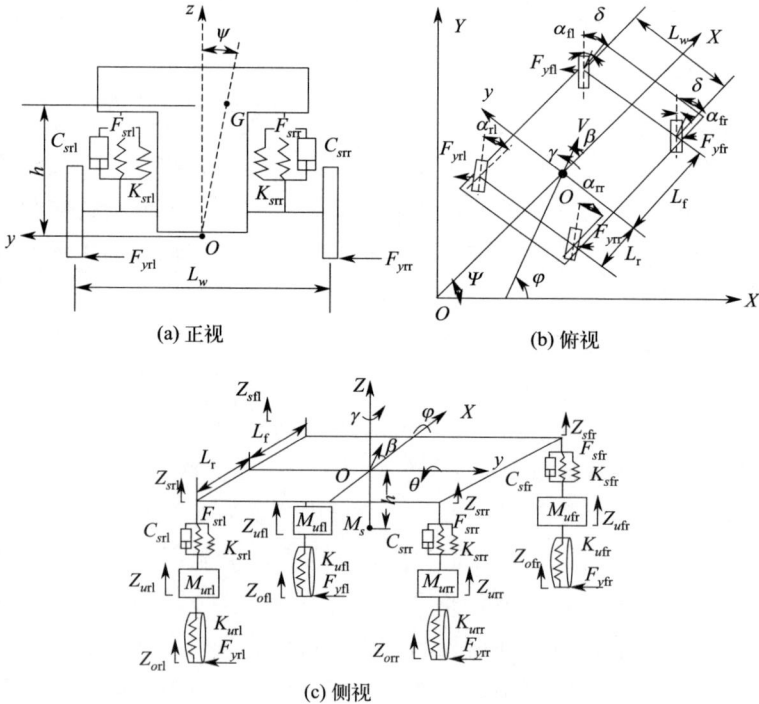

(a) 正视　　　　　　　　　(b) 俯视

(c) 侧视

图 1-3　十四自由度车辆模型

　　绝对坐标系以汽车质心在地面上的投影作为原点 O，X、Y 轴分别与汽车开始时位置的 x、y 轴平行，Z 轴垂直 X、Y 轴竖直向上。簧载质量绕 x 轴转动为侧倾运动、绕 y 轴转动为俯仰运动、绕 z 轴转动为横摆运动、沿 x 轴运动为纵向运动、沿 y 轴运动为侧向运动，沿 z 轴运动为垂向运动，各个车轮绕本身的垂向轴转动，车辆的非悬挂质量为垂直运动。

　　图 1-3 中，M 为整车质量；M_s 为簧载质量；M_{uij} 为非簧载质量（$i=\mathrm{f}$，r 表示前后；$j=\mathrm{l},\mathrm{r}$ 表示左右，以下类似）；V 为汽车车速；Z 为车身垂直位移；Z_{sij} 为悬架的垂直位移；Z_{uij} 为非簧载质量的垂直位移；Z_{oij} 为路面输入位移；δ 为前轮转角（假设左右车轮转角相同）；θ 为车身俯仰角；γ 为横摆角速度；β 为质心侧偏角；φ 为车身侧倾角；L_f 为质心到前轴的距离；L_r 为质心到后轴的距离；L_w 为轮距；F_{sij} 为悬架力；F_{xij} 为纵向轮胎力；F_{yij} 为横向轮胎力；T_{bij} 为制动力矩；R 为车轮滚动半径；K_{sij} 为悬架刚度；K_{uij} 为前后轮垂直刚度；K_{tij} 为轮胎的侧偏刚度；C_{sij} 为悬架阻尼系数；h 为侧倾力臂。

　　十四自由度整车数学模型如下：

　　沿 x 轴力平衡：

$$M(\dot{V}_x - V_y\gamma + V_z\dot{\theta}) = (F_{x\mathrm{fl}} + F_{x\mathrm{fr}})\cos\delta - (F_{y\mathrm{fl}} + F_{y\mathrm{fr}})\sin\delta + F_{x\mathrm{rl}} + F_{x\mathrm{rr}}$$

$$(1\text{-}1)$$

　　沿 y 轴力平衡：

$$M(\dot{V}_y - V_z\dot{\phi} + V_x\gamma) = (F_{y\mathrm{fl}} + F_{y\mathrm{fr}})\cos\delta + (F_{x\mathrm{fl}} + F_{x\mathrm{fr}})\sin\delta + F_{y\mathrm{rl}} + F_{y\mathrm{rr}}$$

$$(1\text{-}2)$$

　　沿 z 轴力平衡：

$$M_s(\dot{V}_z - V_x\dot{\theta} + V_y\gamma) = F_{s\mathrm{fl}} + F_{s\mathrm{fr}} + F_{s\mathrm{rl}} + F_{s\mathrm{rr}} - M_s g \qquad (1\text{-}3)$$

　　绕 x 轴力矩平衡：

$$I_x\ddot{\phi} + I_{xz}\gamma = 0.5L_w(F_{s\mathrm{fl}} - F_{s\mathrm{fr}} + F_{s\mathrm{rl}} - F_{s\mathrm{rr}}) + h_\phi(F_{y\mathrm{fl}} + F_{y\mathrm{fr}} + F_{y\mathrm{rl}} + F_{y\mathrm{rr}})$$

$$(1\text{-}4)$$

　　绕 y 轴力矩平衡：

$$I_y\ddot{\theta} = L_r(F_{s\mathrm{rl}} + F_{s\mathrm{rr}}) - L_f(F_{s\mathrm{fl}} + F_{s\mathrm{fr}}) + h_\theta(F_{x\mathrm{fl}} + F_{x\mathrm{rl}} + F_{x\mathrm{rl}} + F_{x\mathrm{rr}})$$

$$(1\text{-}5)$$

　　绕 z 轴力矩平衡：

$$I_z\dot{\gamma} + I_{xz}\ddot{\phi} = L_f(F_{y\mathrm{fl}} + F_{y\mathrm{fr}})\cos\delta - L_r(F_{y\mathrm{rl}} + F_{y\mathrm{rr}}) + 0.5L_w(F_{y\mathrm{fl}} - F_{y\mathrm{fr}})\sin\delta$$
$$- 0.5L_w(F_{x\mathrm{fl}} - F_{x\mathrm{fr}})\cos\delta + L_f(F_{x\mathrm{fl}} + F_{x\mathrm{fr}})\sin\delta - 0.5L_w(F_{x\mathrm{rl}} - F_{x\mathrm{rr}})$$

$$(1\text{-}6)$$

悬架的簧载质量动力学方程:

$$F_{sij} = K_{sij}(Z_{sij} - Z_{uij}) + C_{sij}(\dot{Z}_{sij} - \dot{Z}_{uij}) + U_{ij} \tag{1-7}$$

独立悬架单轮非簧载质量垂直跳动动力学方程:

$$M_{uij}\ddot{Z}_{uij} = F_{sij} - K_{uij}(Z_{uij} - Z_{oij}) \tag{1-8}$$

车轮动力学方程:

$$I_{\omega ij}\dot{\omega}_{ij} = F_{xi}R - T_{bi} \tag{1-9}$$

三、轮胎模型

车辆在行驶过程中,其轮胎和地面接触产生的轮胎力和力矩对车辆的制动安全性、操纵稳定性和行驶平顺性是非常重要的影响因素。因此,建立较为精确的轮胎模型对车辆的仿真分析是非常必要的。

通常建立轮胎模型有两种方法:一种是理论模型,即通过轮胎形变的特点,建立剪切力、回正力矩与相关参数间的函数关系,代表有 G.GIM 和 P.E.Nikravesh 提出的轮胎模型;另一种是经验或半经验公式,在大量的实验数据回归分析上,通过拟合参数公式表示,代表有魔术公式、双线性公式和 E 指数半经验公式等。

对建立的十四自由度车辆模型采用拟合精度较高、方便计算且适用于模拟仿真的双线性轮胎模型,表达式如下所示。

$$\begin{cases} \mu = \dfrac{\mu_f}{S_{opt}}S, & S \leqslant S_{opt} \\ \mu = \dfrac{\mu_f - \mu_s S_{opt}}{1 - S_{opt}} - \dfrac{\mu_f - \mu_s}{1 - S_{opt}}S, & S > S_{opt} \end{cases} \tag{1-10}$$

式中,μ 为附着系数;S 为车轮滑移率;μ_f 为峰值附着系数;μ_s 为车轮抱死附着系数;S_{opt} 为最佳滑移率。

四、路面模型

在研究车辆动力学性能时,通常需要对汽车输入一个模拟的路面激励。根据路面不平度的种类,可将激励分为随机激励信号和离散激励信号。随机激励信号是由一般路面的随机不平产生的。

车辆受到来自路面的激励,采用路面功率谱密度 $G_q(n)$ 来描述。如式(1-11)所示。

$$G_q(n) = G_q(n_0)\left(\frac{n}{n_0}\right)^{-\omega} \tag{1-11}$$

式中，$G_q(n_0)$ 为路面不平度系数，m^3；n 为空间频率，是波长的倒数，m^{-1}；n_0 为参考空间频率，$n_0 = 0.1\text{m}^{-1}$；ω 为频率指数。

规定分级路面谱的频率指数 $\omega = 2$，各级路面不平度系数 $G_q(n_0)$ 的几何平均值，如表 1-1 所示。

表 1-1　路面不平度分类

路面等级	$G_q(n_0)/(10^{-6}\text{m}^3)$　　$n_0 = 0.1\text{m}^{-1}$		
	下限	几何平均值	上限
A	8	16	32
B	32	64	128
C	128	256	512
D	512	1024	2048
E	2048	4096	8192
F	8192	16384	32768
G	32768	65536	131072
H	131072	262144	524288

建立的路面功率谱密度划分为标准的 8 个等级，在给定车速 v 下，空间频率和时间频率的关系：

$$f = vn \tag{1-12}$$

可以将空间频率 $n_1 < n < n_2$ 内的路面谱密度转换到时间频率 $f_1 < f < f_2$ 内的路面谱密度，由式(1-11) 得到时间路面谱表达式为：

$$G_q(f) = G_q(n_0) \cdot n_0^2 \cdot \frac{v}{f^2} \tag{1-13}$$

对式(1-13) 进行一阶求导，可得速度功率谱的表达式为：

$$\dot{G}_q(f) = (2\pi f)^2 G_q(f)$$
$$= 4G_q(n_0)\pi^2 n_0^2 v \tag{1-14}$$

从式(1-14) 可以看出，速度功率谱在空间频率范围内是定值，不随频率的变化而产生改变，所以路面的速度输入为一个白噪声，可以表示为：

$$\dot{z}_i = \omega(t) \tag{1-15}$$

式中，$\dot{z}_i$ 为路面输入速度；$\omega(t)$ 为高斯白噪声。

根据式(1-11)～式(1-15)可以推导得到路面的激励为高斯白噪声输入：

$$\dot{z}(t) = -2\pi f_0 z_i(t) + 2\pi \sqrt{G_0 v}\,\omega_i(t) \tag{1-16}$$

式中，$\dot{z}_i$ 为路面速度输入；z_i 为路面输入；G_0 为路面不平度系数；f_0 为下截止频率，Hz；$\omega_i(t)$ 为均值为零的白噪声。

第二节 汽车转向系统动力学模型

汽车系统动力学模型在建立过程中也需要用到系统的物理模型，主要包括如目标的结构、约束、铰、运动机构、力元相关的信息，此外还需要进行坐标和约束分析，在此基础上进行简化处理而确定出不同单元的相关性。初始几何模型在确定出后，建立起相关物理模型和数字模型，再进行求解得到具体数据。

一、二自由度车辆转向系统模型

在研究车辆转向性能时，传统的方法是将整车模型进行简化，只考虑车辆的侧向和横摆运动，获得二自由度车辆转向模型，如图 1-4 所示。

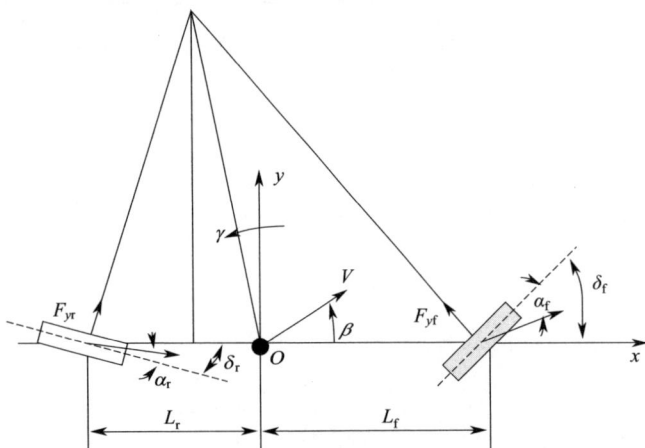

图 1-4　二自由度车辆转向模型

图 1-4 中，L_f 为质心到前轴的距离；L_r 为质心到后轴的距离；γ 为横摆角速度；β 为车身侧偏角；V 为车身速度；F_{yr} 为后轮侧向力；F_{yf} 为前轮侧向力；δ_f 为前轮转角；δ_r 为后轮转角；α_f 为前轮侧偏角；α_r 为后轮侧偏角。

二、车辆转向模型的构建

1. 轮胎侧偏角

将左右车轮简化为一个位于车轴中间的车轮，假设左右车轮的转角相等，即前轮转角为 δ_f，$\delta_f = \delta_{fl} = \delta_{fr}$（l，r 表示左右，以下类似），后轮转角为 δ_r，$\delta_r = \delta_{rl} = \delta_{rr}$。且不考虑车轮侧倾转向，即前后轮侧倾转向系数都为零，$E_{1fl} =$

$E_{1\mathrm{fr}}=0$，$E_{1\mathrm{rl}}=E_{1\mathrm{rr}}=0$。

由运动学方程可求得各轮胎的侧偏角：

$$\begin{cases} \alpha_{\mathrm{fl}}=\dfrac{V_y+L_{\mathrm{f}}\gamma}{V-0.5L_w\gamma}-\delta_{\phi\mathrm{fl}}-\delta_{\mathrm{fl}}\approx\beta+\dfrac{L_{\mathrm{f}}\gamma}{V}-\delta_{\phi\mathrm{fl}}-\delta_{\mathrm{fl}} \\[3mm] \alpha_{\mathrm{fr}}=\dfrac{V_y+L_{\mathrm{f}}\gamma}{V+0.5L_w\gamma}-\delta_{\phi\mathrm{fr}}-\delta_{\mathrm{rl}}\approx\beta+\dfrac{L_{\mathrm{f}}\gamma}{V}-\delta_{\phi\mathrm{rl}}-\delta_{\mathrm{rl}} \\[3mm] \alpha_{\mathrm{rl}}=\dfrac{V_y-L_{\mathrm{f}}\gamma}{V-0.5L_w\gamma}-\delta_{\mathrm{rfl}}-\delta_{\mathrm{rl}}\approx\beta-\dfrac{L_{\mathrm{r}}\gamma}{V}-\delta_{\phi\mathrm{rl}}-\delta_{\mathrm{rl}} \\[3mm] \alpha_{\mathrm{rr}}=\dfrac{V_y-L_{\mathrm{f}}\gamma}{V+0.5L_w\gamma}-\delta_{\phi\mathrm{rr}}-\delta_{\mathrm{rr}}\approx\beta-\dfrac{L_{\mathrm{r}}\gamma}{V}-\delta_{\phi\mathrm{rr}}-\delta_{\mathrm{rr}} \end{cases} \tag{1-17}$$

式中，$\delta_{\phi ij}$ 为侧倾转向角（$i=\mathrm{f}$，r 表示前后；$j=\mathrm{l}$，r 表示左右，以下类似）；E_{1ij} 为侧倾转向系数。有 $\delta_{\phi\mathrm{fj}}=E_{1\mathrm{fj}}\phi$、$\delta_{\phi\mathrm{rj}}=E_{1\mathrm{rj}}\phi$，按照式（1-17）计算出左右车轮的侧偏角也相等，即前轮侧偏角为 α_{f}，$\alpha_{\mathrm{f}}=\alpha_{\mathrm{fl}}=\alpha_{\mathrm{fr}}$；后轮侧偏角为 α_{r}，$\alpha_{\mathrm{r}}=\alpha_{\mathrm{rl}}=\alpha_{\mathrm{rr}}$，如式（1-18）所示。

$$\begin{cases} \alpha_{\mathrm{f}}=\alpha_{\mathrm{fl}}=\alpha_{\mathrm{fr}}=\beta+\dfrac{L_{\mathrm{f}}}{V}\gamma-\delta_{\mathrm{f}} \\[3mm] \alpha_{\mathrm{r}}=\alpha_{\mathrm{rl}}=\alpha_{\mathrm{rr}}=\beta-\dfrac{L_{\mathrm{r}}}{V}\gamma-\delta_{\mathrm{r}} \end{cases} \tag{1-18}$$

2. 轮胎侧向力

由于轮胎与路面间并非为垂直关系，两者间必然存在一定的外倾角，车轮受到来自地面的外倾力。该力与侧偏角产生的车轮侧向力相加，即为车辆转向时所需的侧向力。

由地面侧向作用力与轮胎侧偏角、外倾角关系可得：

$$F_{yij}=F_{y\alpha ij}+F_{y2ij}=K_{\alpha ij}\alpha_{ij}+K_{2ij}\lambda_{ij} \tag{1-19}$$

式中，$\lambda_{ij}=\lambda_{0ij}+E_{2ij}\phi$，$E_{2ij}$ 为侧倾外倾系数，由于车轮左右外倾对称，车轮初始外倾角 $\lambda_{0\mathrm{fl}}=-\lambda_{0\mathrm{fr}}$，$\lambda_{0\mathrm{rl}}=\lambda_{0\mathrm{rr}}$。

假设左右车轮侧偏刚度相等，即前轮侧偏刚度为 $K_{\alpha\mathrm{f}}$，$K_{\alpha\mathrm{f}}=K_{\alpha\mathrm{fl}}=K_{\alpha\mathrm{fr}}$；后轮侧偏刚度为 $K_{\alpha\mathrm{r}}$，$K_{\alpha\mathrm{f}}=K_{\alpha\mathrm{fl}}=K_{\alpha\mathrm{fr}}$。不考虑车轮外倾，即前后轮侧倾外倾系数 $E_{2\mathrm{fl}}=E_{2\mathrm{fr}}=0$，$E_{2\mathrm{rl}}=E_{2\mathrm{rr}}=0$。按照式（1-19）计算左右车轮侧向力相等，前轮侧向力 $F_{y\mathrm{f}}$，$F_{y\mathrm{f}}=F_{y\mathrm{fl}}=F_{y\mathrm{fr}}$；后轮侧向力 $F_{y\mathrm{r}}$，$F_{y\mathrm{r}}=F_{y\mathrm{rl}}=F_{y\mathrm{rr}}$，如式（1-20）所示。

$$\begin{cases} F_{y\mathrm{f}}=F_{y\mathrm{fl}}=F_{y\mathrm{fr}}=K_{\alpha\mathrm{f}}\left(\beta+\dfrac{L_{\mathrm{f}}}{V}-\delta_{\mathrm{f}}\right) \\[3mm] F_{y\mathrm{r}}=F_{y\mathrm{rl}}=F_{y\mathrm{rr}}=K_{\alpha\mathrm{r}}\left(\beta-\dfrac{L_{\mathrm{r}}}{V}-\delta_{\mathrm{r}}\right) \end{cases} \tag{1-20}$$

3. 平衡方程

车辆横摆和侧向动力学方程简化为：

$$MV(\gamma + \dot{\beta}) = F_{yfl} + F_{yfr} + F_{yrl} + F_{yrr} \tag{1-21}$$

$$I_z \dot{\gamma} = L_f F_{yfl} + L_f F_{yfr} - L_r F_{yrl} - L_r F_{yrr} \tag{1-22}$$

取系统的状态向量为 $\boldsymbol{X} = [\beta, \gamma]^T$，$\beta$、$\gamma$ 分别为质心侧偏角、横摆角速度，系统控制量取 $\boldsymbol{U} = [\delta_r]$，为后轮转角控制量，输出向量取 $\boldsymbol{Y} = [\gamma]$。由式（1-21）、式（1-22），得系统状态方程为：

$$\begin{cases} \dot{X} = \boldsymbol{AX} + \boldsymbol{BU} \\ Y = \boldsymbol{CX} + \boldsymbol{DU} \end{cases} \tag{1-23}$$

式中，$\boldsymbol{A}$、$\boldsymbol{B}$、$\boldsymbol{C}$、$\boldsymbol{D}$ 分别为：

$$\boldsymbol{A} = \begin{bmatrix} \dfrac{2(K_{af} + K_{ar})}{MV} & -1 + \dfrac{2(L_f K_{af} - L_f K_{ar})}{MV^2} \\ \dfrac{2(L_f K_{af} - L_r K_{ar})}{I_z} & \dfrac{2(L_f^2 K_{af} + L_r^2 K_{ar})}{I_z V} \end{bmatrix}, \boldsymbol{B} \begin{bmatrix} -\dfrac{2K_{ar}}{MV} \\ \dfrac{2L_r K_{ar}}{I_z} \end{bmatrix}, \boldsymbol{C} = \begin{bmatrix} 0 & 1 \end{bmatrix}, \boldsymbol{D} = [0]。$$

因此，系统性能指标并取最小值。

$$J = \int_0^\infty (\boldsymbol{Y}^T \boldsymbol{QY} + \boldsymbol{U}^T \boldsymbol{RU}) \mathrm{d}t \tag{1-24}$$

式中，$\boldsymbol{Q}$ 为输出加权矩阵；$\boldsymbol{R}$ 为控制量的加权矩阵。

通常加权矩阵采用试探方法，利用计算机仿真反复计算，直到得出满足系统的要求为止。

将式（1-23）代入式（1-24）得

$$J = \int_0^\infty [\boldsymbol{X}^T \boldsymbol{C}^T \boldsymbol{QCX} + 2\boldsymbol{X}^T \boldsymbol{C}^T \boldsymbol{QDU} + \boldsymbol{U}^T (\boldsymbol{R} + \boldsymbol{D}^T \boldsymbol{QD}) \boldsymbol{U}] \mathrm{d}t \tag{1-25}$$

式中，$\boldsymbol{R}$ 为正定矩阵；$\boldsymbol{Q}$ 为对称半正定矩阵。

据最优理论可知，最优控制向量为：

$$\boldsymbol{U}_{opt} = -\boldsymbol{KX} = -(\boldsymbol{R} + \boldsymbol{D}^T \boldsymbol{QD})^{-1} [(\boldsymbol{C}^T \boldsymbol{QD})^T + \boldsymbol{B}^T \boldsymbol{P}] \boldsymbol{X} \tag{1-26}$$

式中，$\boldsymbol{K}$ 为最优控制的反馈增益矩阵。

$$\boldsymbol{K} = (\boldsymbol{R} + \boldsymbol{D}^T \boldsymbol{QD})^{-1} [(\boldsymbol{C}^T \boldsymbol{QD}) T + \boldsymbol{B}^T \boldsymbol{P}] \tag{1-27}$$

式中，$\boldsymbol{P}$ 为正定对称阵。

当 $\boldsymbol{A}$、$\boldsymbol{B}$、$\boldsymbol{Q}$、$\boldsymbol{R}$ 均为常数矩阵时，系统是可控的，并且当 $t \to \infty$ 时，$\boldsymbol{P}$ 为黎卡提方程[式（1-28）]的解。

$$\boldsymbol{PA} + \boldsymbol{A}^T \boldsymbol{P} - \boldsymbol{PB}(\boldsymbol{R} + \boldsymbol{D}^T \boldsymbol{QD})^{-1} \boldsymbol{B}^T \boldsymbol{P} + \boldsymbol{C}^T \boldsymbol{QC} = 0 \tag{1-28}$$

通过计算机的反复计算验证，确定最终的加权矩阵分别为 $\boldsymbol{Q} = [150]$、

$R = [5e^3]$，以及反馈最优增益矩阵 $K = [-0.0546 \quad -0.0859]$。

根据状态方程式（1-23），建立四轮转向系统的仿真模型，如图1-5所示。

图1-5中，Step是输入方向盘的阶跃信号，如图1-6所示。A、B、D 均为矩阵向量，K 为得到的反馈最优增益矩阵，γ 为最优横摆角速度（即理想的参考横摆加速度的值），β 为最优理论控制下得到的质心侧偏角。车辆行驶在平面路上，输入方向盘阶跃转角0.58rad，初始速度为20m/s，仿真时长为5s。

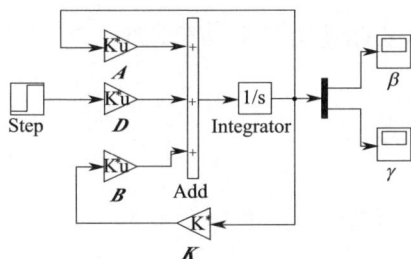

图1-5　最优理论仿真图

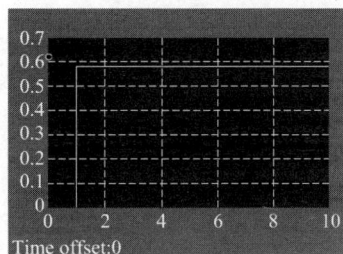

图1-6　方向盘阶跃输入

输入方向盘的阶跃转角，得到理想横摆角速度仿真图图1-7和质心侧偏角仿真图图1-8。由于阶跃转角是在仿真1s时输入，所以图中图形在1s时发生了变化。由图1-7和图1-8可知，理想横摆角速度值趋于 3×10^{-4} rad/s，理想质心侧偏角值趋于 -8.5×10^{-5} rad。

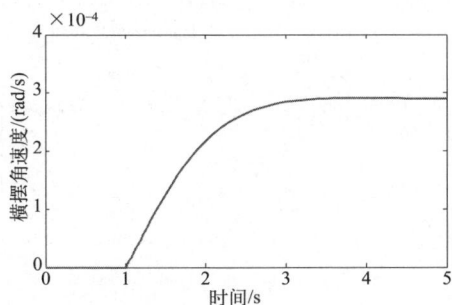

图1-7　理想横摆角速度

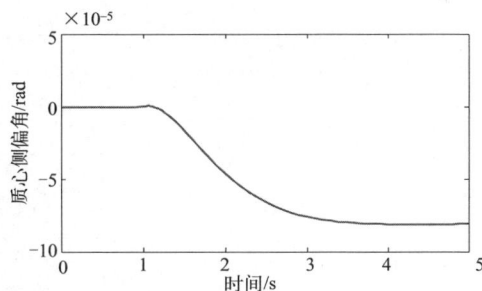

图1-8　理想质心侧偏角

三、转向控制器的设计

对车辆转向时的控制，通常以横摆角速度或是质心侧偏角进行汽车操纵稳定性的控制。转向控制器以控制横摆角速度为出发点，对车辆转向系统施加附加横摆力矩进行控制，转向控制器如图1-9所示。

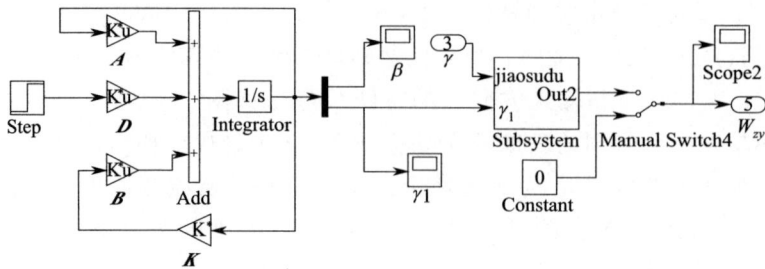

图 1-9　转向控制器

图 1-9 中，γ_1 为参考横摆加速度，γ 为实际输出的横摆角速度，β 为质心侧偏角，W_{zy} 为转向系统的附加横摆力矩。

四、仿真结果分析

在 Matlab/Simulink 模块中建立四轮转向系统仿真模型，如图 1-10 所示。仿真环境：车辆在平面路上直线行驶，初始速度为 20m/s，仿真时间为 5s。当仿真进行到 1s 时，输入 0.58rad 的阶跃转角。

图 1-10 中，Subsystem 中为车轮侧向力平衡方程，输入参数为车速（V）、

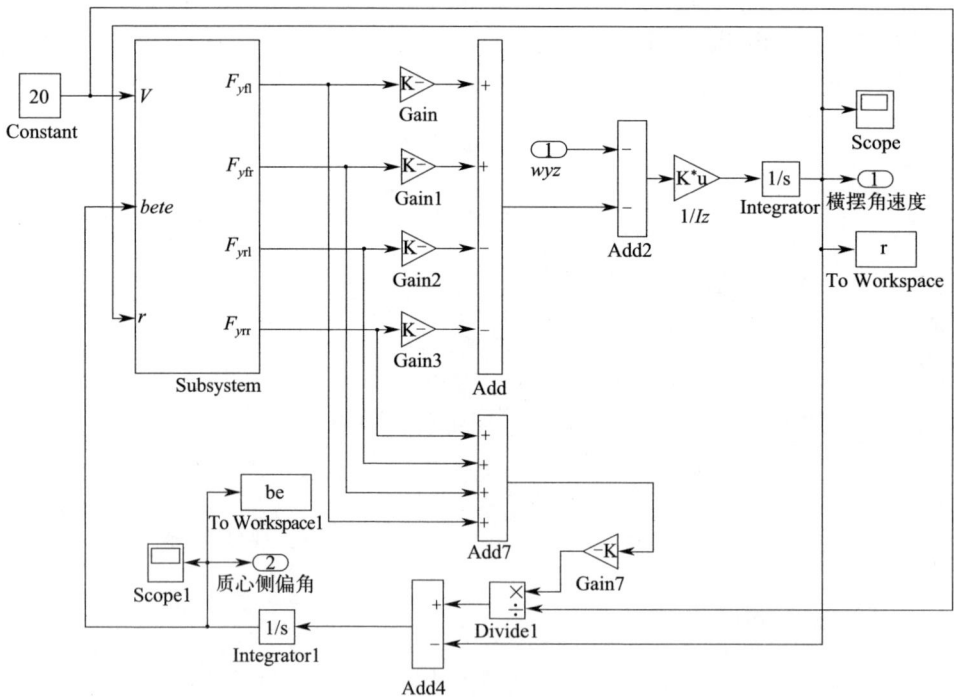

图 1-10　转向系统模型

横摆角速度（r）和质心侧偏角（$bete$），输入到车轮的动力学数学模型，输出为四个车轮侧向力（F_{yfl}、F_{yfr}、F_{yrl}、F_{yrr}）。前后车轮侧向力分别与到质心的距离相乘，得到前后车轮的力矩。根据转动惯量平衡方程式（1-21）知，前后车轮产生力矩差，加上转向控制器输出的附加横摆力矩 wzy。由得到的加权值除横摆转动惯量（Iz），得到横摆角加速度进行积分得到横摆角速度。根据力平衡方程，四个车轮侧向力之和除车辆动量（MV），与横摆角速度相减得质心侧偏角一阶导，进而积分得到质心侧偏角。

对四轮转向系统进行仿真，得到的仿真结果如图 1-11 和图 1-12 所示，图中曲线"无控制"表示四轮转向系统未加入控制器进行控制，得到的曲线。曲线"转向控制"表示转向系统在控制器作用下，即加入了附加横摆力矩而得到的结果。转向控制器的算法选用 PID 算法，经过整定后的相关参数为：$K_p =$ 6000；$K_i = 400$；$K_d = 0$。

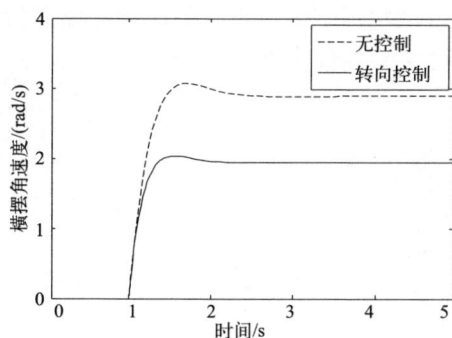

图 1-11 横摆角速度

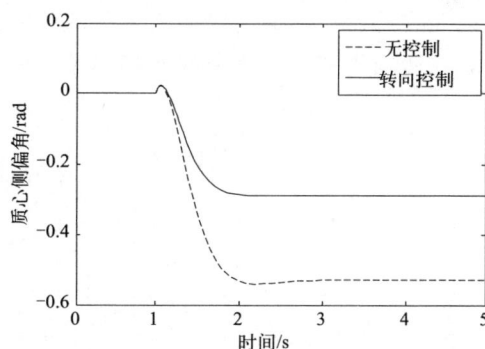

图 1-12 质心侧偏角

由图 1-11 和图 1-12 知，横摆角速度和质心侧偏角在主动转向控制下，最终趋于稳态的值大幅减低。而且，达到稳态值的时间也相应的缩短了。前者在控制器作用下，由无控制下的 3rad/s 的稳态值降到了 2rad/s 附近，后者在控制器作用下，稳态值由 0.56rad 降到了 0.3rad 附近。因此，主动转向控制器的介入，降低了车身的横摆并且减小了车身的侧偏，起到了较好的控制效果。

总结：引用转向特性分析的二自由度模型，应用经典的横摆角速度为参数的控制策略研究，并设计基于 PID 算法的附加横摆力矩的转向控制器。首先，通过最优算法计算出理想状态的横摆角速度和质心侧偏角。然后，得到与实际横摆角速度的差值，对其进行算法控制，输出附加横摆力矩。在主动转向的干预下，降低了车身的横摆运动以及侧偏运动，提升了汽车的稳定性。因此，对转向系统采用基于横摆角速度的附加横摆力矩的策略，满足汽车转向的需求，可以取得较好的稳定性。

第三节　汽车制动系统动力学模型

汽车制动系统是影响汽车安全行驶的重要系统。目前，针对汽车制动的安全性主要采用 ABS 控制系统，需要建立制动器模型、轮胎模型、整车模型和控制器模型等数学模型，在此基础上建立制动系统的制动器模型、制动控制器模型和 ABS 系统模型。

一、制动系统模型

1. 汽车的制动性能

不同的路面与不同材料的轮胎接触，表现出来的特性千差万别，而特定的轮胎在特定的路面上的附着系数值往往是由试验确定的。汽车的制动性能和附着系数与滑移率关系曲线密切相关，两者的关系曲线如图 1-13 所示。

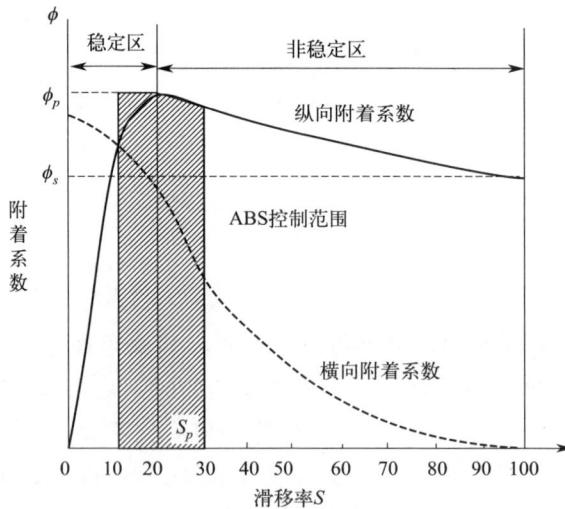

图 1-13　路面附着系数与滑移率关系图

可以看出，当滑移率 S 处于 $10\%\sim30\%$ 的范围时，附着系数有其最大值，可以获得最大制动力使车辆具有良好的制动性能。同时，在此区间段又能保证车辆的操纵性能。

目前，ABS 系统的控制往往是以车轮滑移率为目标，将滑移率控制在 20% 的附近，使车辆获得最大的制动力，提高制动效能。

2. 车轮模型

由于空气阻力相对较小，近似认为车轮所受外力来自地面，即所谓的地面制动力，车轮受力情况如图1-14所示。

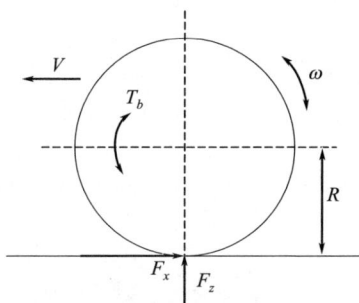

图 1-14　车轮制动受力分析图

根据图1-14，得到相关制动时动力学方程如下所述。

车辆运动方程：

$$M\dot{V} = -F_x \qquad (1-29)$$

车轮旋转方程：

$$I\dot{\omega} = F_x R - T_b \qquad (1-30)$$

车轮纵向附着力：

$$F_x = \mu F_z \qquad (1-31)$$

式中，M 为单个车轮载荷；$\dot{V}$ 为车辆纵向速度；I 为车轮转动惯量；$\dot{\omega}$ 为车轮转动角速度；R 为车轮半径；F_x 为车轮纵向附着力；F_z 为地面对车轮的反向作用力；T_b 为制动力矩。

3. 制动器模型

当车辆制动时，制动器会对车轮产生一定的制动力矩。车辆的前后制动器均选取盘式制动器。车轮在制动油压下输出的制动力矩为：

$$T_b = (P - P_0)A_w \eta B_F R_g \qquad (1-32)$$

式中，T_b 为制动器制动力矩；P 为制动管路压力；P_0 为制动管路推出油耗；A_w 为制动分泵有效工作面积，$A_w = 0.25\pi d^2$；η 为分泵效率；B_F 为制动器制动效能因素；R_g 为制动盘有效半径。

在常规制动中，制动管路压力 P 计算如下：

$$P = \frac{4F_p i_p \eta_p B_p}{\pi D_m^2} \qquad (1-33)$$

式中，F_p 为制动踏板力；i_p 为制动踏板传动机构比；η_p 为制动总泵效率；B_p 为助力器助力比；D_m 为制动主缸直径。

根据式(1-32)和式(1-33)，在 Matlab/Simulink 中建立制动器模型，如图 1-15 所示。

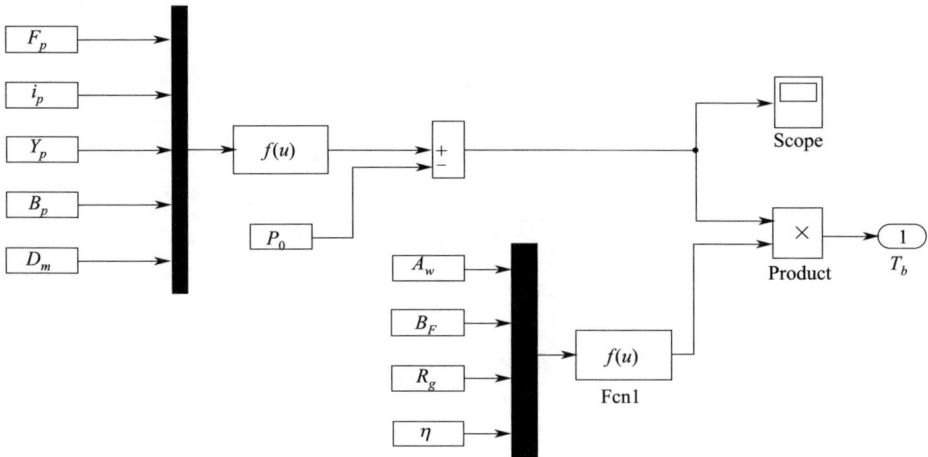

图 1-15　制动器模型

图 1-15 中，将制动踏板力（F_p）、制动踏板传动比（i_p）、助力器助力比（B_p）和制动主缸缸径（D_m）输入到公式生成器中，得到制动管路压力（P），与管路油耗（P_0）相减得到输出油压。根据式(1-32)，将分泵效率（η）、制动效能因素（B_F）、制动盘有效制动半径（R_g）和制动分泵有效工作面积（A_w）输入到公式生成器中，结果与输出油压相乘得到车轮的制动力矩（T_b）。

二、 ABS 系统控制器的设计

针对车辆的滑移率为控制目标，采用经典的 PID 控制算法进行控制，控制策略如图 1-16 所示。

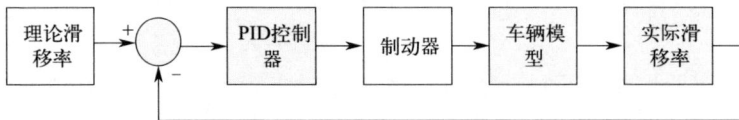

图 1-16　ABS 制动控制策略

图 1-16 中选取车轮滑移率为控制目标，为实现 ABS 系统，需要将行驶车辆实际的滑移率与理论滑移率进行比较，得到滑移率差值的控制输出调整后的制动力矩，达到理想的控制效果。

车辆制动理想滑移率选取 0.2，初始车速为 20m/s，ABS 系统模型如图 1-17 所示。

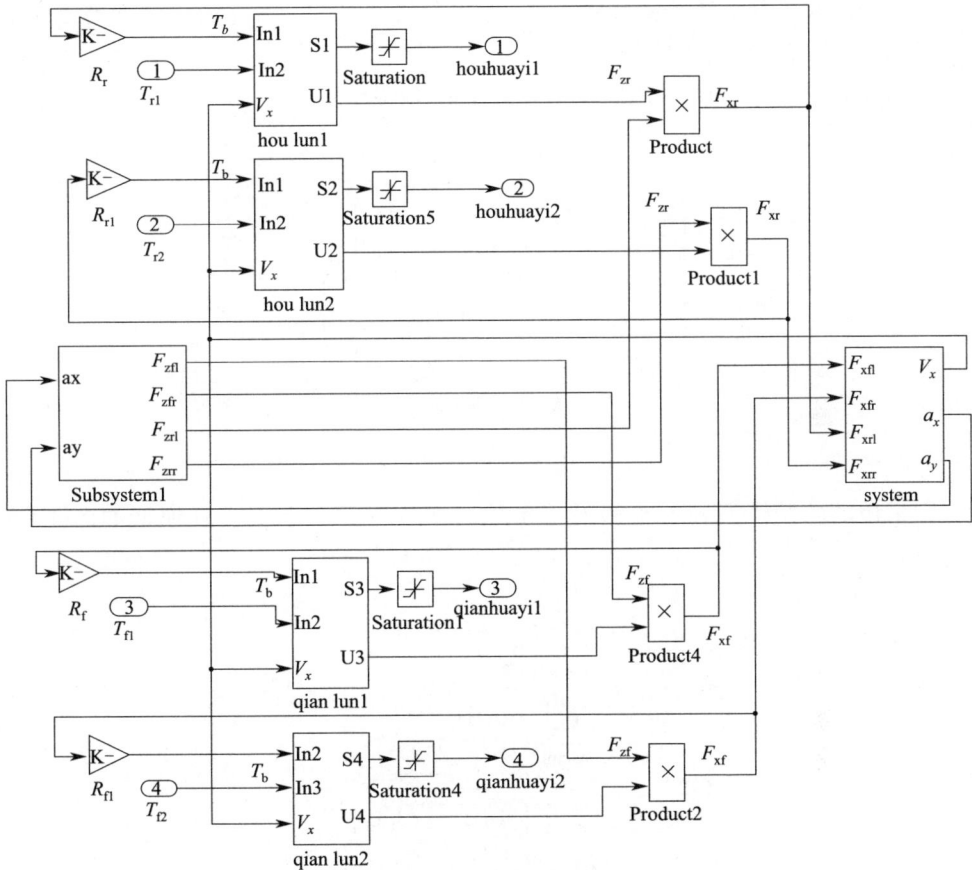

图 1-17　ABS 系统模型

图 1-17 中，Subsystem1 为车轮动力数学模型，输入参数为车辆侧向加速度（a_y）和纵向加速度（a_x），输出为四个车轮所受压力值（F_{zfl}、F_{zfr}、F_{zrl}、F_{zrr}）。"qian lun" 和 "hou lun" 子系统均是轮胎的动力学模型，输入参数为制动力矩（T_b）、制动器产生制动力矩（T_f）和车辆纵向车速（V_x），输出为各个车轮的车轮滑移率（S）和地面附着系数（u）。System 模块为车轮制动系统模型，输入参数为车轮的纵向附着力（F_{xfl}、F_{xfr}、F_{xrl}、F_{xrr}），输出为纵向车速、车辆侧向加速度和车辆的纵向加速度。

制动系统采用 ABS 制动系统控制器，是基于滑移率的 PID 控制器。PID 是一种经典的控制方法，利用相对控制误差（目标值－受控量）的比例、积分和微分，通过线性组合决定受控对象的控制量。其控制规律为：

$$u(t) = K_p e(t) + K_i \int_0^t e(t)\mathrm{d}t + K_d \frac{\mathrm{d}e(t)}{\mathrm{d}t} \qquad (1\text{-}34)$$

式中，K_p 为比例增益系数；K_i 为积分增益系数；K_d 为微分增益系数；$e(t)$ 为反馈信号和输入信号的差。

根据式(1-34)，建立 PID 模型如图 1-18 所示。

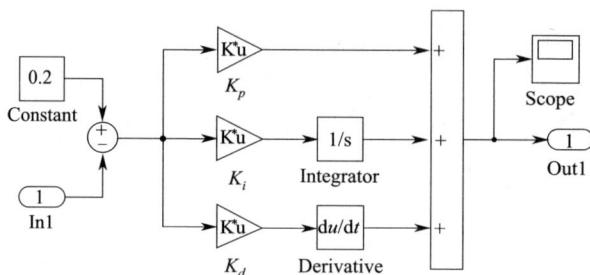

图 1-18　PID 控制模型

采用的轮胎模型表示轮胎附着系数与滑移率的关系，仿真模型如图 1-19 所示：

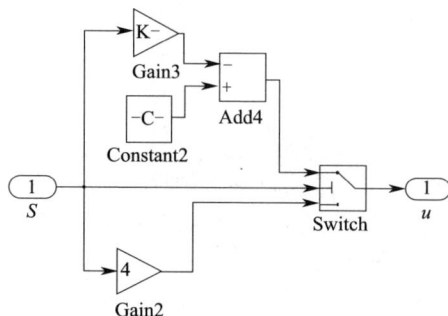

图 1-19　轮胎模型

图 1-19 中，轮胎模型的输入为车轮滑移率（S），Gain3 比例模块中为（峰值附着系数－车轮抱死附着系数）/（1－最佳滑移率）的值，Constant 常数模块中为（峰值附着系数－车轮抱死附着系数×最佳滑移率）/（1－最佳滑移率）的值，Gain2 比例模块中为（峰值附着系数/最佳滑移率）的值。通过设置选择开关条件，最后输出合适的车轮附着系数（u）。

三、仿真结果分析

初始车速为 20m/s，经过整定的控制器参数为：$K_p = 82$；$K_i = 235$；

$K_d=0$。对建立的车辆 ABS 制动系统及控制器进行仿真，仿真结果如图 1-20 和图 1-21 所示。

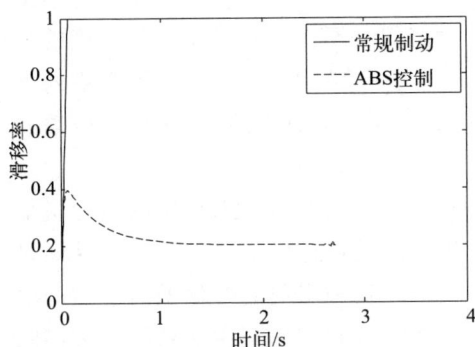

图 1-20　车轮滑移率

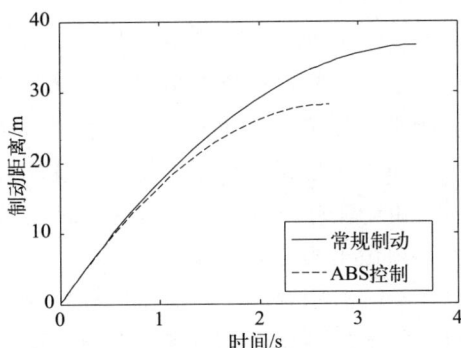

图 1-21　车辆制动距离

由图 1-20 可知，对于车辆在常规制动时，车轮滑移率为 1，车轮出现了抱死现象。当制动系统控制器动作时，车轮的滑移率下降到了 0.2 附近，接近理想值。此时，车辆不仅拥有较大的制动力，而且具备良好的操纵性。从图 1-21 可知，在车速 20m/s 时，常规制动的车辆制动距离接近 40m，而 ABS 系统作用下减小到了 30m 左右，有效地缩短了制动距离，保证了车辆制动中的安全性。

建立车辆的数学制动系统和基于 PID 算法的 ABS 控制器，并进行仿真分析。通过控制滑移率，进而控制制动器的输出制动力矩，避免车轮的抱死现象。结果表明，在 ABS 控制器下车轮拥有最大制动力，同时也具备较强的操控性能，制动距离也大大缩短。因此，基于 PID 算法的 ABS 控制器作用汽车底盘制动系统，可以有效地提升汽车的制动性能。

第四节　汽车悬架系统动力学模型

悬架作为车架与车轮之间的连接构件，发挥着缓和来自路面的冲击、降低车身的摆动幅度以及提高驾驶舒适性等功用。悬架在设计时会考虑到诸多因素，如汽车的平顺性、簧载质量、可靠性、悬架动行程、悬架刚度与阻尼间关系等。目前，悬架分为两类：不可控的被动悬架和可以主动调节的主动悬架。

一、悬架系统模型

1. 二自由度悬架

传统的被动悬架阻尼和刚度是由经验设定的，不会随着行车外部环境的变化而变化，是一种理想情况。被动悬架的优点在于结构简单，并且无需输入外部能量。传统的被动悬架可以简化为由弹簧和阻尼器组成的二自由度振动系统，而 1/4 悬架经常用于悬架系统的分析和设计，如图 1-22 所示。

由于实际车辆运动情况是不断随着环境而变化的，这要求悬架的缓冲机能也必须做出相应的动作，而传统的被动悬架不能满足这样的要求。主动悬架是自身拥有激励源，当路面激励变化时，能根据弹簧和阻尼的变化做出适当的输出，缓解这种变化，达到车辆该工况的最佳性能状态。典型主动悬架由天棚阻尼器控制，其简化原理示意图，如图 1-23 所示。

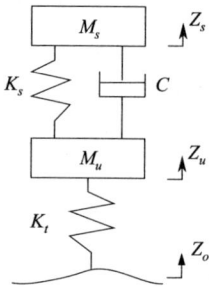

图 1-22　悬架被动模型　　　　　图 1-23　悬架主动模型

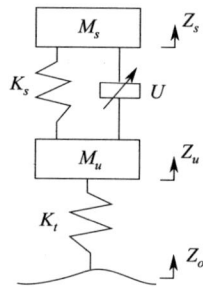

图 1-22 和图 1-23 中，M_s 为簧载质量；K_s 为弹簧刚度；K_t 为轮胎刚度；C 为阻尼系数；U 为主动控制器；Z_o 为地面位移；Z_u 为非簧载位移；Z_s 为簧载位移。

2. 七自由度悬架

1/4 车辆模型仅考虑了汽车在垂直方向上的运动情况，因此其不能满足整车振动上的控制要求。1/4 车辆模型的问题重点，不能应用该控制的法则诠释四个车轮的运动情况，车身的俯仰运动和侧倾运行未能有效控制。为此，引用七自由度车辆模型代替 1/4 车辆模型，该模型在研究悬架系统控制中更为有效。

七自由度悬架模型建立中做出了一些假设：

① 车身作为刚性件，即汽车运动中不考虑变形；

② 簧载质量和非簧载质量分别由集中质量块代替；

③ 由于轮胎阻尼较小，可简化为无质量弹簧；

④ 整体簧载车身质量简化为一质量点，车身结构左右对称，并且质量对称。

当悬架作为单独研究的对象时，对车辆模型进行简化，只考虑悬挂质量的俯仰运动、垂直跳动、侧倾运动和非悬挂质量的跳动。七自由度悬架模型，如图 1-24 所示。

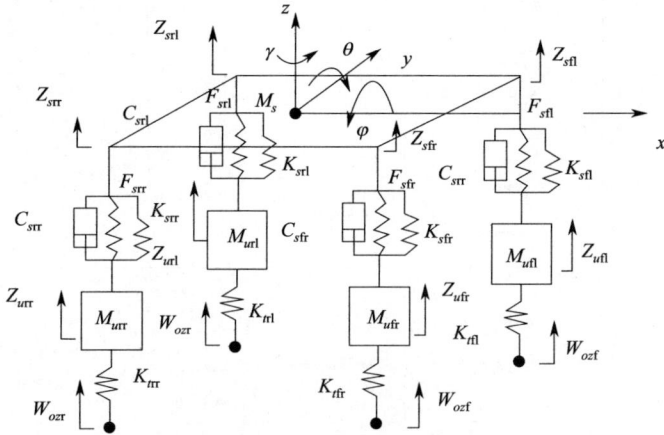

图 1-24 七自由度悬架模型

图 1-24 中，M_s 为簧载质量；M_{uij} 为非簧载质量；Z_{sij} 为悬架的垂直位移；Z_{uij} 为非簧载质量位移；W_{oij} 为路面输入位移；θ 为车身俯仰角；γ 为横摆角速度；φ 为车身侧倾角；F_{sij} 为悬架力；K_{sij} 为悬架刚度；K_{tij} 前后轮垂直刚度。

不考虑横摆运动和侧向运动，对汽车作用力进行简化得到以下公式。

沿 z 轴力平衡：

$$M_s \dot{V}_z = F_{sfl} + F_{sfr} + F_{srl} + F_{srr} \tag{1-35}$$

式中，$\dot{V}_z$ 为正向加速度。

绕 y 轴力矩平衡：

$$I_y \ddot{\theta} = L_r(F_{srl} + F_{srr}) - L_f(F_{sfl} + F_{sfr}) + M_s gh\theta \tag{1-36}$$

式中，L_r 为质心到后轴的距离；L_f 为质心到前轴的距离；I_y 为 y 向转动惯量。

绕 x 轴力矩平衡：

$$I_x \ddot{\phi} = 0.5L_w(F_{sfl} - F_{sfr} + F_{srl} - F_{srr}) + M_s gh\phi \tag{1-37}$$

式中，L_w 为轮距。

非悬挂质量方程：

$$M_{uij} \ddot{Z}_{uij} = F_{sij} - K_{uij}(Z_{uij} - Z_{oij}) \tag{1-38}$$

独立悬架的运动学方程：

$$F_{sij} = K_{sij}(Z_{sij} - Z_{uij}) + C_{sij}(\dot{Z}_{sij} - \dot{Z}_{uij}) + U_{ij} \tag{1-39}$$

式中，U_{ij} 为悬架控制力。

由上述公式，建立七自由度悬架的仿真模型，如图 1-25 所示。

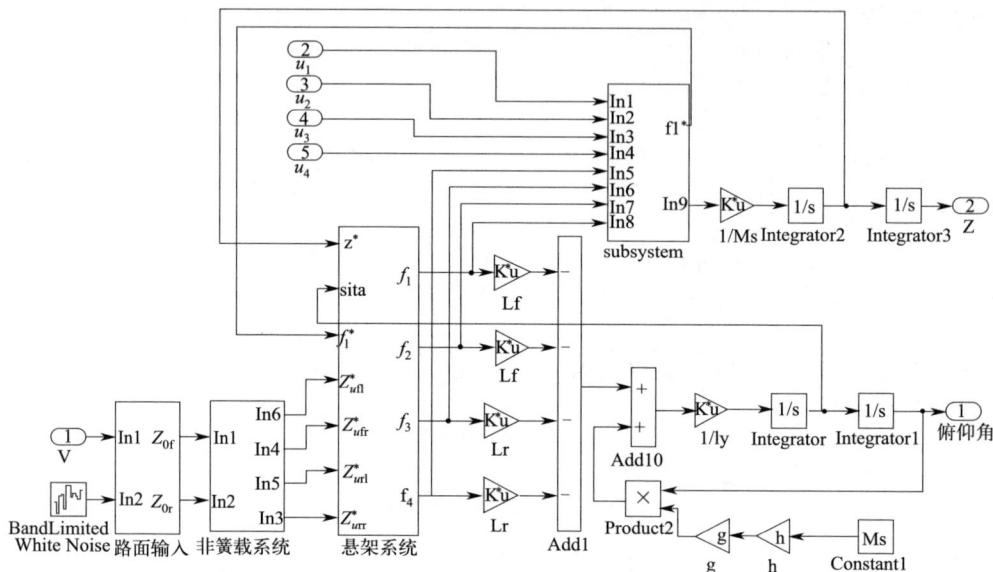

图 1-25　七自由度悬架仿真模型

图 1-25 中，路面模型输入参数为车速（V）和白噪声信号，输出为前后车轮的垂直激励位移（Z_{0f}、Z_{0r}）。地面的激励位移输入非簧载系统中，输出各个车轮的垂直跳动速度（Z_{ufl}、Z_{ufr}、Z_{url}、Z_{urr}），进而输入到悬架系统中得到各个悬架的作用力（f_1、f_2、f_3、f_4）。仿真模型中 subsystem 模块的输入为悬架控制力（U）与悬架作用力，得到 z 轴方向的作用力，进而得到车身的垂直位移（Z）。利用沿 y 轴的力矩平衡方程，可得到车身的俯仰角。

二、基于模糊控制器的主动悬架

随着计算机科技的发展，主动悬架的控制方式也出现了多种类型，但常见的控制功能有：车身高度控制，妥善调节汽车运动中车身质心高度，使其保持在合适位置；稳定性控制，保证车身在复杂工况下也能保持稳定的姿态，提高整车的安全性；乘坐舒适性，吸收来自车轮的激励，减少车架与车轴间的振动，尽量将振动隔绝，不影响驾驶员。

1. 模糊控制方法

主动悬架能根据行车需求，主动分析车轮载荷的变化，做出适合的调节控制，提高汽车的平顺性和安全性。主动悬架是非常复杂的非线性系统，考虑到模糊控制的特点，不需要依赖精确的数学模型即可进行模糊计算。因此，主动悬架系统控制器可以采用模糊控制。模糊控制中最重要的是模糊控制器策略的制定：目标控制量与理想值进行比较，然后转换成模糊量，按照预定的模糊规则进行模糊推导，得到推导值，输出为控制量。具体的模糊策略如图 1-26 所示。

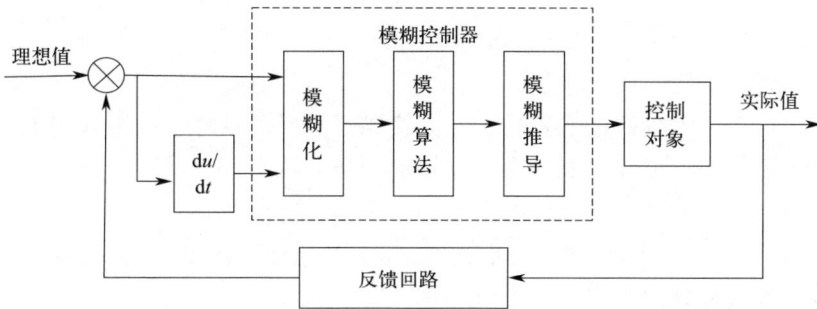

图 1-26　模糊控制策略图

采用单一的控制器对悬架系统加以控制，鉴于输入变量维数，一维输入多用于一阶控制中，动态效果不理想，三维输入虽然结果会较为精确，但算法过于烦琐。综合以上因素，可以选取二维（变量误差 E 和误差变化 EC）作为输入变量。

对于悬架的主动控制，选取悬架的垂直跳动速度 $\dot{x}_z$ 与理想值的差值 e 和变化率 ec 作为输入，输出控制量为主动悬架控制力 u。建立模糊控制器的仿真模型，如图 1-27 所示。

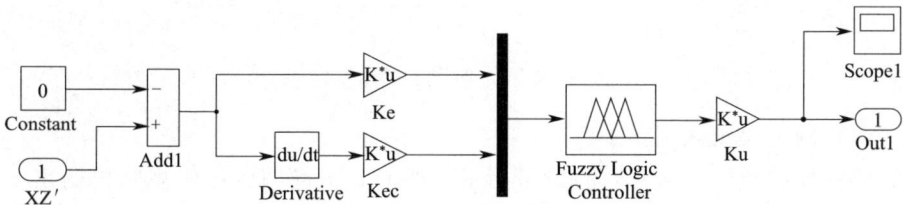

图 1-27　模糊控制器仿真图

2. 模糊控制规则

模糊控制器的核心技术是制定模糊规则，制定模糊规则的步骤如下。

（1）精确量模糊化

根据经验，选取的输入和输出的基本论域为：

$$e \in [-0.3, 0.3], ec \in [-2, 2], u \in [-1800, 1800]$$

然后对输入输出离散化，考虑到计算量和结果的有效性，离散范围应适中，不宜过大或过小。选取论域如下：

$$E \text{、} EC \text{、} U \in [-3, -2, -1, 0, 1, 2, 3]$$

假设误差 e 的基本论域为 $[-x_e, x_e]$，而 e 的模糊集论域为 $[-n, -n+1, \cdots, 0, \cdots, n-1, n]$，可以得到模糊化后的量化因子公式 $K_e = n/x_e$。最后得到模糊化的量化因子为：

$$K_e = 3/0.3 = 10$$
$$K_{ec} = 3/2 = 1.5$$

（2）模糊子集的确定

通常，模糊子集的选取直接影响到模糊运算时的计算量，因此选取合适子集也是很重要的。可以选取 5 个描述模糊子集，如下：

$$\{负大, 负小, 零, 正小, 正大\}$$

其中，NB=负大；NS=负小；O=零；PS=正小；PB=正大。

（3）隶属函数的确定

隶属函数的选取，通常是根据经验选取的，作用是将 0~1 之间的数分配给不同的子集。

为了计算方便，可以选取被广泛采用的三角形隶属函数，如图 1-28 所示。

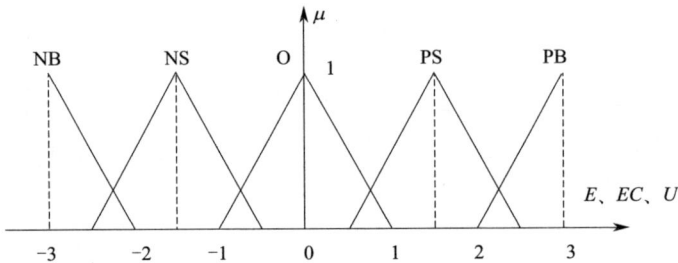

图 1-28　模糊隶属函数

（4）制定模糊规则

模糊控制规则主旨是：将设计者的思维转化成简明的逻辑规则再输出。模糊关系是模糊控制器用语言方式表现控制对象的输入量和输出量的关系。规则库中的推导机制是基于长期的实践经验积累得到的。在 Matlab 工具箱中，模糊控制器的结构图如图 1-29 所示。

模糊规则是建立模糊控制器的核心，所建立的模糊规则不仅要消除系统误差，而且还要控制超调量在合理的范围内。通常，模糊规则制定时要遵循以下原则：当误差较大时，输出控制量要能快速消除误差；当误差值较小，输出控制量以防止超调量为主。应用 "if E and EC then U" 来描述控制规则，得到以下 25 条规则，如表 1-2 所示。

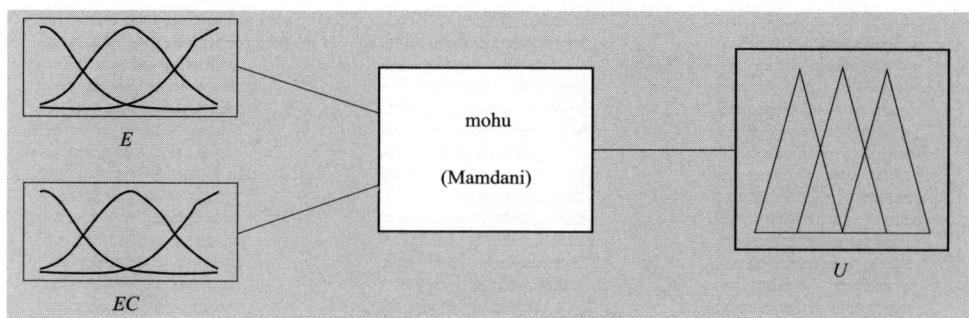

图 1-29　模糊控制器结构图

表 1-2　模糊控制规则表

EC	E				
	NB	NS	O	PS	PB
NB	PB	PB	PB	PS	NB
NS	PB	PS	PS	O	NB
O	PB	PS	O	NS	NB
PS	PB	O	NS	NS	NB
PB	PB	NS	NB	NB	NB

　　常见的模糊推理的方法有 Mamdani、Tsukamoto 和 Sugeno 推理法等，对于悬架的模糊控制器采用最广泛的是 Mamdani 方法。从规则表得到模糊推理图，如图 1-30 所示。

　　模糊推理之后，需要进行模糊判决，输出代表隶属函数中的精确量。选取重心法，其原理是从隶属函数曲线与坐标轴的横坐标所围成的面积中找出模糊控制输出量可能分布的重心，表达式为：

$$u^* = \frac{\sum\limits_{i=1}^{n} \mu(U_i) \cdot U_i}{\sum\limits_{i=1}^{n} \mu(U_i)} \tag{1-40}$$

　　式中，$U_i(i=1,2,\cdots,n)$ 是语言变量论域中 U 的元素；$\mu(U_i)$ 是 U_i 的隶属度；u^* 是求得一个模糊结果，还需进一步对模糊量精确化。若实现输出变量精确化，需要一个比例因子 K_u，表达式为 $K_u = Max/n$，其中，Max 为输出变量论域的最大值，n 为论域的最大值。因此，比例因子 $K_u = Max/n = 600$。

　　从曲面观察器中可看到模糊推导输出的悬架控制力（U）的曲面，如图 1-31 所示。

　　可以看出，模糊规则是非线性的，当 E、EC 接近零时，曲面变化较大，当 E、EC 远离零时，曲面变化较小。这符合模糊规则的特性，误差较小时，

图 1-30　模糊推理图

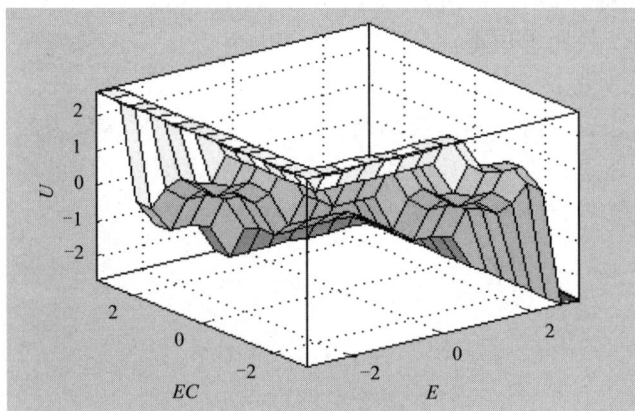

图 1-31　模糊推导输出曲面

模糊规则较多，误差较大时，模糊规则较少。

三、仿真结果分析

车辆匀速直线行驶，车速为 $20m/s$，地面激励为高斯白噪声信号。作为单一的主动悬架系统仿真，只需考虑车身的垂直跳动即可，仿真结果如图 1-32 和图 1-33 所示。

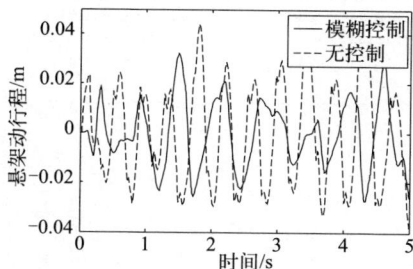

图 1-32　车身垂直加速度

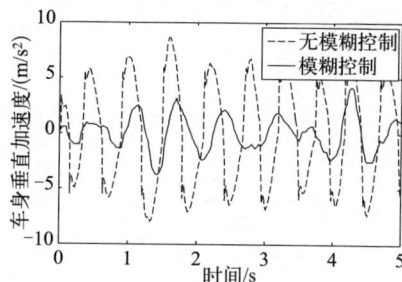

图 1-33　悬架动行程

由仿真结果可知，在模糊控制器作用下，车身垂直加速度与悬架动行程两个目标参数值得到了较好的控制。车身垂直加速度在无控制器作用下，振动幅值接近 $10\mathrm{m/s}^2$，加入模糊控制器后，振动幅值控制在 $5\mathrm{m/s}^2$ 以内，极大地减缓了车身的跳动量。悬架的动行程在模糊控制器下，振幅也相应地减小了，汽车行驶中更加舒适。

第五节　汽车碰撞力学模型

机械系统中，机构的运动副是连接两构件并保持二者有一定相对运动的中间环节。为了保证两构件有相对运动，运动副元件间一般需要动配合，这就必然存在运动副间隙。此外，对于经过一定时期运转的机器，由于摩擦、磨损现象存在，也使运动副产生间隙。所以，机构中运动副间隙是不可避免的。从动力学角度考虑，运动副间隙的出现，改变了机构杆件间的受力状况，影响了机构的动力性能，因此在机构的动力性能分析中，有必要考虑运动副间隙的影响。汽车各零件之间存在多个运动副，运动副间隙对机构的动态特性影响很大，因此将分析汽车机构运动副间隙处的碰撞接触特性。

一、含有运动副间隙的转向机构模型

某汽车转向机构为整体式转向机构，由转向节、横拉杆、转向梯形臂、运动副等组成。横拉杆、转向梯形臂之间采用关节轴承连接，转向梯形臂可以围绕悬架旋转，所以模型中横拉杆、转向梯形臂之间采用球铰相连，转向梯形臂和悬架之间采用转动铰相连。

含有运动副间隙的转向机构示意图如图 1-34 所示（间隙被放大了）。A 为

转向梯形臂和悬架之间的运动副，B 为横拉杆和转向梯形臂之间的运动副。

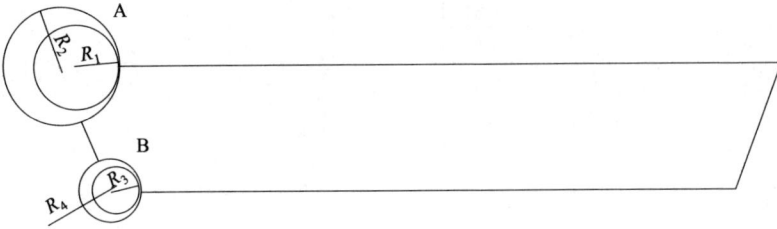

图 1-34　含有运动副间隙的转向机构

运动副 A 处间隙采用平面圆柱铰间隙模型，内圆代表悬架缸的半径 $R_1=$ 87.2mm，外圆代表梯形臂与悬架连接处的半径 $R_2=87.3$mm，两圆径向的移动距离为 ±0.1mm。运动副 B 处间隙采用空间圆柱铰模型，内圆球代表梯形臂与横拉杆连接处半径 $R_3=19.95$mm，外圆球代表横拉杆与梯形臂连接处半径 $R_4=20$mm，两球体在任何方向的移动距离为 ±0.05mm。

运动副之间的构件材料均为 Q235 钢。材料的弹性模量 $E=210$MPa，泊松比 $M=0.3$，材料密度 $\rho=7800$kg/m^3。接触刚度 $k=100$kN/mm，阻尼 $c=$ 50N·S/mm。

二、运动副间隙处碰撞接触特性

转向机构运动副间隙处采用 Hertz 接触刚度理论并考虑阻尼效应的影响建立接触处的法向力-位移关系，采用修正的库仑摩擦模型建立碰撞接触处的切向力-位移关系模型。

这种建模方法的关键是碰撞接触力的处理。两构件接触变形，产生接触区，在接触区存在法向接触力和切向接触力。

1. 法向接触力

法向接触力通常表示为：

$$F_n = F_n(\gamma_n, \delta_n) = F_\gamma(\gamma_n) + F_\delta(\delta_n) \tag{1-41}$$

式中，$F_\gamma(\gamma)$ 是与碰撞速度有关的阻尼力项；$F_\delta(\delta)$ 是与局部变形有关的弹性力项。弹性力 $F_\delta(\delta)$ 表示为：

$$F_\delta(\delta_n) = \begin{cases} K\delta_n^{3/2}, & \delta_n > 0 \\ 0, & \delta_n = 0 \end{cases} \tag{1-42}$$

式中，$K = \dfrac{4}{3\pi(h_1+h_2)}\sqrt{R}$；$\sqrt{R} = \dfrac{\rho^k \rho^l}{\rho^k + \rho^l}$；$h_i = \dfrac{1-\gamma_i^2}{\pi E_i}$，$i=1$、2。$E_i$、

γ_i 为碰撞体材料的弹性模量和泊松比。

非线性弹簧阻尼模型中阻尼力 $F_\gamma(\gamma)$ 表示为：

$$F_\gamma(\gamma)=0.75\alpha_1 K\gamma\delta \tag{1-43}$$

2. 切向接触力

两构件的切向运动分为两种情况：相对滑动和黏滞。当间隙铰构件碰撞接触后在接触区的切平面内运动状态为接触滑移模式时，摩擦模型可选择库仑摩擦定律，即滑动摩擦力与正压力成正比，其方向与相对滑移速度方向相反。

$$F_f=-\mu_d F_n \mathrm{sgn}(v),v(q,\dot{q},t)\neq 0 \tag{1-44}$$

式中，F_f 为接触处滑动摩擦力；μ_d 为动摩擦系数；F_n 为接触处正压力；$v(q,\dot{q},t)$ 为接触点处的相对滑移速度。

当间隙铰构件碰撞接触后在接触区的切平面内运动状态为接触静止模式时，切向接触力小于最大静摩擦力，且有：

$$\Delta F_s=-\mu_s F_n-|F_c|>0,v(q,\dot{q},t)=0 \tag{1-45}$$

式中，ΔF_s 为接触处的静摩擦力与滑移力之差；μ_s 为静摩擦系数。

为了精细考察两体接触时摩擦作用，考虑两接触体的切向变形，则切向接触力为：

$$F_\varepsilon=K_\varepsilon\varepsilon(t) \tag{1-46}$$

式中，$\varepsilon(t)$ 为接触点的切向局部弹性变形，有相对滑动时，$\varepsilon(t)$ 为常数；K_ε 为等效切向接触刚度。

三、含有运动副间隙的转向机构碰撞接触分析

1. 含运动副 A 间隙的转向机构碰撞接触分析

（1）不同间隙，运动副 A 处的碰撞接触

为了研究间隙内碰撞和间隙大小的关系，在结构与外干扰力不变的情况下，考虑不同间隙对碰撞接触力的影响，选取间隙 0.05mm、0.1mm、0.2mm、0.3mm 四种情况分析。

图 1-35 是转向过程中（内侧车轮从 0°转到极限转角）运动副 A 不同间隙对应的碰撞接触力。可以看出：当运动副 A 存在 0.1mm 的间隙时，转向过程中出现了一系列碰撞。从力的变化可以得出：转向过程中，悬架与转向梯形臂经历了多次明显的从分离到接触，再从接触到分离的过程及数次小的碰撞，运动副产生了很大的碰撞力，影响了零件的使用寿命，同时将导致内外侧车轮转角产生波动，加重轮胎的磨损。当间隙在 0.05mm、0.2mm、0.3mm 时，碰撞情况较简单，转向最初出现一次较大的碰撞，之后有一些小的碰撞。在这三

种间隙中，间隙为 0.05mm 产生的碰撞力最大，但远远小于间隙为 0.1mm 产生的碰撞力。

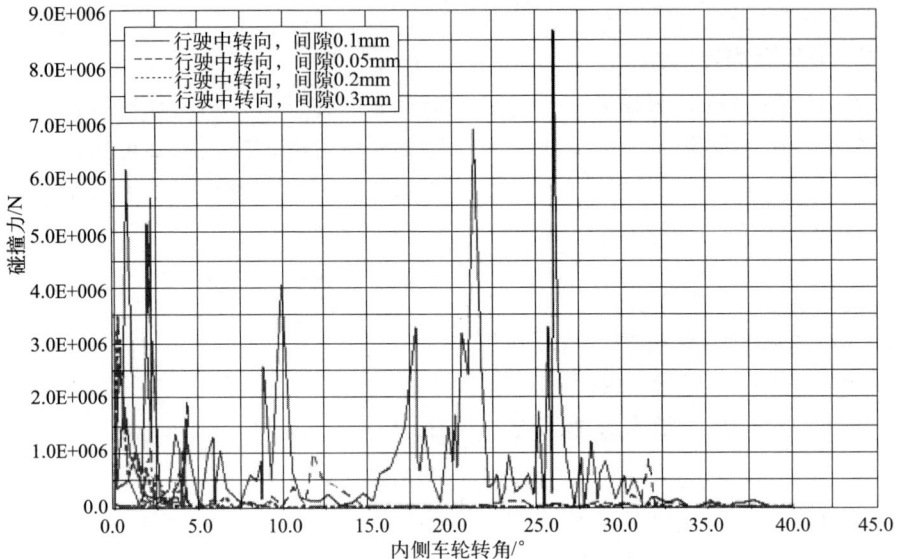

图 1-35　不同运动副 A 间隙碰撞接触力

从总的结果分析，转向过程中运动副 A 处间隙与碰撞力的大小不是线性关系，而是存在很大程度的非线性。当间隙在 0.1mm 左右时，碰撞力迅速增大，而在其他范围，碰撞力小，因此在设计过程中运动副 A 应避免出现 0.1mm 左右的间隙。

（2）摩擦对接触力的影响

为了研究间隙内碰撞和构件间摩擦的关系，在结构与外干扰力不变的情况下，考虑不同摩擦系数对碰撞接触的影响，选取的摩擦系数包括：铁与铁之间的干摩擦，静摩擦系数为 0.3，动摩擦系数为 0.25；铁与铁之间的湿摩擦，静摩擦系数为 0.08，动摩擦系数为 0.05。

图 1-36 是转向过程中运动副 A 在无摩擦、干摩擦和湿摩擦三种情况下的碰撞接触力（运动副 A 间隙 0.1mm）。可以看出，摩擦能够降低碰撞接触的强度，使碰撞力迅速衰减，碰撞力小，加快进入连续接触的状态。并且随着摩擦系数的增加，碰撞频度减小，碰撞力减小。分析其原因主要是因为摩擦造成系统能量的损耗，使系统运行更趋于稳定。

2. 含运动副 B 间隙的转向机构碰撞接触分析

（1）不同间隙，运动副 B 处的接触碰撞

分析运动副 B 在 0mm、0.05mm、0.1mm、0.2mm 四种间隙下的碰撞接触力。

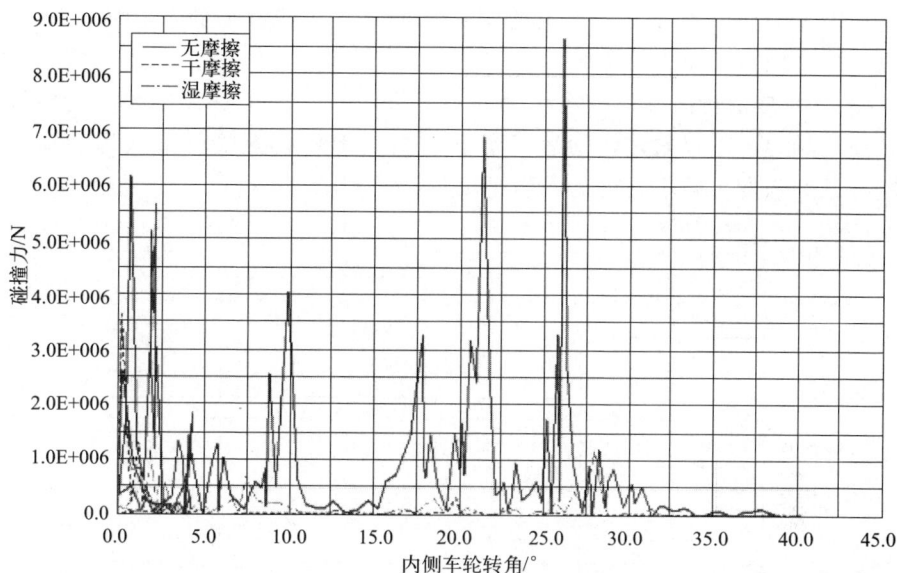

图 1-36　摩擦对运动幅 A 碰撞接触力的影响

图 1-37 是转向过程中（内侧车轮从 0°转到极限转角）运动副 B 处不同间隙对应的碰撞接触力。可以看出：当运动副 B 存在间隙时，在转向开始出现一次剧烈的碰撞，之后碰撞力迅速衰减，出现一系列小的碰撞，在内侧转向轮转到 10°左右后进入到平稳的连续接触阶段。

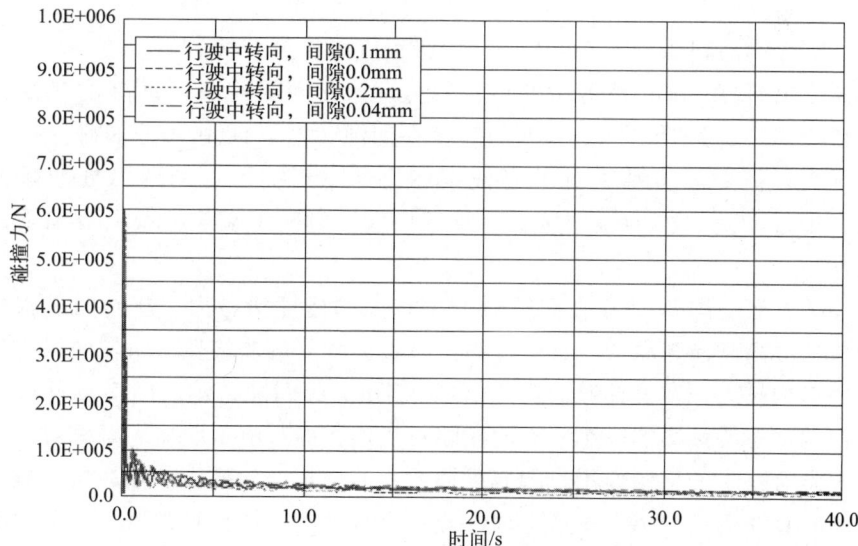

图 1-37　不同运动副 B 间隙碰撞接触力

从图 1-37 中可以看出：运动副 B 处间隙大小对碰撞接触力影响不大。

（2）摩擦对碰撞力的影响

图 1-38 是指转向过程中运动副 B 在无摩擦、干摩擦和湿摩擦三种情况下的碰撞接触力。可以看出，同运动副 A 一样，摩擦仍然能够降低运动副 B 处碰撞接触的强度，减小碰撞力，但是不如运动副 A 明显。

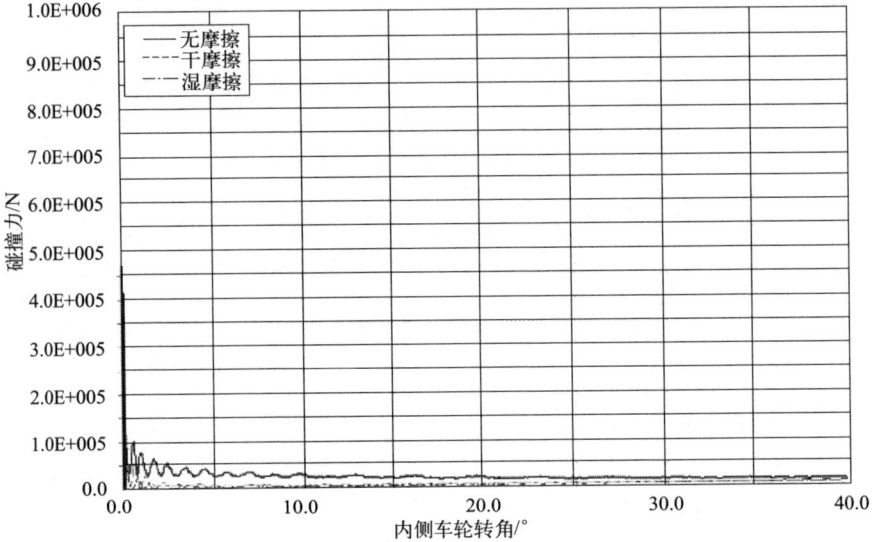

图 1-38 摩擦对运动幅 B 碰撞接触力的影响

（3）含运动副 A、B 多间隙的转向机构碰撞接触分析

图 1-39 和图 1-40 是运动副 A、B 同时存在间隙时各运动副的碰撞接触力。可以看出：运动副 A、B 处同时存在间隙，对运动副 A 处的碰撞接触力影响不大，但是运动副 A 处的碰撞接触力严重影响了运动副 B 处的碰撞接触力，使运动副 B 处的碰撞接触力迅速增大，影响了横拉杆及关节轴承的使用寿命。

总结：运动副 A 处存在间隙时产生较大的碰撞接触力，在转向过程中出现明显的分离碰撞现象，并且碰撞力具有很大程度的非线性，对转向机构的动态特性影响较大，在设计时应避免出现 0.1mm 的间隙。运动副 B 处间隙对转向机构的动态特性影响较小，不同间隙对碰撞力的影响不明显。摩擦对转向系统动力学有一定的抑制作用，随着摩擦系数的增加，碰撞力衰减加快，碰撞力小。同时存在运动副 A、B 间隙时，运动副 B 处的碰撞接触力增大，运动副 A 处碰撞接触力基本不变。以上研究可以为转向机构的动力学研究提供参考，为转向机构的设计提供依据，特别是对零件的尺寸配合提供设计依据。

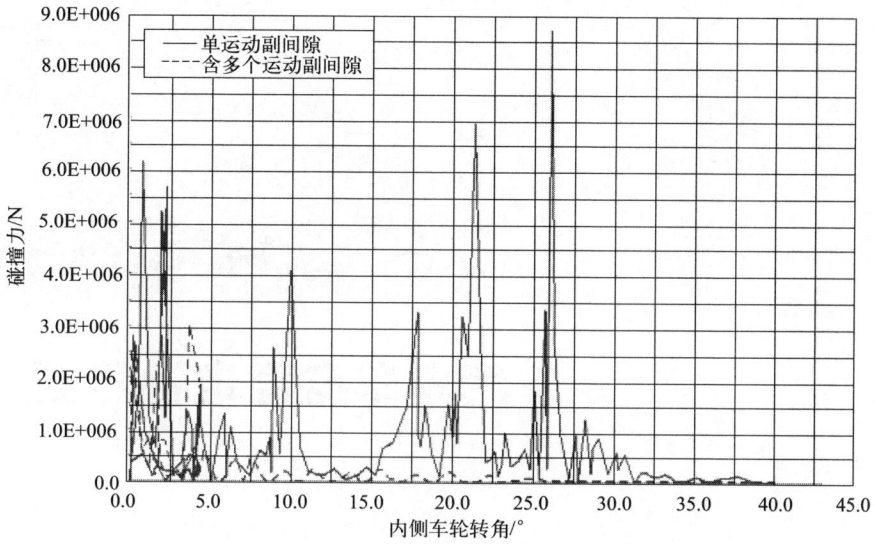

图 1-39　多间隙的运动副 A 碰撞接触力

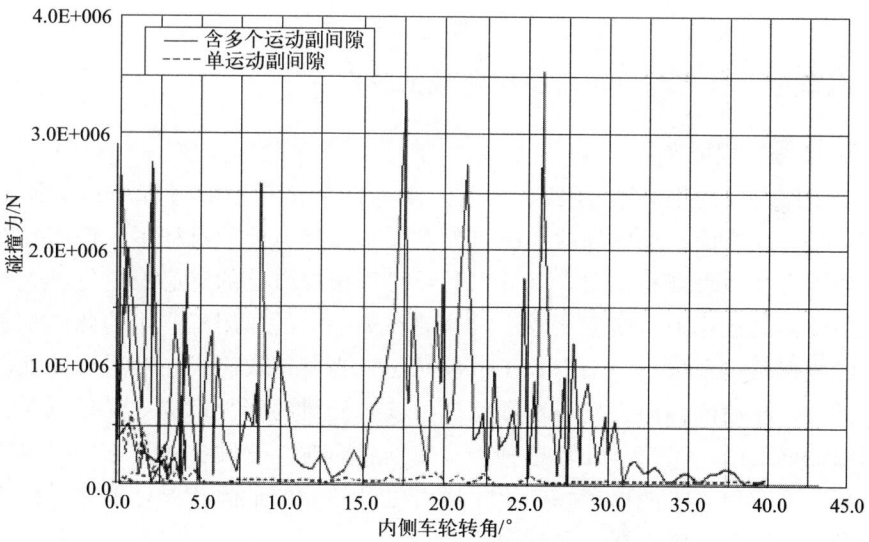

图 1-40　多间隙的运动副 B 碰撞接触力

第二章

汽车车身稳定性控制

一、汽车运动状态与汽车车身稳定性的关系

1. 汽车失稳的原因

由于路况及周围环境的多变特性，使得汽车在行驶的过程中也有不同状态。驾驶员在路面状况良好的情况下驾驶汽车直线行驶的过程中，作用在车轮上的各种力大多表现在纵向，因此驾驶员可以根据自己的意愿稳定行驶。如果汽车在转向的过程中，速度比较小，这时在离心力的作用下产生的侧向加速度和车轮侧偏角也会很小，基本处于线性状态。当车速较高或在低附着路面的弯道行驶时，轮胎的侧向力呈现饱和状态，其抗侧滑的能力迅速下降，汽车的弯道跟踪性能下降。当汽车处于这种不稳定的状态时，驾驶员通过方向盘难以操控汽车，这时便有可能出现转向不足或者过度转向的危险状况，最终导致汽车发生侧滑、横摆、驶出弯道等情况。

2. 影响汽车车身稳定性的主要因素

汽车转向时一般存在转向不足的现象。这样，处于稳定状态的汽车转向行驶时，可以保证横摆角速度与方向盘转角、质心侧偏角与轮胎侧向力呈现线性相关。若汽车失稳时，横摆角速度和质心侧偏角发生较大变化，使得汽车的后轴极易发生侧滑和急转等危险状况。

（1）汽车横摆角速度与汽车车身稳定性

当汽车直线行驶或者大转向行驶时，由于质心侧偏角较小，转向能力主要由横摆角速度决定，随着横摆角速度的增大，为了保证汽车能够按照弯道轨迹正常行驶，则要求转向半径也就越大。当汽车以较低车速行驶时，一般认为汽车的横摆角速度与驾驶员转动的方向盘转角的关系呈线性。一旦汽车速度较高时，应降低方向盘对横摆角速度的增益，即使转动方向盘，横摆角速度的变化也不是特别明显，以此来克服由驾驶员转动方向盘时产生过大的横摆力矩而导致汽车失稳。

（2）汽车质心侧偏角与汽车车身稳定性

一般情况下，当汽车的质心侧偏角处于较小范围内时，驾驶员向左转动方向盘时产生的横摆力矩为正，相反，向右转动方向盘产生的横摆力矩为负。当轮胎质心侧偏角较小时，轮胎的质心侧偏角越大对应的汽车所承受的横摆力矩越大。当质心侧偏角升高到一定值时，横摆力矩趋于稳定，不再随着质心侧偏角的增大而增大。此时，一个很小的侧向力就会使汽车产生很大的质心侧偏角，驾驶员无法通过操纵方向盘来改变转动方向，产生横摆力矩，这就导致了驾驶员在汽车质心侧偏角较大时无法控制汽车稳定性的现象。

（3）轮胎侧偏角与汽车车身稳定性

轮胎侧偏角的大小主要取决于三个参数：质心侧偏角、横摆角速度和前轮转角。如果汽车的质心侧偏角处于较小范围时，轮胎发生侧偏的主要原因就是前轮转角，此时的汽车处于可以操纵的稳定状态。一旦汽车的质心侧偏角增大到一定值时，车轮就会产生侧偏角，并且汽车质心侧偏角的值越大，汽车轮胎侧偏角的值也就越大。当轮胎侧偏角过大并逐步趋近于饱和状态时，驾驶员就无法对汽车进行操控。根据轮胎自身的特性可知，随着路面附着系数的降低，轮胎侧偏角越容易进入饱和状态，其自身抵抗侧滑的能力会下降，汽车处于不稳定状态的可能性增大，因此需要对汽车车身稳定进行控制，防止汽车处于危险状态。

（4）其他因素与汽车车身稳定性

汽车在实际行驶过程中，驾驶员的操作、道路状况的改变以及车速的变化等都可能对汽车车身稳定性产生很大的影响。

汽车结构：汽车轴距、轮距、质心位置等参数都会对汽车的车身稳定性产生影响，如降低质心位置可以同时提高汽车的车身稳定性和纵向稳定性，增加轮距可以增强汽车的抗侧翻能力。

车速：汽车速度越快，轮胎的附着性能越差，行驶过程中受到的横向力影响越大，转向角越小，越容易失去车身稳定性。汽车在冰、雪、湿滑路面以及弯道上行驶时，降低行驶速度可以提高车身稳定性。

路面摩擦系数：不同摩擦系数的路面对汽车车身稳定性的影响也不同。汽车在摩擦系数较大的路面上进行高速急转向时，很容易发生侧翻，而行驶在摩擦系数较小的冰雪路面时，汽车则易发生横摆或者侧滑。

驾驶员：驾驶员的驾驶水平和心理素质直接影响汽车的车身稳定性。汽车在极限工况下行驶时，如果驾驶员遇到突发情况时过度慌乱，可能会出现误操作，进而引起汽车横摆、侧翻等事故，导致严重的经济损失和人员伤亡。

外部干扰：对汽车车身稳定性作用明显且较为常见的是侧向风干扰。汽车在行驶过程中施加到车身上的侧向风会使汽车产生较大的质心侧偏角，导致汽车车身稳定性变差，载荷施加到汽车的位置也对汽车车身稳定性产生较大的影响。

二、汽车车身稳定性控制方式

目前，汽车车身稳定控制主要以横摆角速度和质心侧偏角等参数作为控制指标对汽车进行控制。汽车在一般工况下稳定行驶状态时，汽车的方向盘转角与横摆角速度、侧向加速度和质心侧偏角等变量基本呈线性关系，汽车的车身稳定性可以直接通过驾驶员对方向盘的线性调整获得，但汽车在紧急避险、高速换道行驶或急转向时，会在较大离心力的作用下产生较大侧向加速度，从而使轮胎侧向力与侧偏角不再呈线性关系，其特性曲线进入非线性区域。这种情况下，很难通过对方向盘的调整来使汽车维持车身稳定性，需要采用汽车稳定控制系统对汽车进行稳定性控制。

1. 按照控制部件的汽车车身稳定性控制

按照控制部件的汽车车身稳定性控制，主要包括前后轴侧倾刚度分配控制、主动转向控制、主动悬架控制、差动制动控制等。

前后轴侧倾刚度分配控制：汽车的车身稳定性与汽车前后轴的侧偏刚度密不可分，前后轴侧偏刚度的不同直接导致前后轴荷分配不同，从而实现汽车运行状态的控制。但是其具有很大的局限性，这种轴荷的分配效果在汽车加速度较小的情况下不明显，汽车纵向速度对侧偏刚度影响很大，不适用弯道制动的工况。

主动转向控制：主动转向控制包括四轮转向、主动前轮转向和后轮转向等。这些控制方式主要是通过引入的汽车状态反馈系统，来改善汽车在转向线性区域内的操纵稳定性，可以有效地避免汽车的质心侧偏角过大。当汽车处于非线性状态时，如果进行高速转向或紧急制动，控制效果就会变差。

主动悬架控制：主动悬架控制通过控制各个车轮上的垂直载荷分布来改变

轮胎的侧偏刚度，其控制效果只有在汽车侧向加速度较大的时候比较明显。

差动制动控制：差动制动应用比较广泛，技术也比较成熟。差动制动主要通过对各个车轮的制动力（或驱动力）进行分配时产生的附加横摆力矩来调节汽车的横摆运动。基础理论依据是：当汽车具有不足转向特性时，通过减小发动机的转矩来降低车速或对各个车轮施加不同制动力产生的附加横摆力矩来对汽车进行干预；当汽车具有过多转向特性时，通过对各个车轮施加不同的制动力产生附加横摆力矩。

2. 按照控制方法的汽车车身稳定性控制

按照控制方法的汽车车身稳定性控制分类，主要包括：PID 控制、最优控制、模糊控制以及滑模变结构控制等。

PID 控制方法的优点主要包括控制结构相对简单、鲁棒性强，适合很多复杂多变的工业生产过程。缺点是要求被控对象具有较高精确度的数学模型。然而汽车在实际行驶的过程中，尤其是在极限工况下行驶，受环境因素、天气、行人和车辆等影响，导致汽车具有时变性和非线性等特点，这时仅由 PID 控制不能够保证数学模型的精确度，因此它不适用于汽车的运行工况，难以达到预期的理想效果。

最优控制方法在一定的约束条件下，结合所建立的汽车动力学整车模型，用状态空间法求得最优的控制策略，使得控制系统得到最优控制。与 PID 控制算法相似，最优控制算法对模型的精确度要求较高，由于汽车自身的复杂性以及在极限工况下运行的复杂性，数学模型的精确度无法保证，因此这种方法在汽车稳定性系统中的应用也受到了限制。

模糊控制依据模糊数学理论，将变量用模糊集合表示。它的优点主要体现在控制本身具有较强的鲁棒性、抗干扰能力以及容错性，而且不需要具体明确的数学模型，这一点使得它的适用范围更广，既适用于非线性系统，也适用于不明确的系统。然而，模糊控制是在人工经验的基础上进行搭建的，也是依据经验去分析和设计的，存在一定的弊端。对于复杂的系统控制相对困难，并且在对信息进行模糊处理的时候容易使得控制的精确度受到影响。

滑模变结构控制的本质是特殊的非线性控制结构，其特点是控制系统的结构不固定，同时这种控制方法可以增强系统对不确定因素以及外部扰动的抗干扰能力，有很强的适应性。

三、汽车车身稳定性理论

1. 线性二自由度汽车模型

对于汽车车身稳定性控制，常选用线性二自由度模型作为汽车的理想模型。忽略悬架系统的作用以及轮胎的弹性变形，车厢仅做平行于地面的平面运动，两侧车轮受到的地面垂直反力相同，汽车绕 x 轴的侧倾角、绕 y 轴的俯仰角和沿 z 轴的位移均为零，汽车在 x 轴上的速度分量 u 保持不变。

线性二自由度模型实际是对汽车在实际运行过程中的简化。简化内容如下：

① 假设汽车只做平行于地面的运动；

② 忽略转向系统以及空气阻力的影响；

③ 忽略地面切向力对轮胎侧偏刚度的影响。

图 2-1 为线性二自由度汽车模型，包含汽车沿 y 轴方向的侧向运动和绕 z 轴的横摆运动两个自由度。该模型反映了转向盘转角与横摆角速度之间的线性关系，因此可以相对理想的确定车辆的横摆角速度。以此模型为基础结合坐标系进行相关计算时，令汽车质心位于坐标系原点位置，汽车转动惯量等与质量分布相关的参数，在此固定的车辆坐标系中都看作是一个常数。结合坐标系，将汽车的运行状态进行分解并进行受力分析，即可得出运动方程。

在汽车坐标系 x、y 轴上，汽车质心绝对加速度的分量分别为：

$$\begin{cases} a_x = \dot{u} - v\omega_r \\ a_y = \dot{v} + u\omega_r \end{cases} \tag{2-1}$$

因此，根据牛顿定理，建立二自由度汽车运动微分方程为：

$$\begin{cases} F_{Y1}\cos\delta + F_{Y2} = ma_y = m(\dot{u} - v\omega_r) \\ aF_{Y1}\cos\delta - bF_{Y2} = I_z\dot{\omega}_r \end{cases} \tag{2-2}$$

式中，F_{Y1} 和 F_{Y2} 分别为汽车前、后车轮的侧偏力；δ 为前轮转角；I_z 为汽车绕 z 轴的转动惯量；$\dot{\omega}_r$ 为汽车横摆角加速度。考虑到 F_{Y1}、F_{Y2} 为侧偏力，且 δ 角较小，式（2-2）可写作：

$$\begin{cases} F_{Y1} + F_{Y2} = k_1\alpha_1 + k_2\alpha_2 = m(\dot{u} - v\omega_r) \\ aF_{Y1} - bF_{Y2} = ak_1\alpha_1 - bk_2\alpha_2 = I_z\dot{\omega}_r \end{cases} \tag{2-3}$$

汽车前、后轮的侧偏角和运动参数有关。如图 2-1 所示，u_1、u_2 分别为汽车前、后轴中点的速度，α_1、α_2 为前、后轮侧偏角，β 为质心侧偏角，$\beta = v/u$。ε 是 u_1 与 x 轴的夹角，其值为：

$$\varepsilon = \frac{v + a\omega_r}{u} = \beta + \frac{a\omega_r}{u} \tag{2-4}$$

根据坐标系的规定，前、后轮侧偏角 α_1、α_2 分别为：

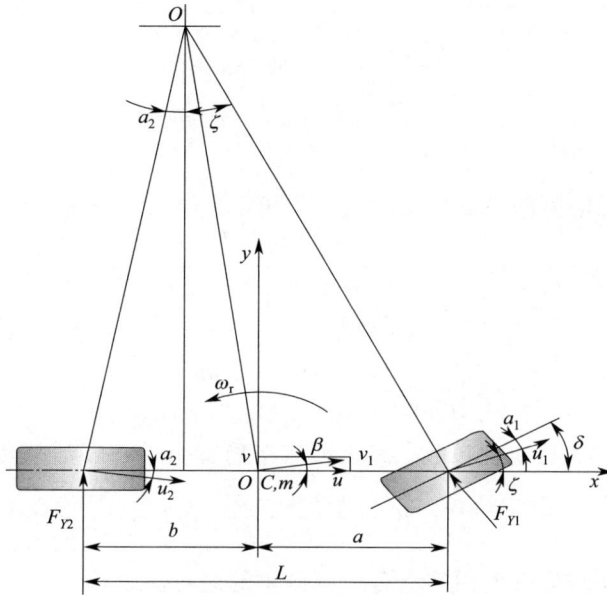

图 2-1　线性二自由度汽车模型

$$\begin{cases} \alpha_1 = -(\delta - \varepsilon) = \beta + \dfrac{a\omega_r}{u} - \delta \\[2mm] \alpha_2 = \dfrac{v - b\omega_r}{u} = \beta - \dfrac{b\omega_r}{u} \end{cases} \tag{2-5}$$

将式(2-5)代入式(2-3)中，整理后可以得到二自由度汽车运动微分方程式为：

$$\begin{cases} (k_1 + k_2)\beta + \dfrac{1}{u}(ak_1 - bk_2)\omega_r - k_1\delta = m(\dot{v} + u\omega_r) \\[2mm] (ak_1 - bk_2)\beta + \dfrac{1}{u}(a^2 k_1 + b^2 k_2)\omega_r - ak_1\delta = I_z\dot{\omega}_r \end{cases} \tag{2-6}$$

二自由度汽车运动微分方程式虽然简单，但是汽车作曲线运动时出现的横摆、侧滑等基本的特性都可以通过这个方程式反映出来，同时它还包含了汽车质量、轮胎侧偏刚度等重要参数。

2. 汽车的稳态响应

（1）汽车的稳态响应分类

通常使用汽车稳态时的横摆角速度与前轮转角的比值评价汽车的稳态响应。这个比值称为稳态横摆角速度增益，又称为转向灵敏度。

等速圆周行驶是汽车匀速行驶时在前轮角阶跃输入下进入的稳态响应，此

时的横摆角速度 ω_r 为定值，$\dot{v}=0$，$\dot{\omega}=0$。以此代入式(2-6)得：

$$\begin{cases} (k_1+k_2)\dfrac{v}{u}+\dfrac{1}{u}(ak_1-bk_2)\omega_r-k_1\delta=mu\omega_r \\[2mm] (ak_1-bk_2)\dfrac{v}{u}+\dfrac{1}{u}(a^2k_1+b^2k_2)\omega_r-ak_1\delta=0 \end{cases} \qquad (2\text{-}7)$$

汽车稳态响应下的横摆角速度 ω_d 和侧偏角 β_d 分别为：

$$\omega_d=\frac{\delta u/L}{1+\dfrac{m}{L^2}\left(\dfrac{a}{k_2}-\dfrac{b}{k_1}\right)u^2}=\frac{\delta u/L}{1+Ku^2} \qquad (2\text{-}8)$$

$$\beta_d=\delta\left[\frac{b}{L(1+Ku^2)}+\frac{mau^2}{k_2L^2(1+Ku^2)}\right] \qquad (2\text{-}9)$$

式中，K 称为稳定性系数，是表征汽车稳态响应的重要参数。

$$K=\frac{m}{L^2}\left(\frac{a}{k_2}-\frac{b}{k_1}\right) \qquad (2\text{-}10)$$

汽车的稳态响应一般用前、后轮侧偏角的绝对值之差 $(\alpha_1-\alpha_2)$ 与侧向加速度 α_y（绝对值）的关系曲线评价。通过给汽车输入一个固定方向盘转角，令汽车以不同等速度做圆周行驶，测出 α_1、α_2。

将式(2-10)右边上下均乘以汽车侧向加速度 a_y，可以得到：

$$K=\frac{1}{a_yL}\left(\frac{F_{Y2}}{k_2}-\frac{F_{Y1}}{k_1}\right) \qquad (2\text{-}11)$$

由于汽车前、后轮侧偏角和侧向加速度 a_y 符号相反，所以当前、后轮侧偏角 α_1、α_2 取绝对值时，侧向加速度 a_y 也可以取绝对值，K 可以写为：

$$K=\frac{1}{a_yL}(\alpha_1-\alpha_2) \qquad (2\text{-}12)$$

根据前、后轮侧偏角绝对值之差 $(\alpha_1-\alpha_2)$，汽车的稳态响应分为以下三类。

中性转向：$(\alpha_1-\alpha_2)=0$，即 $K=0$ 时，由式(2-12)和式(2-8)可知，横摆角速度增益 $\left(\dfrac{\omega_r}{\delta}\right)_s=u/L$，如图 2-2 所示，横摆角速度增益曲线为一条斜向上的直线，这种稳态就是中性转向，横摆角速度增益与车速成正比关系，其斜率为 $1/L$，u_{cr}、u_{ch} 为特征车速，$u_{cr}=\sqrt{-\dfrac{1}{K}}$，$u_{ch}=\sqrt{\dfrac{1}{K}}$。

这种转向关系只发生在汽车行驶速度很低而没有侧偏角的情况，此时，前轮转角 $\delta\approx L/R$，转向半径 $R\approx L/\delta$，横摆角速度 $\omega_r\approx(u/L)\delta$。

不足转向：$(\alpha_1-\alpha_2)>0$，即 $K>0$ 时，横摆角速度增益不再与车速呈线

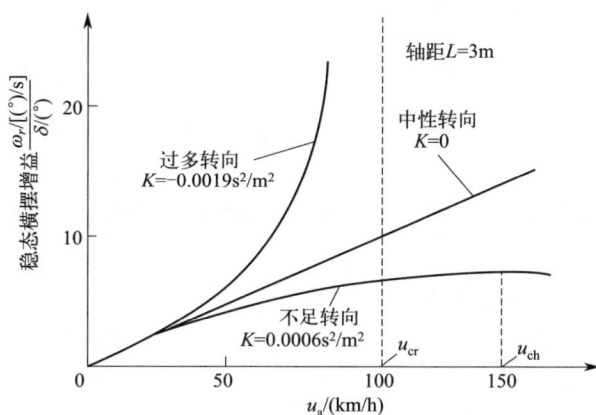

图 2-2　汽车的稳态横摆角速度增益曲线

性关系且比中性转向时小，汽车稳态横摆增益线比中性转向时略低，随后曲线又呈向下弯曲状，如图 2-2 所示，此时汽车所具有的特性被称为不足转向。横摆角速度增益曲线形状与 K 值大小有关，K 值越大，增益曲线越低，汽车的不足转向量越大。

过多转向：$(\alpha_1 - \alpha_2) < 0$，即 $K < 0$ 时，横摆角速度增益与车速也不呈线性关系且比中性转向时大，横摆角速度增益曲线为一条向上弯曲的曲线，如图 2-2 所示，汽车的这种特性被称为过多转向。K 值越小（K 的绝对值越大），增益曲线越高，汽车的过多转向量越大。

汽车一般都具有适度的不足转向特性。当汽车具有过多转向趋势时，应通过降低车速来维持汽车的车身稳定性，因为当车速达到临界车速 $u_{cr} = \sqrt{-1/K}$ 时，横摆角速度增益会趋于无穷大，汽车产生极大的横摆角速度，易发生侧滑或侧翻。

（2）汽车稳态响应评价参数

对于二自由度汽车动力学模型，车辆的运动方程为：

$$\begin{cases} \sum F_y = F_{yf} \cos\delta_f + F_{yr} \\ \sum M_z = l_f F_{yf} \cos\delta_f - l_r F_{yr} \end{cases} \tag{2-13}$$

式中，F_{yf}、F_{yr} 分别表示汽车的前、后轮胎侧向力；l_f、l_r 为汽车质心到汽车前轴、后轴的距离；δ_f 为汽车前轮转角。因为 δ_f 较小，以及轮胎受到侧向力与侧偏角的关系，可以将 F_{yf}、F_{yr} 写成下式：

$$\begin{cases} F_{yf} = -C_f \alpha_f \\ F_{yr} = -C_r \alpha_r \end{cases} \tag{2-14}$$

式中，C_f、C_r 分别为汽车前后轴侧偏刚度；α_f、α_r 为前、后轮侧偏角。

因此，车辆的前后轮侧偏角还可表示为：

$$\begin{cases} \alpha_f = \beta + \dfrac{l_f \gamma}{v_x} - \delta_f \\ \\ \alpha_r = \beta - \dfrac{l_r \gamma}{v_x} \end{cases} \tag{2-15}$$

式中，v_x 为车辆的纵向速度；β 为车辆质心侧偏角；γ 为汽车横摆角速度。

将式(2-14)、式(2-15) 带入式(2-13) 得：

$$\begin{cases} \sum F_y = C_f \left(\beta + \dfrac{l_f \gamma}{v_x} - \delta \right) + C_r \left(\beta - \dfrac{l_r \gamma}{v_x} \right) \\ \\ \sum M_z = l_f C_f \left(\beta + \dfrac{l_f \gamma}{v_x} - \delta \right) - l_r C_r \left(\beta - \dfrac{l_r \gamma}{v_x} \right) \end{cases} \tag{2-16}$$

当车辆在线性区域行驶时质心侧偏角较小，所以：

$$\beta \approx \tan\beta = \frac{v_y}{v_x} \tag{2-17}$$

式中，v_y 为车辆的侧向车速。

由此可得运动微分方程为：

$$\begin{cases} m(\dot{v}_y + v_x \gamma) = (C_f + C_r)\dfrac{v_y}{v_x} + \dfrac{1}{v_x}(l_f C_f - l_r C_r)\gamma - C_f \delta_f \\ \\ I_z \dot{\gamma} = (l_f C_f - l_r C_r)\dfrac{v_y}{v_x} + \dfrac{1}{v_x}(l_f^2 C_f + l_r^2 C_r)\gamma - l_f C_f \delta_f \end{cases} \tag{2-18}$$

式中，I_z 为车辆绕 z 轴的转动惯量。

汽车以一定的速度匀速行驶的过程中，方向盘输入变为角阶跃输入，汽车进入的稳态响应即视为等速圆周运动。

当 $\dot{v}_y = 0$、$\dot{\gamma} = 0$ 时，可以得到汽车在稳态时的横摆角速度 γ，将 $\dot{v}_y = 0$、$\dot{\gamma} = 0$ 代入式（2-18) 得：

$$\begin{cases} (C_f + C_r)\dfrac{v_y}{v_x} + \dfrac{1}{v_x}(l_f C_f - l_r C_r)\gamma - C_f \delta_f = m v_x \gamma \\ \\ (l_f C_f - l_r C_r)\dfrac{v_y}{v_x} + \dfrac{1}{v_x}(l_f^2 C_f + l_r^2 C_r)\gamma - l_f C_f \delta_f = 0 \end{cases} \tag{2-19}$$

将式(2-19)整理消去 v_y，可得：

$$\frac{\gamma_d}{\delta_f} = \frac{\dfrac{v_x}{L}}{1 + \dfrac{m}{L^2}\left(\dfrac{l_f}{C_r} - \dfrac{l_r}{C_f}\right)v_x^2} = \frac{\dfrac{v_x}{L}}{1 + K v_x^2} \tag{2-20}$$

$$\frac{\beta_d}{\delta_f} = \frac{l_r}{L(1+Kv_x^2)} + \frac{ml_f v_x^2}{C_r L^2(1+Kv_x^2)} \quad (2-21)$$

式中，L 表示汽车前后轴之间的距离，$L=l_f+l_r$；K 为稳定因数，$K=\frac{m}{L^2}(\frac{l_f}{C_r}-\frac{l_r}{C_f})$；$m$ 为汽车总质量。

由此可知，汽车的稳态横摆角速度为：

$$\gamma_{d1} = \frac{\frac{v_x}{L}}{1+Kv_x^2}\delta_f \quad (2-22)$$

汽车的稳态质心侧偏角为：

$$\beta_{d1} = \left[\frac{l_r}{L(1+Kv_x^2)} + \frac{ml_f v_x^2}{C_r L^2(1+Kv_x^2)}\right]\delta_f \quad (2-23)$$

由于路面附着极限的限制，汽车理想横摆角速度的最大值还需满足：

$$|\gamma_{d2}| \leqslant \frac{\mu g}{v_x}$$
$$\beta_{d2} = \mu g\left(\frac{l_r}{v_x^2} + \frac{ma}{C_r L}\right) \quad (2-24)$$

综上所述，汽车横摆角速度为：

$$\gamma_d = \begin{cases} -\dfrac{\mu g}{v_x}, \gamma_d \leqslant -\dfrac{\mu g}{v_x} \\[2mm] \gamma_d, |\gamma_d| \leqslant \dfrac{\mu g}{v_x} \\[2mm] \dfrac{\mu g}{v_x}, \gamma_d \geqslant \dfrac{\mu g}{v_x} \end{cases} \quad (2-25)$$

汽车质心侧偏角为：

$$\beta_d = \min\left[|\beta_{d1}|, |\beta_{d2}|\right] \quad (2-26)$$

第二节　极限工况下汽车稳定性控制

在冬天，当汽车行驶在被冰雪覆盖的路面上时，由于冰雪路面的附着系数极低，在 0.1～0.3，驾驶员在驾驶途中如果遇到紧急情况制动汽车时，容易引发汽车制动系抱死现象，使汽车发生侧滑、甩尾甚至激转等危险状况，有可能导致严重的交通事故；不仅如此，由于道路设计的特殊性，当汽车在低附着路面转弯时，驾驶员紧急制动时，这时车轮抱死也会使汽车发生激转等危险状况。若汽车以较高车速行驶在分离路面时，由于汽车左右车轮所在的路面附着系数不同，紧急制动两个车轮所产生的制动力也不相同，会导致汽车严重侧滑甚至驶离车道。因此，通过控制汽车车身稳定性，防止汽车出现危险状况、降低事故发生率尤为重要。

一、极限状态汽车车身稳定性分析

1. 高速急转向制动时汽车车身稳定性分析

汽车高速急转向制动工况具有以下特性：每个车轮的垂向载荷发生变化，使地面对车轮的作用力大小发生变化，导致汽车处于不稳定状态；汽车受离心力作用的影响，使其自身极易产生较大的横摆力矩，影响汽车的稳定性。因此，汽车以较高的速度在弯道行驶时，因受离心力的作用使得前轮产生侧偏力，轮胎在侧偏力的作用下产生侧偏角，使汽车横向运动，同时，横向运动引发后轮产生侧偏力和侧偏角。基于此种情况，转向特性在受到较小侧偏角时，主要由前后轴产生的等效侧偏角决定。随着质心侧偏角的增大，轮胎产生的侧向力逐渐达到饱和状态，处于非线性区域，因此汽车处于极其易失稳的状态，最终导致汽车冲出车道、甩尾甚至激转的危险工况。

另外，汽车在行驶的过程中会遇到很多不定变化，如汽车的左右车轮所处的路面附着系数不同、是否受大风影响导致产生的侧向风不同、驾驶员对于汽车的操纵情况等，使得汽车在运行过程中处于十分复杂的情况，因此汽车在高速转向制动工况下其自身稳定性具有特殊性。

2. 低附着路面时汽车车身稳定性分析

汽车在冰雪路面上行驶时，其稳定性具有特殊性。汽车在冰面上行驶过程中，由于轮胎在滚动过程中产生的热量并没有完全散发到空气中，而是有一部分被冰吸收。吸收来自轮胎热量的冰融化，形成了水膜，使轮胎与冰面之间的摩擦力降低。按滚动接触分析，轮胎与冰面的接触面可以划分为三个区域：黏着区、软化冰区和滑动区。黏着区位于轮胎与冰接触面的前部，软化冰区位于接触面的中间部位，滑动区位于接触面的后部。黏着区以固体摩擦为主，滑动区主要为水的黏滞阻力。当轮胎与冰面的接触面完全为软化冰区时，汽车最容易发生失稳。

当汽车在附着系数较低的路面上行驶时，如冬天的冰雪路面等，经常发生交通事故，主要就是因为轮胎与地面的摩擦力不足。因此，汽车起步、停车或者上坡时，由于轮胎与路面之间的摩擦系数很小，轮胎的附着力大大降低，可能会出现溜车现象。汽车在冰面上转向时，汽车回正性能变差，路感丧失，如果汽车不能及时回正，可能会导致严重交通事故的发生。急转向时，由于转向过猛，汽车前轮阻力会随着转向轮的横向偏移突然加大，汽车很容易发生甩尾现象。另外，汽车在冰雪路面上紧急制动时，会增加汽车的制动距离，容易出现甩尾现象，突然加速时，汽车驱动轮很容易空转或打滑，甚至出现侧向滑移及偏离行驶路线的现象。

二、基于 CarSim 的汽车整车模型构建

应用 CarSim 软件，构建基于参数化的汽车整车模型。CarSim 软件将汽车抽象简化为 10 部分：1 个簧载质量部分、4 个非簧载质量部分、4 个旋转车轮部分和 1 个发动机部分，如图 2-3 所示。

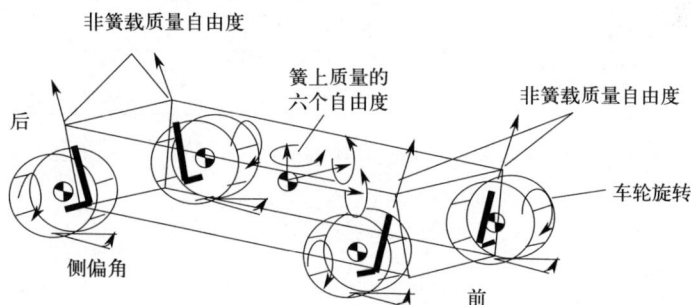

图 2-3　CarSim 车辆模型简化

整车模型主要包括七大子系统，如图 2-4 所示。

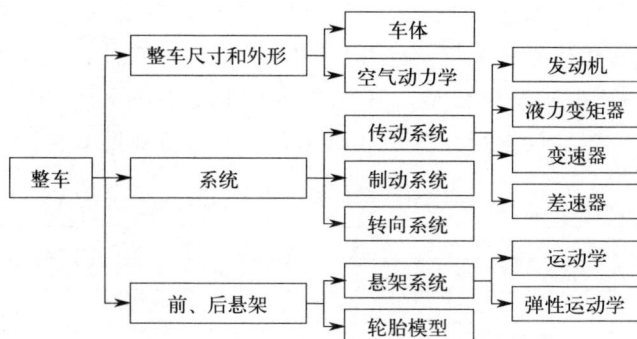

图 2-4　CarSim 整车模型包含的子系统

针对某款 SUV 车辆模型分别对七大子系统所包含的特性参数、曲线及其建模过程进行说明。

（1）车体参数及空气动力学

　　车体参数建模之前首先要建立合适的坐标系：通过输入某载荷下的轮胎半径值来确定坐标原点位置；X 轴位于车辆左右对称平面内，方向为车辆行驶方向，取向前为正；Z 轴垂直于地面，取向上为正；Y 轴满足右手螺旋定则，取向右为正。车体参数建模界面主要对车身长宽高、质心高度、轴距、轮距等车体具体尺寸参数、簧载质量及整车转动惯量信息进行了定义。车体参数建模如图 2-5 所示。

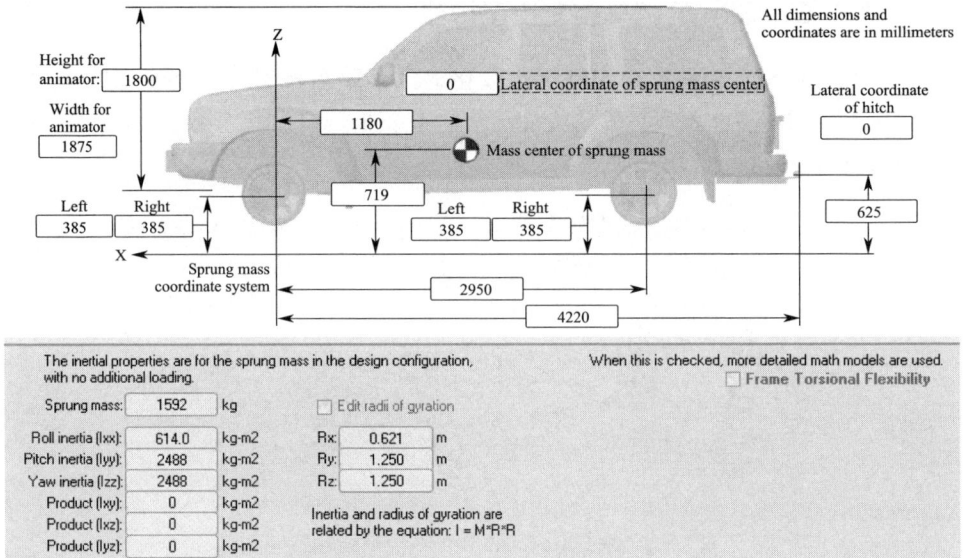

图 2-5　车体参数建模界面

　　车体尺寸参数可通过刻度尺直接测得，质心高度和转动惯量通常用侧倾法、力矩平衡法和摇摆法等试验方法获得。CarSim 软件内置多种车体模型，选用某款高质心 SUV 车辆模型，其主要参数如表 2-1 所示。通过车体参数建模界面对具体车体参数进行设置，从而建立起车体仿真模型。

表 2-1　车体模型主要参数

参数名称	数值	参数名称	数值
车身长/宽/高	3800mm/1875mm/1800mm	整备质量	1592kg
质心高度	1000mm	整车绕 X 轴转动惯量	614kg・m^2
轴距	2950mm	整车绕 Y 轴转动惯量	2488kg・m^2
前/后轮距	1575mm/1575mm	整车绕 Z 轴转动惯量	2488kg・m^2

　　汽车的空气动力学特性对本仿真试验影响较小，且具体数值需要进行风洞试验测得，由于试验条件限制，建模过程中忽略空气动力学特性对车辆模型的影响，使用 CarSim 软件默认参数。

（2）传动系统

传动系统主要由四部分组成，分别为发动机、变速器、离合器和差速器。发动机为汽车行驶提供动力，变速器实现汽车变速或倒退，离合器主要实现连接与中断发动机动力的传递，差速器使两个驱动轮以不同速度转动。四轮驱动车辆模型的各部件之间动力传递关系如图 2-6 所示。

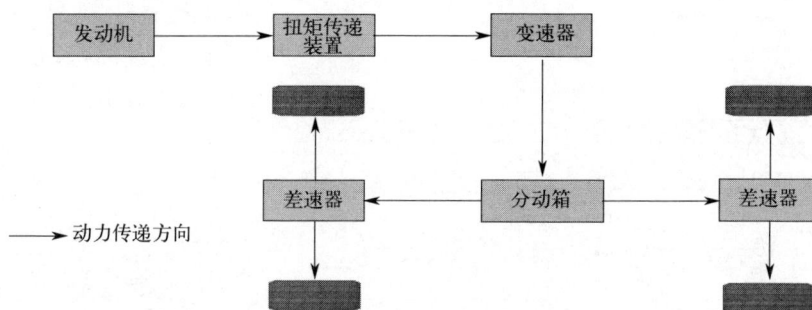

图 2-6　传动系统各部件连接图

传动系统建模主要包括发动机外特性曲线，变速器各挡齿轮传动比，各挡传动效率，曲轴转动惯量，离合器特性曲线，差速器力矩特性曲线、力矩比等。仿真车辆模型采用了功率为 200kW 的某型号发动机，其曲轴转动惯量和怠速转速参数值分别为 $0.3\text{kg} \cdot \text{m}^2$ 和 725r/min，发动机外特性曲线如图 2-7 所示。选用力矩比为 4.1，扭转刚度和扭转阻尼分别为 $100\text{N} \cdot \text{m}/(°)$ 和 $1\text{N} \cdot \text{m} \cdot \text{s}/(°)$ 的差速器，变速器采用 6 速手动变速器，传动系统参数均采用缺省值。

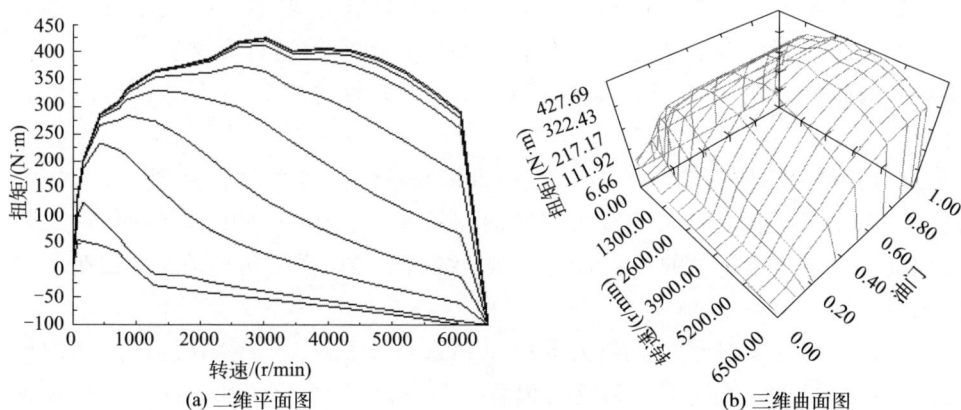

(a) 二维平面图　　　　(b) 三维曲面图

图 2-7　发动机外特性曲线

（3）制动系统

制动系统主要包括各车轮制动力矩随轮缸压力的变化量、流体力学时间常数、ABS 开启和关闭的滑移率门限值和 ABS 工作的最低车速等，其建模参数设置如图 2-8 所示。

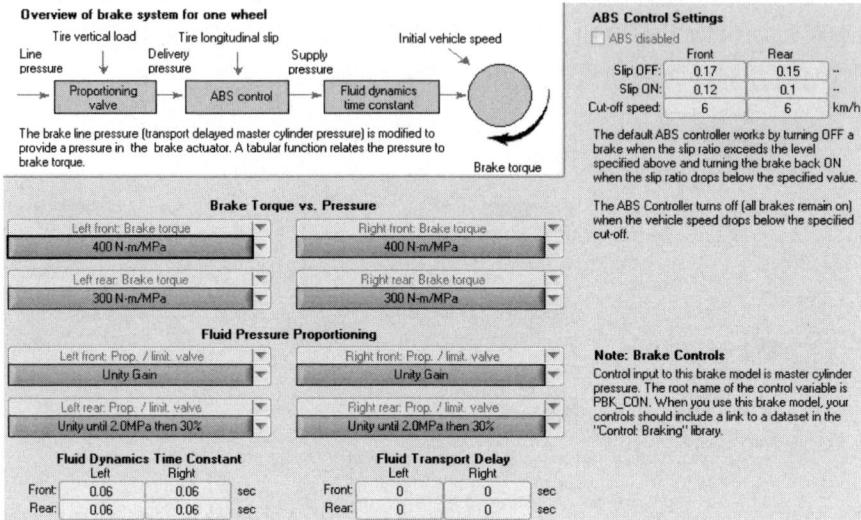

图 2-8　制动系统建模界面

选择安装 ABS 装置的制动系统，其参数均采用缺省值。由于是通过差动制动的方法来维持汽车横向稳定性的仿真试验，因此 Simulink 中建立的控制器模型需要与 CarSim 整车模型的制动系统建立连接，从而完成联合仿真。

（4）转向系统

转向系统模块主要对转向系的基本属性、转向 K 特性（运动学特性的简称）和转向 C 特性（弹性运动学特性的简称）等参数进行定义。考虑转向系统对转向轮转角的影响时，需将 K 特性与 C 特性分别进行考虑，然后综合计算。

转向系统模型如图 2-9 所示，图中方框表示转向 K 特性。从图 2-9 可以看出，转向系统模型由转向盘转角与转向器输出的比值（即转向器的传动比），转向器输出与车轮转角的关系曲线两部分组成，转向系的角传动比曲线是二者的乘积。

转向系统建模过程中，还需要对主销进行定位，定位参数包括主销内倾角、主销后倾角、纵向偏移和侧向偏移，如图 2-10 所示。其中纵向偏移和侧向偏移分别表示主销内倾角、主销后倾角、主销轴线与车轮旋转轴线的焦点在地面上的投影距车轮接地中心的纵向偏距和侧向偏距，其他转向系统参数如表 2-2 所示。

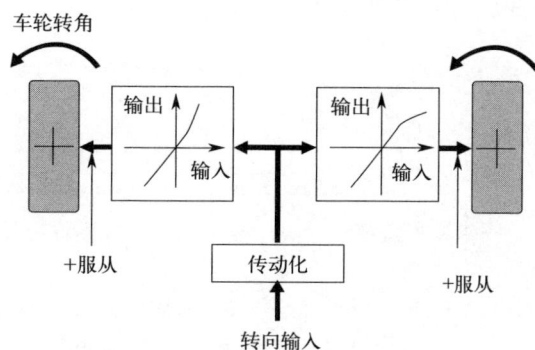

图 2-9　CarSim 转向系统模型

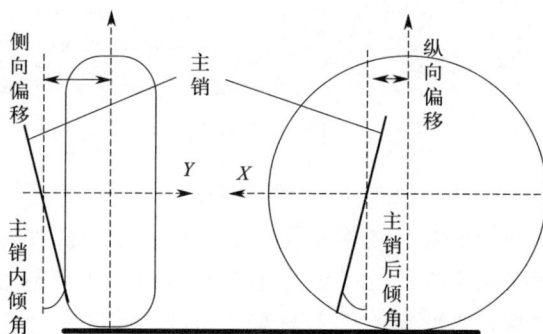

图 2-10　主销定位示意图

表 2-2　转向系统建模参数

参数名称	数值	参数名称	数值
转向柱管转动惯量	$0.1kg \cdot m^2$	转向传动齿轮阻尼	$30N \cdot s/mm$
转向系统等效转动惯量	$0.01kg \cdot m^2$	主销内倾角	$7.9°$
转向柱管阻尼	$0.025N \cdot m \cdot s/(°)$	主销后倾角	$3.4°$
转向柱管干摩擦矩	$2.0N \cdot m$	侧向偏移	$39.6mm$
转向迟滞角	$2.0°$	纵向偏移	$-0.86mm$

（5）悬架系统

CarSim 软件提供了三种常用的悬架形式，每种悬架形式均包括 K 特性和 C 特性。车辆模型的前悬架采用独立悬架，后悬架采用非独立悬架。以独立悬架为例进行阐述，非独立悬架与之类似。

悬架运动学特性：悬架 K 特性是指车轮上下跳动过程中引起定位参数变化的特性，其建模主要参数包括：簧下质量、轮距、轮心高度、车轮的转动惯量、车桥中心侧向偏离中心面距离、车轮前束角初始值、车轮外倾角初始值以及主销后倾角、车轮前束角、车轮外倾角、轮心纵向位移、轮心侧向位移随着轮心跳动而变化的曲线等，其建模界面如图 2-11 所示。

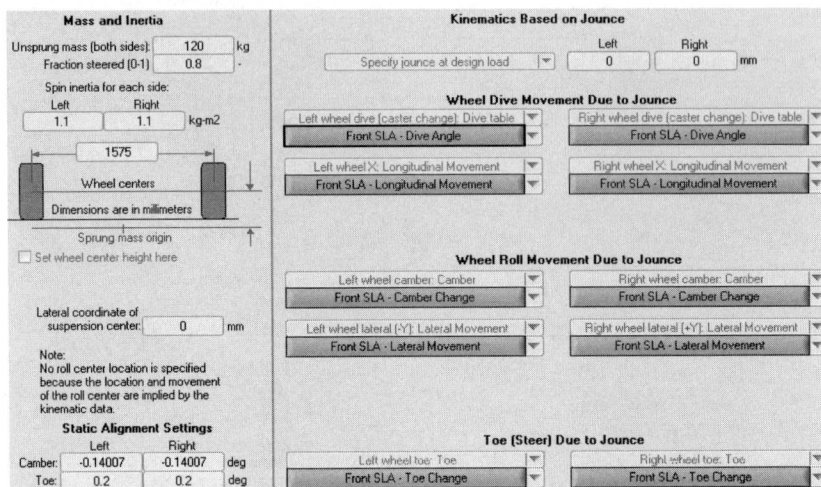

图 2-11　悬架 K 特性建模界面

　　悬架弹性运动学特性：悬架 C 特性是描述在固定轮跳下施加力或力矩时引起定位参数变化的特性，其建模主要参数包括：悬架弹性特性曲线、减振器阻尼特性曲线、横向稳定杆的辅助侧倾刚度曲线和悬架 C 特性系数等。悬架 C 特性一般呈线性关系，因此轮心位移与车轮定位参数随车轮受力的变化可以用悬架 C 特性系数来描述，具体包括：轮心纵向位移与纵向力系数（Longitudinal displacement vs F_x）、轮心侧向位移与侧向力系数（Lateral displacement vs F_y）、前束角与纵向力系数（Toe vs F_x）、前束角与侧向力系数（Steer vs F_y）、前束角与回正力矩系数（Steer vs Mz）、外倾角与纵向力系数（Camber vs F_x）、外倾角与侧向力系数（Inclination vs F_y）、外倾角与回正力矩系数（Inclination vs Mz），其建模界面如图 2-12 所示。

　　(6) 轮胎模型

　　CarSim 软件有多种轮胎模型，包括魔术公式轮胎模型、外接轮胎模型和内置轮胎模型。外接轮胎模型主要有统一轮胎模型、Dugoff 轮胎模型等。选取内置轮胎模型，其主要参数如表 2-3 所示。

表 2-3　轮胎模型主要参数

参数名称	数值	参数名称	数值
滚动半径	380mm	轮胎宽度	255mm
空载半径	385mm	轮胎滚动阻力系数	0.004
弹性刚度	230N/mm	轮胎滚动阻力速度系数	0.000025
最大载荷	10000N		

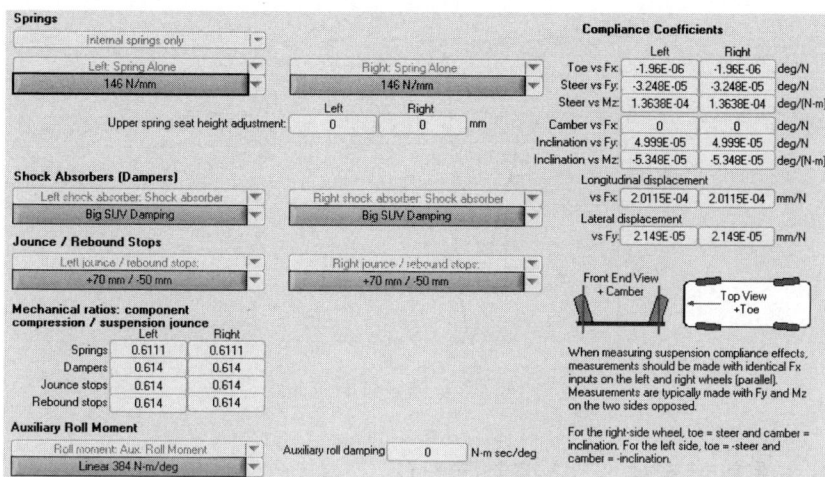

图 2-12　悬架 C 特性

（7）模型仿真验证

建立的整车模型必须能够准确地反映汽车的运动状态，因此模型的有效性需要进行验证。

设置仿真工况：汽车初始速度为 60km/h，在 1s 时刻，给汽车一个方向盘转角为 294°的鱼钩输入，路面附着系数为 0.85，通过仿真得到未施加控制时汽车的横摆角速度和车身侧倾角响应曲线分别如图 2-13、图 2-14 所示。

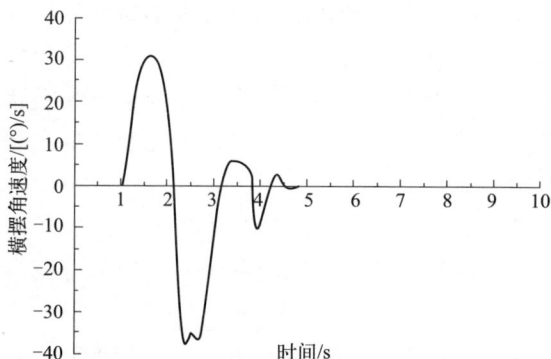

图 2-13　横摆角速度响应曲线

通过仿真验证可知，汽车在鱼钩工况下发生了横摆运动，而且有侧翻的趋势，其横摆角速度与车身侧倾角曲线均正确地反映了汽车的横摆和侧翻运动状态，说明模型的建立准确，可以用于汽车横摆与侧翻稳定性控制的研究。

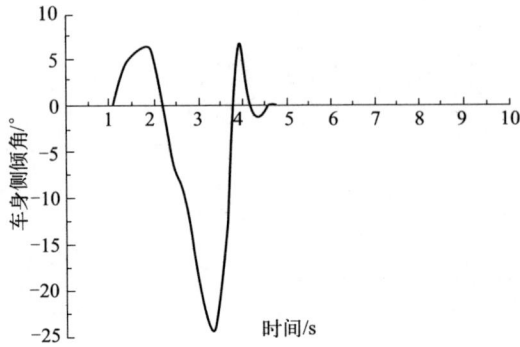

图 2-14　车身侧倾角响应曲线

三、汽车车身稳定性 ESP 控制器设计

1. 汽车车身稳定性控制构成

汽车航向角 ψ 主要包括两部分，分别为汽车的横摆角 γ 和质心侧偏角 β，判断汽车的行驶轨迹主要是依靠汽车的航向角。汽车的横摆角速度 γ 主要是能够反映汽车的稳定性能，因此根据横摆角速度的大小来间接判断汽车的状态：不足转向、中性转向或是过度转向。而汽车的质心侧偏角 β 可以显示出汽车在转弯时车身轨迹偏离情况，并且可以反映汽车的侧向加速度，因此对于汽车运行轨迹的保持情况可以通过汽车的质心侧偏角体现。

总之，无论是汽车的横摆角速度还是质心侧偏角都能反映汽车的车身稳定性，系统工作时只对上述单一控制变量无法满足汽车对稳定性和运动轨迹的要求，因此，选用两个变量作为控制变量，当汽车处于不稳定状态时，汽车车身稳定性控制器可以根据整车模型和横摆参考模型控制变量之间的差值来判断需要的附加横摆力矩的大小。

汽车 ESP 控制器结构包括：整车模型的建立、二自由度参考模型、失稳状态的判定、车身稳定性控制器设计和附加横摆力矩的分配与实现，如图 2-15 所示。

首先，二自由度模型根据搭建的 CarSim 整车模型实时输出的参数，如方向盘转角和汽车的速度，计算出汽车的理想横摆角速度和质心侧偏角的值。通过计算出的理想横摆角速度和质心侧偏角值与汽车运行过程中的实际横摆角速度值进行比较，计算两者之间的差值，以此判断汽车的运行状态。

若汽车的运行状态不在稳定范围内，ESP 控制器开始工作。首先，ESP 控制器根据汽车当前的横摆角速度有效偏差计算出使汽车恢复稳定行驶状态所需要的附加横摆力矩的值，与此同时将附加横摆力矩 ΔM 传递给附加横摆力

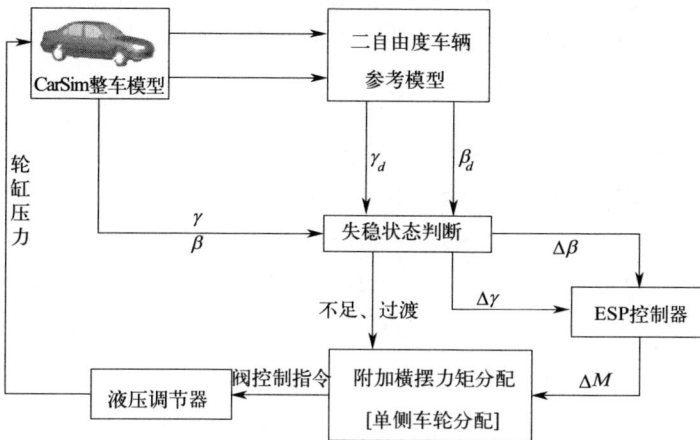

图 2-15　汽车 ESP 控制器总体结构

矩分配模块，然后根据汽车失稳状态判定模块输出的汽车的状态（不足转向或过度转向），采用差动制动的方式对不同的车轮进行制动，最后把液压调节器分配的各轮缸压力值反馈给 CarSim 整车模型进行汽车的控制。

2. 汽车失稳状态判定

当汽车以较高车速行驶在转弯的道路上时，如果路面的附着系数较低，则使得车辆的侧向力极易达到附着极限，使轮胎的侧偏特性进入非线性区域，最终导致车辆的理想横摆角速度、理想质心侧偏角与实际值产生一定的偏差，可以依据差值的大小判断汽车的稳定性。当差值较小，认为车辆是稳定的，反之，认为车辆处于不稳定状态，需要对车辆进行控制。也就是，若满足式（2-27），说明汽车处于稳定的状态，不需要对汽车进行控制，反之则需要通过控制器对车辆进行控制。

$$|\Delta\gamma = \gamma_r - \gamma_d| \leqslant e \tag{2-27}$$

式中，$\Delta\gamma$ 为理想横摆角速度与实际横摆角速度有效偏差值；γ_r 为实际横摆角速度；γ_d 为理想横摆角速度；e 为横摆偏差域，其大小取决于汽车的行驶速度。当车速比较小（小于 80km/h）时，发生侧滑的概率较小，可以将偏差域设置较大些，取 $e=2(°)/s$，当车速超过 80km/h 时，为了及时纠正车辆发生侧滑的可能，将偏差域设置小些，取 $e=1(°)/s$。

在车辆的稳定性控制研究，通常情况下将汽车的质心侧偏角 β 限制在 ±5° 范围之内，以确保车辆的稳定性，所以如果车辆的质心侧偏角在规定的 ±5° 范围值以内，则认为汽车处于稳定的状态；当质心侧偏角超过 5° 时，则认为汽车处于需要控制的准稳定状态。

汽车车身稳定性控制器 ESP 在对车辆失稳状态进行判断中，无论是通过横摆角速度判定车辆出现失稳状态，还是通过质心侧偏角判定车辆处于失稳状态，此时应触发汽车 ESP 控制器工作。

3. 基于模糊 PID 的汽车车身稳定性控制器 ESP

采用自适应模糊 PID 控制的方法，设计能够保证车辆的横向稳定性的汽车 ESP 控制器。设置 ESP 控制器的输入变量为理想横摆角速度与实际横摆角速度的差值 e、理想质心侧偏角与实际质心侧偏角之间的差值 ec，输出变量为附加横摆力矩 ΔM。模糊推理过程有两个输入变量和三个输出变量，其中输入变量分别为差值 e 和 ec，输出变量分别为 K_p、K_i 和 K_d。

（1）精确量的模糊化过程

输入变量 e、ec 和输出变量 K_p、K_i、K_d 的基本论域为 $[-6，6]$、$[-20，20]$ 和 $[-1，1]$。对输入输出变量进行离散化，选择的离散范围应当适中，确保结果的有效性。选取输入和输出论域均为 $[-1，-0.8，-0.6，-0.4，-0.2，0，0.2，0.4，0.6，0.8，1]$。

设偏差 e 的基本论域为 $[-t，t]$，而 e 的模糊集论域为 $[-g，-g+1，\cdots，0，\cdots，g-1，g]$，可以得到量化因子公式 $K_e=t/x_{\max}$。最后求出模糊化的量化因子是：$K_e=1/6$，$K_{ec}=1/20$，$K_u=1$。

（2）确定模糊子集

模糊子集选取的合适与否直接影响到控制器计算量的大小，因此一定要选择合适的模糊子集。一般情况下选择语言变量来描述模糊子集，例如：{正大，正中，正小，零，负小，负中，负大}。分别用符号 PB、PM、PS、O、NS、NM、NB 表示正大、正中、正小、零、负小、负中、负大。

（3）选择隶属函数

通常情况下隶属函数的选取是根据经验总结得来，设输入变量和输出变量隶属函数如图 2-16。

（4）制定模糊规则

建立模糊规则是整个模糊控制器的核心部分，好的模糊规则不仅能够消除系统中存在的误差，还能够把超调量的值控制在合理的范围之中。通过理论分析以及专家经验，归纳出以下整定原则：

① 当 $|e|$ 的值比较大时，为了使系统具有良好的追踪性能，应取较大的 K_p，较小的 K_i，同时限制 K_d 的大小，从而获得较强的抗干扰能力。

② 当控制器的两个输入变量大小适中时，这时应该选择较小的 K_i 值，以确保能够相应地减少超调量。不仅如此，还需要把其他两个值控制在合理的适中范围内，这样就可以保证减少超调量的同时，保证系统的响应稳定性和响应

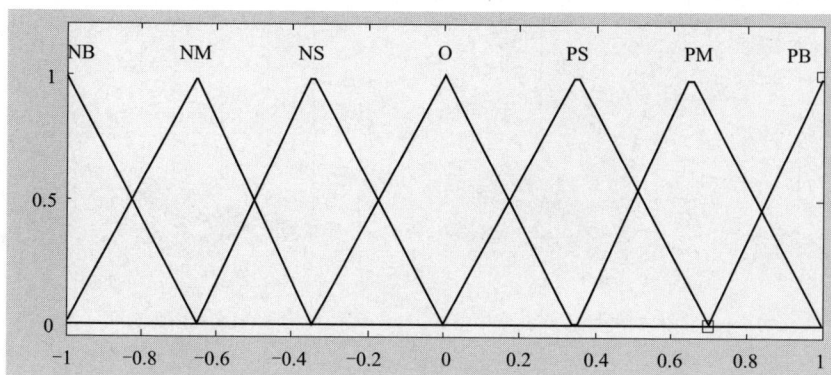

图 2-16　隶属函数

的速度。

③ 当 $|e|$ 的值很小时，应选择较大的 K_p 和 K_i 值，并且 K_d 的值也应该选择适中大小，这样就可以保证系统具有较好的稳态性能，同时避免在设定值附近发生振荡现象。

如表 2-4 所示，建立 K_p、K_i、K_d 的模糊规则。

表 2-4　$K_p/K_i/K_d$ 的模糊规则表

e	ec						
	NB	NM	NS	O	PS	PM	PB
NB	PB/NB /PM	PB/NB /NS	PM/NM /NB	PM/NM /NB	PS/NS /NB	PS/O /NM	O/O/PS
NM	PB/NB /PS	PB/NB /NS	PM/NM /NM	PS/NS /NM	PS/NS /NM	O/O/NS	NS/O/O
NS	PM/NM /O	PM/NM /NS	PM/NS /PM	PS/NS /NM	O/O/NS	NS/PS /NS	NM/PS /O
O	PS/NM /O	PM/NM /NS	PS/NS /NS	O/O/NS	NS/PS /PS	NM/PM /NS	NM/PM/O
PS	PS/NM /O	PS/NS /O	O/O/O	NS/PS/O	NS/PS/O	NM/PM /O	NM/PB /O
PM	PS/O /PB	O/O/NS	NS/PS /PS	NM/PS /PS	NM/PM /PS	NB/PB /PS	NB/PB /PB
PB	O/O /PM	O/O/PM	NM/PS /PM	NM/PM /PS	NM/PM /PS	NB/PB /PB	NB/PB /PB

在“Mamdani”模糊推理下输出，得到的模糊推理输出曲面如图 2-17 所示。

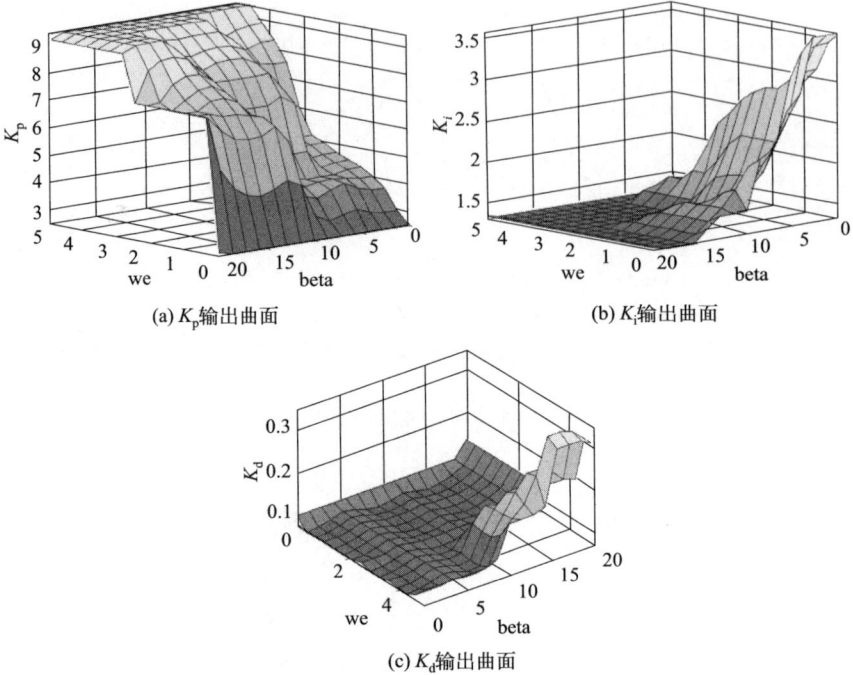

(a) K_p输出曲面

(b) K_i输出曲面

(c) K_d输出曲面

图 2-17　模糊推理输出曲面

依据上述制定的模糊控制规则表，进行合理的模糊化和去模糊化，对输出变量进行动态整定，整定规则如式 2-28 所示：

$$\begin{cases} K_p = K_{p0} + \Delta K_p \\ K_i = K_{i0} + \Delta K_i \\ K_d = K_{d0} + \Delta K_d \end{cases} \qquad (2\text{-}28)$$

式中，K_{p0}、K_{i0}、K_{d0} 为 K_p、K_i、K_d 的预整定值，采用常规的整定方法得到。

PID 参数的修正过程，主要是靠控制系统在线运行期间，对模糊规则经过结果处理、查表以及运算等一系列过程完成的。其中汽车车身稳定性控制器 ESP 中的模糊控制模块如图 2-18 所示。

4. 横摆力矩轮间分配与实现

（1）横摆力矩轮间分配

在车辆的横向稳定性控制中，通常采用制动或者转向等执行方式进行控制。在 ESP 控制器中，采用差动制动方式对汽车横向稳定性进行控制。

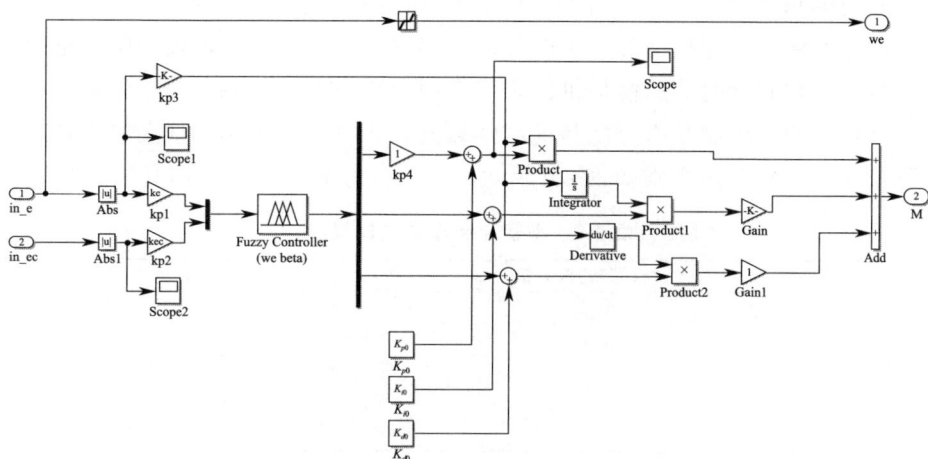

图 2-18 自适应模糊 PID 控制器

在车辆转向制动的过程中，因车轮所处的位置以及方向盘转角等的影响，使得即使车轮受到相同的制动压力，其产生的附加横摆力矩的大小和方向也是不相同的，因此有必要对车辆的不同车轮的制动效率进行研究分析。汽车在运动的过程中，如果对其中的每个车轮单独制动，则由制动力产生的附加横摆力矩的对应值，如图 2-19 所示。

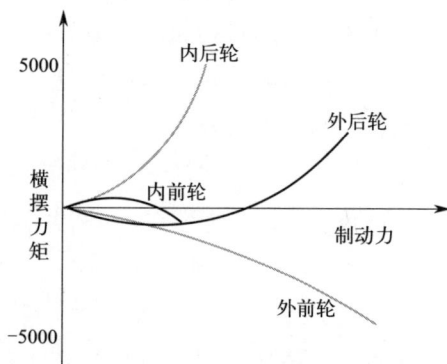

图 2-19 制动时车轮产生的附加横摆力矩

可以看出，汽车在行驶过程中，对车辆的内后轮或者内前轮进行制动，此时产生的横摆力矩的方向相同，且内后轮横摆力矩变化的幅度远远大于内前轮，但是，随着制动力逐渐增大，内前轮产生的附加横摆力矩呈下降趋势，甚至会产生方向相反的横摆力矩。同样，若对外前轮和外后轮制动时，车辆产生的横摆力矩的值为负，当制动力较小时，外后轮的制动效率大于外前轮，当制动力较大时，外前轮的制动效率远远高于外后轮，且当制动力大于一定值时，外后轮产生的横摆力矩的方向变为正值。

因此，采用差动制动的方式对车辆进行稳定性控制时，需要考虑如何分配横摆力矩。横摆力矩的分配方式主要分为单轮制动和单侧制动，前者主要是通过对制动效率较高的车辆进行制动来达到纠正汽车运行状态的目的，其优点显而易见，即可以充分发挥车轮的制动潜力，以至于车辆不会发生状态突变。但是当纠正汽车运行状态所需的横摆力矩较大时，单轮制动就无法满足要求，因此，采用单侧横摆力矩分配的方式对车辆进行横向稳定性控制。

设计的横摆稳定控制器，主要采取单侧制动的方式对车辆施加附加横摆控制力矩。单侧制动时，所能提供的附加横摆力矩更大，每侧各个车轮制动效率不一致，每侧前后制动力分配与前后轴载荷成比例。其中车辆横向稳定性模糊控制器的制动轮选择规则如表 2-5 所示（选择向左转向为正方向）。

表 2-5　车辆控制车轮选择规则

方向盘转角	横摆角速度差值	车辆状态	制动车轮选择
$\delta > 0$	$\Delta w > e$	过度转向	右前及右后
	$\Delta w < -e$	不足转向	左后及左前
$\delta < 0$	$\Delta w > e$	不足转向	右后及右前
	$\Delta w < -e$	过度转向	左前及左后
转角无限制	$e > \Delta w > -e$	稳定状态	无选择

（2）轮缸压力计算与调节

汽车 ESP 控制器通过计算出能够使车辆恢复稳定状态所需要的附加横摆力矩的大小，然后对横摆力矩进行轮间分配，最终根据附加横摆力矩的值计算出制动车轮所需的目标轮缸压力。

首先计算轮胎所受地面制动力。

对前外轮：

$$\Delta M_{\text{fr}} = -\Delta F_x d_1 - (\Delta F_{y0} - \Delta F_y) d_2 \tag{2-29}$$

对前内轮：

$$\Delta M_{\text{fl}} = -\Delta F_x d_1 - (\Delta F_{y0} - \Delta F_y) d_2 \tag{2-30}$$

对后内轮：

$$\Delta M_{\text{r1}} = \Delta F_x \frac{d}{2} \tag{2-31}$$

对后外轮：

$$\Delta M_{\text{r2}} = \Delta F_x \frac{d}{2} \tag{2-32}$$

车轮受到的地面制动力与轮缸目标压力存在如下关系：

$$\Delta F_x = P_d \cdot \frac{\pi D_w^2}{4} \cdot n \cdot C \cdot \frac{R_b}{r_d} \tag{2-33}$$

根据式（2-33）计算出车轮制动轮缸的目标压力：

$$P_d = \frac{8 r_d}{\pi D_w^2 n C R_b d} \cdot \Delta M \tag{2-34}$$

四、主动前轮转向系统 AFS 控制器

目前，主动前轮转向系统（active front steering）被越来越多地应用于汽车，不仅能够提高汽车的稳定性，而且对于降低事故发生率具有很大的帮助。它主要依靠对汽车施加一个附加转角，来改善汽车的操纵稳定性。AFS 控制器是基于二自由度线性汽车模型的基础上建立的，该控制器主要是在轮胎线性

范围内起作用，通过控制前轮转角来消除理想状态与汽车实际状态的误差，进而改善汽车的操纵稳定性。由于路面附着系数、车速等参数在汽车行驶过程中随着行驶条件的变化而变化，为了提高汽车系统对于参数不确定性的鲁棒性，采用滑模控制理论设计 AFS 的控制策略。

1. 滑模控制理论

滑模变结构控制是依据系统的实时变化，以及系统所处的状态、偏差及导数值的大小，通过采用理想开关的控制方法，对控制量的大小和符号进行控制，以满足控制系统所处的不同控制区域，保证系统的状态能够在切换线附近来回运动，直到系统运动状态变成切线的滑动为止的特殊非线性控制系统。以单输入、单输出为例，说明典型的可控非线性系统的控制原理。

$$\begin{cases} \dot{x}_1(t) = x_2(t) \\ \dot{x}_n(t) = f[\boldsymbol{x}(t)] + g[\boldsymbol{x}(t)]u(t) + d(t) \end{cases} \tag{2-35}$$

式中，$d(t)$ 为扰动量；$\boldsymbol{x}(t) = [x_1(t), \cdots x_n(t)]^{\mathrm{T}}$ 为状态向量；$u(t)$ 为控制变量；$f[x(t)]$、$g[x(t)]$ 为非线性函数关系。

假设被控问题为 $x_1(t)$，跟踪所需的轨迹为 $x_2(t)$，因模型和扰动的不确定性，定义跟踪误差为：

$$e(t) = x_1(t) - x_2(t) \tag{2-36}$$

其中误差的动态特性可以由空间的滑动平面来表示，设该平面为 $s(t) = 0$，则 $s(t)$ 的表达式为：

$$s(t) = c_1 e(t) + \dot{e}(t) \tag{2-37}$$

式中，c_1 满足 $s(t) = 0$ 时得到可以接受的误差瞬态特性。如果选择的被控对象 $e(t)$ 使其满足 $s(t) \cdot \dot{s}(t) < 0$，则闭环动态特性在 $s(t) = 0$ 面上"滑动"，并达到 $s(t)$ 逐渐趋于零的状态。图 2-20 是对滑模控制方法的几何解释。

若令 $s = 0$，可以得到在相平面 $(e, \dot{e})$ 中的切线方程为：

$$c_1 e + \dot{e} = 0 \quad c_1 > 0 \tag{2-38}$$

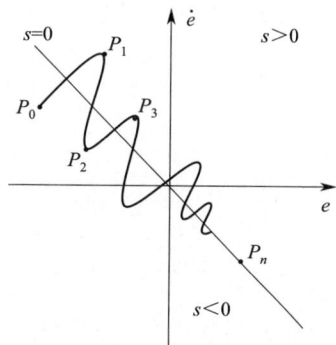

图 2-20　滑模控制方法的几何解释

由图 2-20 可知，切换线 $s = 0$ 将平面分成上下两部分 $s > 0$ 和 $s < 0$。设系统状态从 P_0 点沿着相轨迹开始出发。从理论上来说，在切换线 $s = 0$ 上，控制量 u 是不连续的，因此会导致系统与切换线相交时，出现立即切换控制的现象，也就是 $u^- \rightarrow u^+$，即

$$u=\begin{cases} u^-, & s<0 \\ u^+, & s>0 \end{cases} \qquad (2-39)$$

但在实际过程中，切换的过程是需要一定时间的，不可能瞬间完成，正是由于切换的延迟作用，使系统的状态按照原有的左区相轨迹继续运动到 P_1 点。这时，系统状态切换到右区的相轨迹上，且 $u=u^+$。接着，状态相轨迹沿右区运动，同样切换延迟，直至经过 P_2 点后又完成一次切换 $u=u^-$，如此循环，系统状态在切换线 $s=c_1 e+\dot{e}=0$ 附近来回切换运动，一直运动到理想的工作状态。当系统的切换速度较快时，就可以将系统状态的相轨迹限定在切换线上。这时图中波动的相轨迹就变成接近一条直线，称这时的切换线为滑移线。

为了保证系统在切换线 $s=0$ 的任何一个位置，系统状态的运动都能趋于切换线，控制系统还需满足以下条件：

$$s \cdot \dot{s}<0 \qquad (2-40)$$

称此条件为滑模控制的可达条件。

2. 基于滑模控制理论的主动前轮转向控制器设计

建立的主动前轮转向控制器（AFS）是基于参考模型的自适应滑模变结构控制器，主要包括两个部分，分别为理想二自由度参考模型部分和滑模控制器部分。滑模控制器的输入为汽车的实际横摆角速度与理想横摆角速度的差值 e，输出为 AFS 控制器的前轮附加转角 $\Delta\delta_f$。

（1）汽车二自由度线性模型

汽车二自由度线性模型可以变形为如下结构，如式（2-41）所示：

$$\begin{bmatrix} \dot{\nu}_y \\ \dot{\gamma} \end{bmatrix} = \begin{bmatrix} a_{11} & a_{12} \\ a_{21} & a_{22} \end{bmatrix} \begin{bmatrix} \nu_y \\ \gamma \end{bmatrix} + \begin{bmatrix} e_1 \\ e_2 \end{bmatrix} [\delta_f] \qquad (2-41)$$

式中，$a_{11}=\dfrac{-(C_f+C_r)}{m\nu_x}$；　$a_{12}=\dfrac{l_r C_r-l_f C_f}{m\nu_x}-\nu_x$；　$e_1=\dfrac{C_f}{m}$

$a_{21}=\dfrac{l_r C_r-l_f C_f}{I_z\nu_x}$；　$a_{22}=\dfrac{-(l_f^2 C_f+l_r^2 C_r)}{I_z\nu_x}$；　$e_2=\dfrac{l_f C_f}{I_z}$

（2）滑模控制器的设计

滑模控制的基本思路是首先在状态空间选取合适的滑模面，然后通过反馈控制系统的误差能够稳定在滑模面上，滑模控制的最大的优点就是对外界的扰动和非线性具有很好的适应性。

定义实际横摆角速度与理想横摆角速度的误差为：

$$e=\gamma-\gamma_d \qquad (2-42)$$

对式（2-42）求导得：

$$\dot{e}=\dot{\gamma}-\dot{\gamma}_d \tag{2-43}$$

控制器的目的就是找到规律使汽车的实际横摆角速度 γ 能够稳定在理想横摆角速度 γ_d 附近，选取滑模面 $s=0$，并且定义 $s=e$，将误差平面定义为滑模面，这样当状态到达滑模面时，称此时系统进入了滑动模态状态。

此时系统的动态特性为：

$$\dot{s}=-\lambda s$$

即

$$\dot{\gamma}-\dot{\gamma}_d=-\lambda(\gamma-\gamma_d) \tag{2-44}$$

式中，λ 为一切正的实数。$s=e$ 和式(2-44)分别保证了滑模运动的可达性和渐进稳定性。

将式(2-44)代入式(2-41)汽车二自由度线性模型，得到滑动模态下连续控制规律为：

$$a_{21}v_y+a_{21}\gamma+e_2\delta_f-\dot{\gamma}_d=-\lambda(\gamma-\gamma_d)$$

即

$$u_{ini}=\delta_f=\frac{1}{e_2}\left[-a_{21}v_y-a_{22}\gamma+\gamma_d-\lambda(\dot{\gamma}-\gamma_d)\right] \tag{2-45}$$

为了确保系统始终能够满足式(2-45)，且不受到系统扰动和参数不确定性的影响，当系统状态不在滑动平面之内时，为了确保系统能够到达滑动超平面需要加入监测系统，即定义如下切换规律：

$$u=u_{ini}-k\,\text{sgn}(s) \tag{2-46}$$

式中，k 为控制常数，其大小决定了状态变量到达滑模面的速度。该常数的大小必须足够大以满足滑模条件：

$$\frac{1}{2}\times\frac{\mathrm{d}}{\mathrm{d}t}s^2=s\cdot\dot{s}\leqslant-\eta|s| \tag{2-47}$$

式中，η 为正常数。

最终控制律为：

$$\delta_f=\frac{1}{e_2}\left[-a_{21}v_y-a_{22}\gamma+\gamma_d-\lambda(\dot{\gamma}-\gamma_d)\right]-k\,\text{sgn}(s) \tag{2-48}$$

为了避免滑模控制系统由于符号函数引起的颤振现象，用饱和函数（sat函数）代替符号函数（sgn函数），即式(2-48)变为如下：

$$\delta_f=\frac{1}{e_2}\left[-a_{21}v_y-a_{22}\gamma+\gamma_d-\lambda(\dot{\gamma}-\gamma_d)\right]-k\,\text{sat}(s/\varepsilon) \tag{2-49}$$

其中

$$\text{sat}(x)=\begin{cases}x,|x|\leqslant1\\\text{sgn}(x),|x|>1\end{cases} \tag{2-50}$$

式中，ε 为边界层厚度。

因为 δ_f 是前轮转角输入，所以所求的前轮调整角为：

$$\Delta\delta_f = \delta_f - \delta_{fd} \tag{2-51}$$

式中，δ_{fd} 为驾驶员输入的前轮转角。

3. AFS 控制器设计

AFS 控制器如图 2-21 所示，由 Carsim 汽车仿真模型将驾驶员输入的转角 SW，汽车的纵向、横向车速 v_x、v_y，汽车的实时横摆角速度以及质心侧偏角，经过二自由度汽车模型计算出滑模变结构控制器所需变量理想横摆角速度，差值 e，a_{21}，a_{22}，$1/e^2$，通过滑模变结构的控制方法，适时调整计算并输出控制量 δ_f，根据前轮转角与驾驶员输入角的偏差计算出前轮调整角，反馈给 CarSim，进而调节汽车的稳定性。

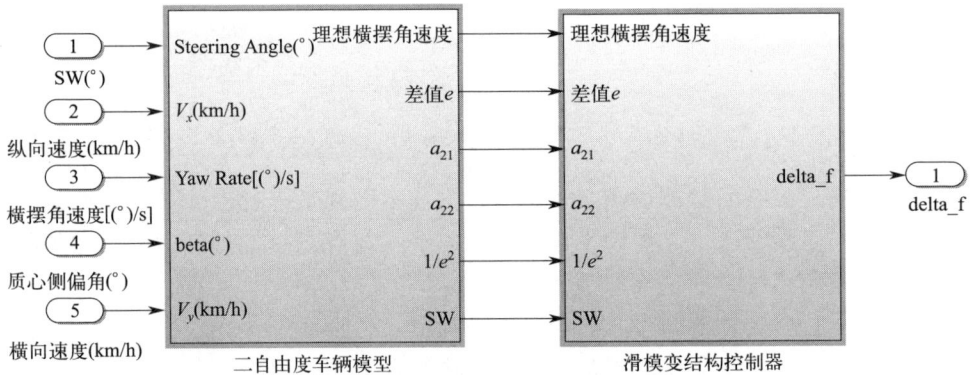

图 2-21　AFS 滑模控制器模型

（1）协调控制决策

根据汽车行驶状态的识别，制定出协调控制决策逻辑，如表 2-6 所示。

表 2-6　汽车状态逻辑决策

行驶工况判断	行驶状态		稳定性	状态码	执行系统
$\delta_f < \delta_{f\_Lin}$	$\dot{\gamma} < \dot{\gamma}_{thres}$	正常行驶	稳定	1	AFS
直线行驶	$\dot{\gamma} \geqslant \dot{\gamma}_{thres}$	分离系数路面制动	不稳定	2	ESP+AFS
$\delta_f \geqslant \delta_{f\_Lin}$ 转向行驶	$v_{ch}^2 > 0$	$v^2 \leqslant v_{ch}^2$ 不足转向	稳定	3	AFS+ESP
		$v^2 \leqslant v_{ch}^2$ 中性转向	稳定	4	AFS
	$v_{ch}^2 > 0$	$v^2 \leqslant -v_{ch}^2$ 中性转向	稳定	5	AFS
		$v^2 > v_{ch}^2$ 激转	不稳定	6	ESP+AFS
		$v^2 = -v_{ch}^2$ 极度过度转向	临界稳定	7	ESP+AFS
		$v^2 < -v_{ch}^2$ 过度转向	稳定	8	AFS+ESP

如表 2-6 所示，当状态码处于 1、4、5 时，汽车处于稳定状态，只需要采

用 AFS 对汽车进行简单控制，当状态码处于 6、7、8 时，汽车处于过度转向、极度过度转向和激转的状态，对汽车进行协调控制，即将 ESP 控制器和 AFS 控制器按照一定的比例关系联合介入。

当 ESP 和 AFS 联合控制时，采用线性分配算法来分配两个控制器的占比，即对 ESP 和 AFS 分配相应的权重系数 q。

$$\begin{cases} \Delta M' = q \Delta M \\ \delta_f' = (1-q)\delta_f \end{cases} \tag{2-52}$$

当前轮调整角到达其最大可调范围时，说明此时汽车处于比较危险的工况，因此权重系数略高。

（2）控制实施

设置 CarSim 的输出、输入变量，如表 2-7 所示，验证汽车稳定性控制结果。

表 2-7　CarSim 输出、输入变量的设置

CarSim 输出变量		CarSim 输入变量	
符号	名称	符号	名称
Steer_SW/(°)	方向盘转角	IMP_PBK_L1/MPa	左前轮缸压力
Vx/(km/h)	纵向速度	IMP_PBK_R1/MPa	右前轮缸压力
AVz/(rad/s)	横摆角速度	IMP_PBK_L2/MPa	左后轮缸压力
Beta/(°)	质心侧偏角	IMP_PBK_R2/MPa	右后轮缸压力
		IMP_Steer_L1/(°)	左前轮方向盘转角
		IMP_Steer_R1/(°)	右前轮方向盘转角

通过对这些输入输出接口进行定义，可以快速并且准确的实现 CarSim 和 Simulink 各模块之间的数据流通，实现联合仿真。

五、基于 ESP 和 AFS 协调控制系统仿真

1. 基于 ESP 和 AFS 的汽车稳定性控制模型

基于 ESP 和 AFS 协调控制的汽车稳定性控制系统如图 2-22 所示。由图可知，CarSim 整车模型将汽车的实时运行参数输出给汽车参考模型、ESP 控制器和 AFS 控制器，汽车状态识别系统通过计算，判断出汽车所处的运行状况，把汽车运行状况的信息输入给协调控制器，协调控制器根据汽车状态识别状态码控制 ESP 控制器和 AFS 控制器的运行状况，最终将附加横摆力矩和附加前轮转角输入给 CarSim 整车模型，对汽车车身稳定性进行控制。

2. 汽车行驶状态的识别

协调控制算法主要就是协调 ESP 控制器和 AFS 控制器之间的关系，通过判断汽车当前所处的状态，合理地分配两个控制器之间的任务。因此，汽车行

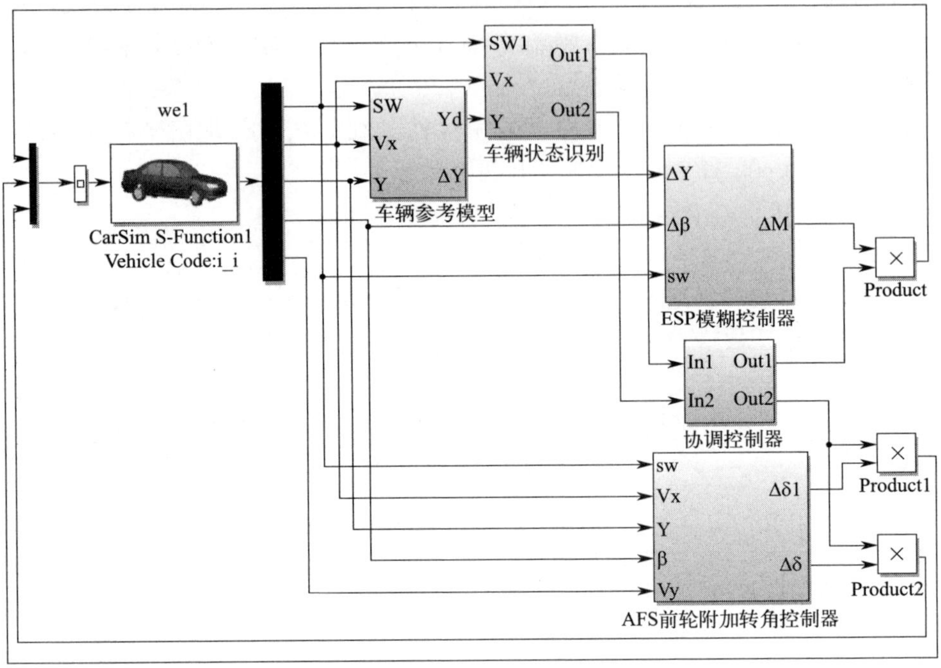

图 2-22　ESP 和 AFS 协调控制模型

驶状态的识别对于集成控制算法的准确性有着很大的影响。由汽车的线性二自由度模型可以推出：

$$s^2 + \frac{(I_z + ml_f^2)C_f + (I_z + ml_r^2)C_r}{I_z m v^2} + \frac{C_f C_r l^2 + mv^2(C_r l_r - C_f l_f)}{I_z m v^2} = 0$$

$$(2\text{-}53)$$

根据 Hurwitz 稳定性判定依据，系统的稳定性条件为一次项系数和常数项必须为大于零的数。由常数项系数为正，所以可以得到稳定性条件为：

$$C_f C_r l^2 + mv^2(C_r l_r - C_f l_f) > 0 \qquad (2\text{-}54)$$

即：
$$1 + \frac{v^2}{v_{ch}^2} \geqslant 0, \ v_{ch}^2 = \frac{C_f C_r l^2}{m(C_r l_r - C_f l_f)} \qquad (2\text{-}55)$$

其中，v_{ch}^2 为汽车的特征车速，其正负性由 $C_r l_r$ 和 $C_f l_f$ 的大小决定，即：

$$\begin{cases} v_{ch}^2 < 0, C_r l_r < C_f l_f \\ v_{ch}^2 \to \infty, C_r l_r = C_f l_f \\ v_{ch}^2 > 0, C_r l_r > C_f l_f \end{cases} \qquad (2\text{-}56)$$

$$
由此可知：
\begin{cases}
1+\dfrac{v^2}{v_{\mathrm{ch}}^2}>0，系统稳定 \\[2mm]
1+\dfrac{v^2}{v_{\mathrm{ch}}^2}=0，系统临界稳定 \\[2mm]
1+\dfrac{v^2}{v_{\mathrm{ch}}^2}<0，系统不稳定
\end{cases}
$$

汽车的稳定性取决于 v^2 与 v_{ch}^2 的比值，而由式(2-56)可知，v_{ch}^2 的值为常数。但是汽车在运行过程中情况十分复杂，因此前后轮的侧偏刚度值是会发生变化，导致特征车速 v_{ch}^2 的值也发生变化。

对于特征车速，主要根据方向盘转角、车速和横摆角速度等进行确定。

首先假定汽车作稳态圆周运动，则稳态横摆角速度增益为：

$$
\frac{\dot{\gamma}(t)}{\delta_{\mathrm{f}}(t)}=\frac{1}{l}\times\frac{v(t)}{1+v^2(t)/v_{\mathrm{ch}}^2(t)} \tag{2-57}
$$

由式(2-56)可以推出：

$$
v_{\mathrm{ch}}^2(t)=\frac{v^2}{1-\delta_{\mathrm{f}}v/(\dot{\gamma}l)} \tag{2-58}
$$

车速和转向半径的关系近似看为：

$$
\gamma=v/\rho \tag{2-59}
$$

式中，ρ 为转弯半径。

前轮转角：

$$
\delta_{\mathrm{f}}=\frac{l}{\rho}+\frac{l}{v_{\mathrm{ch}}^2}\times\frac{v^2}{\rho} \tag{2-60}
$$

即：$v_{\mathrm{ch}}^2>0$ 时，汽车为不足转向；$v_{\mathrm{ch}}^2<0$ 时，汽车为过度转向；$v_{\mathrm{ch}}^2\to\infty$ 时，汽车为中性转向。

综合上述的分析，汽车状态的识别过程为：

① 根据汽车的实际运行状况，如车速、前轮转角以及横摆角速度等计算推导出汽车的特征车速；

② 判断汽车的特征车速与实际车速的比值，来判断汽车具体状态，是处于不足转向、过度转向还是中性转向；

③ 判断汽车是处于直线行驶状态，还是转弯状况，依据是方向盘转角，当方向盘转角小于设定门限值时，认为汽车是直线行驶；

④ 根据横摆角速度来判断汽车是否处于稳定行驶状态。

3. 汽车 ESP 与 AFS 协调控制的仿真结果

（1）前轮角阶跃输入下转弯制动工况的仿真结果分析

汽车以较高车速在低附着路面转弯制动工况下，很容易发生危险状况，因此需要对汽车进行车身稳定性控制。前轮转角采用角阶跃输入，通过设置阶跃角的不同来模拟汽车大转角和小转角高速紧急制动的工况。选取阶跃角分别为200°、180°、160°，设置汽车开始制动前速度为100km/h，行驶2s后进行紧急制动，具体仿真条件设置如表2-8所示，仿真结果如图所示。

表 2-8　离线仿真条件

仿真工况	初始车速	制动工况	仿真时间	挡位控制	路面摩擦系数	阶跃角
1	100km/h	2s后紧急制动	15s	闭环四挡	0.2	200°
2	100km/h	2s后紧急制动	15s	闭环四挡	0.2	180°
3	100km/h	2s后紧急制动	15s	闭环四挡	0.2	160°

① 仿真工况 1：前轮角阶跃输入，阶跃角为 200°。

图 2-23 为前轮角阶跃输入，阶跃角为 200°，汽车车速 100km/h，在第 2s 时对汽车实施紧急制动，汽车的行驶状态如图 2-24 所示。由图 2-24 可知，仅安装普通 ABS 的汽车发生了严重的侧滑运动，而安装了 ESP＋AFS 控制器的汽车相比于仅仅安装 ESP 控制器的汽车更接近预定的行驶轨迹。

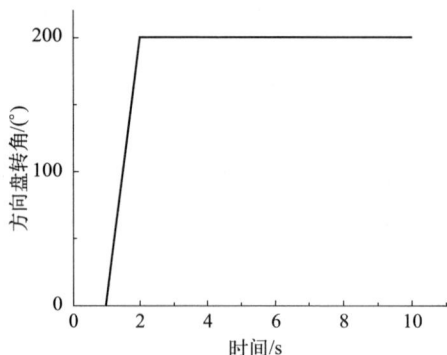

图 2-23　前轮转角角阶跃 200°

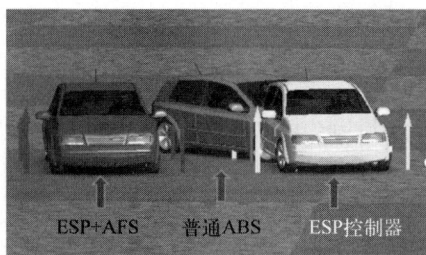

图 2-24　汽车行驶状态（阶跃角为 200°）

汽车以较高的车速行驶，当转弯制动时，由于路面附着系数较低，使得仅安装 ABS 的汽车的车轮抱死发生侧滑。图 2-25 中，仅安装普通 ABS 的汽车质心侧偏角在第 2s 时开始急剧增大，汽车发生激转，完全丧失控制。图 2-26 中，横摆角速度迅速升高，最高值达到 22.5(°)/s，汽车发生过度横摆。然而，安装 ESP＋AFS 控制器的汽车通过不断调整附加前轮转角和附加横摆力矩的作，使质心侧偏角几乎为零且一直稳定不变，汽车处于良好的运行状态。

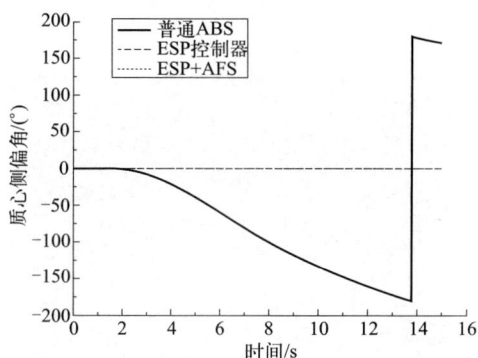

图 2-25　质心侧偏角（阶跃角为 200°）

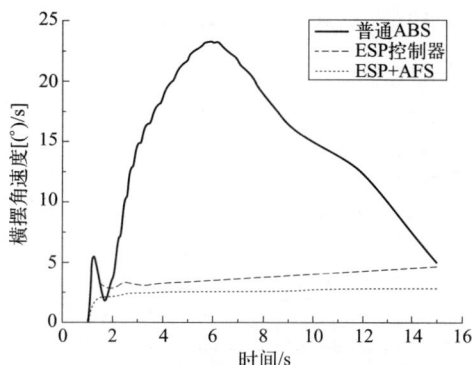

图 2-26　横摆角速度（阶跃角为 200°）

图 2-27 中，汽车在方向盘角阶跃输入时，都有轻微的侧倾，但是侧倾角很小，仅装 ABS 控制器的汽车由于侧滑导致极不稳定，而安装了 ESP＋AFS 控制器的汽车在 2s 左右就稳定在一定的范围，且安装了 ESP＋AFS 汽车的车身侧倾角比仅安装 ESP 控制器的汽车减小了 33.35％。图 2-28 中，由于低附着路面所提供的附着力较小，汽车转弯制动时很容易到达侧向加速度的极限值，仅装有普通 ABS 控制器的汽车侧向加速度波动较大，汽车稳定性差，而安装 ESP 控制器和 ESP＋AFS 控制器的汽车在 2.5s 左右，汽车达到稳定状态，且安装协调控制器的汽车稳定性要高于仅仅安装 ESP 控制器的汽车。

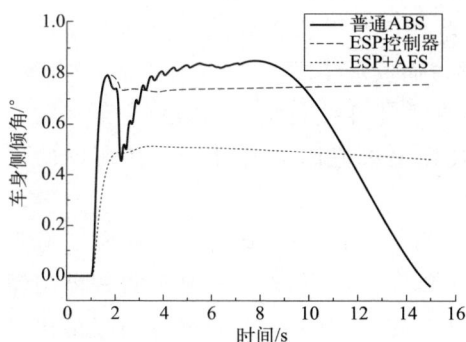

图 2-27　车身侧倾角（阶跃角为 200°）

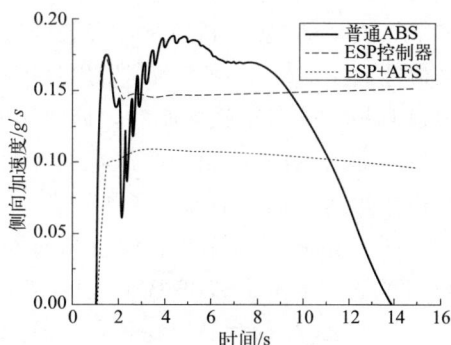

图 2-28　侧向加速度❶（阶跃角为 200°）

② 仿真工况 2：前轮角阶跃输入，阶跃角为 180°。

图 2-29 为前轮角阶跃输入，阶跃角为 180°，汽车车速 100km/h，汽车的

---

❶　图中 $g's＝9.8m/s^2$。

行驶状态如图 2-30 所示。

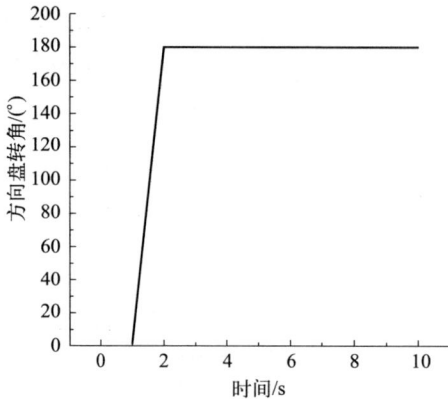

图 2-29　前轮转角角阶跃 180°

图 2-30　汽车行驶状态（阶跃角为 180°）

可以看出，仅安装普通 ABS 的汽车已经发生了严重的侧滑运动，而安装了 ESP＋AFS 控制器汽车相比于仅仅安装 ESP 控制器的汽车更接近预定的行驶轨迹。

在图 2-31 中，仅安装普通 ABS 的汽车质心侧偏角在第 2s 时急剧增大，使汽车发生激转，完全丧失控制，而安装 ESP＋AFS 控制器的汽车通过不断调整前轮转角和车轮的制动力，使车身保持稳定，质心侧偏角几乎为零且一直稳定不变，汽车处于良好的运行状态。

图 2-32 中，汽车在第 1s 时横摆角速度随着前轮转角角阶跃输入的增大而增加，当第 2s 紧急制动时，安装普通 ABS 的汽车的横摆角速度迅速升高，最高值达到 19.23(°)/s，汽车发生过度横摆，而安装 ESP＋AFS 控制器的汽车，通过对相应的车轮施加制动，使汽车的横摆角速度控制在较小的稳定范围，不难看出加入 AFS 控制器的汽车的横摆角速度最大值比单独的 ESP 控制器的汽车横摆角速度最大值减少了 45.6%。

图 2-33 中，汽车在方向盘角阶跃输入为 180°时，都有轻微的侧倾，但是侧倾角很小，仅装 ABS 控制器的汽车极不稳定，而安装了 ESP＋AFS 控制器的汽车在 2s 左右就稳定在一定的范围，且 ESP＋AFS 汽车的车身侧倾角比仅安装 ESP 控制器的汽车减小了 39.2%。

图 2-34 中，由于路面提供的附着力较小，导致汽车转弯制动时很容易到达侧向加速度的极限值，仅装有普通 ABS 控制器的汽车侧向加速度波动较大，汽车稳定性差，而安装 ESP 控制器和 ESP＋AFS 控制器的汽车在 2.5s 左右，汽车达到稳定状态，且安装协调控制器的汽车稳定性要高于仅仅安装 ESP 控制器的汽车。

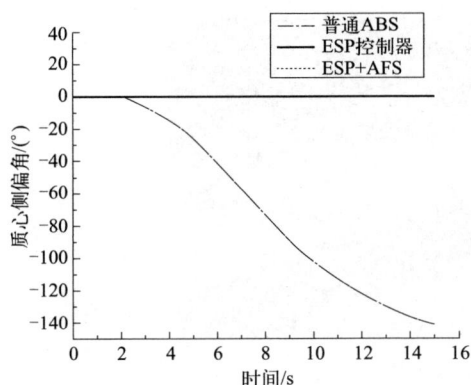

图 2-31　质心侧偏角（阶跃角为 180°）

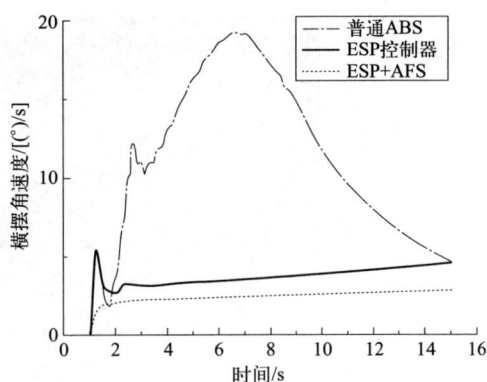

图 2-32　横摆角速度（阶跃角为 180°）

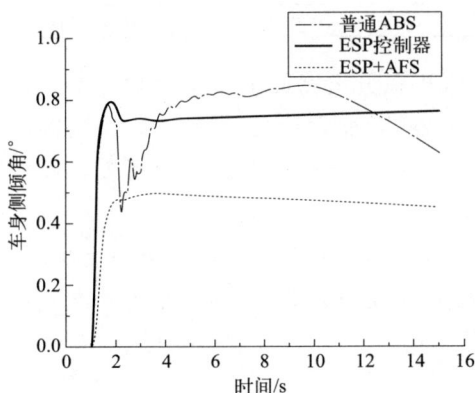

图 2-33　车身侧倾角（阶跃角为 180°）

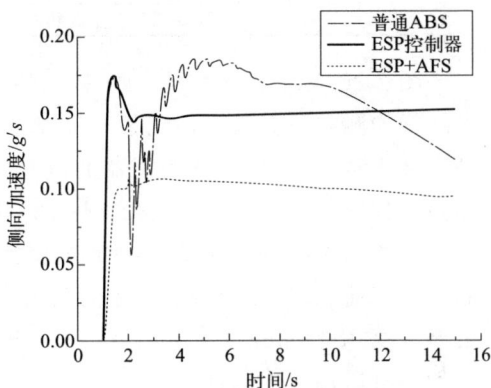

图 2-34　侧向加速度（阶跃角为 180°）

（2）分离路面高速紧急制动工况的仿真分析

所谓分离路面就是左右车道的附着系数不同的路面，也可以称为对开路面或者非对称路面。分离路面的附着系数可以分别设置为 0.1 和 0.8，路宽为 3.7m，如图 2-35 所示。

当汽车在分离路面上行驶遇到紧急状况需要制动时，传统的 ABS 制动系统无法满足对车轮的制动压力进行控制。当驾驶员紧急制动，急踩刹车时，车轮的制动力矩过大，导致车轮抱死。若此时后轮先抱死，由于左右车轮的制动力不等而产生使汽车不稳定的横摆力矩，发生激转，汽车方向稳定性受到威胁，是典型的危险工况。若前轮先发生抱死，汽车不随着驾驶员的意愿改变驾驶方向，汽车因失去转向能力而发生交通事故。由此可以判断，后轮先抱死对于汽车的方向稳定性影响较大。

具体的仿真条件设置如表 2-9 所示，仿真结果如图 2-36 到图 2-37 所示。

图 2-35　分离路面

表 2-9　离线仿真条件

初始车速	挡位控制	路面摩擦系数	仿真时间	制动工况
100km/h	闭环四挡	左轮 0.1，右轮 0.8	10s	2s 后紧急制动

　　图 2-36 中，安装普通 ABS 控制器的汽车在分离路面上紧急制动时偏离预设路线的侧向位移最大达到了－2.58m（向左），而无论是安装 ESP 控制器还是安装 ESP＋AFS 协调控制器的汽车基本上可以按照预设的路线行驶，最大侧向位移仅 0.001m，可以忽略不计。

　　图 2-37 中，安装控制器汽车的横摆角速度基本为零，汽车处于稳定状态，而安装普通 ABS 控制器的汽车的最大横摆角速度值为 57.4(°)/s，而且汽车在第 3s 左右横摆角速度由－24.5(°)/s 迅速升高到 57.4(°)/s，说明汽车发生严重的侧滑运动，极不稳定。

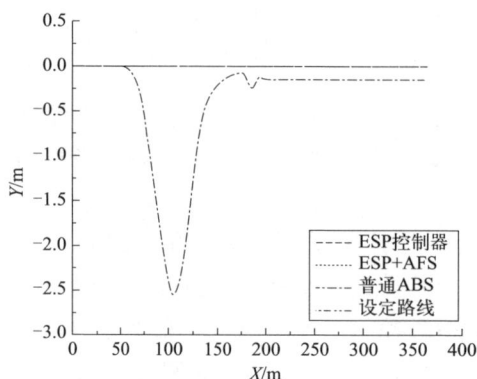

图 2-36　偏离设定路线的侧向位移

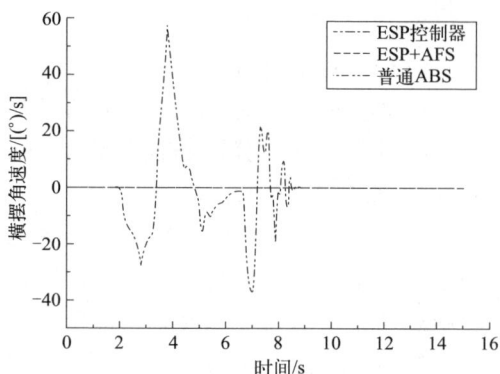

图 2-37　横摆角速度（分离路面）

　　图 2-38 中，安装普通 ABS 控制器的汽车在 3.3s 左右质心侧偏角最大，达15.34°，这是由于汽车发生了侧滑使汽车驶入高附着系数的车道，在 ABS 控

制器的作用下又迅速返回到原来车道，而安装 ESP 或 ESP＋AFS 控制器的汽车质心侧偏角为 0°。

图 2-39 中，安装普通 ABS 汽车的车身侧倾角在 3.3s 左右发生了巨变，由 −1.7°变为 3.7°，由于紧急制动时，汽车左右两侧车轮的制动力不同使汽车侧滑，偏离了原来的轨道，驶入附着系数较高的一侧车道，又由 ABS 制动的作用，使汽车又回到原来的轨道，所以车身侧倾角急剧变化，汽车处于极不稳定的状态，而安装 ESP 或 ESP＋AFS 控制器的汽车的车身侧倾角几乎为零，车身保持稳定状态。

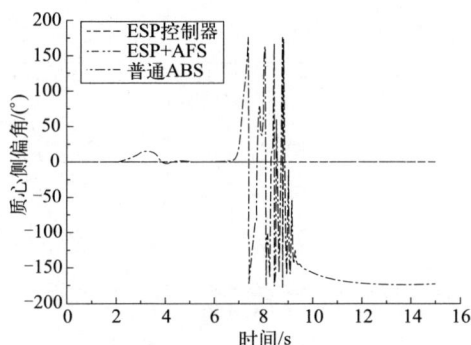

图 2-38　质心侧偏角（分离路面）

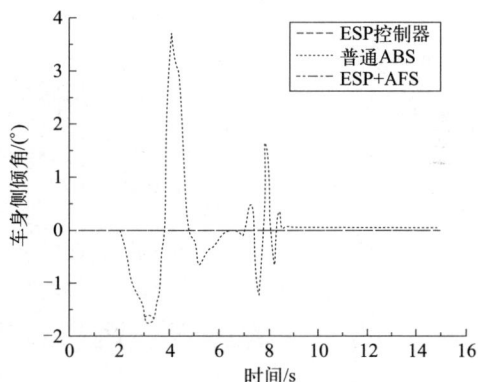

图 2-39　车身侧倾角（分离路面）

图 2-40 中，安装传统 ABS 控制器的汽车的制动距离为 119m，而安装 ESP 控制器的汽车，由于汽车的左侧车轮处于路面附着系数较低的道路上，制动力饱和，因此 ESP 控制器要自动减小右侧车轮的制动力来获得等效的横摆力矩，汽车的制动减速度要小得多，车速降低得慢，增加了制动距离，而协调控制器 ESP＋AFS，通过增加前轮附加转角来控制汽车的稳定性，进而获得较好的制动效果，制动距离为 115m，比传统的 ABS 的制动距离减少了 3.4%。

图 2-41 中，安装 ESP 控制器和协调控制器的汽车的侧向加速度与时间呈线性关系，最大值在 −0.04 左右，并且随着汽车速度的减小直至降为零，安装协调控制器的汽车在 6s 左右侧向加速度变为 0，汽车基本处于稳定状态，而安装普通 ABS 控制器的汽车的侧向加速度处于非线性区域，数值变化不定，汽车处于极不稳定的状态。

总结：将模糊控制与 PID 控制等方法结合起来，以汽车的横摆角速度和质心侧偏角作为控制变量，采用差动制动的方式建立自适应模糊 PID 控制器，改善了汽车的车身稳定性，进而保证了汽车在紧急制动工况下的安全稳定性。设计的采用滑模变结构控制方法控制的 AFS 控制器，通过前轮附加转角改善汽车的车身稳定性，并且基于汽车状态识别将 ESP 控制器和 AFS 控制器进行协调控制，使得每个部分都能发挥最大的效果，进而保证汽车最大程度上获得车身稳定性，提高制动效能，缩短制动距离。

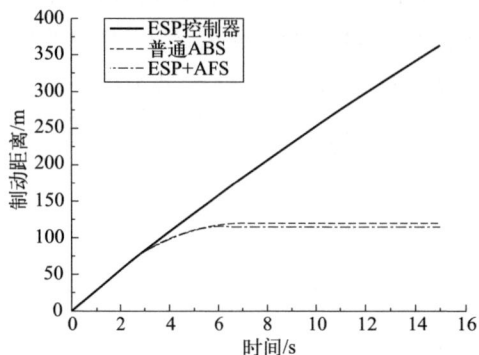

图 2-40　制动距离（分离路面）

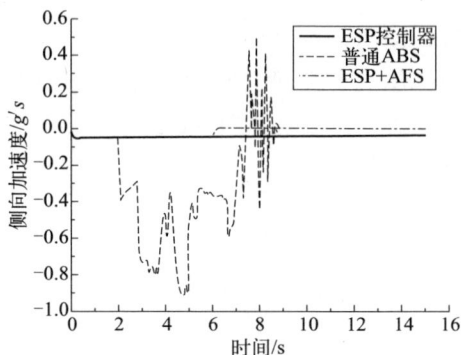

图 2-41　侧向加速度（分离路面）

第三节　汽车横摆与侧翻综合控制

对于汽车横摆稳定性控制和侧翻稳定性控制，横摆稳定控制器主要是对汽车横摆力矩进行控制，使汽车能够尽可能地按照驾驶员的意图行驶，而侧翻稳定性控制器是对汽车的最大侧向加速度进行控制。因此，设计"横摆＋侧翻"的综合控制策略，以最大限度地实现汽车的横摆与侧翻稳定性控制效果。

一、横摆与侧翻综合控制策略

汽车在低附着路面行驶时，汽车很难发生侧翻，主要出现横摆稳定性问题，而在高附着路面上，横摆与侧翻稳定性问题都有可能发生。因此在低附着路面上主要是横摆稳定性控制器在起作用，而在高附着路面上横摆稳定性控制器与侧翻稳定性控制器都有可能触发。横摆与侧翻综合控制系统可以判断出汽车先发生横摆还是先发生侧翻，进而优先激活相应的控制器，输出附加横摆力矩和紧急制动力，然后将附加横摆力矩分配给各个车轮，对将要发生的汽车横摆或侧翻运动进行实时调节，两种控制策略独立运行、互不干扰。

横向稳定性综合控制系统的控制目标是实现汽车横摆与侧倾运动的动力学稳定性综合控制。首先综合控制系统的传感器将会采集汽车的纵向加速度、侧向加速度和横摆角速度等信息，判断汽车当前的行驶状态，进而激活相应的稳定性控制器，通过相应的执行机构对汽车进行差动制动，对汽车横摆与侧翻稳定性进行控制，达到防止汽车横摆与侧翻的目的，提高极限工况下汽车的横向稳定性和操纵稳定性，其控制框图如图 2-42 所示。横摆稳定性控制器通过对汽车前外轮和后内轮进行差动制动，产生附加横摆力矩实现对汽车横摆、侧滑的控制。侧翻稳定性控制器通过对汽车前外轮施加制动力，降低汽车的侧向加速度，从而使侧翻系数维持在阈值范围内，防止汽车侧翻。

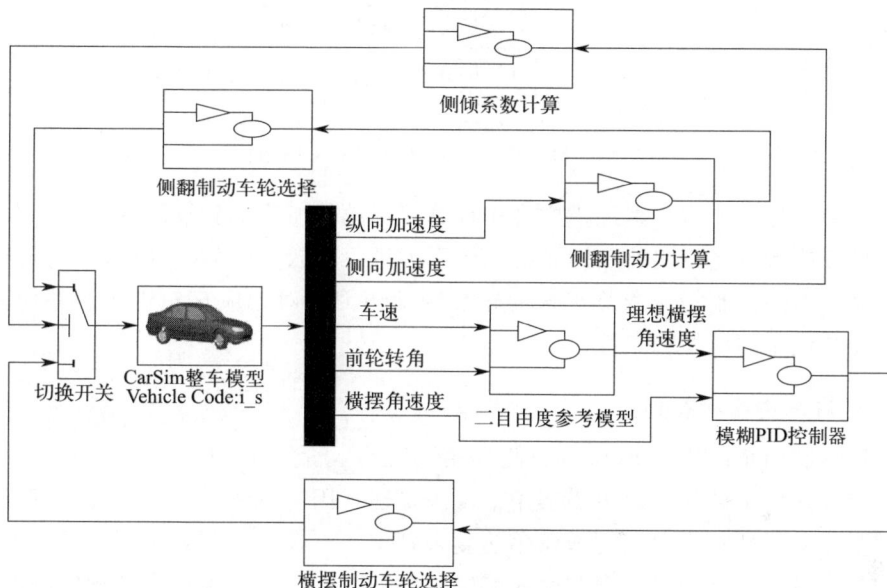

图 2-42　横摆与侧倾综合控制框图

二、汽车横摆稳定性控制

1. 汽车横摆稳定性控制器构成

结合选取的控制变量和控制执行方式，设计汽车横摆稳定性控制的总体结构如图 2-43 所示。首先以 CarSim 整车模型输出的方向盘转角作为线性二自由度汽车模型的输入，根据车辆的运动状态计算出当前条件下汽车的理想横摆角速度。将计算得到的理想横摆角速度与测得的汽车实际横摆角速度进行比较，通过计算两者的差值判断汽车的运行状态，设定横摆稳定控制器开启条件。

当汽车不满足稳定性条件时，横摆稳定控制器开始工作。首先，根据横摆角速度有效偏差计算出汽车恢复稳定行驶所需要的附加横摆力矩并对其进行轮间分配，由于产生横摆力矩的效率与施加在不同车轮上的制动力大小有关，为了提高横摆稳定性的控制效果，需要根据汽车的行驶状态选择效率较高的车轮

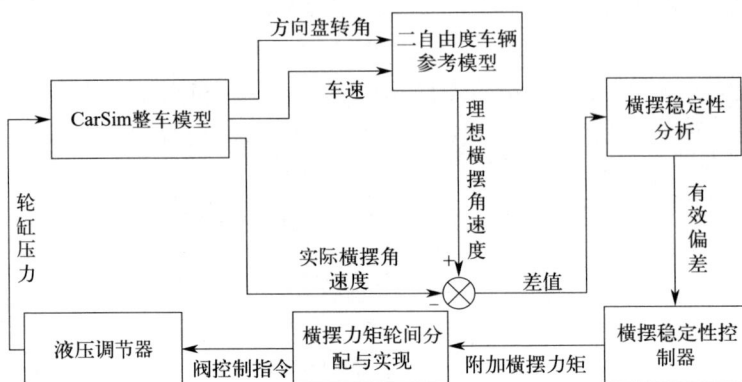

图 2-43　汽车横摆稳定性控制的总体结构

进行制动。然后，通过附加横摆力矩计算出制动轮所需的轮缸制动压力，并将它与估算或者测量得出的实际轮缸制动压力进行比较。最后，液压调节器通过电磁阀发出的控制指令调节车轮的轮缸制动压力，对相应车轮进行制动控制，从而保持汽车的横摆稳定性。

2. 汽车失稳状态判定

汽车航向角由横摆角和质心侧偏角两部分构成，它决定了汽车的行驶轨迹。汽车的稳定性能主要由横摆角速度来描述，因为汽车具有不足转向特性或者过多转向特性都可以通过横摆角速度来判定。汽车质心侧偏角可以反映汽车转弯时车身的轨迹偏离情况和侧向速度，因此，它主要用来描述车辆轨迹的保持问题。汽车的横摆角速度和质心侧偏角都可以反映汽车的横摆稳定状态，因此这两个参数常作为控制变量被应用在横摆稳定性控制中。

当汽车以较高车速行驶在转弯的道路上时，如果路面的附着系数较低，则使得汽车的侧向力极易达到附着极限，使轮胎的侧偏特性进入非线性区域，最终导致汽车的理想横摆角速度、理想质心侧偏角与实际值产生一定的偏差，因此，可以依据差值的大小来判断汽车的稳定性。当差值较小时，认为汽车是稳定的，反之，认为汽车处于不稳定的状态，需要对汽车进行控制。其中以横摆角速度作为判定的参照公式为：

$$|\Delta\gamma = \gamma_r - \gamma_d| \leqslant e \tag{2-61}$$

式中，$\Delta\gamma$ 为理想横摆角速度与实际横摆角速度有效偏差值；γ_r 为实际横摆角速度；γ_d 为理想横摆角速度；e 为横摆偏差域，其大小取决于汽车的行驶速度。当车速比较小（$v \leqslant 80\text{km/h}$）时，发生侧滑的概率较小，可以将偏差域设置较大些，取 $e = 2(°)/s$。当车速超过 80km/h 时，为了及时纠正汽车发生侧滑的可能，将偏差域设置小些，取 $e = 1(°)/s$。若满足式（2-61）说明汽车处于稳定的状态，不需要对汽车进行控制，反之则需要通过控制器对汽车进行控制。

在汽车的稳定性控制研究中，通常情况下将汽车的质心侧偏角限制在±5°范围之内，以确保汽车的稳定性。如果汽车的质心侧偏角在规定的±5°范围值以内，则认为汽车处于稳定的状态，当质心侧偏角超过5°时，则认为汽车处于需要控制的准稳定状态，需要开启稳定性控制器对汽车进行调节。

以横摆角速度的差值 $\Delta\omega_r$ 作为控制变量。为了避免横摆控制器频繁启动，设定门限值 $\Delta\omega_{r0}$，并根据 $\Delta\omega_{r0}$ 计算出 $\Delta\omega_r$ 的有效偏差 e，以此作为横摆稳定性控制器的实际输入。

有效偏差 e 可以按如下方法进行计算：

$$e = \begin{cases} \Delta\omega_r - \Delta\omega_{r0}^+, & \Delta\omega_r > \Delta\omega_{r0}^+ \\ 0, & \Delta\omega_{r0}^- \leqslant \Delta\omega_r \leqslant \Delta\omega_{r0}^+ \\ \Delta\omega_r - \Delta\omega_{r0}^-, & \Delta\omega_r < \Delta\omega_{r0}^- \end{cases} \tag{2-62}$$

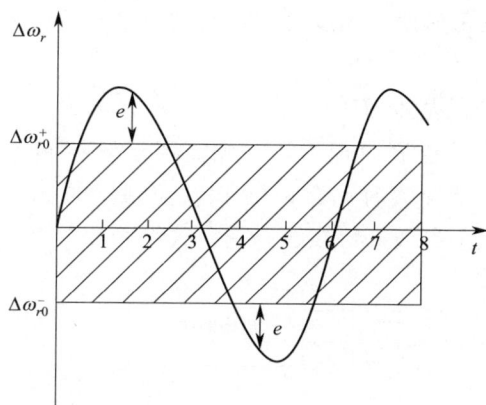

图 2-44　有效偏差计算示意图

由图 2-44 可知，当 $\Delta\omega_{r0}^- \leqslant \Delta\omega_r \leqslant \Delta\omega_{r0}^+$，即横摆角速度差值处在阴影范围时，其有效偏差 e 的值为零，此时横摆稳定控制器不会启动，而只有当 $\Delta\omega_r < \Delta\omega_{r0}^-$ 或 $\Delta\omega_r > \Delta\omega_{r0}^+$，即横摆角速度差值超出偏差带时才会触发控制器。

3. 基于模糊 PID 的汽车横向稳定控制器设计

汽车在行驶过程中存在的非线性时变特性，使汽车稳定性控制的难度大大提升。要保证汽车的车身稳定性，就是要控制好分布在轮胎上的侧向力和纵向力。车轮所受的侧向力和纵向力与作用在车轮上的垂向载荷、轮胎侧偏角和滑移率密不可分。因此，可以间接控制汽车轮胎侧偏角、垂向载荷等来控制汽车的车身稳定性。

模糊 PID 控制算法是把模糊控制方法与 PID 控制算法有效地结合起来，既克服了 PID 控制算法依赖较高精确度数学模型的缺点，又能够有效发挥模糊控制算法智能性和非线性的优点。

（1）模糊 PID 控制基本思想

模糊 PID 控制算法以模糊数学作为研究所需的理论依据，用模糊集的形式将规则的部分表示出来，并且将设计的这些模糊规则、评价指标、初始 PID 参数等信息作为知识存入计算机的知识库中，计算机可以根据控制系统的实际响应情况，使用模糊推理的方法，自动地实现对 PID 参数的调整。

模糊控制虽然对数学模型的依赖性比较弱，但是它具有非线性的特点和一定的智能性，而 PID 控制虽然对非线性较强的系统控制效果不太理想，但是它具有确定的结果，且对数学模型的精度要求很高。将模糊控制和 PID 控制进行有机结合组成模糊 PID 控制，模糊 PID 控制充分保留了二者的优点，既有模糊控制的非线性特点和一定的智能性，同时又具备了 PID 控制的确定结构。综合考虑控制变量横摆角速度与车轮制动力之间的关系，设计参数自适应的模糊 PID 控制器。

（2）模糊 PID 控制基本原理

自适应模糊 PID 的控制原理为：首先需要设置控制器的输入参数，然后通过输入参数的变化情况实时调整模糊 PID 控制器的三个参数；同时还可以依靠模糊规则对这三个参数进行在线修正。其结构如图 2-45 所示。

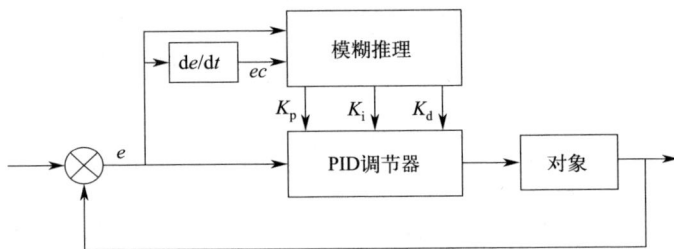

图 2-45　自适应模糊 PID 控制器结构

如若想要对 PID 控制器的三个参数进行模糊自整定，首先就是要明确并且找出定义的控制变量与 PID 控制器的三个参数之间存在的模糊关系。在仿真的过程中，实时监测定义控制变量的变化，通过模糊控制的原理来实现对 PID 三个参数值的在线修正，最终达到控制的目的，使得被控对象能够获得较好的动态、静态性能。

PID 控制器中三个参数（K_p、K_i、K_d）的作用如下。

K_p 又称比例系数，主要作用是保证系统的响应速度和调节精度。它过大过小都会直接影响系统的稳定。当 K_p 值过大时，由于系统的响应速度、调节精度过大，会导致系统出现超调而不稳定。K_p 值过小，系统的响应速度下降、调节精度降低，调节的时间增长，使系统的动态、静态性能变差。

K_i 又称积分系数，可以消除系统的稳态误差，K_i 值越大，系统的稳态误差消除的速度越快。K_i 的值不能过大，否则会出现积分饱和的现象，有可能导致超调，K_i 的值太小，会使系统误差消除过慢导致调节精度降低。

K_d 又称微分系数，可以预测偏差，并且抑制偏差的变化，改善系统的动态特性。但是 K_d 的值过大，会削弱系统的抗干扰能力，延长调节时间。

综上所述，在对 PID 控制的三个参数进行整定过程中，不仅要考虑它们各自的作用，还要分析它们之间的关联。

（3）模糊 PID 控制器设计流程

模糊 PID 控制器设计流程主要包括以下步骤：

① 对于控制器的输入输出变量的选择要合适；

② 把精确量变为模糊量，首先确定基本论域，选择合适的隶属度函数，进而计算出量化因子的值；

③ 确定语言变量、制定模糊规则表，进而进行模糊推理；

④ 模糊化和去模糊化，动态整定输出变量；

⑤ 设置采样时间，对设计控制器进行仿真验证，证明其可靠性和有效性。

（4）模糊 PID 控制器设计

采用自适应模糊 PID 控制方法设计汽车 ESP 控制器。设置 ESP 控制器的输入变量为理想横摆角速度与实际横摆角速度的差值 e、理想质心侧偏角与实际质心侧偏角之间的差值 ec，输出变量为附加横摆力矩 ΔM。其中模糊推理过程有两个输入变量和三个输出变量，其中输入变量分别为差值 e 和 ec，输出变量分别为 K_p、K_i 和 K_d。

① 精确量的模糊化过程。输入变量 e、ec 和输出变量 K_p、K_i、K_d 的基本论域为 $[-6,6]$、$[-20,20]$ 和 $[-1,1]$，然后对输入输出变量进行离散化，选择的离散范围应当适中，这样可以保证计算量不会过大，确保了结果的有效性。选取输入和输出论域均为 $[-1,-0.8,-0.6,-0.4,-0.2,0,0.2,0.4,0.6,0.8,1]$。

假设偏差 e 的基本论域为 $[-x_e,x_e]$，而 e 的模糊集论域为 $[-n,-n+1,\cdots,0,\cdots,n-1,n]$，可以得到模糊化后的量化因子公式 $K_e=n/x_{e\max}$。最后得到模糊化的量化因子为：

$$K_e=1/e=1/6, K_{ec}=1/ec=1/6, K_u=u=1$$

② 确定模糊子集。模糊子集选取得合适与否直接影响到控制器计算量的大小，因此一定要选择合适的模糊子集。一般情况下选择语言变量来描述模糊子集，设计的控制器的模糊子集如下所示。

{正大，正中，正小，零，负小，负中，负大}，其中，PB＝正大；PM＝正中；PS＝正小；O＝零；NS＝负小；NM＝负中；NB＝负大。

③ 选择隶属函数。隶属函数的选取，通常是根据经验选取的，作用是将 0～1 之间的数分配给不同的子集。

设输入变量 e、ec 和输出变量 K_p、K_i、K_d 都服从高斯分布，其隶属函数如图 2-46 所示。

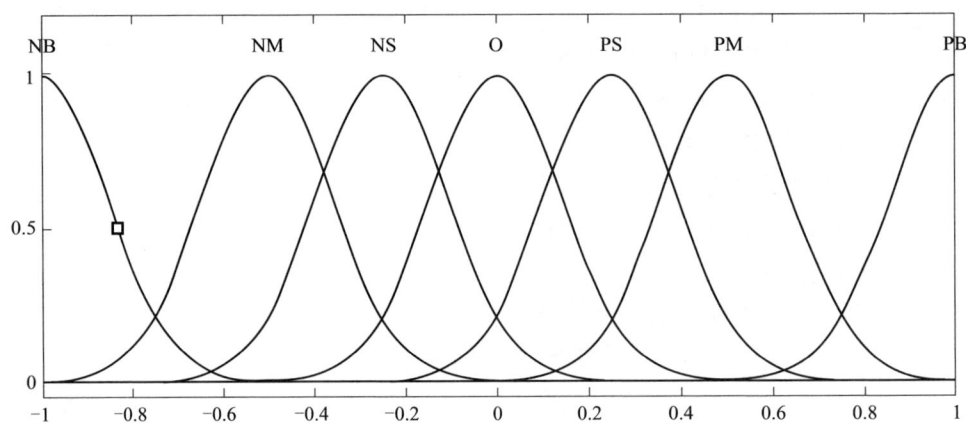

图 2-46　输入与输出的隶属函数

④ 制定模糊规则。建立模糊规则是整个模糊控制器的核心部分，好的模糊规则不仅能够消除系统中存在的误差，还能够把超调量的值控制在合理的范围。整定原则如下：

当 $|e|$ 的值比较大时，为了使系统具有良好的追踪性能，应取较大的 K_p，较小的 K_i，同时限制 K_d 的大小，从而获得较强的抗干扰能力；

当控制器的两个输入变量大小适中时，这时应该选择较小的 K_i 值，以确保能够相应地减少超调量，不仅如此，还需要把其他两个值控制在合理的范围内，这样就可以在减少超调量的同时，保证系统的响应稳定性和响应的速度；

当 $|e|$ 的值很小时，应选择较大的 K_p 和 K_i 值，并且 K_d 的值也应该选择适中大小，这样就可以保证系统具有较好的稳态性能，同时避免在设定值附近发生振荡现象。

控制目标和该领域专家的控制策略可以用模糊控制规则来表征，它由模糊条件语句组成，通过借鉴专家经验，根据被控对象的行为特性编写而成，模糊推理语句的表示形式一般为"If…then…"。无论条件如何多变，经过推理决策以后只有一个结果。

应用"if e and ec then Kp、Ki、Kd"来描述控制规则，得到 49 条模糊控制规则：

If(e is NB)and(ec is NB)then(Kp is PB)(Ki is NB)(Kd is PS)

If(e is NM)and(ec is NB)then(Kp is PB)(Ki is NB)(Kd is PS)

……

建立 K_p、K_i、K_d 的模糊规则如表 2-10～表 2-12 所示。

表 2-10 K_p 的模糊规则表

e	ec						
	NB	NM	NS	O	PS	PM	PB
NB	PB	PB	PM	PM	PS	O	O
NM	PB	PB	PM	PS	PS	O	NS
NS	PM	PM	PM	PS	O	NS	NS
O	PM	PM	PS	O	NS	NM	NM
PS	PS	PS	O	NS	NS	NM	NM
PM	PS	O	NS	NM	NM	NM	NB
PB	O	O	NM	NM	NM	NB	NB

表 2-11 K_i 的模糊规则表

e	ec						
	NB	NM	NS	O	PS	PM	PB
NB	NB	NB	NM	NM	NS	O	O
NM	NB	NB	NM	NS	NS	O	O
NS	NB	NM	NS	NS	O	PS	PS
O	NM	NM	NS	O	PS	PM	PM
PS	NM	NS	O	PS	PS	PM	PB
PM	O	O	PS	PS	PM	PB	PB
PB	O	O	PS	PM	PM	PB	PB

表 2-12 K_d 的模糊规则表

e	ec						
	NB	NM	NS	O	PS	PM	PB
NB	PS	NS	NB	NB	NB	NM	PS
NM	PS	NS	NM	NM	NM	NS	O
NS	O	NS	PM	NM	NS	NS	O
O	O	NS	NS	NS	NS	NS	O
PS	O	O	O	O	O	O	O
PM	PB	NS	PS	PS	PS	PS	PB
PB	PB	PM	PM	PM	PS	PS	PB

通过前面确定的模糊控制模块的输入和输出规则，在"Mamdani"模糊推

理下得到 K_p、K_i、K_d 的模糊推理输出曲面，如图 2-47 所示。

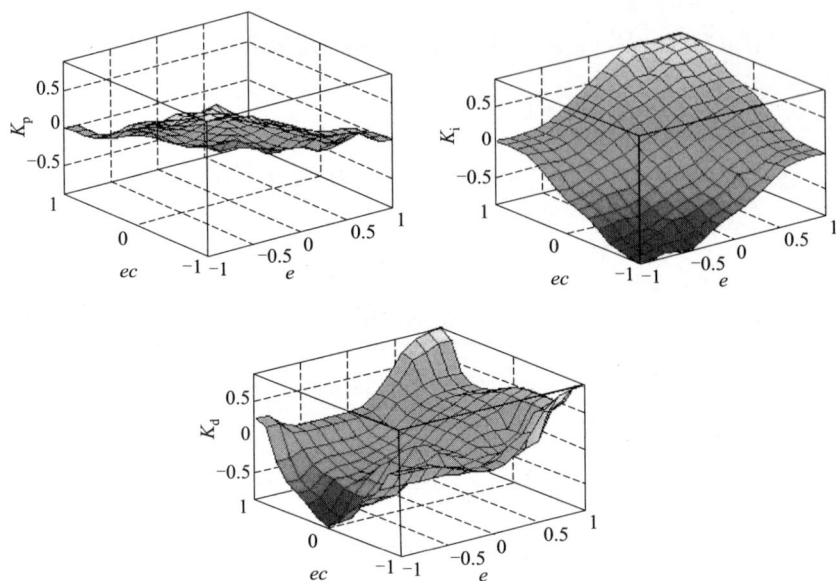

图 2-47　模糊推理输出曲面

根据模糊控制规则表，利用合适的模糊化和去模糊化方法，对输出变量进行动态整定，即

$$\begin{cases} K_p = K_{p0} + \Delta K_p \\ K_i = K_{i0} + \Delta K_i \\ K_d = K_{d0} + \Delta K_d \end{cases} \quad (2\text{-}63)$$

式中，K_{p0}、K_{i0}、K_{d0} 为 K_p、K_i、K_d 的预整定值，可以通过常规的整定方法得到。

控制系统在线运行的过程中，通过对模糊逻辑规则经过结果处理、查表和运算等过程，完成对 PID 参数的在线修正。模糊 PID 控制模块在 Simulink 中建模如图 2-48 所示。

（5）横摆力矩轮间分配与实现

① 横摆力矩轮间分配。在汽车的车身稳定性控制中，经常采用制动或者转向等执行方式进行控制，在 ESP 控制器的设计中，主要采用差动制动的方式对汽车的车身稳定性进行控制。

通过对汽车车身稳定性的分析可知，对制动轮施加制动力大小不同时，产生的横摆力矩大小和方向各不相同。对前内轮和后内轮施加制动时，汽车会出现过度转向趋势，而对前外轮和后外轮施加制动时，则会出现不足转向趋势，

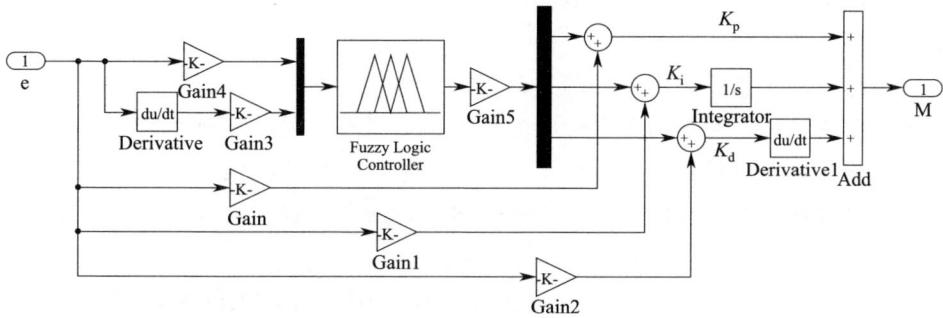

图 2-48 模糊 PID 控制器

其中前外轮和后内轮是对车身横摆力矩影响效率最高的两个车轮。在极限工况下，纠正汽车的过度转向需要施加一个负的横摆力矩，这时选择前外轮进行制动最为有效，而纠正汽车的不足转向需要施加一个正的横摆力矩，对后内轮进行制动效率最高。

通过前轮转角 δ（左转为正）以及横摆角速度差值 $\Delta\omega_r$ 的符号对汽车的行驶状态进行判断，选择需要控制的车轮，车轮选取规则如表 2-13 所示。

表 2-13 控制车轮选取规则

决策条件		决策结果	
前轮转角	横摆角速度差值 $\Delta\omega_r$	稳态响应	控制车轮
$\delta \geqslant 0$	$\Delta\omega_r > \Delta\omega_{r0}^+$	过多转向	右前轮
$\delta \geqslant 0$	$\Delta\omega_r < \Delta\omega_{r0}^-$	不足转向	左后轮
$\delta < 0$	$\Delta\omega_r > \Delta\omega_{r0}^+$	不足转向	右后轮
$\delta < 0$	$\Delta\omega_r < \Delta\omega_{r0}^-$	过多转向	左前轮
δ 为任意值	$\Delta\omega_{r0}^- < \Delta\omega_r < \Delta\omega_{r0}^+$	稳定状态	无

② 轮缸压力计算与调节。汽车 ESP 控制器通过计算出能够使汽车恢复稳定状态所需的附加横摆力矩的大小，然后对横摆力矩进行轮间分配，最终根据附加横摆力矩的值计算出制动车轮所需的目标轮缸压力。

三、汽车侧翻控制器

在高附着路面上，质心较高的 SUV 车型在高速急转弯或进行紧急避障等操作时，会产生较大的离心力，使轮胎动态的横向载荷发生转移，汽车可能会发生侧翻。此时，就需要对汽车的侧翻稳定性进行控制，通过降低汽车的车身侧倾角和侧向加速度来保证汽车的侧倾稳定性。

1. 汽车侧翻特征

汽车在行驶过程中，车身绕其轴线旋转较大的角度并与地面发生接触的现象叫作汽车侧翻。可能引起侧翻的因素有很多，包括驾驶员、道路条件和汽车结构等。

一般将汽车侧翻大致分为两类，分别是非绊倒侧翻和绊倒侧翻。前者是指汽车在做曲线运动时，由于惯性力的作用，使汽车的侧向加速度过大，轮胎动态横向载荷会发生转移，导致汽车内侧车轮悬空引起的侧翻。后者是由外物牵绊引起的侧翻，指行驶的汽车发生侧向滑移，侧滑过程中汽车与障碍物发生侧向撞击而被"绊倒"的侧翻。

在稳态转向下，汽车侧向加速度变化比较缓慢时发生的侧翻称为"准静态"侧翻。汽车开始侧翻时受到的侧向加速度（g）称为侧翻阈值，此值常被用来预估汽车的抗侧翻能力。汽车发生准静态侧翻时的阈值要比发生瞬态侧翻时的阈值大很多，为了研究瞬态侧翻稳定性控制策略，首先要了解汽车的侧倾响应特性。

2. 侧翻稳定性控制的基本理论

（1）汽车侧翻状态识别

汽车在稳态转向时，侧倾受力分析如图 2-49 所示。为了简化分析问题，近似认为汽车总质量与汽车簧载质量相等且两者的质心重合。图 2-49 中平面为汽车质心所在的横截面，其中，F_{zi}、F_{zo} 分别为汽车内外侧转向轮受到的地面垂直力，t 为汽车轮距，h 为汽车质心高度，e 为侧倾中心到汽车质心的距离，h_R 为侧倾中心高度，a_y 为汽车质心处的侧向加速度，m 为整车质量。

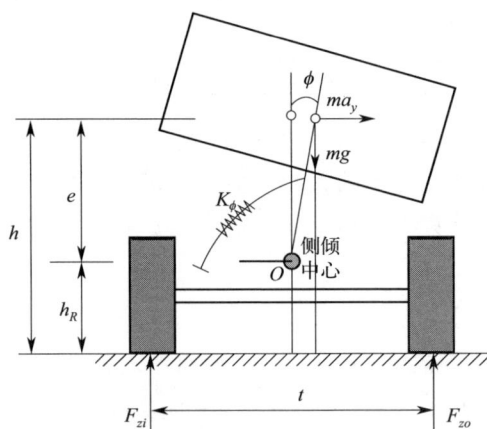

图 2-49　稳态转向时汽车侧倾受力分析

由图 2-49 可知，汽车绕侧倾中心的受力平衡方程为：

$$K_\phi \phi - mge\phi = ma_y e \tag{2-64}$$

式中，K_ϕ 为侧倾刚度。

汽车绕轮距中心的受力平衡方程为：

$$(F_{zo} - F_{zi}) \frac{t}{2} - mge\phi = ma_y h \tag{2-65}$$

根据式（2-64）可以求出汽车车身的侧倾角：

$$\phi = \frac{ma_y e}{K_\phi - mge} \tag{2-66}$$

根据式（2-65）可以求出汽车的横向载荷转移率为：

$$LTR = \frac{F_{zo} - F_{zi}}{F_{zo} + F_{zi}} = \frac{2}{t}\left(h\frac{a_y}{g} + e\phi\right) \tag{2-67}$$

联立式（2-66）、式（2-67）可得：

$$LTR = \frac{F_{zo} - F_{zi}}{F_{zo} + F_{zi}} = \frac{2}{t}\left(\frac{h}{g} + \frac{me^2}{K_\phi - mge}\right)a_y \tag{2-68}$$

假设如果有一侧车轮离开地面，则认为汽车发生了侧翻，这样就可以直接用 LTR 来描述汽车的侧翻状态，汽车发生侧翻时，$LTR = 1$、$F_{zi} = 0$，因此判断汽车是否发生侧翻可以通过监测车轮是否离开地面。LTR 由侧向加速度 a_y 决定，因此汽车是否侧翻也可以通过汽车当前的侧向加速度来判断。而通过式（2-67）可知，侧向加速度 a_y 又可以用侧偏角 ϕ 直接表示，所以 LTR 也可以由侧偏角 ϕ 决定，通过监测汽车当前的侧倾角也可以判断出汽车是否侧翻。

综上所述，可以通过监测车轮是否离开地面、横向载荷转移率、侧向加速度 a_y 或侧偏角 ϕ 是否超过控制系统设定的侧翻门限值等基本方法来判断汽车是否发生侧翻。

（2）控制方法的选择

通过分析可知，减小汽车的侧向加速度是防止汽车侧翻最直接有效的控制方法，而汽车的侧向加速度又可以表示为：

$$a_y = \frac{V_x^2}{\rho} = V_x(\omega_r + \dot{\beta}) \tag{2-69}$$

式中，ρ 为汽车质心轨迹的曲率半径；ω_r 为横摆角速度；$\dot{\beta}$ 为质心侧偏角的导数，V_x 为汽车纵向速度。

因此，可以通过降低车速或减小横摆角速度的方法来减小汽车侧向加速度，从而达到防止汽车侧翻的目的。结合当前汽车稳定性控制的发展现状，汽车的主动防侧翻控制可以通过差动制动或降低发动机转矩控制车速并减小汽车横摆角速度来实现。

3. 侧翻稳定性控制器构成

侧翻稳定性控制的基本思路是首先采用传统信号传感器对汽车轮速、侧向加速度、纵向加速度等信息进行监测，并估计汽车的侧倾状态，然后利用传感器监测的侧向加速度信息可以计算出汽车当前的侧倾系数。防侧翻控制器在侧倾系数超出设定的阈值时将立刻被激活，并根据纵向加速度计算出制动轮缸目标压力，通过液压调节器对汽车相应车轮施加紧急制动力适时调节汽车的侧向加速度，将侧倾系数控制在一定范围内，从而达到控制汽车侧翻稳定性的目的。汽车侧翻稳定性控制的总体结构如图 2-50 所示。

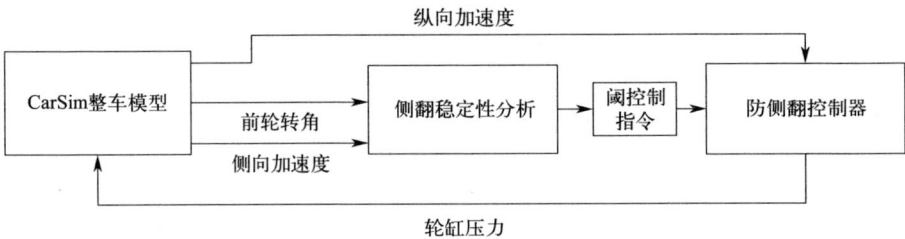

图 2-50 汽车侧翻稳定性控制的总体结构

4. 基于 LTR 的汽车防侧翻控制

（1）基于 LTR 的防侧翻控制原理

汽车的侧翻稳定性可以通过 LTR 确定，LTR 表示汽车的横向载荷转移率，即汽车内外侧车轮垂直载荷的转移量。

$$LTR = \frac{|F_{zo} - F_{zi}|}{F_{zo} + F_{zi}} \tag{2-70}$$

汽车内外两侧车轮的垂直载荷一旦发生转移，汽车开始侧倾，此时横向载荷转移率 $LTR < 1$，当 $LTR \geqslant 1$ 时，所有的垂直载荷全部由外侧车轮承担，内侧车轮悬空，汽车发生侧翻。考虑到现有传感器不易直接测量汽车轮胎的垂直载荷，因此，汽车的侧翻稳定性不能直接用 LTR 的值来衡量。

横向载荷转移率 LTR 可以近似表达为准静态侧倾系数 R：

$$\boldsymbol{R} = \frac{2h}{tg} a_y \tag{2-71}$$

由式（2-71）可知，侧倾系数与侧向加速度 a_y 有直接的关系，因此可以根据传统信号传感器监测到的侧向加速度信号计算出 R 的数值，然后利用静态门限控制方法防止汽车侧翻。

当 $|R| = 1$ 时，内侧车轮离开地面，汽车发生准静态侧翻，考虑到轮胎的弹性变形和悬架的侧倾，一般将汽车的准静态侧翻阈值取为 $|R| = 0.9$。然而

汽车的准静态侧翻阈值要远大于汽车在极限工况下的瞬态侧翻阈值，因此选取 $\hat{R}$ 为汽车瞬态侧翻阈值，当 $|R| \geqslant \hat{R}$ 时，汽车有潜在的侧翻危险，需要进行侧翻稳定性控制。

（2）制动轮选择与轮缸压力计算

侧翻稳定性控制主要通过差动制动的方式限制汽车的横摆运动使汽车具有不足转向特性，要达到差动制动的效果，可以对两前轮同时施加制动力，但内侧车轮在汽车高速急转弯时受到的垂直载荷要比外侧车轮要小得多，在制动力分配时内侧车轮也应小于外侧车轮，对左、右车轮施加的不同制动力将产生抑制汽车横摆的横摆力矩，从而防止侧翻。为了使汽车高效率地趋于不足转向，一般情况下只对前外轮进行制动。

根据前轮转角 δ 选择制动车轮，采用仅对前外轮施加制动的方式来控制汽车的侧翻稳定性，具体的选择方法如表 2-14。

表 2-14　侧翻稳定性控制车轮选择

决策条件		控制车轮
$\delta > 0$（左转）	$|R| \geqslant \hat{R}$	右前轮
$\delta < 0$（右转）	$|R| \geqslant \hat{R}$	左前轮
δ 为任意值	$|R| < \hat{R}$	无

对车轮施加的制动力大小为：

$$f_x = \begin{cases} 0 & , |R| < \hat{R} \\ ma_x & , |R| \geqslant \hat{R} \end{cases} \tag{2-72}$$

将计算出来的制动力转换为制动轮缸目标压力。当侧翻稳定性控制器工作后，计算出恢复汽车稳定所需的轮缸压力，并通过液压调节器制动相应车轮，适时调节汽车的侧向加速度，使侧倾系数维持在一定范围以内，防止汽车侧翻。

四、联合仿真分析

定义 CarSim 整车的输出变量有：纵向加速度（$g's$），侧向加速度（$g's$），汽车质心速度（km/h），方向盘转角（°），横摆角速度（°/s）。输入变量为 4 个车轮的轮缸压力：左前轮缸压力（MPa），右前轮缸压力（MPa），左后轮缸压力（MPa），右后轮缸压力（MPa）。

1. 高附着路面联合仿真

汽车在高附着路面上行驶时，横摆稳定性问题和侧翻稳定性问题均有可能发生，为验证横摆稳定性控制器的控制效果，对整车模型和控制策略进行典型工况（蛇形）下的仿真分析。为验证侧翻稳定性控制器的有效性，选取美国公路交通安全管理局（NHTSA）提出的汽车侧翻危险工况——鱼钩工况进行汽车侧翻仿真分析。具体仿真条件设置如表 2-15 所示。

表 2-15　具体仿真条件

工况	初始车速	附着系数	路线/方向盘转角	转向类型
1	60km/h	0.85	固定路线	蛇形
2	120km/h	0.85	294°	鱼钩

（1）仿真工况 1：蛇形转向

图 2-51 为设定的蛇形路线，汽车以 60km/h 的速度匀速直线行驶，行驶 18m 后进入最大侧向距离为 3.7m 的弯道，驶出弯道后继续直线行驶，如图 2-52 所示。可以看出，没有安装控制器的车辆发生了横摆，而安装综合控制器的车辆几乎完全按照预定轨迹行驶。由于车速较低，汽车侧向加速度较小，汽车没有侧翻危险，侧翻稳定性控制器没有被激活，此时横摆稳定性控制器处于工作状态。

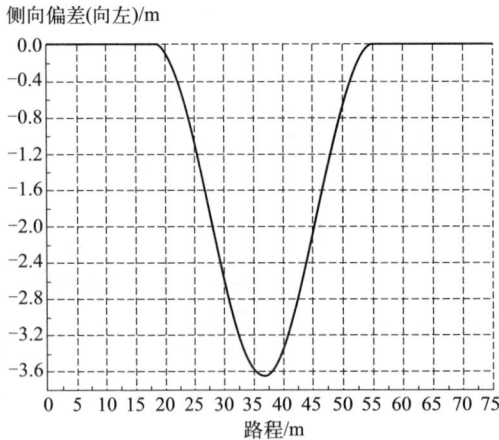

图 2-51　设定的蛇形路线

图 2-52　汽车行驶状态（蛇形转向）

图 2-53 中，直线行驶和弯道行驶阶段，两辆汽车均没有偏离预定路线，从弯道驶出的位置，没有安装控制器的车辆在巨大的离心力作用下偏离预定轨道，最大侧向距离为 1.3m，而安装控制器的车辆几乎没有发生横摆，最大侧向距离仅为 0.2m，减少了 85%。图 2-54 中，在 4.5s 左右，汽车即将驶出弯道时，横摆稳定控制器对汽车的横摆角速度进行控制，通过不断调节横摆角速度偏差，对相应车轮施加制动，使汽车横摆角速度逐渐趋近于 0。图 2-55 中，

没有安装控制器的车辆质心侧偏角在弯道内达到最大值 1°，6.8s 左右趋于稳定，而安装综合控制器的车辆质心侧偏角最大值仅为 0.6°，5.5s 左右趋于稳定，质心侧偏角减小了 40%，横向稳定性恢复提前了 1.3s，时间减少了 20%。图 2-56 中，两辆汽车在转向时均发生了轻微侧倾，但侧倾角较小，没有发生侧翻的危险，安装综合控制器的车辆恢复车身稳定性提前了 1.5s，时间减少了 15%。

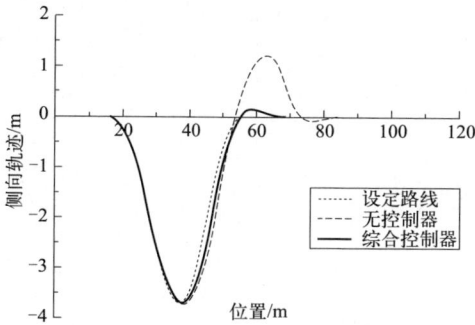

图 2-53　侧向轨迹（蛇形转向）

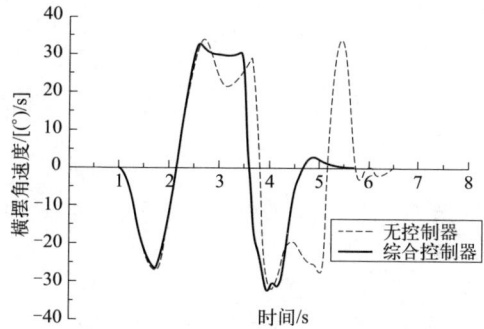

图 2-54　横摆角速度（蛇形转向）

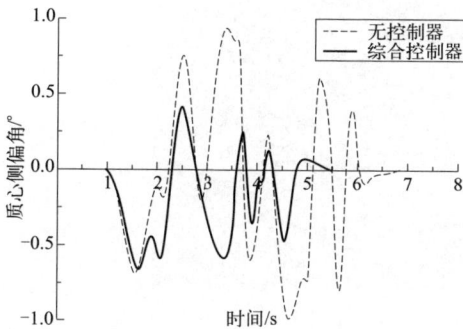

图 2-55　质心侧偏角（蛇形转向）

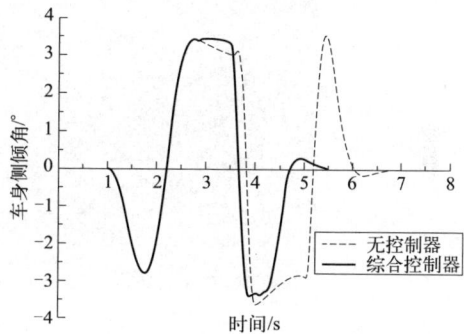

图 2-56　车身侧倾角（蛇形转向）

（2）仿真工况 2：鱼钩工况

鱼钩工况是一种包括转向角快速逆转的剧烈的转向操作，由于鱼钩工况下最易发生转向行驶侧翻，因而常被用于评估车辆防侧翻安全性能。图 2-57 为鱼钩试验的转向盘角输入，汽车行驶状态如图 2-58 所示。可以看出，无控制器的车辆发生了侧翻，应用横摆稳定性控制器和综合控制器的车辆没有发生侧翻，但应用横摆稳定性控制器的车辆侧倾明显。分析可知剧烈的转向操作导致汽车侧向加速度增大，侧倾系数超出设定的阈值，安装综合控制器的车辆激活了侧翻稳定性控制器。

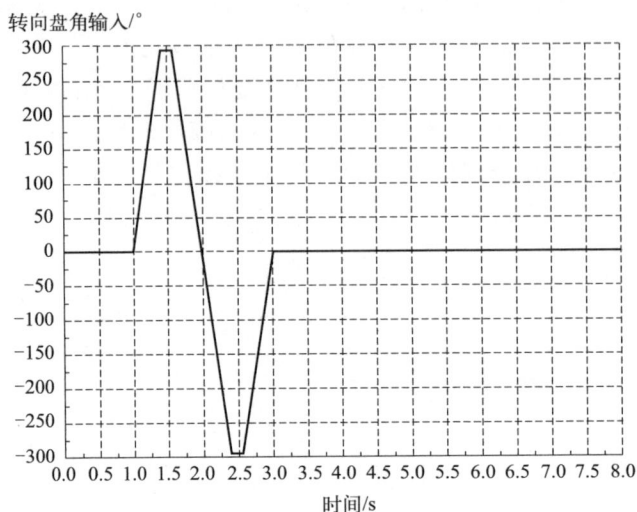

图 2-57　鱼钩转向

图 2-58　汽车行驶状态（鱼钩工况）

　　图 2-59 中，无控制器的车辆在 3.5s 发生了侧翻，安装横摆稳定性控制器的车辆，垂向加速度在 4.3s 左右达到最高值 $0.5g's$，此时，右后轮胎离地，车辆仍有侧翻趋势，而安装综合控制器的车辆，行驶平稳，其最大垂向加速度仅为 $0.2g's$，降低了 60%。图 2-60 中，最大车身侧倾角在综合控制器的控制下比安装横摆稳定性控制器的车辆减小了 50%，大大降低了汽车侧倾的幅度。图 2-61 中，由于安装综合控制器的车辆激活的是侧翻稳定性控制器，其对横摆角速度的控制效果略次于横摆稳定性控制器，但仍有大幅度降低。图 2-62 中侧向加速度在综合控制器的控制下比在横摆稳定控制器的控制下降低了 30%，提高了 SUV 的侧向稳定性。

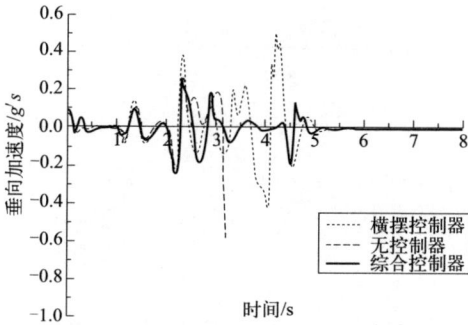

图 2-59　垂向加速度（鱼钩工况）

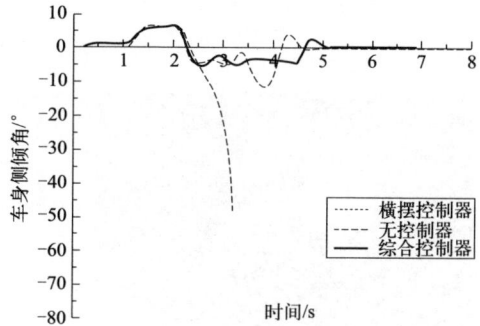

图 2-60　车身侧倾角（鱼钩工况）

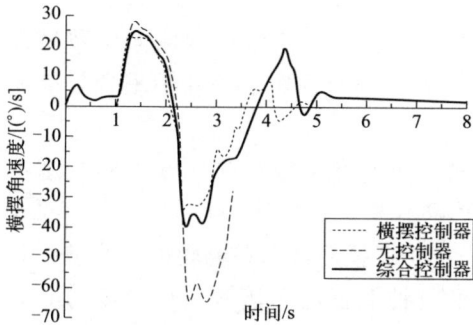

图 2-61　横摆角速度（鱼钩工况）

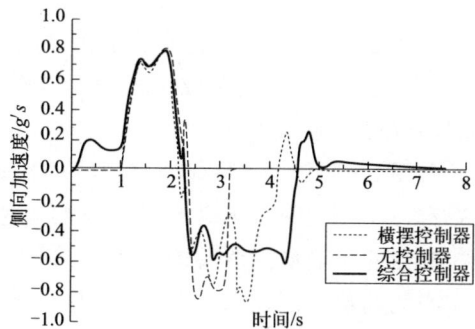

图 2-62　侧向加速度（鱼钩工况）

2. 低附着路面联合仿真

汽车在冰、雪等低附着路面上行驶时很容易发生侧滑、横摆现象，而几乎不会出现侧翻的危险情况，因此在低附着路面上主要是对汽车横摆稳定性进行控制。选取半径为 150m 的弯道路面进行仿真试验。初始车速为 60km/h，行驶 2s 后进行紧急制动，制动反应时间设置为 0.2s，具体仿真条件设置如表 2-16 所示，仿真结果如图 2-63～图 2-68 所示。

表 2-16　离线仿真条件

初始车速	挡位控制	制动工况	仿真时间	路面摩擦系数
60km/h	闭环四挡	2s 后紧急制动	10s	0.2

汽车在半径为 150m，附着系数为 0.2 的弯道上行驶，2s 时对汽车施加制动，汽车行驶状态如图 2-63。可以看出，没有安装控制器的车辆在转弯时偏离了行驶轨道，发生了侧滑，而安装综合控制器的车辆没有发生侧滑，保持了良好的横向稳定性，此时横摆稳定性控制器处于激活状态。

图 2-63　汽车行驶状态（低附着路面）　图 2-64　偏离预定轨迹的侧向位移（低附着路面）

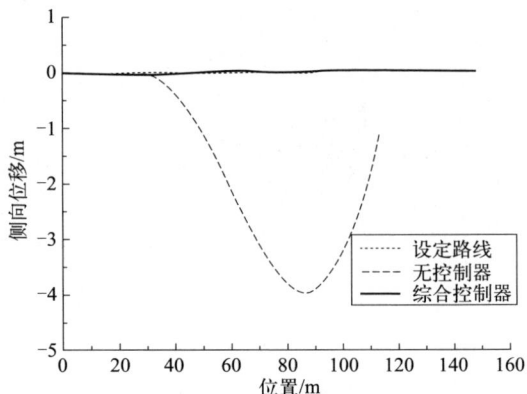

　　图 2-64 中，无控制器的车辆在转弯制动时偏离预定轨迹的侧向位移最大达到了 2.5m，而安装综合控制器的车辆行驶轨迹与预定轨迹几乎重合，最大侧向位移仅为 0.02m。

　　图 2-65 中，安装综合控制器的车辆横摆角速度保持在 5.5°/s 左右，基本稳定，比无控制器车辆的最大横摆角速度减小了 60%。图 2-66 中，安装综合控制器的车辆最大质心侧偏角为 0.6°，而由于无控制器的车辆驶出了轨道，其质心侧偏角数值较大。图 2-67 中，安装综合控制器的车辆侧向加速度与时间呈线性关系，有逐渐减小的趋势，而无控制器的车辆侧向加速度处于非线性区域，数值变化不定，汽车处于极不稳定状态。图 2-68 中，两辆汽车在转向时均出现很小的侧倾角，但均处在弹性轮胎变形范围和悬架调节范围内，不会出现侧翻现象，安装综合控制器的车辆侧倾角与时间呈线性关系，且逐渐减小，车身保持稳定，无控制器的车辆侧倾角处于非线性区域，车身左右摇摆，极不稳定。

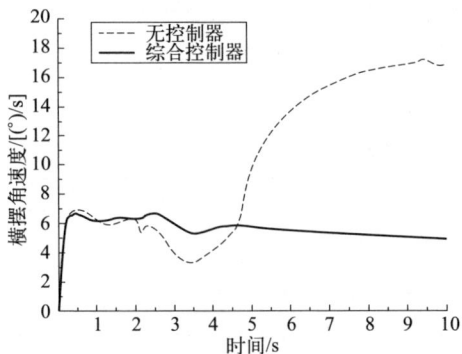

图 2-65　横摆角速度（低附着路面）　　　图 2-66　质心侧偏角（低附着路面）

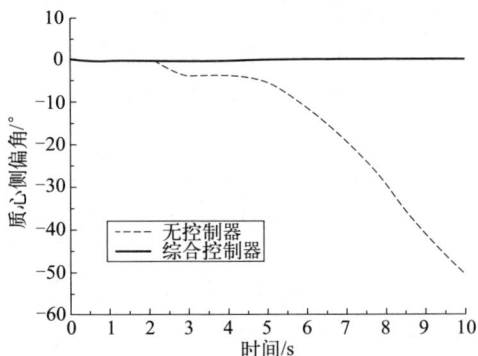

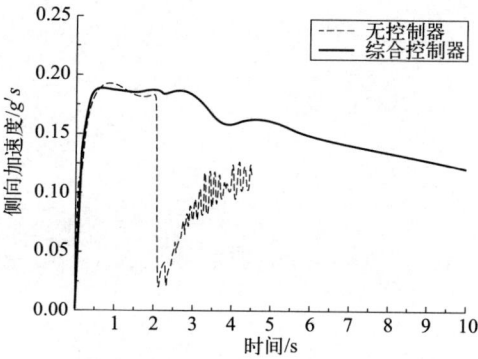

图 2-67　侧向加速度（低附着路面）

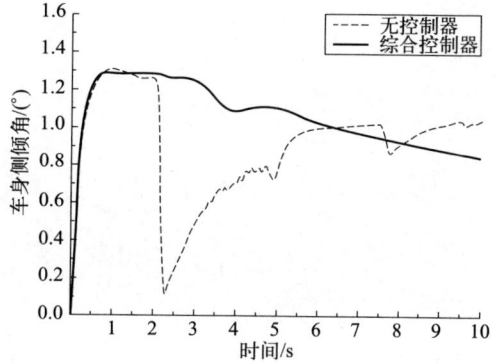

图 2-68　车身侧倾角（低附着路面）

　　总结：通过在不同路面、不同工况下的联合仿真，可以发现汽车横向稳定性综合控制器能够判断汽车当前的运动状态，判断出汽车发生侧滑、横摆或者侧翻的先后顺序，进而激活相应的控制器，弥补了汽车横摆稳定性控制器在防止汽车侧翻方面的不足。因此，设计横摆与侧翻综合控制器可以最大限度地实现汽车的横摆与侧翻稳定性控制效果，有效地提高汽车的横向稳定性。

第三章

汽车运行状态估计

第一节　汽车状态估计理论

　　汽车状态估计是自动驾驶和智能交通系统的重要组成部分，是指通过对汽车在运动状态时的相关参数进行测量，然后根据汽车动力学模型和传感器数据进行计算，从而估计汽车的位置、速度和姿态等信息。随着汽车行业技术的不断发展，人们对于汽车的安全性能、舒适性能和智能程度等方面提出了更高的要求。而要实现这些目标，就需要对汽车的状态参数进行准确的感知和估计。传统的汽车状态估计方法主要基于传感器数据，如加速度计、陀螺仪、GPS等，但这些方法存在精度低、鲁棒性差等问题。因此，准确、可靠的汽车状态参数估计方法成为重要的研究内容。

一、汽车状态估计方法

　　汽车状态估计常用的估计方法有经典卡尔曼滤波方法、扩展卡尔曼滤波方法、无迹卡尔曼滤波方法、粒子滤波方法等。

1. 经典卡尔曼滤波方法

　　经典卡尔曼滤波（Kalman filtering）是一种用于估计隐藏状态的时间序列数据的递归滤波方法，由 R. E. Kalman 在 1960 年提出，在估计、导航、跟踪和信号处理等领域应用广泛。经典卡尔曼滤波的原理基于状态空间模型和最小均方误差准则，核心思想是通过将系统的状态表示为高斯分布进行状态估计。具体来说，经典卡尔曼滤波使用两个步骤更新状态估计：预测步骤和更新步骤。

在预测步骤中，经典卡尔曼滤波利用系统的动力学模型预测下一个时间步的状态。这个预测根据当前的状态估计和系统的动力学方程进行，考虑了系统的控制输入，预测结果是一个基于过去的观测和模型预测状态的先验估计。

在更新步骤中，经典卡尔曼滤波使用观测数据来校正预测的状态估计。它将先验估计和当前的观测值进行比较，并根据观测误差修正状态估计。通过计算卡尔曼增益（Kalman gain），确定观测对状态估计的影响程度，从而实现状态的更新。

在经典卡尔曼滤波中，系统的状态转移方程和观测方程都是线性的，即：

$$\boldsymbol{x}_k = \boldsymbol{A}_{k-1}\boldsymbol{x}_{k-1} + \boldsymbol{B}_{k-1}\boldsymbol{u}_{k-1} + w_{k-1}$$

$$\boldsymbol{y}_k = \boldsymbol{H}_k\boldsymbol{x}_k + v_k$$

(3-1)

式中，$\boldsymbol{x}_k$ 是 k 时刻的系统状态参数；$\boldsymbol{u}_{k-1}$ 是 $k-1$ 时刻系统的控制量；$\boldsymbol{A}_{k-1}$ 和 $\boldsymbol{B}_{k-1}$ 是系统参数；$\boldsymbol{y}_k$ 是 k 时刻的测量值；$\boldsymbol{H}_k$ 是测量系统参数；w_k 和 v_k 是零均值、不相关的白噪声，有已知的协方差矩阵 $\boldsymbol{Q}_k$ 和 $\boldsymbol{R}_k$：

$$w_k \sim (0, \boldsymbol{Q}_k)$$

$$v_k \sim (0, \boldsymbol{R}_k)$$

(3-2)

经典卡尔曼滤波的有效性在于对观测误差和动力学噪声的统计特性的建模。假设这些噪声是高斯分布，并且满足线性高斯模型（linear Gaussian model）。基于这种假设，经典卡尔曼滤波通过一系列数学运算，如协方差预测、卡尔曼增益计算和状态更新等，以递归的方式实现状态的估计。

经典卡尔曼滤波不仅可以用于状态估计，还可以用于系统控制。通过将控制输入与观测数据结合起来，实现对系统状态的估计和控制决策的联合优化。总的来说，经典卡尔曼滤波通过将状态表示为高斯分布，利用观测数据和系统模型进行状态估计，并通过递归的方式进行更新，解决了时变系统状态的估计和控制问题。

2. 扩展卡尔曼滤波方法

扩展卡尔曼滤波（extended Kalman filter，EKF）是一种用于非线性动态系统状态估计的递归滤波算法。它是对经典卡尔曼滤波的扩展，通过引入非线性函数和测量噪声协方差矩阵等概念，能够更好地处理实际问题中的不确定性和噪声影响。然而，在实际问题中，系统的动态行为具有非线性特性，因此需要引入非线性函数来描述系统状态转移方程和观测方程。

扩展卡尔曼滤波的基本思想是通过引入非线性函数和测量噪声协方差矩阵等参数，将非线性系统的状态转移方程和观测方程转化为线性形式，从而使得扩展卡尔曼滤波能够直接处理这些非线性问题。扩展卡尔曼滤波包括两个步骤：预测阶段和更新阶段。

预测阶段：根据当前状态和控制输入，使用非线性状态转移方程和非线性观测方程预测下一时刻的状态和观测值。

更新阶段：利用测量值和预测值之间的残差，以及当前状态估计值、控制输入和过程噪声协方差矩阵等参数，通过引入一组新的权重矩阵来更新状态估计。这些权重矩阵是基于观测值和协方差矩阵的线性组合，可以有效地处理非线性和非高斯噪声问题。

重复以上两个步骤，直到达到预定的终止条件为止。

需要注意的是，扩展卡尔曼滤波的不同扩展形式适用于不同的应用场景。同时，由于扩展卡尔曼滤波涉及大量的矩阵运算和数值计算，因此在实际应用中需要进行充分的优化和调试。

3. 无迹卡尔曼滤波方法

无迹卡尔曼滤波和扩展卡尔曼滤波都是卡尔曼滤波的扩展方法，用于处理非线性和非高斯噪声问题。它们的主要区别在于更新权重和状态的方法不同。

无迹卡尔曼滤波是一种基于统计学的方法，通过对观测值进行积分来更新状态估计，它不需要对观测矩阵进行奇异值分解。因此，在处理非线性和非高斯噪声时具有较好的性能。然而，无迹卡尔曼滤波的缺点是计算量较大，尤其是在高维情况下。扩展卡尔曼滤波的计算量相对较小，但在某些情况下不如无迹卡尔曼滤波性能好。

无迹卡尔曼滤波的基本原理如下所述。

① 初始均值及方差的确定：

$$\widetilde{x} = \boldsymbol{E}(x_0)$$

$$\boldsymbol{P}_0 = \boldsymbol{E}\left[(x_0 - \widetilde{x})(x_0 - \widetilde{x})^{\mathrm{T}}\right] \tag{3-3}$$

② 样本点的构造及权值：

$$\begin{cases} \boldsymbol{x}^{(0)} = \overline{x}, i = 0 \\ \boldsymbol{x}^{(i)} = \overline{x} + (\sqrt{(n+\lambda)p})_i, i = 1 \sim n \\ \boldsymbol{x}^{(i)} = \overline{x} - (\sqrt{(n+\lambda)p})_i, i = (n+1) \sim 2n \end{cases} \tag{3-4}$$

$$\begin{cases} \boldsymbol{w}_m^{(0)} = \dfrac{\lambda}{n+\lambda} \\ \boldsymbol{w}_c^{(0)} = \dfrac{\lambda}{n+\lambda} + (1 - a^2 + \beta) \\ \boldsymbol{w}_m^{(i)} = \boldsymbol{w}_c^{(i)} \dfrac{\lambda}{2(n+\lambda)}, i = 1 \sim 2n \end{cases} \tag{3-5}$$

式中，m 为均值；c 为方差；i 为第几个采样点；λ 是一个缩放比例参数，用于降低总的预测误差；a 的选取影响采样点的分布状态；β 是一个非负的权系数。

③ 时间更新：

根据式(3-4) 和式(3-5)，可以获得一组 Sigma 点集，包括 $2n+1$ 个点，表示为：

$$\boldsymbol{x}^{(i)}(k|k)=\left[\hat{\boldsymbol{x}}(k|k)\quad\hat{\boldsymbol{x}}(k|k)+\sqrt{(n+\lambda)\boldsymbol{p}(k|k)}\quad\hat{\boldsymbol{x}}(k|k)-\sqrt{(n+\lambda)\boldsymbol{p}(k|k)}\right]$$

(3-6)

式中，$i=1,2,\cdots,2n+1$。

对 $2n+1$ 个 Sigma 点的进行一步预测，$i=1,2,\cdots,2n+1$，得到预测样本点，即：

$$\boldsymbol{x}^{(i)}(k+1|k)=f\left[k,\boldsymbol{x}^{(i)}(k|k)\right]$$

(3-7)

然后计算预测样本点的均值和方差，由 Sigma 点的预测值加权求和得到，即：

$$\hat{\boldsymbol{x}}(k+1\mid k)=\sum_{i=1}^{2n}\boldsymbol{w}^{(i)}\boldsymbol{x}^{(i)}(k+1\mid k)$$

(3-8)

$$\boldsymbol{p}(k+1\mid k)=\sum_{i=0}^{2n}\boldsymbol{w}^{(i)}\left[\hat{\boldsymbol{x}}(k+1\mid k)-\boldsymbol{x}^{(i)}(k+1\mid k)\right]$$
$$\left[\hat{\boldsymbol{x}}(k+1\mid k)-\boldsymbol{x}^{(i)}(k+1\mid k)\right]^{\mathrm{T}}+Q$$

(3-9)

④ 量测更新：

将 Sigma 点代入观测方程，得到预测的观测量，$i=1,2,\cdots,2n+1$。

$$\boldsymbol{z}^{(i)}(k+1|k)=h\left[\boldsymbol{x}^{(i)}(k+1|k)\right]$$

(3-10)

预测样本点由加权求和得到预测的均值及协方差：

$$\bar{\boldsymbol{z}}(k+1\mid k)=\sum_{i=0}^{2n}\boldsymbol{w}^{(i)}\boldsymbol{z}^{(i)}(k+1\mid k)$$

(3-11)

$$\boldsymbol{p}_{z_k z_k}=\sum_{i=0}^{2n}\boldsymbol{w}^{(i)}\left[\boldsymbol{z}^{(i)}(k+1\mid k)-\bar{\boldsymbol{z}}(k+1\mid k)\right]$$
$$\left[\boldsymbol{z}^{(i)}(k+1\mid k)-\bar{\boldsymbol{z}}(k+1\mid k)\right]^{\mathrm{T}}+R$$

(3-12)

$$\boldsymbol{p}_{x_k z_k}=\sum_{i=0}^{2n}\boldsymbol{w}^{(i)}\left[\boldsymbol{x}^{(i)}(k+1\mid k)-\bar{\boldsymbol{z}}(k+1\mid k)\right]$$
$$\left[\boldsymbol{z}^{(i)}(k+1\mid k)-\bar{\boldsymbol{z}}(k+1\mid k)\right]^{\mathrm{T}}$$

(3-13)

计算卡尔曼增益矩阵：

$$\boldsymbol{K}(k+1)=\boldsymbol{p}_{x_k z_k}\boldsymbol{p}_{z_k z_k}^{-1}$$

(3-14)

计算系统的状态更新和协方差更新：

$$\hat{\boldsymbol{x}}(k+1|k+1)=\hat{\boldsymbol{x}}(k+1|k)+K(k+1)\left[\boldsymbol{z}(k+1)-\hat{\boldsymbol{z}}(k+1|k)\right]$$

(3-15)

$$\boldsymbol{p}(k+1|k+1)=\boldsymbol{p}(k+1|k)-\boldsymbol{K}(k+1)\boldsymbol{p}_{z_k z_k}\boldsymbol{K}^{\mathrm{T}}(k+1)$$

(3-16)

二、无迹卡尔曼滤波 UKF 观测器构建

1. UKF 观测器的结构

汽车行驶状态参数除受到空气动力学和重力的影响外，轮胎模型也是重要的影响因素。考虑到汽车运行时，有时轮胎会处在非线性区域。设计稳态轮胎模型和基于滑模控制理论计算轮胎力的模型，考虑不同轮胎侧向力和纵向力的数学计算模型对预测性能的影响，以准确预测汽车运行时的状态参数。UKF观测器的总体结构，如图 3-1。

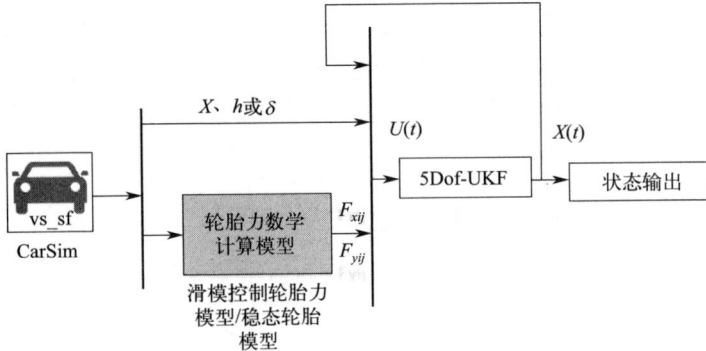

图 3-1　UKF 观测器总体结构

采用稳态轮胎模型和滑模控制理论计算轮胎力，并将轮胎的纵向力、侧向力则作为无迹卡尔曼滤波观测器系统的输入。其次，建立横向、纵向、横摆、侧倾、俯仰五个自由度的汽车动力学数学模型参与汽车行驶状态参数的预测。

2. 轮胎模型

轮胎模型是一种数学或物理模型，用于描述轮胎在不同工况下的力学特性，如侧向力、纵向力、滚动阻力等。它基于轮胎与道路之间的相互作用和力学原理，通过一组方程或参数化的函数来表达轮胎受力和滑移之间的关系。轮胎模型可以预测和模拟轮胎的行为，以便在汽车设计、汽车动力学仿真和控制系统设计等领域中应用。通过使用适当的轮胎模型，可以对汽车的操控性能、制动性能、牵引性能等进行仿真和优化，以提高汽车的性能和安全性。

轮胎模型分为经验模型和物理模型。物理轮胎模型能够提供准确和详细的轮胎行为描述，能够更好地解释轮胎受力机制和行为规律。经验轮胎模型是基于实际轮胎试验数据和经验知识进行拟合和参数化，以实现对轮胎特性的描述。通常具有较简单的结构和方程，易于实现和使用，能够适应不同类型的轮胎和道路情况，并通过调整参数来进行定制化。常见的经验轮胎模型有魔术公式轮胎模型和 Dugoff 轮胎模型等。

（1）魔术公式轮胎模型

魔术公式轮胎模型是一种经验轮胎模型，最初由 Hans B. Pacejka 提出，并在后续的研究中得到了扩展和改进，是广泛应用于汽车动力学仿真和轮胎性能分析的经典模型之一。它通过一组非线性方程来表示轮胎的侧向力、纵向力和滚动阻力等力学特性。

魔术公式轮胎模型基于试验数据和经验知识描述轮胎受力和滑移之间的关系，如图 3-2。该模型的基本原理是将轮胎受力分解为各种力的组合，如纯侧向力、纯纵向力、侧向力和纵向力的耦合等，然后根据试验数据进行参数拟合，以实现对轮胎特性的描述。

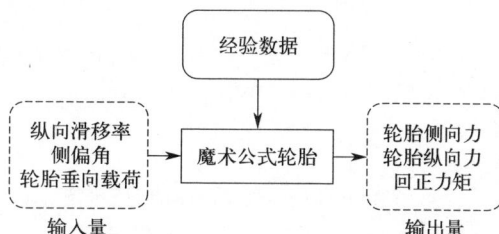

图 3-2　魔术公式轮胎模型

魔术公式轮胎模型中的方程通常采用多项式形式，并通过标定轮胎的参数来拟合实际轮胎试验数据。这些参数包括刚度系数、刚度曲线的形状、摩擦系数等。

魔术公式轮胎模型的通用方程如下：

$$Y(X)=\{D\sin\{C\arctan\{BX-E[BX-\arctan(BX)]\}\}\}+S_v \quad (3\text{-}17)$$

式中，B 表示刚度系数；C 表示形状系数；D 表示峰值系数；E 表示曲率系数；S_v 表示垂直偏移。在 B、C、D、E 系数已知的情况下，可以由输入参数得到轮胎所受的侧向力和纵向力。

魔术公式轮胎模型的纵向力公式如下：

$$\begin{cases} C=b_0 \\ D=b_1F_z^2+b_2F_z \\ BCD=(b_3F_z^2+b_4F_z)e^{-b_5F_z} \\ B=\dfrac{BCD}{CD} \\ S_h=b_9F_z+b_{10} \\ S_v=0 \\ E=b_6F_z^2+b_7F_z+b_8 \\ x=k+S_h \\ F_x=D\sin\{C\arctan\{Bx-E\arctan[Bx-\arctan(Bx)]\}\}+S_v \end{cases} \quad (3\text{-}18)$$

魔术公式轮胎模型的侧向力公式如下：

$$\begin{cases} C = a_0 \\ D = a_1 F_z^2 + a_2 F_z \\ BCD = a_3 \sin[2a\tan(F_z / a_4)](1 - a_5 |\gamma|) \\ B = \dfrac{BCD}{CD} \\ S_h = a_9 F_z + a_{10} + a_8 \gamma \\ S_v = a_{11} F_z \gamma + a_{12} F_z + a_{13} \\ E = a_9 F_z + a_7 \\ x = \alpha + S_h \\ F_y = -D\sin\{C\arctan\{Bx - E\arctan[Bx - \arctan(Bx)]\}\} + S_v \end{cases} \tag{3-19}$$

魔术公式轮胎模型的回正力矩公式如下：

$$M_z = D\sin\{C\arctan\{BX - E[BX - \arctan(BX)]\}\} + S_v \tag{3-20}$$

魔术公式轮胎模型在实际应用中具有广泛的适用性和灵活性。它可以适应各种汽车类型和轮胎类型，并可以通过调整参数来匹配不同的路面条件和工况。此外，魔术公式轮胎模型也具有可解释性，可以通过参数的物理含义解释轮胎的行为。尽管魔术公式轮胎模型在汽车建模中被广泛采用，并取得了良好的结果，但它仍有一些局限性。例如，在极限操控条件下和特殊的路面情况下，模型的精度可能会有限。此外，魔术公式轮胎模型的参数标定依赖于试验数据，因此需要专门的试验来获得准确的参数值。

（2）Dugoff 轮胎模型

Dugoff 轮胎模型是一种经验轮胎模型，主要用于描述轮胎在转向情况下的侧向力。它基于轮胎与地面之间的黏滞摩擦特性，并考虑了轮胎的滚动半径和侧向滑移角对侧向力的影响。采用 Dugoff 轮胎模型表示轮胎非线性区域侧偏特性，该模型需要的参数数量较少，减小了计算难度，轮胎模型如图 3-3 所示。

Dugoff 轮胎模型的基本表达式如式(3-21)，输入变量为侧偏角、垂向载荷及滑移率，输出变量为侧向力和纵向力。

$$\begin{cases} F_x = \mu F_z C_x \dfrac{\lambda}{1 - \lambda} \cdot f(L) \\ F_y = \mu F_z C_y \dfrac{\tan\alpha}{1 - \lambda} \cdot f(L) \\ f(L) = \begin{cases} L(2 - L), & L < 1 \\ 1, & L \geqslant 1 \end{cases} \\ L = \dfrac{1 - \lambda}{2\sqrt{C_x^2 \lambda^2 + C_y^2 \tan^2 \alpha}}(1 - \varepsilon u \sqrt{C_x^2 \lambda^2 + C_y^2 \tan^2 \alpha}) \end{cases} \tag{3-21}$$

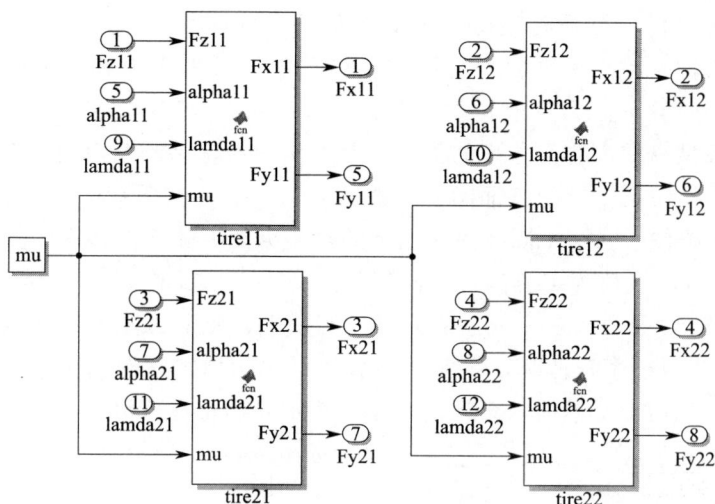

图 3-3　Dugoff 轮胎模型

式中，C_x 为轮胎纵向刚度；C_y 为轮胎侧偏刚度；λ 为轮胎滑移率；α 为轮胎侧偏角；F_x 为轮胎纵向力；F_y 为轮胎侧向力；F_z 为轮胎垂向力；L 表示轮胎滑移的非线性特性参数；u 为车速；μ 为路面附着系数；ε 表示速度影响因子。

轮胎垂向力如式（3-22），F_{z1} 表示前轴轮胎的垂向力，F_{z2} 表示后轴轮胎的垂向力。

$$\begin{cases} F_{z1} = \dfrac{mgb - ma_x h}{2l} \pm \dfrac{ma_y hb}{t_{w1} l} \\[3mm] F_{z2} = \dfrac{mga + ma_x h}{2l} \pm \dfrac{ma_x ha}{t_{w2} l} \end{cases} \tag{3-22}$$

轮胎侧偏角如式（3-23），α_1 表示前轮轮胎的侧偏角，α_2 表示后轮轮胎的侧偏角。

$$\begin{cases} \alpha_1 = \sigma - \arctan \dfrac{v + ar}{u \pm t_{w1}/2} \\[3mm] \alpha_2 = \arctan \dfrac{v - br}{u \pm t_{w1}/2} \end{cases} \tag{3-23}$$

轮胎滑移率如式（3-24），$i = 1$、2 分别表示前、后轴，$j = 1$、2 分别表示左、右轮。w_{ij} 是车轮角速度，r_c 是滚动半径，v_c 是轮心速度。

$$\lambda_{ij} = 1 - \dfrac{w_{ij} r_c}{v_c} \tag{3-24}$$

（3）稳态轮胎模型的选择

在纯纵滑工况和纯侧偏工况下，针对魔术公式轮胎模型和 Dugoff 轮胎模型进行对比分析。在垂向载荷为定值，路面附着系数为 0.65、0.85、1 条件下，探究两种轮胎模型纵向力与滑移率的关系以及侧向力和轮胎侧偏角的关系。在路面附着系数为定值，垂向载荷 F_z = 2kN、3kN、5kN 条件下，探究两种轮胎模型纵向力与滑移率的关系以及侧向力和轮胎侧偏角的关系。

在纯纵滑工况下，当路面附着系数选为 0.85，垂向载荷分别为 F_z = 2kN、3kN、5kN 条件下。在不同载荷作用下的轮胎纵向力随着滑移率的变化如图 3-4 所示。当垂向载荷为定值时，垂向载荷为 5000N，路面附着系数分别为 μ = 0.65、0.85、1 条件下。不同附着系数的路面上，纵向力随滑移率的变化如图 3-5 所示。当滑移率较低时，纵向力随着滑移率的增加逐渐增加。然而，随着滑移率进一步增加，纵向力会逐渐减小，表示轮胎正在打滑。

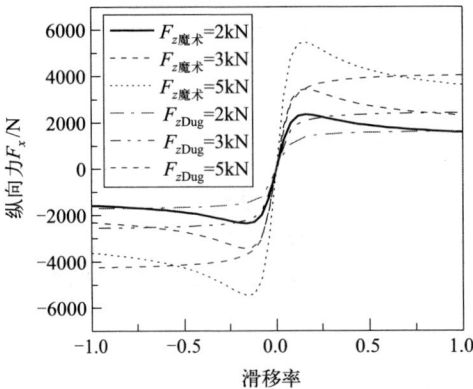

图 3-4　不同载荷下纵向力与滑移率关系
（纯纵滑工况）

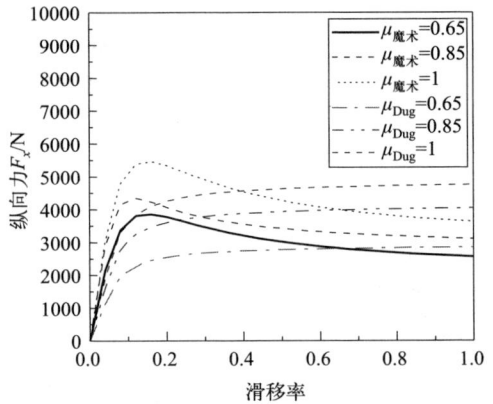

图 3-5　不同附着系数下纵向力与滑移率的关系（纯纵滑工况）

随着滑移率的增大，轮胎纵向力先增大后减小。在某一特定路面下，存在一个最大的附着率，这就是被称为路面附着系数，对应的滑移率大约为 15%。因此，不同的路面附着系数下，轮胎纵向力和滑移率的关系会有所不同。需要注意的是，如果滑移率过大将导致车轮抱死的情况。

在纯侧偏工况下，当路面附着系数选为 0.85，垂向载荷分别为 F_z = 2kN、3kN、5kN 条件下。在不同载荷作用下的轮胎侧向力随轮胎侧偏角的变化表现如图 3-6 所示。当垂向载荷为定值时，垂向载荷为 5000N，路面附着系数分别为 μ = 0.65、0.85、1 条件下。不同附着系数的路面上，轮胎侧向力随轮胎侧偏角的变化如图 3-7 所示。当侧偏角较小时，侧向力随着侧偏角的增加逐渐增加，表示轮胎提供较高的侧向抓地力。然而，一旦侧偏角超过某个临界值，随着侧偏角进一步增加，侧向力会逐渐减小，表示轮胎正在失去侧向抓地力或发生侧滑。

可以看出，两种轮胎模型都表现出良好的特性，Dugoff 轮胎模型曲线相较魔术公式轮胎曲线更为平滑稳定。需要注意的是，具体的纵向力和侧向力的变化曲线受多种因素的影响，例如轮胎类型、载荷、路面附着系数等，因此，实际情况可能会有所不同。对于特定汽车和轮胎组合，需要进行具体研究分析以获得更准确的数据和曲线。

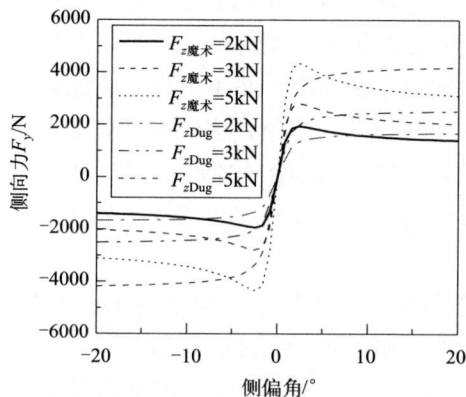

图 3-6 不同载荷下侧向力与
侧偏角关系（纯侧偏工况）

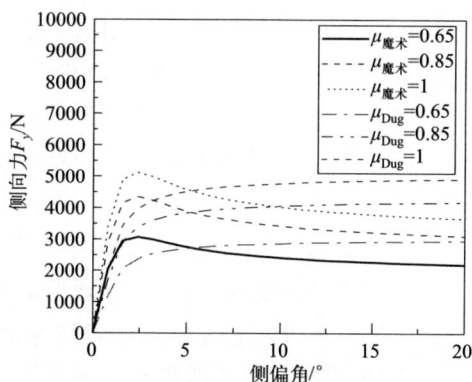

图 3-7 不同附着系数下侧向力与
侧偏角的关系（纯侧偏工况）

3. 基于滑模控制理论的轮胎作用力的计算

（1）常用计算方法

选定无迹卡尔曼滤波理论作为汽车状态参数估计的算法，需要设计不同的轮胎力计算方式，与无迹卡尔曼滤波观测器相整合。稳态轮胎模型和滑模控制理论是两种常用的轮胎力计算方法。

稳态轮胎模型：稳态轮胎模型是一种基于物理原理的轮胎力估计方法，它假设轮胎在行驶过程中保持恒定的侧向力和纵向力。魔术公式轮胎模型和 Dugoff 轮胎模型均属于稳态轮胎模型的一种，这种方法的优点如下：

① 物理原理清晰：稳态轮胎模型的基本原理是根据轮胎与地面之间的摩擦力和附着力来计算轮胎力。这种方法的物理原理相对清晰，容易理解。

② 计算简单：由于稳态轮胎模型假设轮胎在行驶过程中保持恒定的侧向力和纵向力，因此计算过程相对简单，计算量较小。

③ 适用范围广：稳态轮胎模型适用于各种类型的轮胎，包括轿车、卡车、摩托车等。此外，它还适用于各种路面条件，如干燥、湿滑、雪地等。

然而，稳态轮胎模型也存在一些缺点：

① 假设条件过于理想：稳态轮胎模型假设轮胎在行驶过程中保持恒定的侧向力和纵向力，这在实际行驶过程中是很难实现的。因为轮胎与地面之间的摩擦力和附着力会随着路面条件、轮胎磨损等因素的变化而变化。

② 精度较低：由于稳态轮胎模型的假设条件过于理想，因此其估计结果

的精度相对较低。尤其是在高速行驶、急刹车等特殊情况下，稳态轮胎模型的估计误差较大。

③ 无法考虑非线性因素：稳态轮胎模型主要考虑了轮胎与地面之间的摩擦力和附着力，但忽略了其他非线性因素，如轮胎的弹性、热膨胀等。这些非线性因素会对轮胎力产生较大的影响，导致稳态轮胎模型的估计结果不准确。

滑模控制理论：滑模控制理论是一种基于控制理论的轮胎力计算方法，它通过建立轮胎与地面之间的滑模模型来估计轮胎力。这种方法的优点如下：

① 考虑非线性因素：滑模控制理论不仅考虑了轮胎与地面之间的摩擦力和附着力，还考虑了其他非线性因素，如轮胎的弹性、热膨胀等。这使得滑模控制理论的估计结果更加准确。

② 适用范围广：滑模控制理论适用于各种类型的轮胎，包括轿车、卡车、摩托车等。此外，它还适用于各种路面条件，如干燥、湿滑、雪地等。

③ 精度高：由于滑模控制理论考虑了更多的非线性因素，因此其估计结果的精度相对较高。尤其是在高速行驶、急刹车等特殊情况下，滑模控制理论的估计误差较小。

综上所述，稳态轮胎模型和滑模控制理论各自具有一定的优缺点。稳态轮胎模型的优点是物理原理清晰、计算简单、适用范围广，但其缺点是假设条件过于理想、精度较低、无法考虑非线性因素。滑模控制理论的优点是考虑非线性因素、适用范围广、精度高，但其缺点是计算复杂度高。

（2）滑模控制理论

滑模控制理论是一种基于李雅普诺夫第二方法对控制器进行设计的一种方案，核心思想是设计一个状态反馈控制器，引入了所谓的"滑模面"概念作为新的状态变量，重新定义了系统的状态空间和控制输入。它是一种非线性控制方法，主要用于解决非线性系统的控制问题。

滑模控制的基本思想就是通过建立最优滑模面，将系统状态"拉"到这个面上来，从而实现对系统的控制。滑模控制的基本原理是，在系统动态特性未知的情况下，首先设定一个目标输出，然后通过迭代计算，不断调整系统的参数，使得系统的输出越来越接近目标输出，同时保证系统的稳定性和鲁棒性。在这个过程中，滑模面是一个重要的概念，它是系统动态特性的线性化表示，可以看作是系统的"滑动模式"。

滑模控制系统的设计主要包括两个方面：一是滑模面的确定；二是系统参数的调整。滑模面的确定是通过系统的数学模型和控制理论确定的，需要考虑到系统的稳定性、鲁棒性和响应速度等因素。系统参数的调整则是为了保持滑模面的平衡和稳定，避免因为参数变化而破坏系统的动态特性。

在滑模控制中,系统的动态方程可以表示为:$\dot{x}=f(\boldsymbol{x},\boldsymbol{u},t)$。其中,$\boldsymbol{x}$ 是系统的状态向量,$\boldsymbol{u}$ 是控制输入向量,t 是时间。滑模控制器的目标是使得系统状态沿着"滑模面"运动,即 $\dot{x}=s(\boldsymbol{x})$。其中,$s(\boldsymbol{x})$ 是一个非线性函数。

滑模控制二阶系统的动态方程则可以用以下表示:

$$\dot{x}_1=\boldsymbol{x}_2$$
$$\dot{x}_2=h(\boldsymbol{x})+g(\boldsymbol{x})\boldsymbol{u} \tag{3-25}$$

假如一个系统正在某个面上移动,这个面就像一个曲面或者流形 $s=a_1\boldsymbol{x}_1+\boldsymbol{x}_2=0$。假设有一个控制方法,这个方法可以让这个系统只在这个面上移动。在这个面上,系统的运动是被 $\dot{x}_1=-a_1\boldsymbol{x}_1$ 控制的。当时间越来越长,也就是 t 趋近于无穷的时候,希望系统的位置 $\boldsymbol{x}(t)$ 越来越接近 0。选择一个正数 a_1,这个数会影响系统回到 0 点的速度。如果选择的 a_1 越大,那么系统回到 0 点的速度就越快。而且,当系统在 $s=0$ 这个面上移动的时候,它的运动方式和 h、g 这两个因素是没有关系。因此,让系统能够一直保持在 $s=0$ 这个面上移动,需要找到一个变量 s,且满足特定的方程:

$$\dot{s}=a_1\dot{x}_1+\dot{x}_2=a_1\boldsymbol{x}_2+h(\boldsymbol{x})+g(\boldsymbol{x})\boldsymbol{u} \tag{3-26}$$

假设存在已知函数 $\rho(\boldsymbol{x})$ 使得 h 和 g 满足下列不等式:

$$\left|\frac{a_1\boldsymbol{x}_2+h(\boldsymbol{x})}{g(\boldsymbol{x})}\right|\leqslant\rho(\boldsymbol{x}) \tag{3-27}$$

此时,选择方程 $\dot{s}=a_1\dot{x}_1+\dot{x}_2=a_1\boldsymbol{x}_2+h(\boldsymbol{x})+g(\boldsymbol{x})\boldsymbol{u}$ 的李雅普诺夫函数为 $V=\frac{1}{2}s^2$,有:

$$\dot{V}=s\dot{s}=s[a_1\boldsymbol{x}_2+h(\boldsymbol{x})]+g(\boldsymbol{x})s\boldsymbol{u}\leqslant g(\boldsymbol{x})|s|\rho(\boldsymbol{x})+g(\boldsymbol{x})s\boldsymbol{u} \tag{3-28}$$

此时,取 $\boldsymbol{u}=-\beta(\boldsymbol{x})\mathrm{sgn}(s)$,其中,$\beta(\boldsymbol{x})\geqslant\rho(\boldsymbol{x})+\beta_0$,$\beta_0>0$,且

$$\mathrm{Sgn}(s)\begin{cases}1, & s>0 \\ 0, & s=0 \\ -1, & s<0\end{cases} \tag{3-29}$$

有:

$$\dot{V}\leqslant g(\boldsymbol{x})|s|\rho(\boldsymbol{x})-g(\boldsymbol{x})[\rho(\boldsymbol{x})-\beta_0]s\mathrm{sgn}(s)=-g(\boldsymbol{x})\beta_0|s|\leqslant-g_0\beta_0|s| \tag{3-30}$$

因此,$W=\sqrt{2V}=|s|$ 满足下列微分不等式:

$$D^+W\leqslant-g_0\beta_0 \tag{3-31}$$

由此可知:

$$W[s(t)]\leqslant W[s(0)]-g_0\beta_0 t \tag{3-32}$$

简单来说,轨线就像一条道路,可以通往流形 $s=0$ 这个地方。而且,只

要轨线到了这个地方，就不会再离开了，图 3-8 展示了系统的运动情况。可以看到，运动分为两个阶段：滑动阶段和到达阶段。在滑动阶段，轨线就像是在朝流形 $s=0$ 前进，而且很快就能到达。到了到达阶段，轨线就像是在流形 $s=0$ 停下来，这时候系统的运动就变得简单，可以用降阶模型表示。而这个流形 $s=0$ 就是滑动流形，控制律就是滑模控制。滑模控制的一个特点就是对 g 和 h 很稳定，只要知道上界 $\rho(x)$，轨线在滑动阶段的运动就不会受到 g 和 h 的影响。

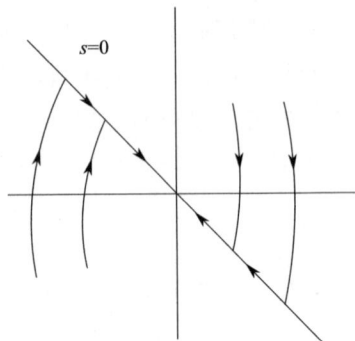

图 3-8　滑模控制下的典型相图

（3）轮胎力滑模观测器的应用

① 纵向轮胎力观测器：在设计纵向轮胎力的滑模观测器时，用一阶状态方程来描述系统的运动。方程表示轮胎的加速度和各种力之间的关系。为每个轮胎设计观测器，可以估计轮胎上的力。

在进行纵向轮胎力滑模观测器设计时，一阶状态方程如下：

$$\begin{cases} \dot{\boldsymbol{\omega}}_i = \dfrac{1}{J}\boldsymbol{T}_i - \dfrac{R_{\text{eff}}}{J}\boldsymbol{F}_{xi} \\ \boldsymbol{y} = \boldsymbol{\omega}_i \end{cases} \tag{3-33}$$

式中，$\boldsymbol{\omega}_i$ 代表系统的状态变量，同时也是系统的测量输出变量；$\boldsymbol{T}_i$ 代表系统的输入变量；$\boldsymbol{F}_{xi}$ 代表系统的未知输入变量，同时也是需被计算的状态信息。将式中的 $1/J$ 看作实数 B，$-\dfrac{R_{\text{eff}}}{J}$ 看作实数 P，B 和 P 分别为常实数。针对每个轮胎可以分别设计如下形式的纵向轮胎力滑模观测器：

$$\hat{\boldsymbol{F}}_{xi} = -\frac{J_{\text{R}}}{R_{\text{eff}}}\rho_{xi}\frac{\boldsymbol{\omega}_i - \hat{\boldsymbol{\omega}}_i}{|\boldsymbol{\omega}_i - \hat{\boldsymbol{\omega}}_i| + \phi} - \frac{J_{\text{R}}}{R_{\text{eff}}}L_{xi}(\boldsymbol{\omega}_i - \hat{\boldsymbol{\omega}}_i) \tag{3-34}$$

式中，ρ_{xi}（$i=1,2,3,4$）分别为每个纵向轮胎力滑模观测器的滑模增益；L_{xi}（$i=1,2,3,4$）分别为每个纵向轮胎力滑模观测器的反馈增益。

② 侧向轮胎力观测器：为了研究侧向轮胎力，首先简化汽车模型，忽略纵向运动，只考虑侧向和横摆方向的受力。然后，得到一个描述汽车运动的二自由度动力学方程。接着，解耦纵向和侧向的轮胎力，为前轴和后轴分别设计侧向轮胎力的观测器。将汽车模型简化为二自由度模型的动力学方程如下：

$$\begin{cases} m\boldsymbol{a}_y = \boldsymbol{F}_{yf}\cos\delta_{\text{f}} + \boldsymbol{F}_{yr} + \boldsymbol{F}_{xf}\sin\delta_{\text{f}} \\ I_z\dot{\boldsymbol{r}} = (\boldsymbol{F}_{yf}\cos\delta_{\text{f}} + \boldsymbol{F}_{xf}\sin\delta_{\text{f}})l_{\text{f}} - \boldsymbol{F}_{yr}l_{\text{r}} \end{cases} \tag{3-35}$$

式中，a_y 是汽车侧向加速度；$F_{yf}=F_{y1}+F_{y2}$ 代表前两轮侧向轮胎力之和，即前轴侧向轮胎力，$F_{yr}=F_{y3}+F_{y4}$ 代表后轴侧向轮胎力；$F_{xf}=F_{x1}+F_{x2}$ 代表前轴纵向轮胎力。

将式（3-35）中纵向与侧向轮胎力去耦合可以得到：

$$\begin{cases} F_{yf}=\left[I_z\dot{r}+l_r m a_y-F_{xf}\sin\delta_f(l_f+l_r)\right]\dfrac{1}{(l_f+l_r)\cos\delta_f} \\[4mm] F_{yr}=(l_f m a_y-I_z\dot{r})\dfrac{1}{l_f+l_r} \end{cases} \tag{3-36}$$

在进行前轴侧向轮胎力观测器设计时，首先将式（3-36）中前轴侧向轮胎力方程转化为形一阶状态方程：

$$\begin{cases} \dot{r}=-\dfrac{l_r m}{I_x}a_y+\dfrac{(l_f+l_r)\cos\delta_f}{I_z}F_{yf}+\dfrac{(l_f+l_r)\sin\delta_f}{I_z}F_{xf} \\[4mm] y=r \end{cases} \tag{3-37}$$

式中，r 是系统的状态变量，同时也是系统测量的输出变量；a_y 是系统的一个未知且有界输入变量，也是需要估计的状态信息。因此，前轴侧向轮胎力滑模观测器如式（3-38）所示：

$$\hat{F}_{yf}=\frac{I_z}{\cos\delta_f(l_f+l_r)}\rho_{yf}\frac{r-\hat{r}}{|r-\hat{r}|+\phi}+\frac{I_z}{\cos\delta_f(l_f+l_r)}L_{yf}(r-\hat{r}) \tag{3-38}$$

式中，ρ_{yf} 表示前轴侧向轮胎力滑模观测器滑模增益；L_{yf} 表示前轴侧向轮胎力滑模观测器反馈增益。

同理，在进行后轴侧向轮胎力观测器设计时，首先将式（3-38）中后轴侧向轮胎力方程转化为一阶状态方程：

$$\begin{cases} \dot{r}=\dfrac{l_f m}{I_z}a_y-\dfrac{l_f+l_r}{I_z}F_{yr} \\[4mm] y=r \end{cases} \tag{3-39}$$

式中，r 为系统的状态变量，也是系统测量输出变量；a_y 为系统输入变量；F_{yr} 为未知且有界的输入变量，也是需要估计的状态信息，后轴侧向轮胎力滑模观测器如式（3-40）所示：

$$\hat{F}_{yr}=\frac{-I_z}{(l_f+l_r)}\rho_{yr}\frac{r-\hat{r}}{|r-\hat{r}|+\phi}-\frac{I_z}{(l_f+l_r)}L_{yr}(r-\hat{r}) \tag{3-40}$$

式中，ρ_{yr} 表示后轴侧向轮胎力滑模观测器滑模增益；L_{yr} 表示后轴侧向轮胎力滑模观测器反馈增益。

（4）不同轮胎力计算方式的对比仿真分析

设置汽车为双移线工况，在平坦路面上进行仿真。横向位移最大为 3.5m，纵向位移为 250m。在纵向位移为 40m 处，汽车开始左变道至横向位移 3.5m 处，将近纵向位移 150m 时，汽车开始右变道至原车道，如图 3-9 所示。

纵向车速是 80km/h，路面附着系数设置为 0.85，仿真时间为 10s，仿真步长设置为 0.001。轮胎受到的纵向力和侧向力的预测结果如图 3-10～图 3-17 所示。

图 3-10～图 3-17 分别为基于 Dugoff 轮胎模型和基于滑模控制轮胎模型对四个轮胎受到的纵向力和侧向力的计算结果，将估计结果与 CarSim 的实际值进行对比。不同观测器下轮胎力的估计值与 CarSim 实际值的误差如表 3-1 所示。

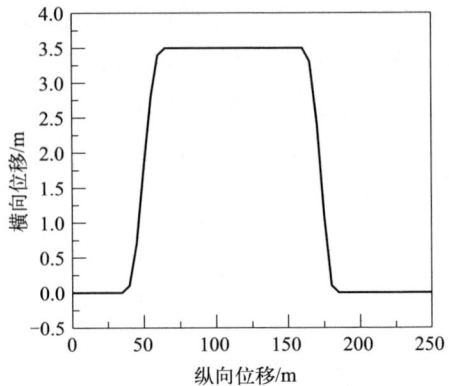

图 3-9　横纵向位移输入变化曲线

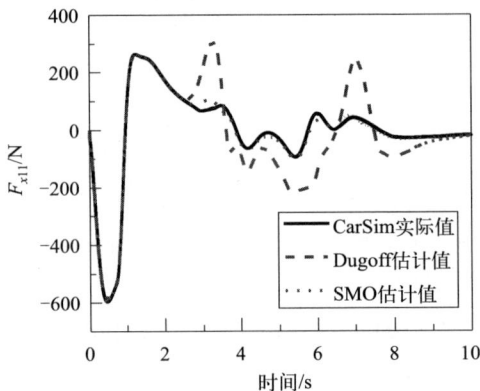

图 3-10　左前轮纵向力输出变化曲线

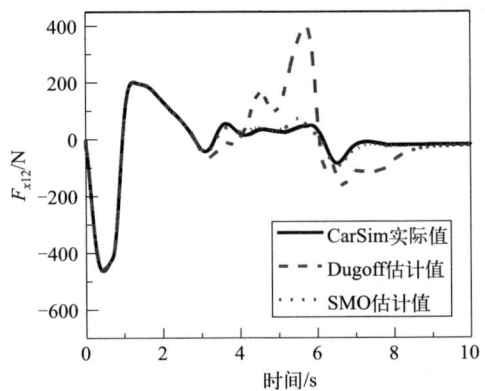

图 3-11　右前轮纵向力输出变化曲线

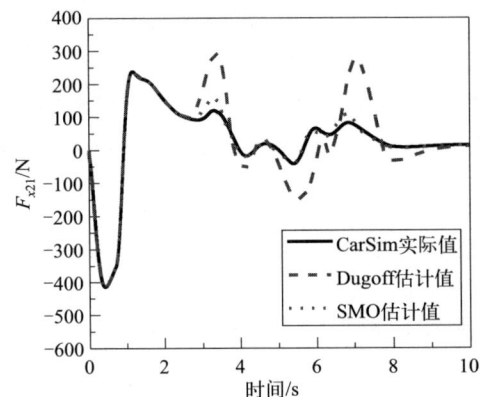

图 3-12　左后轮纵向力输出变化曲线

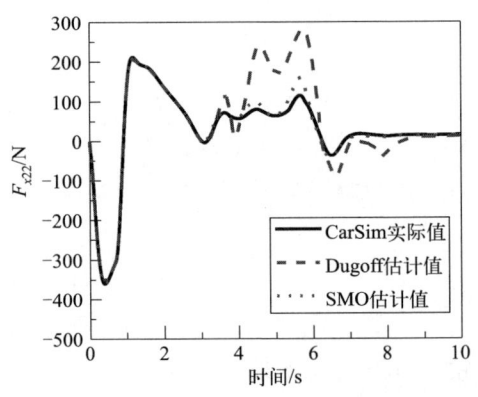

图 3-13　右后轮纵向力输出变化曲线

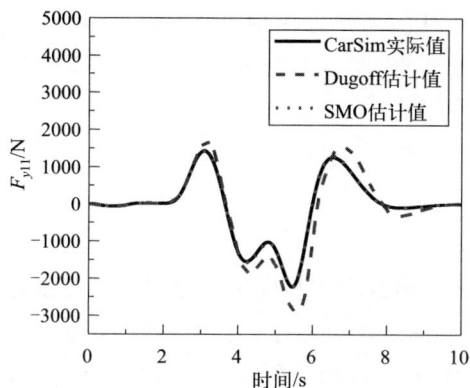

图 3-14　左前轮侧向力输出变化曲线

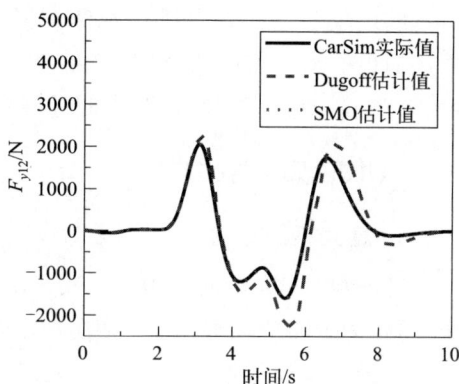

图 3-15　右前轮侧向力输出变化曲线

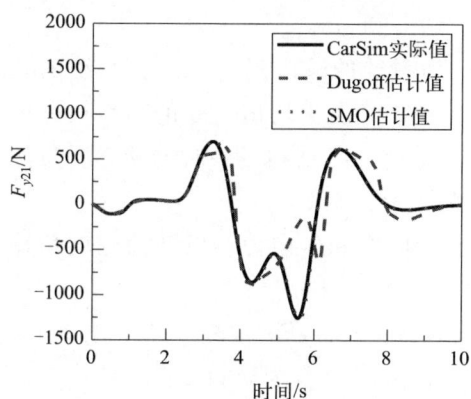

图 3-16　左后轮侧向力输出变化曲线

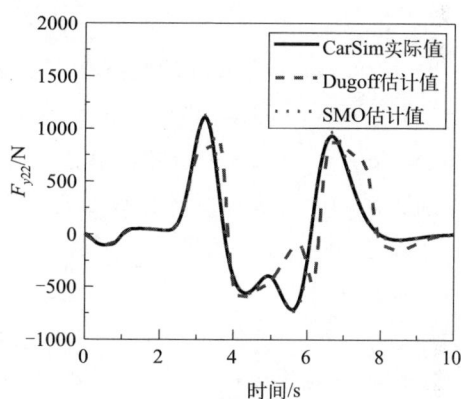

图 3-17　右后轮侧向力输出变化曲线

表 3-1　不同观测器下仿真结果误差均值

参数名称	Dugoff 误差百分比/%	SMO 误差百分比/%
左前轮纵向力	8.36	2.56
右前轮纵向力	7.59	2.69
左后轮纵向力	8.65	2.92
右后轮纵向力	9.88	3.12
左前轮侧向力	9.87	2.65
右前轮侧向力	6.67	3.56
左后轮侧向力	7.89	2.63
右后轮侧向力	8.36	2.89

　　Dugoff 轮胎模型中，对四个车轮所受纵向力和侧向力的平均误差分别是 8.36%、7.59%、8.65%、9.88%、9.87%、6.67%、7.89%、8.36%，滑模控制轮胎模型对四个车轮所受纵向力和侧向力的平均误差分别是 2.56%、2.69%、2.92%、3.12%、2.65%、3.56%、2.63%、2.89%。

结果表明，轮胎力滑模观测器对轮胎纵向力、轮胎侧向力的计算精度更高，输出的轮胎力曲线与 CarSim 实际值更为拟合，计算误差更小。滑模控制轮胎力的模型更优，对轮胎力的计算更为准确。

三、 UKF 观测器的应用

1. 建立系统方程

考虑到汽车在转向过程中，汽车质量、轴距及质心高度等变化很小，可以看作定值，故选取纵向加速度、横向加速度、纵向车速、横向车速作为状态变量。

对于一个非线性系统而言，无迹卡尔曼滤波观测器的状态方程和观测方程以式（3-41）表示：

$$\begin{cases} \boldsymbol{x}_{(t+1)} = f(\boldsymbol{x}_{(t)}, \boldsymbol{u}_{(t)}, w_{(t)}) \\ \boldsymbol{z}_{(t)} = h(\boldsymbol{x}_{(t)}, v_{(t)}) \end{cases} \tag{3-41}$$

式中，$\boldsymbol{x}_{(t)}$ 为系统的状态变量；$\boldsymbol{u}_{(t)}$ 为系统的输入量；$\boldsymbol{z}_{(t)}$ 为系统的观测变量；$w_{(t)}$ 为过程噪声；$v_{(t)}$ 为观测噪声，且属于均值为 0 的高斯白噪声序列。$\boldsymbol{x}_{(t+1)}$ 为 $t+1$ 时刻的状态变量，f 是前一时刻和后一时刻状态变量的映射关系，h 是状态变量和观测变量之间的映射关系。

基于 Dugoff 轮胎模型得到各个轮胎的纵向力和侧向力，以及前轮转角输入到无迹卡尔曼滤波观测器中，因此系统输入为：

$$\boldsymbol{u}_{(t)} = (\sigma, F_{x11}, F_{x12}, F_{x21}, F_{x22}, F_{y11}, F_{y12}, F_{y21}, F_{y22})^{\mathrm{T}} \tag{3-42}$$

汽车的轮速可以通过车载传感器测量，因此选其作为观测变量，即：

$$\boldsymbol{z}_{(t)} = (w_{11}, w_{12}, w_{21}, w_{22})^{\mathrm{T}} \tag{3-43}$$

非线性汽车的系统状态变量是预测的状态参数，即系统的输出量为：

$$\boldsymbol{x}_{(t)} = (a_x, a_y, u, v, r)^{\mathrm{T}} \tag{3-44}$$

$$\dot{\boldsymbol{x}}_{(t)} = (f_1, f_2, f_3, f_4)^{\mathrm{T}} \tag{3-45}$$

式中，f_1、f_2、f_3、f_4 如式（3-46）所示。

$$\begin{cases} f_1 = \left[\dfrac{(F_{x11}+F_{x12})\cos\sigma - (F_{y11}+F_{y12})\sin\sigma + F_{x21}+F_{x22}}{m} + vr \right]' \\[3mm] f_2 = \left[\dfrac{(F_{x11}+F_{x12})\sin\sigma + (F_{y11}+F_{y12})\cos\sigma + F_{y21}+F_{y22}}{m} - ur \right]' \\[3mm] f_3 = \dfrac{(F_{x11}+F_{x12})\cos\sigma - (F_{y11}+F_{y12})\sin\sigma + F_{x21}+F_{x22}}{m} + vr \\[3mm] f_4 = \dfrac{(F_{x11}+F_{x12})\sin\sigma + (F_{y11}+F_{y12})\cos\sigma + F_{y21}+F_{y22}}{m} - ur \end{cases}$$

$$\tag{3-46}$$

采用一阶欧拉离散方法进行离散，得到系统的输出量：

$$
\begin{cases}
a_{x(t+1)} = a_{x(t)} + f_1 \Delta t \\
a_{y(t+1)} = a_{y(t)} + f_2 \Delta t \\
u_{(t+1)} = u_{(t)} + f_3 \Delta t \\
v_{(t+1)} = v_{(t)} + f_4 \Delta t
\end{cases}
\tag{3-47}
$$

2. 工作流程

观测器赋初始值，开始算法递推。UKF 观测器的工作流程如图 3-18 所示。

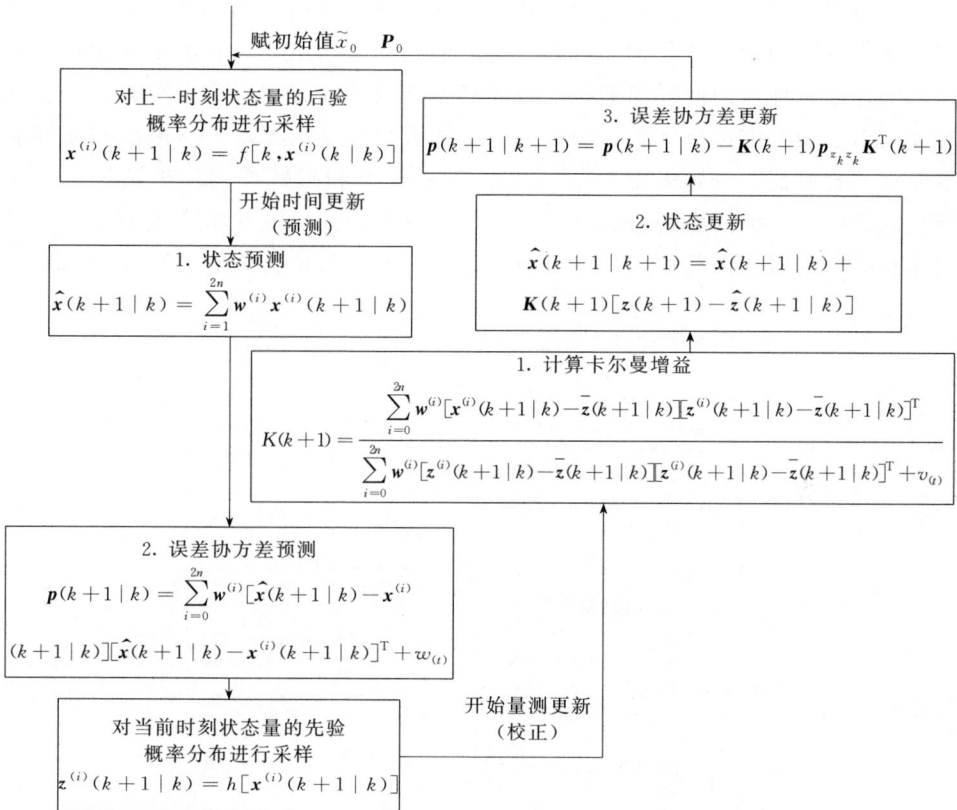

赋初始值 $\widetilde{x}_0$ 　P_0

对上一时刻状态量的后验概率分布进行采样
$x^{(i)}(k+1 \mid k) = f[k, x^{(i)}(k \mid k)]$

3. 误差协方差更新
$p(k+1 \mid k+1) = p(k+1 \mid k) - K(k+1) p_{z_k z_k} K^{T}(k+1)$

开始时间更新（预测）

1. 状态预测
$\hat{x}(k+1 \mid k) = \sum_{i=1}^{2n} w^{(i)} x^{(i)}(k+1 \mid k)$

2. 状态更新
$\hat{x}(k+1 \mid k+1) = \hat{x}(k+1 \mid k) + K(k+1)[z(k+1) - \bar{z}(k+1 \mid k)]$

1. 计算卡尔曼增益
$$
K(k+1) = \frac{\sum_{i=0}^{2n} w^{(i)}[x^{(i)}(k+1 \mid k) - \bar{z}(k+1 \mid k)][z^{(i)}(k+1 \mid k) - \bar{z}(k+1 \mid k)]^{T}}{\sum_{i=0}^{2n} w^{(i)}[z^{(i)}(k+1 \mid k) - \bar{z}(k+1 \mid k)][z^{(i)}(k+1 \mid k) - \bar{z}(k+1 \mid k)]^{T} + v_{(t)}}
$$

2. 误差协方差预测
$p(k+1 \mid k) = \sum_{i=0}^{2n} w^{(i)}[\hat{x}(k+1 \mid k) - x^{(i)}$
$(k+1 \mid k)][\hat{x}(k+1 \mid k) - x^{(i)}(k+1 \mid k)]^{T} + w_{(t)}$

对当前时刻状态量的先验概率分布进行采样
$z^{(i)}(k+1 \mid k) = h[x^{(i)}(k+1 \mid k)]$

开始量测更新（校正）

图 3-18　UKF 观测器工作流程

第二节　基于道路坡度不确定性的汽车运行状态估计

汽车在弯道或坡道等路面上容易发生交通事故。在弯道上发生交通事故的原因通常是驾驶员未能按照弯道行驶的安全规则操作，如未提前减速、未注意盲点等，而在坡道上发生交通事故可能是因为驾驶员未能正确控制汽车上下坡的速度，或者路面湿滑、坑洼等因素导致的行车不稳。此外，路面狭窄、弯道或坡道过于陡峭、缺乏明确的指示标志等都可能导致驾驶员无法正确判断或操作不当，进而引发交通事故。因此，在汽车行驶状态参数估计的研究过程中考虑不同的道路情况就显得尤为重要。

一、汽车状态参数估计方案

针对汽车的纵向车速、侧向车速、纵向加速度等信息无法直接由车载传感器测量得到的问题，并且轮胎与路面之间的相互作用也会影响汽车行驶状态参数的估计准确性，因此提出的汽车行驶状态参数估计方案，将汽车动力学模型与无迹卡尔曼滤波进行结合，建立坡道路面五自由度汽车动力学模型的无迹卡尔曼滤波观测器。分别采用 Dugoff 稳态轮胎模型和滑模控制理论预先对轮胎所受的纵向力、侧向力进行数学计算，再将各个观测器模块集合成为整体，对汽车行驶时的状态参数进行估计，汽车行驶状态参数估计方案如图 3-19 所示。

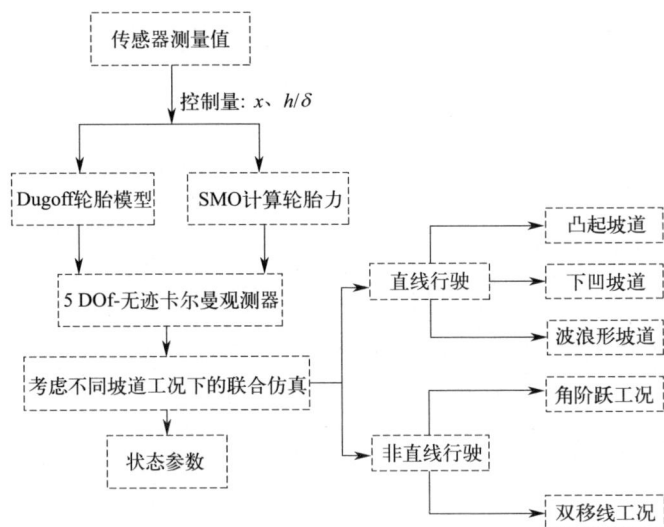

图 3-19　汽车行驶状态参数估计方案

考虑在不同坡道路面条件下，采用在三自由度汽车动力学模型基础上增加俯仰和侧倾方向的五自由度汽车动力学模型，在滑模控制计算轮胎力的无迹卡尔曼滤波观测器（UKF-SMO）中融合五自由度汽车动力学模型，进而观察汽车在坡道路面上行驶时对汽车状态参数的估计情况。

二、汽车动力学模型

根据具体的应用和需求，汽车动力学模型具有不同的复杂程度和精确度。汽车动力学模型的目的是对汽车的运动进行建模，以便于研究和理解汽车的行为，并为控制、仿真、优化和设计等应用提供基础。汽车动力学的建模需要考虑各种环境因素，比如道路状况、风阻、坡度等，这些因素会对汽车的运动产生影响。

常见的汽车动力学模型根据自由度的数量可以分二自由度汽车模型和多自由度汽车模型。二自由度汽车模型（two-degree-of-freedom vehicle model）考虑了汽车的纵向和横向运动。它将汽车简化为一个质点，并独立地描述汽车的纵向运动（加速度和制动）和横向运动（转弯）。这种模型通常用于研究汽车的稳定性和操控性能。多自由度汽车模型（multi-degree-of-freedom vehicle model）考虑了汽车的多个自由度，例如汽车的纵向、横向和垂向运动。它可以细化描述汽车的各个部件的运动行为，包括车身、车轮、悬挂系统等。这种模型通常用于复杂的汽车动力学分析和仿真。需要注意的是，汽车动力学模型的复杂度取决于所考虑的自由度数量。随着自由度数量的增加，模型可以更准确地描述汽车的运动行为，但也增加了模型计算的复杂度。采用的汽车动力学模型以横向、纵向、横摆三自由度汽车模型和增加俯仰、侧倾的五自由度汽车模型为主。

1. 平坦路面上的汽车动力学模型

（1）二自由度汽车动力学模型

二自由度汽车动力学模型（2-DOF）是一种常用的汽车动力学模型，考虑了汽车的纵向和横向运动。它将汽车简化为一个质点，并独立地描述汽车的纵向运动（加速度和制动）和横向运动（转弯）。这种模型可以用于研究汽车的稳定性和操纵性能。

纵向运动自由度描述了汽车的加速度和制动性能。它包括汽车的纵向速度和纵向加速度的变化。纵向运动自由度通常使用质点的质量、总受力和纵向惯性力来描述。质点的质量用来表示汽车的质量，总受力包括引擎输出力、风阻力、重力等，而纵向惯性力则与汽车加速度相关。该自由度可以用来分析汽车的加速和制动性能，以及与动力系统相关的参数和控制策略。

横向运动自由度描述了汽车的转弯运动。它包括汽车的横向速度、横向加速度以及横向滑移角的变化。横向滑移角是表示汽车轮胎侧向滑移程度的参数，它与汽车的横向加速度相关。横向运动自由度通常使用质点的质量、横向惯性力和横向力来描述。质点的质量表示汽车的质量，横向惯性力与横向加速度有关，而横向力包括侧向摩擦力和转向力。该自由度可以用来分析汽车的稳定性和操纵性能，以及与悬挂系统、转向系统、轮胎特性和汽车控制策略等相关的参数。

在二自由度汽车动力学模型中，纵向运动和横向运动是独立的，但它们之间可以有一定的耦合。例如，汽车的纵向加速度可以影响汽车的侧向稳定性，而汽车的横向加速度也可以影响汽车的纵向稳定性。因此，在实际应用中，需要综合考虑纵向和横向运动自由度之间的相互关系，以获得对汽车行为更准确的描述。

总之，二自由度汽车动力学模型是一种常用的汽车动力学建模方法，它可以独立地描述汽车的纵向和横向运动，用于研究汽车的稳定性和操纵性能。

（2）三自由度汽车动力学模型

在平坦路面上采用的是横向、纵向、横摆方向的三自由度汽车模型（three-degree-of-freedom vehicle model）。横向、纵向、横摆方向的三自由度汽车动力学模型（3-DOF）是一种更为复杂和全面的汽车动力学模型，它考虑了汽车的纵向运动、横向运动以及横摆运动。该模型可以更准确地描述汽车的操纵性能和稳定性，适用于高性能汽车或需要精确建模的应用场景。

在该三自由度汽车动力学模型中，汽车被假设为一个刚体，主要考虑以下三个自由度。

纵向运动自由度：描述汽车的加速度和制动性能，包括纵向速度、纵向加速度和汽车的质心高度对纵向动力的影响。此外，模型还考虑了纵向质心位置变化对汽车动力学的影响。纵向运动自由度的建模通常包括汽车的总受力（引擎输出力、风阻力、重力等）和纵向惯性力。

横向运动自由度：描述汽车的转弯运动，包括横向速度、横向加速度和汽车侧滑角。横向滑移角是表示汽车轮胎侧向滑移程度的参数，它与汽车的横向加速度和汽车的转向角速度相关。横向运动自由度的建模通常包括汽车的总横向力（侧向摩擦力和转向力）和横向惯性力。

横摆运动自由度：描述汽车围绕垂向轴的旋转运动，即汽车的横摆运动。横摆角度表示汽车身体侧倾的角度，它与汽车的横向速度、纵向速度以及汽车的轴距和重心高度等参数相关。横摆运动自由度的建模通常包括汽车的总扭矩和横摆惯性力。

三自由度汽车动力学模型还会考虑到其他影响因素，如汽车的轮胎特性、悬挂系统、阻尼效应和汽车质量分布等。这些因素对汽车的操纵性能和稳定性产生重要影响。总之，横向、纵向、横摆方向的非线性三自由度汽车动力学模型是一种用于详细描述汽车运动特性的复杂模型。它综合考虑了汽车的纵向运动，横向运动和横摆运动，以及与外部环境、汽车参数和控制系统相关的影响因素。该模型在研究和开发汽车操纵性能、稳定性控制等方面具有重要应用价值。

汽车在真实的行驶过程中具有非线性特性，为了更好表示汽车的实际行驶状态，采用简化的三自由度汽车模型，该模型具有纵向车速、横向车速、横摆角速度方向的三自由度，如图 3-20 所示。

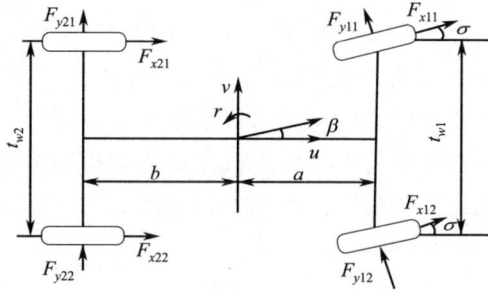

图 3-20　三自由度汽车模型

汽车动力学方程如下所述。

x 轴方向：

$$ma_x = (F_{x11} + F_{x12})\cos\sigma - (F_{y11} + F_{y12})\sin\sigma + F_{x21} + F_{x22} \tag{3-48}$$

$$a_x = \dot{v} - ur \tag{3-49}$$

y 轴方向：

$$ma_y = (F_{x11} + F_{x12})\sin\sigma + (F_{y11} + F_{y12})\cos\sigma + F_{y21} + F_{y22} \tag{3-50}$$

$$a_y = \dot{u} + vr \tag{3-51}$$

绕 z 轴转动方向：

$$I_z\dot{r} = [(F_{x11} + F_{x12})\sin\sigma + (F_{y11} + F_{y12})\cos\sigma]a + [(F_{x11} - F_{x12})\cos\sigma + (F_{y11} - F_{y12})\sin\sigma]$$

$$\frac{t_{w1}}{2} + (F_{x22} - F_{x21})\frac{t_{w2}}{2} - (F_{y21} + F_{y22})b \tag{3-52}$$

式中，σ 为前轮转角；m 为汽车质量；v、u 为横纵向车速；a_x、a_y 为横纵向加速度；r 为横摆角速度；a、b 为质心到汽车前后轴的距离；t_{w1}、t_{w2} 为前后轮的轮距；I_z 为绕 z 轴的转动惯量；F_{xij} 为四个轮胎的纵向力，F_{yij} 为四个轮胎的横向力，$i = 1$、2 分别表示前、后轴，$j = 1$、2 分别表示左、右轮。

2. 坡道路面上的汽车动力学模型

传统的汽车动力学模型只考虑了汽车的纵向和横向运动，忽略了侧倾、俯仰和偏航等方向的运动。因此，可以引入更多的自由度来描述汽车在复杂道路条件下的行驶过程。五自由度汽车动力学模型（5-DOF）是一种用于描述汽车在复杂道路条件下行驶时所受各种力和力矩的数学模型。该模型考虑了汽车运动过程中所受到的各种力，如重力、空气阻力、地面反作用力、摩擦力和侧向力等，以及这些力对汽车运动状态的影响。目前，许多先进的汽车控制系统都采用了基于五自由度动力学模型的控制算法，能够实现更加精准和稳定的汽车控制。

五自由度汽车动力学模型在平面三自由度汽车动力学模型的基础上，增加俯仰和侧倾两个方向。五自由度的汽车动力学模型可以描述汽车在横向、纵向、横摆、俯仰和侧倾方向上的运动，更适用于坡道路面环境下。因此，坡道路面上的汽车运动分析可以将五自由度汽车动力学模型融入无迹卡尔曼滤波观测器中进行联合仿真。五自由度汽车运动示意图如图 3-21 所示。

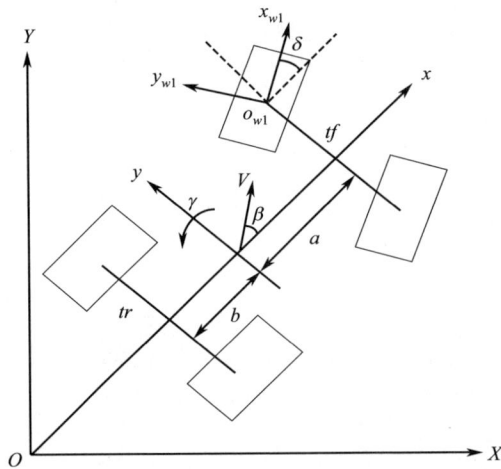

图 3-21　五自由度汽车运动示意图

其中，横向、纵向和横摆方向上的运动可以用以下微分方程来描述：

$$v_x = |V| \cdot \cos\beta \tag{3-53}$$

$$v_y = |V| \cdot \sin\beta \tag{3-54}$$

$$
\dot{\gamma} = \left[(F_{x11} + F_{x12})\sin\delta + (F_{y11} + F_{y12})\cos\delta \right] \cdot \frac{a}{I_z} + \left[(F_{x11} - F_{x12})\cos\delta \right.
$$
$$
\left. + (F_{y11} - F_{y12})\sin\delta \right] \cdot \frac{t_{w1}}{2I_z} + (F_{x22} - F_{x21}) \cdot \frac{t_{w2}}{2I_z} - (F_{y21} + F_{y22}) \cdot \frac{b}{I_z}
$$
$$\tag{3-55}$$

上述平衡方程式可以推导得出汽车纵向加速度与横向加速度，公式如下：

$$\dot{v}_x = \frac{(F_{x11}+F_{x12})\cos\delta-(F_{y11}+F_{y12})\sin\delta+F_{x21}+F_{x22}-m_se_1\dot{q}}{m}+\gamma v_y$$

$$(3-56)$$

$$\dot{v}_y = \frac{(F_{x11}+F_{x12})\sin\delta+(F_{y11}+F_{y12})\cos\delta+F_{y21}+F_{y22}+m_se_1\dot{p}}{m}-\gamma v_x$$

$$(3-57)$$

俯仰方向上的运动力矩平衡方程式如下：

$$I_y\dot{q}+m_se_2(\dot{v}_x-\dot{\gamma}v_y)=m_sge_2\theta-k_\theta\theta-c_\theta q \qquad (3-58)$$

$$\dot{\theta}=q \qquad (3-59)$$

$$k_\theta=k_{f\theta}+k_{r\theta} \qquad (3-60)$$

$$c_\theta=c_{f\theta}+c_{r\theta} \qquad (3-61)$$

式中，θ 表示俯仰角；I_y 表示俯仰转动惯量；$c_{f\theta}$、$c_{r\theta}$ 分别表示前后悬架俯仰阻尼；k_θ 和 c_θ 表示悬架俯仰刚度和俯仰阻尼；$k_{f\theta}$、$k_{r\theta}$ 分别为前后悬架的俯仰刚度。俯仰运动如图3-22 所示。

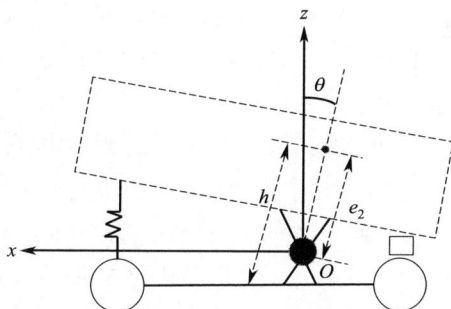

图 3-22　俯仰运动

侧倾方向上的运动力矩平衡方程式如下：

$$I_x\dot{p}-m_se_1(\dot{v}_y+\dot{\gamma}v_x)=m_sge_1\varphi-k_\varphi\varphi-c_\varphi p \qquad (3-62)$$

$$\dot{\varphi}=p \qquad (3-63)$$

$$k_\varphi=k_{f\varphi}+k_{r\varphi} \qquad (3-64)$$

$$c_\varphi=c_{f\varphi}+c_{r\varphi} \qquad (3-65)$$

式中，φ 表示侧倾角；I_x 表示侧倾转动惯量；$c_{f\varphi}$、$c_{r\varphi}$ 分别表示前后悬架侧倾阻尼；k_φ 和 c_φ 表示悬架侧倾刚度和俯仰阻尼；$k_{f\varphi}$、$k_{r\varphi}$ 分别为前后悬架的侧倾刚度。侧倾运动如图3-23 所示。

三、基于 CarSim/Simulink 的汽车状态识别仿真平台

1. CarSim 和 Simulink 仿真流程

CarSim 和 Simulink 是两种常用的汽车仿真工具，常常联合使用以实现更复杂的汽车系统仿真。以下是仿真的基本步骤：

① 确定仿真目标：首先，明确要仿真的汽车系统或子系统，以及期望达到的仿真目标。

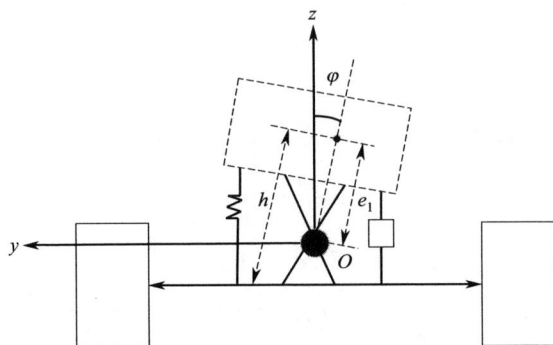

图 3-23　侧倾运动

② 建立 Simulink 模型：使用 Simulink 创建一个包含所需元件（如传感器、执行器、控制器等）的模型。这些元件应该与 CarSim 中的相应元件相对应。

③ 配置 Simulink 模型：根据仿真目标，对 Simulink 模型进行必要的配置，例如设置输入信号、输出信号、时间参数等。

④ 导入 CarSim 软件：将 Simulink 模型导出为一个支持的格式（如 X-Function 文件），然后将其导入到 CarSim 中。

⑤ 连接仿真组件：在 CarSim 中，将导入的 Simulink 模型与实际的汽车硬件连接起来。这包括将传感器连接到数据采集卡，将执行器连接到汽车模型等。

⑥ 设置仿真参数：在 CarSim 中，设置仿真参数，如时间步长、仿真时间范围等。

⑦ 运行联合仿真：启动 CarSim 软件，运行联合仿真。观察仿真结果，分析系统性能，并根据需要调整模型参数或硬件连接。

⑧ 优化仿真结果：根据仿真结果，对模型或硬件进行优化，以提高系统性能或降低能耗。

重复步骤⑦和⑧，直到达到满意的仿真结果。

通过以上步骤，可以实现 CarSim 和 Simulink 的联合仿真，以验证和优化汽车系统设计。这种方法可以提高仿真效率，减少实际硬件测试的成本和风险。

2. CarSim 整车模型的建立

CarSim 能够通过建立汽车的几何、质量和动力学模型来模拟汽车的运动行为，汽车被看作是由多个刚体组成的系统，每个刚体代表汽车的一个组成部分。在 CarSim 中选取 C-Class 的掀背车进行整车建模，具体步骤如下：

① 车体：车体是汽车的基础结构，包括车身、发动机舱、底盘等部分。车体的参数和特性会影响汽车的整体性能和操纵稳定性，如图 3-24 所示为汽车的具体参数设置。

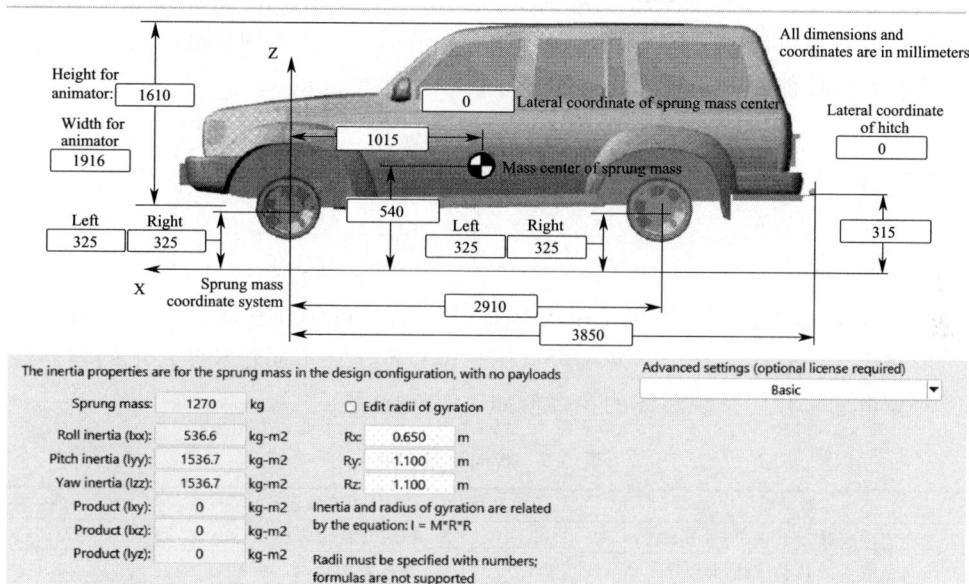

图 3-24　CarSim 汽车参数设置

② 轮胎：轮胎子系统包括轮胎和轮毂等部分，它们共同支撑汽车并与地面接触。这个子系统可以用来模拟汽车在不同路面条件下的行驶性能和操纵稳定性。选择轮胎型号为 215/55 R17，具体轮胎参数值如表 3-2 所示。

表 3-2　CarSim 轮胎参数

参数名称	数值	参数名称	数值
滚动半径/mm	325	弹性刚度/(N/mm)	268
空载半径/mm	334	最大载荷/N	100000
轮胎宽度/mm	215		

③ 悬挂系统：悬挂系统子系统包括减震器、弹簧和稳定杆等部分，它们共同用来控制汽车的振动和稳定性。这个子系统可以用来模拟汽车在不同行驶条件下的舒适性和操纵稳定性。悬挂系统连接车身和轮胎，并影响汽车的操控性和舒适性。在 CarSim 中，可以根据需要选择不同的悬挂系统类型和参数，悬挂系统的参数设置如表 3-3 所示。

表 3-3　CarSim 悬挂系统参数

参数名称	数值	参数名称	数值
簧下质量/kg	71	悬架中心横向坐标/mm	0
自旋转惯性/ kg·m²	0.9	外倾角/(°)	0

④ 传动系统：传动系统子系统包括发动机、变速器和传动轴等部，它们共同为汽车提供动力。这个子系统可以用来模拟汽车在不同行驶条件下的动力性能和经济性能，传动系统的具体参数值如表 3-4 所示。

表 3-4　传动系统参数

参数名称	数值	参数名称	数值
发动机功率/kW	250	力矩比	2.65∶1
曲轴转动惯量/kg·m²	0.38	怠速转速参数/(r/min)	750

⑤ 转向系统：转向系统子系统包括转向盘、转向柱和转向器等部分，共同控制汽车的转向。这个子系统可以用来模拟汽车在不同行驶条件下的转向性能和稳定性，转向系统具体的参数值如表 3-5 所示。

表 3-5　转向系统参数

参数名称	数值	参数名称	数值
转向柱管转动惯量/kg·m²	0.02	转向柱管干摩擦矩/N·m	0.2
转向系统等效转动惯量/kg·m²	0.000296	转向迟滞角/(°)	0.1
转向柱管阻尼	0.002	转向传动齿轮阻尼/(N·s/mm)	4.5

⑥ 制动系统：制动系统基于驾驶员和主动干预系统（例如 ABS 系统），在车轮上提供制动扭矩。制动扭矩受到非簧载部件的反作用，并始终与车轮的旋转方向相反。制动系统具体的参数值如表 3-6 所示。

表 3-6　制动系统参数

参数名称	数值	参数名称	数值
前制动器时间常数	0.06	前扭矩/MPa	250
后制动器时间常数	0.06	后扭矩/MPa	150

⑦ 空气动力学：空气动力学子系统模拟汽车与空气之间的相互作用，包括空气阻力和升力等。该子系统可以用来预测汽车在高速和低速行驶时的空气动力学性能，空气动力学相关参数值如表 3-7 所示。

表 3-7　空气动力学参数

参数名称	数值	参数名称	数值
空气动力参考点(X)/mm	−1455	空气质量密度/(kg/m³)	1.206
参考长度/mm	2910	额区/m²	2.2

3. UKF-SMO 观测器的联合仿真

（1）联合仿真参数设置

为验证观测器的有效性，利用 CarSim 和 Simulink 进行联合仿真。在 CarSim/Simulink 平台中搭建整车模型和基于滑模控制理论计算轮胎力的无迹卡尔曼滤波观测器数学模型，整车模型仿真参数如表 3-8 所示。为了保证 CarSim 整车模型中的轮胎模型与观测器数学模型统一，忽略轮胎回正力矩的影响。

表 3-8　整车模型仿真参数

参数名称	数值	参数名称	数值
簧上质量/kg	1270	后轮轮距/mm	1916
质心高度/mm	540	汽车绕 X 轴转动惯量/kg·m²	536.6
前轴到质心的距/mm	1015	汽车绕 Y 轴的转动惯量/kg·m²	1536.7
后轴到质心的距/mm	1895	汽车绕 Z 轴的转动惯量/kg·m²	1536.7
前轮轮距/mm	1916	汽车绕 X 轴转动惯量/kg·m²	536.6

（2）基于 UKF-SMO 观测器的总体构成图

CarSim 作为汽车动力学仿真软件，可以提供轮胎所需的输入参数，包括四个轮胎的转动角速度和车轮驱动力矩。其次，由滑模控制系统计算得到的轮胎纵向力、侧向力则作为观测器系统的输入。并且，CarSim 输出 UKF-SMO 观测器系统的控制量以及提供系统输出状态变量的参考值。

直线行驶时 UKF-SMO 观测器的总体结构图如图 3-25 所示，在直线行驶的坡道路面上，观测器系统的控制量为汽车的垂向位移和纵向位移，观测系统的输出状态变量包括纵向车速、纵向加速度和俯仰角。非直线行驶时 UKF-SMO 观测器的总体结构图如图 3-26 所示，在非直线行驶的坡道路面上，观测器系统的控制量为汽车的方向盘转角，观测器系统的输出状态变量包括纵向车速、横向车速、纵向加速度和横向加速度。

四、汽车状态估计仿真结果

1. 直线行驶时基于道路坡度不确定性的仿真分析

（1）凸起坡道路面联合仿真

在很多城市公路中，会出现很多拱形大桥。为模拟在类似公路上的行驶情况，在 CarSim 软件中将道路设置为如图 3-27 所示的凸起坡道路面，垂向位移与纵向位移的关系曲线如图 3-28 所示。垂向高度为 0.4m，纵向位移为 350m。纵向车速的初始值是 50km/h，即初始状态 $x_{(0)} = [50/3.6,0,0]$。路面附着系数设置为 0.85，仿真时间设置为 25s，仿真步长设置为 0.001。

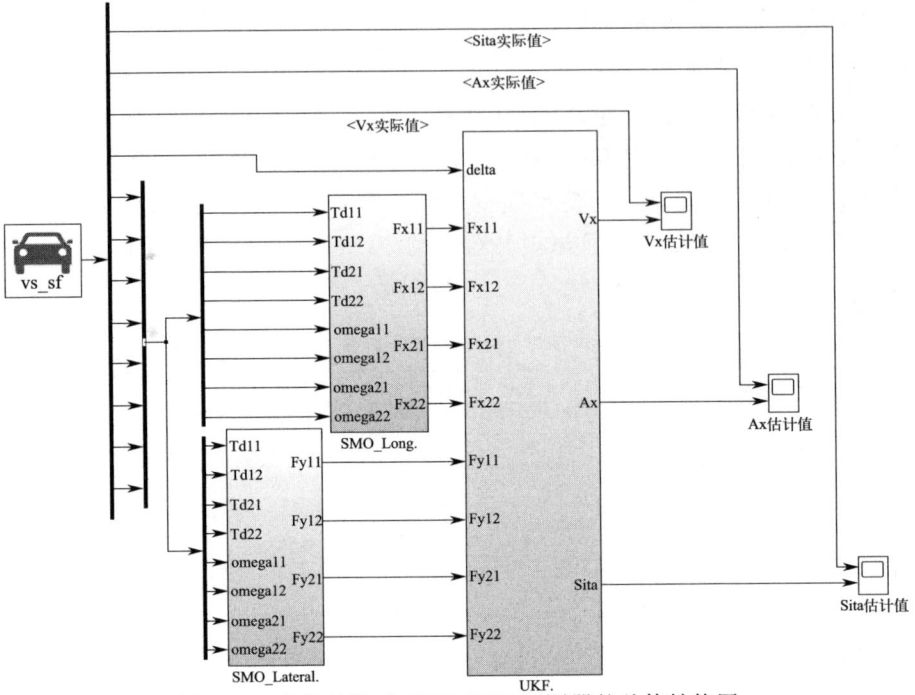

图 3-25　直线行驶时 UKF-SMO 观测器的总体结构图

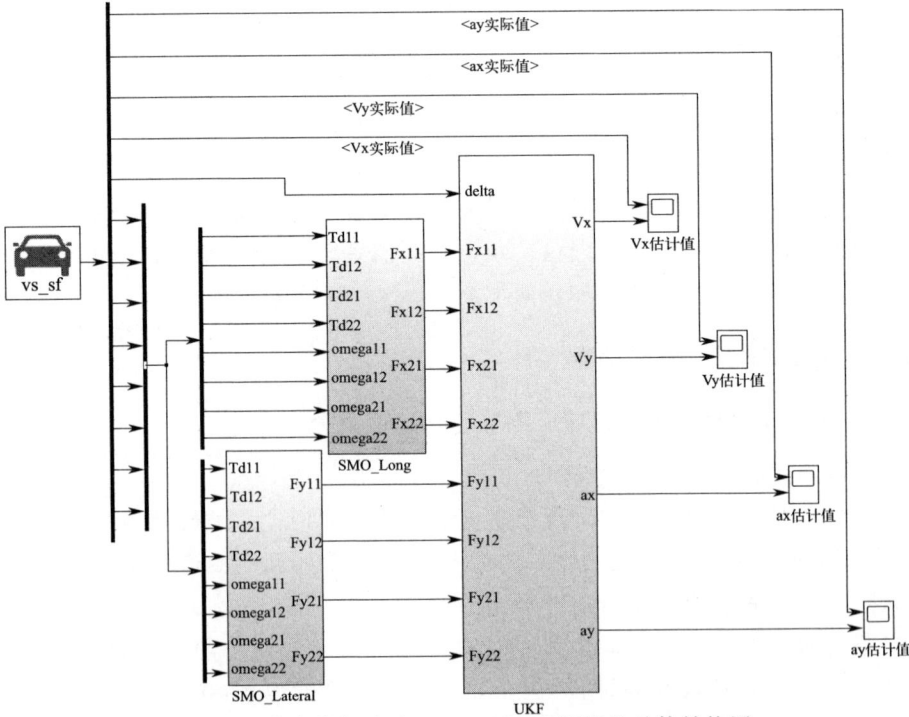

图 3-26　非直线行驶时 UKF-SMO 观测器的总体结构图

图 3-27　道路设置（凸起坡）

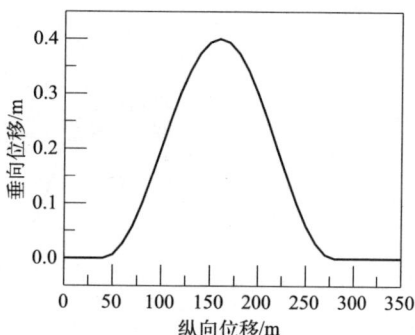

图 3-28　纵向位移与垂向位移的
相关变化曲线（凸起坡）

图 3-29～图 3-31 分别为基于 Dugoff 轮胎模型的 UKF 观测器和基于滑模控制理论的 UKF 观测器在凸起坡道路面下对纵向速度、纵向加速度、俯仰角的估计结果。从 0s 开始，汽车以 50km/h 初始速度行驶。纵向位移在 0～50m 是平坦路面，俯仰角在 0～3s 也是直线。纵向位移 50～280m 是低洼路面，俯仰角在 3～17s 则是 S 形曲线。纵向位移在 280～350m 是平坦路面，俯仰角在 17～25s 则是恢复直线。从估计结果来看，基于滑模控制轮胎模型的 UKF 观测器的估计效果得到了明显的改善，提高了汽车行驶状态参数的估计精度，且估计的稳定性更好。

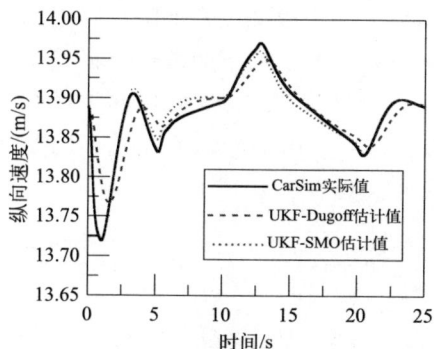

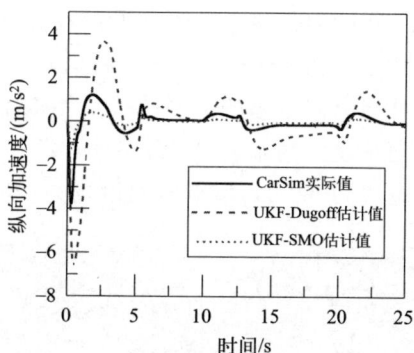

图 3-29　纵向速度输出变化曲线（凸起坡）　图 3-30　纵向加速度输出变化曲线（凸起坡）

不同观测器下汽车状态参数的估计值与 CarSim 实际值的误差如表 3-9 所示。UKF-Dugoff 滤波观测器对纵向速度平均误差为 1.56%，纵向加速度的平均误差为 8.39%，俯仰角的平均误差为 8.99%。UKF-SMO 滤波观测器对纵向速度平均误差为 0.66%，纵向加速度的平均误差为 2.15%，俯仰角的平均误差为 2.34%。

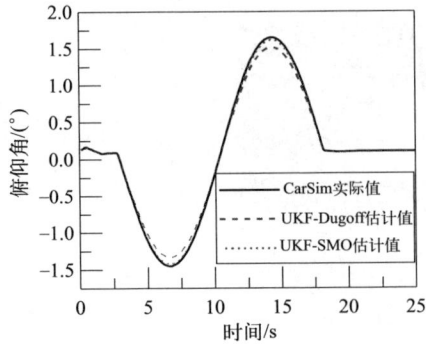

图 3-31　俯仰角输出变化曲线（凸起坡）

表 3-9　不同观测器下仿真结果误差均值（凸起坡）

参数名称	UKF-Dugoff 误差百分比/%	UKF-SMO 误差百分比/%
纵向速度	1.56	0.66
纵向加速度	8.39	2.15
俯仰角	8.99	2.34

从仿真结果分析可得，与 UKF-Dugoff 滤波观测器相比较，由 UKF-SMO 滤波观测器预测的纵向速度、横向速度和俯仰角与 CarSim 实际值更加拟合，表明此滤波器能够准确地估算在凸起坡道路面上的汽车状态参数，得出 UKF-SMO 滤波观测器的估计精度更高。

（2）下凹坡道路面联合仿真

在国内公路由于不同原因存在很多下陷路面。为模拟此类下陷公路上的行驶情况，在 CarSim 软件中将道路设置为如图 3-32 所示的下凹坡道路面，垂向位移与纵向位移的关系曲线如图 3-33。垂向高度为 0.5m，纵向位移为 350m。纵向车速的初始值是 50km/h，即初始状态 $x_{(0)} = [50/3.6, 0, 0]$。路面附着系数设置为 0.85，仿真时间设置为 25s，仿真步长设置为 0.001。

图 3-32　道路设置（下凹坡）

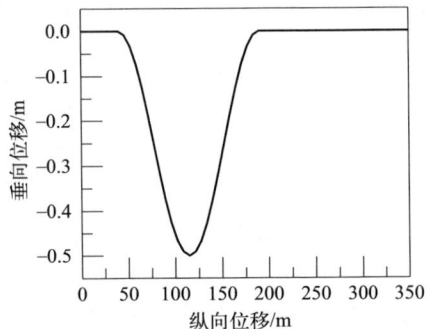

图 3-33　纵向位移与垂向位移的相关变化曲线（下凹坡）

图 3-34~图 3-36 分别为基于 Dugoff 轮胎模型的 UKF 观测器和基于滑模控制理论轮胎模型的 UKF 观测器在下凹坡道路面下对纵向速度、纵向加速度、俯仰角的估计结果。从 0s 开始，汽车以 50km/h 初始速度行驶。纵向位移在 0~50m 是平坦路面，俯仰角在 0~3s 也是直线。纵向位移在 50~200m 是低洼路面，俯仰角在 3~14s 则是 S 形曲线。纵向位移在 200~350m 是平坦路面，俯仰角在 14~25s 则是恢复直线。从估计结果来看，基于滑模控制理论轮胎模型的 UKF 观测器的估计效果得到了明显的改善，提高了汽车行驶状态参数的估计精度，且估计的稳定性更好。

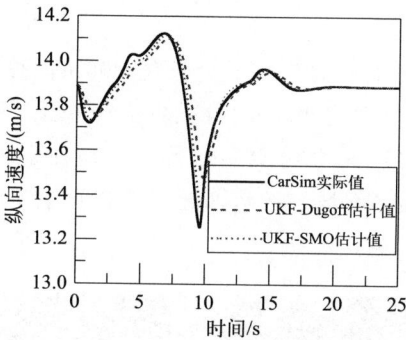

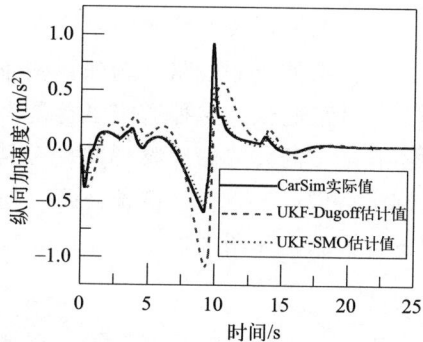

图 3-34　纵向速度输出变化曲线（下凹坡）　图 3-35　纵向加速度输出变化曲线（下凹坡）

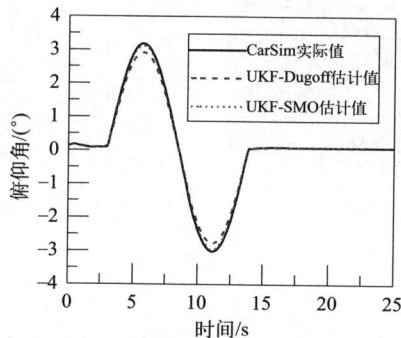

图 3-36　俯仰角输出变化曲线（下凹坡）

不同观测器下汽车状态参数的估计值与 CarSim 实际值的误差如表 3-10 所示。UKF-Dugoff 滤波观测器的纵向速度平均误差为 3.86％，纵向加速度的平均误差为 14.97％，俯仰角的平均误差为 8.66％。UKF-SMO 滤波观测器的纵向速度平均误差为 1.86％，纵向加速度的平均误差为 6.41％，俯仰角的平均误差为 2.12％。

表 3-10　不同观测器下仿真结果误差均值（下凹坡）

参数名称	UKF-Dugoff 误差百分比/%	UKF-SMO 误差百分比/%
纵向速度	3.86	1.86
纵向加速度	14.97	6.41
俯仰角	8.66	2.12

从仿真结果分析可得，与 UKF-Dugoff 滤波观测器相比较，由 UKF-SMO 滤波观测器预测的纵向速度、横向速度和俯仰角与 CarSim 实际值更加拟合，表明此滤波器能够准确地估算在下凹坡道路面上的汽车状态参数，易得出 UKF-SMO 滤波观测器的估计精度更高。

（3）波浪形坡道路面联合仿真

国内有波浪形公路，例如，一条双向四车道的公路，全长约 300m，整条公路呈波浪起伏。这种道路主要是为了便于汽车进出，同时减少安全隐患。将原本长下坡的公路修成阶梯状的公路，这样"一个台阶一个台阶"地往上走，看起来就像波浪一样。这条公路是随着地形（斜坡）顺势而建，从侧面看有一定的波浪感，如图 3-37 所示。

图 3-37　波浪形公路

图 3-38　道路设置（波浪形坡道）

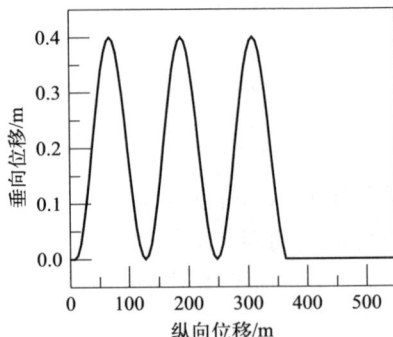

图 3-39　纵向位移与垂向位移的相关变化曲线（波浪形坡道）

为模拟在类似于重庆波浪形公路的行驶情况，在 CarSim 中道路设置为如图 3-38 所示的波浪形路面，垂向位移与纵向位移的关系曲线如图 3-39 所示。垂向高度为 0.4m，纵向位移为 550m。纵向车速的初始值是 80km/h，即初始状态 $x_{(0)} = [80/3.6, 0, 0]$。路面附着系数设置为 0.85，仿真时间设置为 25s，仿真步长设置为 0.001。

图 3-40～图 3-42 分别为基于 Dugoff 轮胎模型的 UKF 观测器和基于滑模控制理论的 UKF 观测器在波浪形坡道路面下对纵向速度、纵向加速度、俯仰角的估计结果。从 0s 开始，汽车以 80km/h 初始速度行驶。纵向位移在 0～350m 是波浪形路面，伴随俯仰角在 0～17s 之间也是波浪形曲线。纵向位移 350～550m 是平坦路面，俯仰角在 17～25s 则是直线。

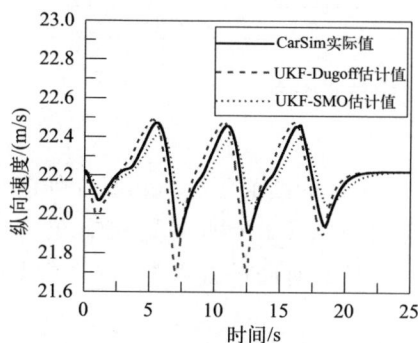

图 3-40　纵向速度输出
变化曲线（波浪形坡道）

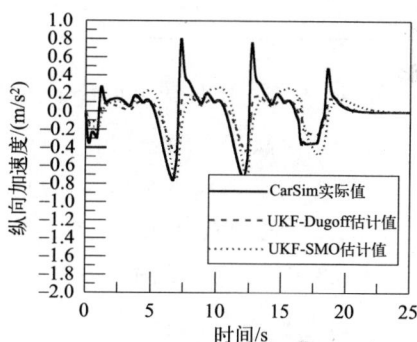

图 3-41　纵向加速度输出
变化曲线（波浪形坡道）

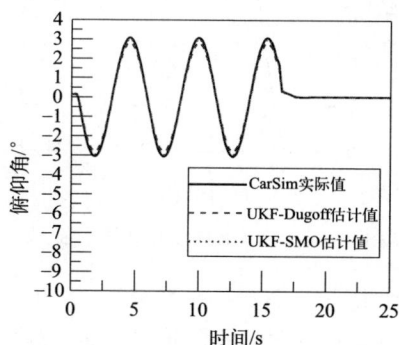

图 3-42　俯仰角输出变化曲线（波浪形坡道）

不同观测器下汽车状态参数的估计值与 CarSim 实际值的误差如表 3-11 所示。UKF-Dugoff 滤波观测器的纵向速度平均误差为 10.2%，纵向加速度的平均误差为 15.93%，俯仰角的平均误差为 8.49%。UKF-SMO 滤波观测器的纵向速度平均误差为 4.92%，纵向加速度的平均误差为 8.21%，俯仰角的平均误差为 2.45%。从估计的结果来看，基于滑模控制理论轮胎模型的 UKF 观测器的估计效果得到了明显的改善，提高了汽车行驶状态参数的估计精度，且估计的稳定性更好。与 UKF-Dugoff 滤波观测器相比较，由 UKF-SMO 滤波观测器预测的纵向速度、横向速度和俯仰角与 CarSim 实际值更加拟合，表明此滤波器能够准确地估算在波浪形路面上的汽车状态参数。

表 3-11   不同观测器下仿真结果误差均值（波浪形坡道）

参数名称	UKF-Dugoff 误差百分比/%	UKF-SMO 误差百分比/%
纵向速度	10.2	4.92
纵向加速度	15.93	8.21
俯仰角	8.49	2.45

2. 非直线行驶时基于道路坡度不确定性的仿真分析

（1）角阶跃工况联合仿真

设置方向盘为角阶跃输入在道路坡度不确定性的路面下进行仿真，如图 3-43 所示。方向盘最大转角为 90°，初始车速 90km/h，即初始状态 $x_{(0)} = [0,0,90/3.6,0]$。路面附着系数设置为 0.85，仿真时间设置为 10s，仿真步长设置为 0.001。

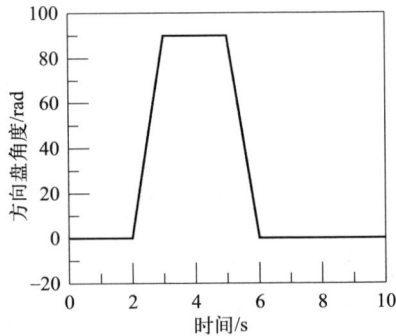

图 3-43   方向盘角度输入变化曲线

图 3-44～图 3-47 分别为基于 Dugoff 轮胎模型的 UKF 观测器和基于滑模控制理论轮胎模型的 UKF 观测器在方向盘角阶跃工况下对纵向速度、横向速度、纵向加速度、横向加速度的估计结果。方向盘转角在 2～6s 间发生变化，6s 后回正。伴随着估计结果输出的变化曲线在 2～7s 间也有明显的波动。从估计曲线来看，基于滑模控制理论轮胎模型的 UKF 观测器估计效果得到了明显的改善，提高了汽车在短时间内转弯时汽车状态参数的估计精度，且估计的稳定性更好。

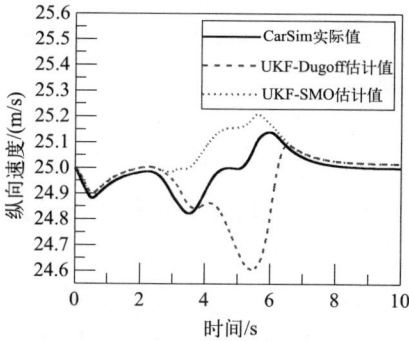

图 3-44　纵向速度输出变化
曲线（角阶跃工况）

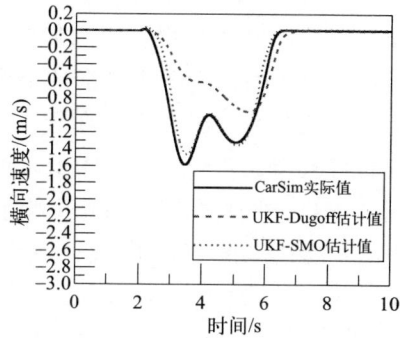

图 3-45　横向速度输出变化
曲线（角阶跃工况）

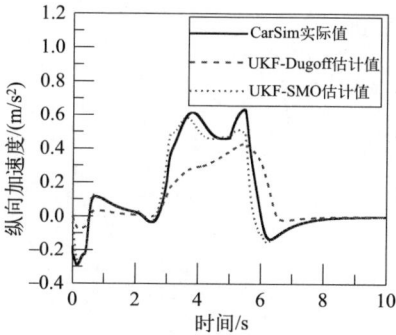

图 3-46　纵向加速度输出变化
曲线（角阶跃工况）

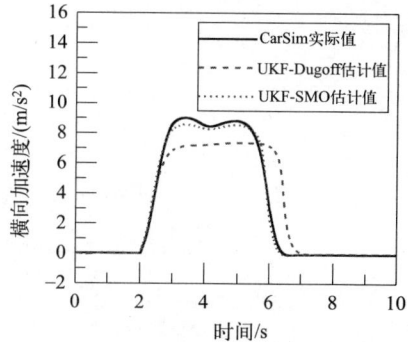

图 3-47　横向加速度输出变化
曲线（角阶跃工况）

不同观测器下汽车状态参数的估计值与 CarSim 实际值的误差如表 3-12 所示。UKF-Dugoff 滤波观测器的纵向速度平均误差为 8.15％，横向速度平均误差为 16.34％，纵向加速度平均误差为 9.03％，横向加速度平均误差为 18.23％。UKF-SMO 滤波观测器的纵向速度平均误差为 4.65％，横向速度平均误差为 4.34％，纵向加速度平均误差为 6.43％，横向加速度平均误差为 9.4％，明显可得 UKF-SMO 滤波观测器对状态变量的估计误差更小，估计精度更高。

表 3-12　不同观测器下仿真结果误差均值（角阶跃工况）

参数名称	UKF-Dugoff 误差百分比/％	UKF-SMO 误差百分比/％
纵向速度	8.15	4.65
横向速度	16.34	4.34
纵向加速度	9.03	6.43
横向加速度	18.23	9.4

综上所述，基于滑模控制理论轮胎模型的无迹卡尔曼滤波观测器能够降低汽车状态估计模型非线性因素影响的同时，更好地改善汽车在坡道路面转弯时，由于汽车不稳定带来的估计精度差的问题，表现出了良好的观测性能。

（2）双移线工况联合仿真

设置汽车双移线工况，在道路坡度不确定的路面上进行仿真。横向位移最大为 3.5m，纵向位移为 250m，如图 3-48 所示，因汽车发生双移线变动而伴随的方向盘转角如图 3-49 所示。纵向车速的初始值是 90km/h，即初始状态 $\boldsymbol{x}_{(0)} = [0, 0, 90/3.6, 0]$。在纵向位移为 40m 处，汽车开始左变道至横向位移 3.5m 处，将近纵向位移 150m 时，汽车右变道至原车道。1～3s 和 6～9s 方向盘角度有着明显的波动。路面附着系数设置为 0.85，仿真时间设置为 10s，仿真步长设置为 0.001。

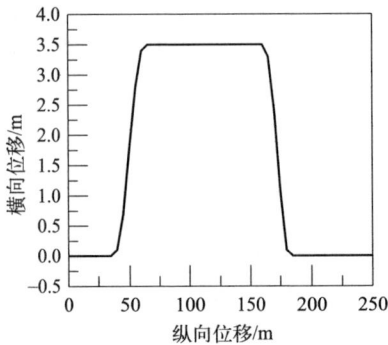

图 3-48　横向位移输入变化曲线（双移线工况）

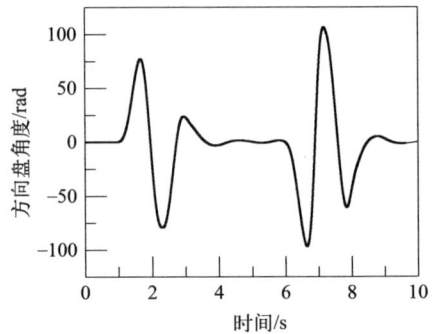

图 3-49　方向盘角度输入变化曲线（双移线工况）

汽车在纵向位移 25～75m 之间，进行第一次变道，对应方向盘在 1～3s 间是波浪形曲线。在纵向位移 75～150m 之间，汽车直线行驶，对应方向盘转角在 3～6s 间为 0。在纵向位移 150～210m 之间，进行第二次变道，对应方向盘在 6～9s 间是波浪形曲线，9s 后方向盘转角回正。图 3-48～图 3-53 分别为基于 Dugoff 轮胎模型的 UKF 观测器和基于滑模控制理论轮胎模型的 UKF 观测器在汽车双移线工况下对纵向速度、横向速度、纵向加速度、横向加速度的估计结果。从估计结果来看，基于滑模控制理论轮胎模型的 UKF 观测器的估计效果得到了明显的改善，提高了在短时间内汽车双变道时汽车行驶状态参数的估计精度，且估计的稳定性更好。

不同观测器下汽车状态参数的估计值与 CarSim 实际值的误差如表 3-13 所示。

表 3-13　不同观测器下仿真结果误差均值

参数名称	UKF-Dugoff 误差百分比/%	UKF-SMO 误差百分比/%
纵向速度	4.51	3.72
横向速度	17.41	8.69
纵向加速度	10.56	6.74
横向加速度	3.44	2.62

从图 3-50 中可以看出，纵向车速的初始值为 25m/s，1～3s 和 6～9s，纵向车速发生明显的变化。UKF-Dugoff 滤波观测器的纵向速度平均误差为 4.51%，UKF-SMO 滤波观测器的纵向速度平均误差为 3.72%。

从图 3-51 中可以看出，横向车速从零开始发生变化。1～3s 和 6～9s 由于方向盘发生变化，横向车速也出现相应的变化。在 9s 后，逐渐趋于平稳。UKF-Dugoff 滤波观测器的横向速度平均误差为 14.71%，UKF-SMO 滤波观测器的横向速度平均误差为 8.69%。

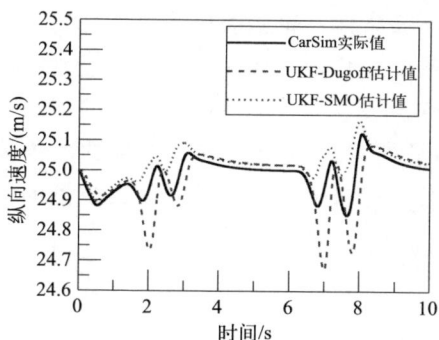

图 3-50　纵向速度输出变化曲线（双移线工况）

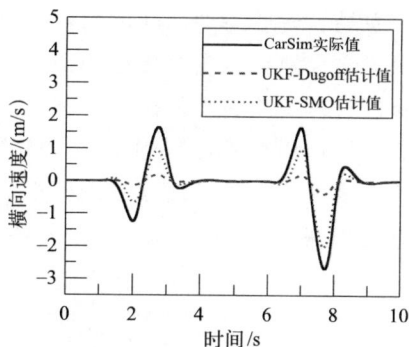

图 3-51　横向速度输出变化曲线（双移线工况）

从图 3-52 中可以看出，纵向加速度随着方向盘的变化也出现相应变化。从拟合曲线来看，UKF-SMO 较 UKF-Dugoff 与实际值更为接近。UKF-Dugoff 滤波观测器的纵向加速度平均误差为 10.56%，UKF-SMO 滤波观测器的纵向加速度平均误差为 6.74%。

从图 3-53 中可以看出，横向加速度随着方向盘的变化也出现相应变化。从拟合曲线来看，UKF-SMO 较 UKF-Dugoff 与实际值更为接近。在 9s 后，逐渐趋于平稳。UKF-Dugoff 滤波观测器的横向加速度平均误差为 3.44%，UKF-SMO 滤波观测器的横向加速度平均误差为 2.62%

综上所述，基于滑模控制理论计算轮胎力的无迹卡尔曼滤波观测器能够降低汽车状态估计模型非线性因素影响的同时，更好地解决汽车在路面坡度不确定情况下进行双变道时，由于汽车不稳定带来的估计精度差的问题，表现出了良好的观测性能。

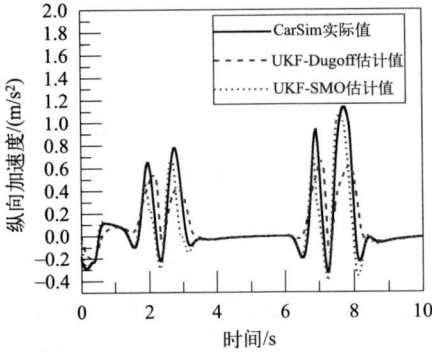

图 3-52　纵向加速度输出变化
曲线（双移线工况）

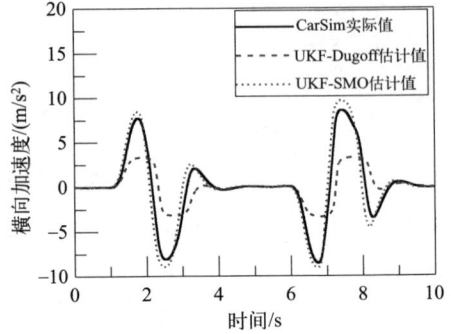

图 3-53　横向加速度输出变化
曲线（双移线工况）

　　总结：轮胎与地面间的附着力会随着路面条件、轮胎磨损等因素变化，这些因素会导致稳态轮胎模型的估计结果不准确。Dugoff 是一种稳态轮胎模型，在行驶过程中轮胎力的侧向力和纵向力计算误差较大，不适用于实际的驾驶情况。设计利用滑模控制理论预先对轮胎的纵向力和侧向力进行计算的数学模型，再由无迹卡尔曼滤波观测器对汽车行驶状态参数进行估计，使得模型的估计精度得到提高。

第四章

汽车换道控制策略

第一节 换道决策与轨迹规划

换道决策与轨迹规划是汽车自动换道控制策略的重要组成部分，对于提高道路通行效率、降低交通事故发生率具有重要意义。汽车换道决策主要包括三项内容。首要是换道意图的生成：当车辆在行驶过程中遇到前方障碍物、交通拥堵，或者因为车辆自身导航目标需要调整时，系统会产生相应的换道意图。其次是换道条件的评估，也是换道决策的关键步骤，需要基于车道类型、变换规则等因素选择目标车道。自动驾驶车辆必须在作出换道决策之前，对相邻车道的交通流、距离、速度差异等因素进行评估，以确保换道是在安全且平滑的条件下进行的。换道意图生成并经过条件评估后选择目标车道，在此过程中需要考虑相邻车道的流畅性以及与其他车辆的交互情况。最后，确认目标车道的换道间距是否符合要求，完成整个换道行为决策过程。

一、换道过程分析

1. 换道意图分析

在车辆行驶过程中，如果车载传感器检测到前方车辆车速较低，为了寻求更理想的行驶速度，在保证安全性的前提下，当目标车道满足换道要求，车辆可以自主进行换道。但如果目标车道不能满足换道要求，则车辆必须选择跟随前车行驶或采取其他措施以避免与前车发生碰撞，并等待合适的时机再次选择换道。因此选用期望车头间距和期望车速来表明车辆产生换道的意图。

（1）期望车头间距

当车辆在道路上跟随前车行驶时，为了防止与前车发生碰撞，需要保持一定的车头间距。合适的车头间距是保证两车安全行驶在同一车道之间的参考距离，只要两车之间的距离大于该距离，就不会发生类似追尾的碰撞事故。一旦两车之间的距离小于该安全距离，则此时自车可以产生换道意图，向目标车道进行换道，以避免距离过近而发生碰撞。设定前后车的相对速度是定值，两车的车头间距与后方车辆的车速成比例关系，因此可以推导出最小安全车头间距如式（4-1）所示，则实际的车头间距大于最小安全车头间距才能保证安全。

$$\begin{cases} D_h = t_s v + D_0 + L \\ D_e \geqslant D_h \end{cases} \tag{4-1}$$

式中，D_h 为最小安全车头间距；t_s 为主车制动迟滞时间和驾驶员操作反应时间之和，一般取 $1.2 \sim 2s$；D_0 为主车停止行驶时的心理安全距离，一般取 $2 \sim 5m$；L 为前车的车长；D_e 为实际的车头间距。

（2）期望速度

引入自车对车速的不满累积度，并设定自车行驶的期望车速。由于前方存在低速车辆，在实际行驶过程中自车很大可能达不到期望车速，这将导致自车实际车速与期望车速存在一定的差值，并且这差值会随着时间的推移而进行不断增加，当增加到一定程度时，车辆则会产生换道意图：

$$q(k) = \frac{v_d - v}{v_d} t \tag{4-2}$$

式中，$q(k)$ 为自车在 k 时刻的速度不满度；v_d 为自车期望车速；v 为主车车速；t 为采样周期。

车辆在行驶过程中长时间达不到期望车速时，速度不满度进行累积：

$$Q(t) = \sum q(k) \tag{4-3}$$

当速度不满度达到一定阈值，车辆就会产生换道意图，即换道意图产生的条件如下：

$$Q(k) \geqslant Q_{lim} \tag{4-4}$$

式中，Q_{lim} 为速度不满度的阈值。

2. 换道可行性分析

对于车辆进行换道的可行性分析，必须综合考虑车辆的当前状况、周围交通情况、道路几何、前方障碍物、驾驶意图等多个方面，确保车辆在换道过程中实现平稳过渡，避免与其他车辆发生危险情况。同时，遵循交通法规，选择合适的换道时机和方式，以确保操作的合法性。对于自动驾驶车辆，系统必须能够准确识别驾驶意图。换道决策模块根据当前周围车辆情况判断是否可以进行换道，有助于确保换道操作在安全、流畅的条件下完成。

二、常见的换道轨迹规划方法

1. 基于正反梯形加速度的换道模型

在正反梯形加速度换道模型中，假设车辆在换道过程中的横向加速度呈线性变化，并设定车辆换道过程中横向加速度和加速度变化率的最大值。基于这个假设，如图 4-1 所示，将横向加速度设为两个大小相等的正反梯形，从而确定换道轨迹。在换道的起始阶段，车轮的方向会向左调整，随后，回正并直线行驶一段时间。最后，车轮方向再次向右调整，直到到达换道的终点位置，此时车身方向与道路平行。

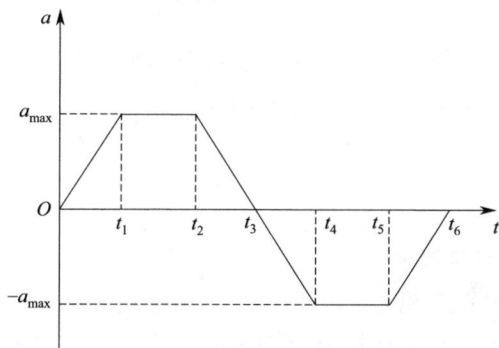

图 4-1 梯形加速度曲线

各个时间节点关系如下：

$$\begin{cases} t_1 = \dfrac{a_{max}}{j_{max}} \\ t_2 = -\dfrac{t_1}{2} + \dfrac{\sqrt{4d/a_{max} + t_1^2}}{2} \\ t_3 - t_2 = 2t_1 \\ t_4 - t_1 = 2t \\ t_5 - 2t_2 = 2t_1 = t_l \end{cases} \tag{4-5}$$

式中，a_{max} 是换道时的最大横向加速度；j_{max} 是横向加速度变化率；d 是两车道中心线间的距离；t_l 是换道时间。

因此，给定 a_{max}、j_{max}、d，就可以通过对横向加速度进行积分来获得车辆的换道轨迹。该模型能够满足车辆换道的约束条件，但是其复杂性较高，难以根据实际交通状况灵活地调整换道轨迹。

2. 基于正弦函数的换道模型

这种换道模型是将车辆的横向位置 s 与时间 t 的关系表示为一个正弦函数。如式(4-6)所示，即随着时间 t 的变化，车辆的横向位置 $s(t)$ 呈现出正弦波形。

$$y(t) = \left[\sin\left(\frac{\pi}{t_l}t - \frac{\pi}{2}\right) + 1\right]\frac{d}{2} \qquad (0 \leqslant t \leqslant t_l) \qquad (4-6)$$

对上式求导得到横向速度 v_y，二次求导得到横向加速度 a_y：

$$\begin{cases} v_y(t) = \frac{\pi}{t_l}\cos\left(\frac{\pi}{t_l}t - \frac{\pi}{2}\right) \cdot \frac{d}{2} \\ a_y(t) = -\left(\frac{\pi}{t_l}\right)^2 \sin\left(\frac{\pi}{t_l}t - \frac{\pi}{2}\right) \cdot \frac{d}{2} \end{cases} \qquad (0 \leqslant t \leqslant t_l) \qquad (4-7)$$

这种方法规划出的换道轨迹优点在于计算简便并且可以利用正弦函数的周期性和连续性，使得车辆在换道过程中的动作更加流畅和自然。但是正弦函数在起点和终点位置的曲率出现极大值，这可能导致车辆在换道的起始和结束阶段行驶不够平稳。

3. 基于圆弧的换道模型

基于圆弧的换道轨迹规划方法是在变道的起始和终止两段使用圆弧，中间部分用直线过渡，使得车辆在换道过程中的动作更加流畅和自然，如图4-2所示。其中，圆弧的曲率半径 R 为：

$$R = \frac{v_x^2}{a_{\max}} \qquad (4-8)$$

式中，v_x 是车辆的纵向速度；$a_{\max}$ 是换道过程中的最大横向加速度。

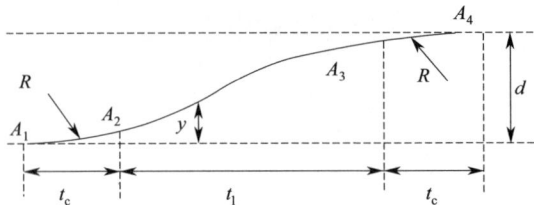

图4-2　圆弧换道轨迹

车辆换道过程的横向位移是：

$$y(t)=\begin{cases} \left(1-\cos\dfrac{v_xt}{R}\right)R & (0{\leqslant}t{\leqslant}t_c) \\[4mm] \left(1-\cos\dfrac{v_xt_c}{R}\right)R+v_x(t-t_c)\sin\dfrac{v_xt_c}{R} & (t_c{\leqslant}t{\leqslant}t_1+t_c) \\[4mm] \left(1-\cos\dfrac{v_xt_c}{R}\right)R+v_x(t-t_c)\sin\dfrac{v_xt_c}{R}+ \\[2mm] \left[\cos\dfrac{v_x(2t_c+t_l-t)}{R}-\cos\dfrac{v_xt_c}{R}\right]R & (t_1+t_c{\leqslant}t{\leqslant}t_1+2t_c) \end{cases}$$

$$(4\text{-}9)$$

式中，t_c 为圆弧轨迹的换道时间；t_l 为直线轨迹的换道时间。

该换道模型在圆弧和直线连接处的换道轨迹曲率不连续，发生了突变，可能导致车辆在连接处产生不必要的横向晃动，降低驾驶的舒适性。

4. 基于多项式的换道模型

多项式换道轨迹函数曲率连续光滑，符合换道轨迹约束，因此被广泛应用于车辆轨迹规划中。该轨迹规划方法通过使用多项式函数分别描述车辆在横向和纵向方向上相对于时间的位置变化，从而生成平滑而连续的换道轨迹。常见的多项式包括三次多项式、五次多项式等，其阶数决定了曲线的复杂程度。由于使用多项式换道轨迹法设计出的换道轨迹曲率连续并且可以通过调整系数，灵活地控制曲线的形状，满足不同的换道需求。以五次多项式的换道轨迹为例进行介绍，如式(4-10)：

$$\begin{cases} x(t)=a_5t^5+a_4t^4+a_3t^3+a_2t^2+a_1t+a_0 \\ y(t)=b_5t^5+b_4t^4+b_3t^3+b_2t^2+b_1t+b_0 \end{cases} \quad (4\text{-}10)$$

对式(4-10)求导得到横向和纵向的速度方程：

$$\begin{cases} v_x(t)=5a_5t^4+4a_4t^3+3a_3t^2+2a_2t+a_1 \\ v_y(t)=5b_5t^4+4b_4t^3+3b_3t^2+2b_2t+b_1 \end{cases} \quad (4\text{-}11)$$

对式(4-11)进行求导得到横向和纵向的加速度方程：

$$\begin{cases} a_x(t)=20a_5t^3+12a_4t^2+6a_3t+2a_2 \\ a_y(t)=20b_5t^3+12b_4t^2+6b_3t+2b_2 \end{cases} \quad (4\text{-}12)$$

式中，$x(t)$、$y(t)$、$v_x(t)$、$v_y(t)$、$a_x(t)$、$a_y(t)$ 分别为车辆在 t 时刻的横向和纵向方向上的行驶距离、速度以及加速度；a_i、$b_i(i=0,1,2,3,4,5)$ 为多项式系数。

多项式轨迹的系数可通过初始位置、初始速度、初始加速度，以及目标位置、目标速度、目标加速度等边界条件进行求解。与前三种换道轨迹相比，虽然多项式换道轨迹法涉及的参数较多，但只要提供初始状态和结束状态的各个状态量，参数求解就可以通过简单计算得到。

三、基于模糊逻辑的换道决策分析

车辆的换道过程始于换道意图的产生，然后通过评估换道安全性来决定是否可以安全地进行换道。在保证安全的前提下，可以使用模糊理论建立自由换道决策模型。模糊控制属于智能控制的范畴，是一种模拟人类大脑在推理过程中处理不确定性和模糊信息的方法，可以用于处理不确定和不精确的信息，其基本原理图如图 4-3 所示。在建立智能车辆换道决策模型时，由于行驶环境信息难以精确地决定车辆是否换道，并且换道意图的产生与行驶环境信息之间存在很大的非线性关系，因此可以运用模糊理论来研究车辆行驶环境与换道决策之间的复杂非线性关系。

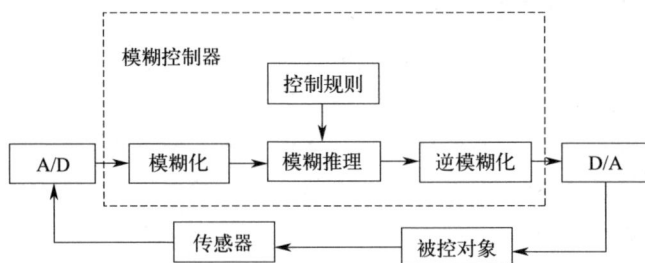

图 4-3　模糊控制理论原理

模糊控制的主要过程是将输入量进行模糊化处理，将精确数据转化为模糊数据，得到模糊集合。然后，通过建立的模糊规则进行模糊推理，得到输出模糊集。最后，进行解模糊操作，将模糊结论转化为具体的精确输出。根据上述理论，结合图 4-3 的分析，模糊控制策略设计如下。

（1）输入输出量的确定

两车之间实际车头间距和最小安全车头间距的差值 D_v 和速度不满累积度 $Q(k)$ 是影响自由换道决策的两个主要因素，因此将这两个因素作为模糊推理系统的输入变量，而将是否进行换道的意愿作为输出变量，以研究自由换道决策模型。

（2）模糊化输入输出量

在模糊化过程中，需要确定每个语言变量值对应的模糊子集的隶属度函数。隶属度函数通常基于经验确定，并在调试和控制过程中不断修改和优化，以满足控制要求。选用 {VS，S，M，B，VB} 分别为两车之间实际车头间距和最小安全车头间距的差值 D_v、速度不满意累积度 $Q(k)$ 和换道意愿 L 的模糊集合，其中间距差值 D_v 的论域取值为 $[-1，1]$，速度不满意累积度 $Q(k)$ 的论域取值为 $[-1，1]$，换道意愿 L 的论域取值为 $[-1，1]$。选用联合高斯型函数（gauss2mf）作为输入的隶属度函数，选用三角形隶属度函数作为输出量的隶属度函数。输入和输出量的隶属度函数如图 4-4～图 4-6 所示。

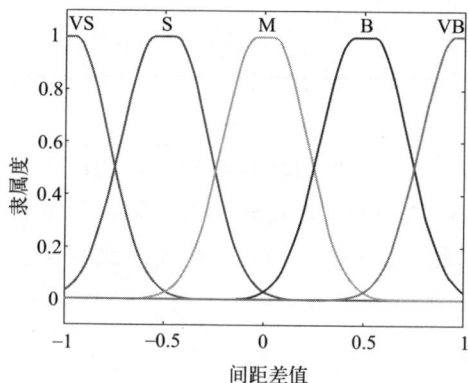

图 4-4　间距差值隶属度函数图　　　　图 4-5　速度不满意累积度隶属度函数值

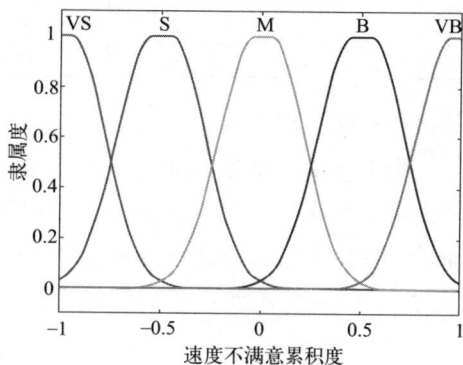

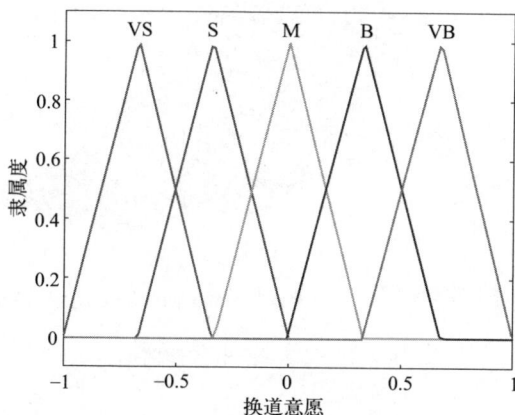

图 4-6　换道意愿隶属度函数

（3）建立模糊规则

模糊规则是模糊推理系统的关键，对整个系统的输出结果的正确性具有决定性作用。模糊规则是基于描述性语言建立的，主要由一组因果关系的逻辑关系表达式组成，例如，如果满足"前提"，则产生"结果"。根据经验，在车辆行驶过程中，若两车之间实际车头间距和最小安全车头间距的差值 D_v 越来越小，而速度不满意累积度 $Q(k)$ 越来越大，那么换道的意愿 L 就越来越强，反之，换道意愿越弱。根据此逻辑思想建立模糊规则表，如表 4-1 所示。

表 4-1　模糊规则表

输入量		输入量 D_v				
		VS	S	M	B	VB
$Q(k)$	VS	M	S	VS	VS	VS
	S	M	M	S	VS	VS
	M	B	M	M	S	VS
	B	B	B	M	S	S
	VB	VB	B	B	M	S

（4）解模糊化

为了使推理结果能够用于决策模型的输出，需要将模糊推理得到的模糊子集进行清晰化。清晰化是将通过模糊推理得到的变量输出转化为实际可用的精确量。选用重心法作为解模糊化方法，得到的间距差值 D_v、速度不满意累积度 $Q(k)$、换道意愿 L 三者的输入/输出特性曲面如图 4-7。

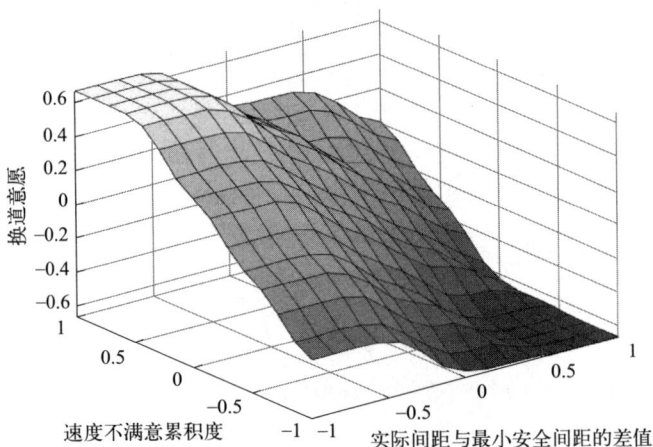

图 4-7　输入/输出特性曲面

第二节　基于驾驶风格的汽车换道控制策略

不同风格的驾驶员有不同的驾车习惯。激进风格的驾驶员可能追求急剧的加减速和频繁变道等。慎重风格的驾驶员注重遵守交通规则和道路安全，以相对较大的安全距离进行换道。因此，深入研究不同驾驶风格在换道过程中的行驶习惯，可以提高汽车换道控制策略对不同风格驾驶员的适应性。

一、驾驶员驾驶风格聚类

1. HighD 数据处理

（1）HighD 公开数据集

HighD 公开数据是在德国高速公路上记录的车辆正常行驶轨迹的数据集。总记录时长为 16.5h。使用无人机以鸟瞰视角克服了局限性，在六个不同地点分别记录了超过 110500 辆汽车的交通量，其中货车两万多辆、小汽车九万多辆。如图 4-8 所示，采用最先进的计算机视觉算法，自动提取每辆车的轨迹，包括车辆类型、尺寸等，其测量误差通常小于 10cm。提取的数据集由 60 部分组成，每个部分包含特定高速公路路段的航空照片文件以及相关的位置元数据、轨迹元数据和单个车辆轨迹元数据的每一帧信息。此数据集覆盖了德国的 6 条不同高速公路路段。基于路段 2 和路段 3 的车辆轨迹数据进行驾驶风格研究，路段 2 和路段 3 车辆分别分布于 4 个车道和 6 个车道，路段图如图 4-9 所示。其中路段 2 包含 2400 辆小汽车和 674 辆卡车，路段 3 包含 2710 辆小汽车和 1037 辆卡车。车辆信息以 25 帧每秒的帧率由无人机相机进行记录，每辆车都有唯一的车辆编号，且不会与其他车辆重复。主要轨迹数据内容如表 4-2 所示。

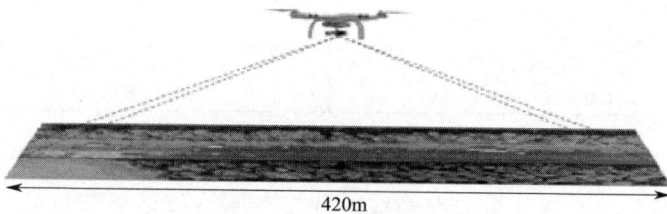

420m

图 4-8　420m 道路图

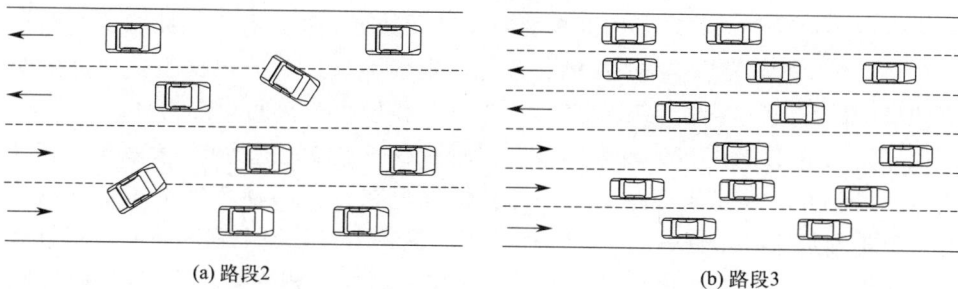

(a) 路段2　　　　　　　　　　　　　(b) 路段3

图 4-9　路段图

表 4-2 轨迹数据说明

名称	含义
Frame	检测开始时刻帧的编号
ID	车辆的 ID 号
X	车头中心距离路段起点的距离
Y	车头中心距离路段左侧距离
Width	车宽
Height	车高
X Velocity	纵向车速
Y Velocity	横向车速
X Acceleration	纵向加速度
Y Acceleration	横向加速度
Front Sight Distance	前视距离
Back Sight Distance	后视距离
Dhw	车头间距
Thw	车头时距
TTC	碰撞时间
Preceding X Velocity	当前时刻前车车速
Preceding ID	当前时刻前车 ID
Following ID	当前时刻后车 ID
Left Preceding ID	当前时刻左前车 ID
Left Alongside ID	当前时刻左侧车 ID
Left Following ID	当前时刻左后车 ID
Right Preceding ID	当前时刻右前车 ID
Right Alongside ID	当前时刻右侧车 ID
Right Following ID	当前时刻右后车 ID
Lane ID	车道 ID 号

（2）HighD 数据处理及提取

为了确保驾驶风格分析的准确性，首先对原始数据集进行必要的预处理。HighD 原始数据集包含两种类型的数据：小汽车和卡车。由于这两种车辆的横向运动行为特征差别很大，并且主要研究的是不同驾驶风格的小汽车驾驶员在换道时的驾驶行为特征。因此需要对轨迹元数据处理，筛选出路段 2 和路段 3 的所有小汽车数据，共 5110 辆。首先，观察筛选过后的数据集发现部分车辆的最小碰撞时间参数 *TTC*、最小车头时距和最小车头间距都为－1 的情况。对比原始 HighD 数据集，发现这些值在原始数据中被记录为 0，表示车辆在高速行驶时前方没有其他行驶车辆。这种情况下在分析车辆驾驶员的驾驶风格时，很难确定这些车辆的风格。然而，当车辆在高速公路上跟随前方车辆行驶时，根据特征参数的变化来确定其驾驶风格。因此，删除最小碰撞时间参数、最小车头时距和最小车头间距均为－1 的车辆相关数据信息。同时，删除进行多次换道和未进行换道的车辆数据，只筛选进行一次换道的车辆相关数据。

在数据处理完成后，满足自车为小汽车，前方有车辆，且进行一次换道的车辆共791辆。其次对应轨迹元数据集的车辆 ID 号筛选出每车每帧轨迹数据集中的791辆小汽车的具体行驶轨迹参数。最后经过筛选和计算提取出纵向速度、横向速度、纵向加速度、横向加速度的平均值、最大值、最小值及标准差、最小车头时距、最小车头间距、最小碰撞时间等19个特征参数。部分特征参数如表4-3所示。

表 4-3　部分特征参数

ID	vx_{max}	vx_{min}	δ_{vx}	ay_{max}	ay_{min}	ax_{max}	vy_{max}	dhw_{min}
9	36.62	35.99	0.17	0.31	−0.25	0.14	0.84	33.68
11	24.79	23.86	0.84	0.47	−0.49	0.79	1.17	7.44
30	31.44	30.82	0.32	0.29	−0.32	0.06	0.89	42.13
31	38.95	38.72	0.17	0.24	−0.38	0.23	1.12	82.6
58	34.5	32.64	0.82	0.26	−0.13	0.21	0.7	33.55
60	32.18	34.41	0.22	0.17	−0.33	0.11	0.84	30.41
79	34.41	24.66	0.34	0.48	−0.32	1.48	1.1	7.18
93	39.31	36.44	0.33	0.13	−0.27	0.39	0.89	39.8
...	...	...	...	...	...	...	...	...
...	...	...	...	...	...	...	...	...

2. 基于主成分分析的驾驶风格聚类分析

（1）主成分分析

主成分分析（principal component analysis，PCA）是一种多元统计分析和数据降维方法。在各个领域得到广泛应用，包括数据降维、噪声滤除、特征提取、数据可视化等。它有助于简化复杂数据集，揭示数据内在结构，减少冗余信息，提高数据分析和建模的效率。其核心目的是通过线性变换将原始数据投影到一个新的坐标系，将多个有一定相关性的指标进行线性组合，以最少的维度解释原数据中尽可能多的信息，为目标进行降维，降维后的各变量间彼此线性无关，最终确定的新变量是原始变量的线性组合，同时体现出原始变量所包含的绝大部分信息，获得的新变量，被称为主成分。其中第一主成分具有原始数据中最大的方差，第二主成分与之正交且具有次大的方差，以此类推。这种变换能够在降低数据维度的同时，尽量保留原始数据的信息。

采用主成分分析法对原有特征参数降维的过程如下所述。

① 首先进行 KMO 和 Bartlett 的检验，判断是否可以进行主成分分析。对于 KMO 值，0.7 上合适合做主成分分析，对于 Bartlett 的检验，若 P 小于0.05，拒绝原假设，则说明可以做主成分分析，若不拒绝原假设，则说明这些变量可能独立提供一些信息，不适合做主成分分析。分析结果如表 4-4 所示，数据结果表明该原有特征参数可以进行主成分分析。

表 4-4　KMO 检验和 Bartlett 的检验

KMO 检验和 Bartlett 的检验		
KMO 值		0.739
Bartlett 球形度检验	近似卡方	22779.418
	df	171
	P	0.000^{***}

② 数据标准化。首先，对原始数据进行标准化处理，以确保各个特征具有相同的尺度。假设有 n 个数据样本，每个样本具有 d 个特征。原始数据矩阵 $\boldsymbol{x}$ 如下：

$$\boldsymbol{x} = \begin{pmatrix} x_{11} & \cdots & x_{1d} \\ \vdots & \ddots & \vdots \\ x_{n1} & \cdots & x_{nd} \end{pmatrix} = (x_1, x_2, \cdots, x_d)$$

式中，x_{ij} 是第 i 个样本的第 j 个特征值。

均值归一化：对于特征 x_j，其均值用 $\overline{x}_j$ 表示。

$$\overline{x}_j = \frac{1}{n} \sum_{i=1}^{n} x_{ij} \tag{4-13}$$

式中，n 是样本数量；x_{ij} 是第 i 个样本的第 j 个特征的值。

方差归一化：特征 x_j 的标准差 σ_j 表示为式（4-14）：

$$\sigma_j = \sqrt{\frac{1}{n-1} \sum_{1}^{n} (x_{ij} - \overline{x}_j)^2} \tag{4-14}$$

标准化：使用均值和标准差，对每个特征 X_j，进行标准化，得到标准化后的特征值。

$$X_{ij} = \frac{x_{ij} - \overline{x}_j}{\sigma_j} \tag{4-15}$$

原始样本数据标准化：

$$X = \begin{pmatrix} X_{11} & \cdots & X_{1d} \\ \vdots & \ddots & \vdots \\ X_{n1} & \cdots & X_{nd} \end{pmatrix} = (X_1, X_2, \cdots, X_d)$$

③ 建立变量的相关系数矩阵 $\boldsymbol{R}$。用于衡量变量之间的线性关联程度。$\boldsymbol{R} = (r_{ij})_{d \times d}$ 可以通过式（4-16）计算得到。

$$r_{ij} = \frac{\sum_{k=1}^{n} (X_{ki} - \overline{X}_i)(X_{kj} - \overline{X}_j)}{\sqrt{\sum_{k=1}^{n} (X_{ki} - \overline{X}_i)^2 \sum_{k=1}^{n} (X_{kj} - \overline{X}_j)^2}} \tag{4-16}$$

式中，X_{ki} 和 X_{kj} 分别是 i 特征和 j 特征的第 K 个样本的值，$\overline{X}_i$ 和 $\overline{X}_j$ 分别是 i 特征和 j 特征的均值。

计算所有的 r_{ij} 元素，得到相关系数矩阵 $\boldsymbol{R}$。

$$\boldsymbol{R} = \begin{pmatrix} r_{11} & \cdots & r_{1d} \\ \vdots & \ddots & \vdots \\ r_{d1} & \cdots & r_{dd} \end{pmatrix}$$

④ 计算相关系数矩阵 $\boldsymbol{R}$ 的特征值和特征向量。通过求解相关系数矩阵的特征值和特征向量，可以得到主成分。

特征值：$\lambda_1 \geqslant \lambda_2 \geqslant \cdots \geqslant \lambda_d \geqslant 0$。$\boldsymbol{R}$ 是半正定矩阵，且 $tr(\boldsymbol{R}) = \sum\limits_{K=1}^{D} \lambda_K = d$。

特征向量：$\boldsymbol{a}_1 = \begin{bmatrix} a_{11} \\ a_{21} \\ \vdots \\ a_{d1} \end{bmatrix}, \boldsymbol{a}_2 = \begin{bmatrix} a_{12} \\ a_{22} \\ \vdots \\ a_{d2} \end{bmatrix}, \cdots, \boldsymbol{a}_d = \begin{bmatrix} a_{1d} \\ a_{2d} \\ \vdots \\ a_{dd} \end{bmatrix}$

特征值和特征向量按照特征值的大小从大到小排序，以便选择最重要的主成分。

⑤ 计算主成分贡献率以及累计贡献率。一般累计贡献率达到 $85\% \sim 95\%$ 的特征值所对应第 1、第 2、…、第 m（$m < d$）个主成分。

$$贡献率 = \frac{\lambda_i}{\sum\limits_{k=1}^{d} \lambda_k} \quad (i = 1, 2, \cdots, d) \tag{4-17}$$

$$累计贡献率 = \frac{\sum\limits_{k=1}^{i} \lambda_k}{\sum\limits_{k=1}^{d} \lambda_k} \quad (i = 1, 2, \cdots, d) \tag{4-18}$$

⑥ 构造主成分。

$$\begin{cases} z_1 = a_{11}x_1 + a_{12}x_2 + \cdots + a_{1d}x_d \\ z_2 = a_{21}x_1 + a_{22}x_2 + \cdots + a_{2d}x_d \\ \qquad\qquad \vdots \\ z_m = a_{m1}x_1 + a_{m2}x_2 + \cdots + a_{md}x_d \\ a_{i1}^2 + \cdots + a_{id}^2 = 1 \end{cases} \tag{4-19}$$

利用上述公式计算得出总方差解释率如表 4-5 所示。

表 4-5　总方差解释率

成分	特征值	方差解释率/%	累积方差解释率/%
1	4.637	24.408	24.408
2	3.737	19.667	44.074
3	2.442	12.855	56.929
4	1.887	9.931	66.86
5	1.558	8.2	75.06
6	1.356	7.139	85.199
7	0.955	5.028	87.227
8	0.771	4.057	91.284
9	0.532	2.8	94.084
10	0.398	2.095	96.179
11	0.369	1.942	98.121
12	0.16	0.843	98.964
13	0.069	0.365	99.329
14	0.068	0.358	99.686
15	0.031	0.166	99.852
16	0.016	0.082	99.934
17	0.005	0.028	99.962
18	0.004	0.024	99.986
19	0.003	0.014	100

以上总方差解释率主要用于评估各主成分对变量解释的贡献率，即主成分能够如何有效地解释变量，反映出全部原始特征信息。通常情况下，期望这一贡献率达到 85% 以上，则这些主成分能够代表所有成分，否则就需要对因子数据进行调整。高方差解释率通常对应于主成分的重要性，因为能更好地解释变量的方差，这也意味着其主成分的权重占比更高。根据表格所示的数据，前 6 个主成分的特征值均大于 1，累计贡献率为 85.199%，符合主成分提取要求，因此选取前 6 个主成分代替原始 19 个主成分。

经过分析因子载荷系数表得出主成分 1 主要代表的是纵向平均速度 $\overline{v}_x$、最大速度 V_{xmax} 和最小速度 V_{xmin} 等特征参数信息，主成分 2 主要代表的是横向加速度标准差 δ_{a_y} 和横向加速度最大值 a_{ymax} 等特征参数信息，主成分 3 主要反映的是纵向加速度最大值 a_{xmax} 和纵向加速度平均值 $\overline{a}_x$ 等特征参数信息，主成分 4 主要反映的是纵向加速度平均值 $\overline{a}_x$ 和纵向加速速度最小值 a_{xmin} 等特征参数信息，主成分 5 主要代表的是横向加速度均值 $\overline{a}_y$ 特征参数信息，主成分 6 主要代表的是最小车头间距 DHW_{min} 和最小车头间距 THW_{min} 等特征参数信息。

将经过标准化的特征参数矩阵与因子载荷系数矩阵相乘得到主成分综合得分，六个主成分的得分如表 4-6 所示，并以表中数据为基础进行驾驶风格聚类分析。

表 4-6 主成分综合得分表

z	综合得分	主成分 1	主成分 2	主成分 3	主成分 4	主成分 5	主成分 6
33	1.982	1.746	3.808	1.803	2.422	0.517	−1.85
14	1.315	2.659	1.291	1.43	−0.528	−0.719	0.924
69	1.072	0.99	1.365	−0.128	0.29	2.565	2.112
7	0.85	−0.413	1.69	2.633	1.39	0.007	−0.735
68	0.769	1.103	−0.439	2.875	−0.228	0.216	1.237
43	0.706	2.409	0.406	−0.321	−0.605	−0.948	1.157
2	0.69	0.118	2.434	0.192	0.868	−0.268	−1.228
25	0.665	0.867	0.801	0.084	−0.171	0.96	1.387
76	0.654	2.556	−0.821	1.656	−2.122	2.132	−1.557
70	0.607	1.939	0.046	0.188	0.207	−0.896	0.727
55	0.6	2.092	0.426	−0.316	−0.501	0.095	−0.419
22	0.595	1.555	0.521	0.033	0.584	−0.598	−0.134
86	0.581	2.297	−1.109	−0.071	−0.638	1.571	1.749
65	0.563	0.659	0.439	0.131	1.67	0.116	0.615
16	0.386	1.199	−0.089	−0.269	0.881	−0.599	0.86
...	...	...	...	...	...	...	...

（2）K 均值聚类

K 均值聚类算法是一种常见的无监督学习方法，广泛用于数据分析和模式识别领域。它的目标是将数据集划分为 K 个不同的簇，其中每个数据点属于最接近的簇。K 均值聚类过程中可能会出现找不到全局最优解的情况，因为受初始簇中心选择的影响，可能会陷入局部最优解。因此，在实际应用中，通常需要多次运行算法，选择最优的结果。以下是 K 均值聚类算法的基本步骤：

① 确定聚类数目 K 的值；

② 随机选择 K 个样本作为中心；

③ 计算所有样本到每个随机选择的 K 个中心的距离；

④ 将样本分配到距离最近的中心；

⑤ 计算每个中心样本的平均值作为新的中心；

⑥ 重复步骤③④⑤，直到新的中心与原中心基本没有差别，该算法在此情况下终止。

（3）聚类结果分析

采用 K 均值聚类方法对经过主成分分析法降维的主成分进行聚类分析。将驾驶员的驾驶风格分为冒进型、一般型、慎重型 3 种，即 K 均值聚类数目 K 取 3。聚类结果如表 4-7 所示。

表 4-7　聚类结果

主成分	聚类类别中心(平均值±标准差)		
	类别 1:冒进型($n=67$)	类别 2:一般型($n=375$)	类别 3:慎重型($n=349$)
主成分 1	-0.811 ± 0.839	0.305 ± 1.046	-0.172 ± 0.839
主成分 2	1.048 ± 0.919	-0.604 ± 0.782	0.448 ± 0.804
主成分 3	0.244 ± 0.892	-0.039 ± 1.146	-0.004 ± 0.834
主成分 4	1.946 ± 1.326	0.386 ± 0.706	-0.374 ± 0.73
主成分 5	1.239 ± 1.076	0.179 ± 0.904	-0.43 ± 0.81
主成分 6	0.007 ± 1.036	-0.451 ± 0.963	0.484 ± 0.785

由表 4-7 的聚类结果可以看出：类别 1 的聚类中心值在六个主成分中分量最大，这意味着司机在驾驶时对速度很敏感，倾向于急加速或减速，符合冒进型驾驶员的驾驶风格；类别 2 的聚类中心在六个主成分中的分量居中，这意味着在行车过程中追求平稳，对加速度、碰撞时间等特征参数敏感度适中，符合一般型驾驶员的驾驶风格；类别 3 则为慎重型驾驶员，在行驶过程中保持较远的跟车时长。从表 4-7 还可以看出冒进型的驾驶员有 67 名，一般型的驾驶员有 375 名，慎重型的驾驶员有 349 名，聚类结果符合实际。

二、基于驾驶风格的多项式曲线轨迹规划

1. 多项式曲线轨迹规划

基于五次多项式的轨迹规划方法关键在于求出多项式的位未知系数。通过分析式(4-9)～式(4-12)可以得知，五次多项式的轨迹规划共有 12 个未知系数。其中，与纵向运动相关的有 6 个未知参数，用列矩阵 $\boldsymbol{M}$ 表示，而与横向运动相关的其余未知参数，用列矩阵 $\boldsymbol{N}$ 表示。

$$\boldsymbol{M}=\begin{bmatrix} a_5 \\ a_4 \\ a_3 \\ a_2 \\ a_1 \\ a_0 \end{bmatrix} \qquad \boldsymbol{N}=\begin{bmatrix} b_5 \\ b_4 \\ b_3 \\ b_2 \\ b_1 \\ b_0 \end{bmatrix} \qquad (4-20)$$

假设换道开始时刻 t_0 和结束时刻 t_e 边界条件为式(4-21)，通过求解以下线性方程组，可得到待定参数矩阵 $\boldsymbol{M}$ 和 $\boldsymbol{N}$，将求解出系数矩阵代入式(4-10)，便可得到换道轨迹。

$$\begin{cases} \boldsymbol{A}_x=[X(t_0),v_x(t_0),a_x(t_0),X(t_e),v_x(t_e),a_x(t_e)]^{\mathrm{T}}=\boldsymbol{K}_{6\times6},\boldsymbol{M}^{\mathrm{T}} \\ \boldsymbol{A}_y=[Y(t_0),v_y(t_0),a_y(t_0),Y(t_e),v_y(t_e),a_y(t_e)]^{\mathrm{T}}=\boldsymbol{K}_{6\times6},\boldsymbol{N}^{\mathrm{T}} \end{cases}$$

$$(4-21)$$

式中，$K_{6\times6}$ 是时间参数矩阵。

$$K_{6\times6}=\begin{bmatrix} t_0^5 & t_0^4 & t_0^3 & t_0^2 & t_0 & 1 \\ 5t_0^4 & 4t_0^3 & 3t_0^2 & 2t_0 & 1 & 0 \\ 20t_0^3 & 12t_0^2 & 6t_0 & 2 & 0 & 0 \\ t_e^5 & t_e^4 & t_e^3 & t_e^2 & t_e & 1 \\ 5t_e^4 & 4t_e^3 & 3t_e^2 & 2t_e & 1 & 0 \\ 20t_e^3 & 12t_e^2 & 6t_e & 2 & 0 & 0 \end{bmatrix}$$

通过驾驶数据的聚类分析可知，不同驾驶风格的驾驶员在换道时的换道需求有所不同，例如慎重型驾驶员对车辆在行驶过程中的对舒适性要求较高，对换道横向加速度的大小要求较低，而冒进型驾驶员则期望以较高的横向加速度完成换道，对车辆在行驶过程中的对舒适性要求相对低，即冒进型驾驶员对换道时间的需求高于对换道舒适性的需求。当换道起始的车速相同时，横向加速度的大小直接决定了换道时间。因此以横向加速度的大小来表征不同驾驶风格的换道时间，通过考虑换道过程中的边界条件约束和横向加速度约束，优化目标函数，引入权重系数规划出不同横向加速度峰值的换道轨迹以满足不同驾驶风格驾驶员的需求。

（1）边界条件约束

车辆在换道的初始时刻，车辆质心位于坐标原点，且车辆沿着车道中心线运动时，因此车辆的初始状态量为：

$$\begin{cases} X(t_0)=0, v_x(t_0)=0, a_x(t_0)=0 \\ Y(t_0)=d, v_y(t_0)=0, a_y(t_0)=0 \end{cases} \tag{4-22}$$

经过时间 t_e 后，车辆完成换道，在换道结束时刻，车辆的航向角应为 0 且车辆沿着车道中心线行驶。为了保证汽车高速换道模式和车道保持模式的平稳切换保证换道轨迹的平滑，以换道结束时刻车辆的横向速度和横向加速度均为 0 为前提进行轨迹规划。

因此，车辆在换道时横向始末状态量为：

$$\begin{cases} X(t_e)=x_e, v_x(t_e)=v, a_x(t_e)=0 \\ Y(t_e)=y_e, v_y(t_e)=0, a_y(t_e)=0 \end{cases} \tag{4-23}$$

式中，v 是车辆纵向车速；x_e 是换道结束时的纵向位移；y_e 是换道结束时的横向位移；t_e 是完成换道的时间。

结合式(4-18)～式(4-23) 可得到：

$$\begin{cases} x(t) = vt \\ y(t) = \dfrac{6y_e}{t_e^5}t^5 - \dfrac{15y_e}{t_e^4}t^4 + \dfrac{10y_e}{t_e^3}t^3 \end{cases} \tag{4-24}$$

（2）横向加速度约束

横向加速度约束设为：

$$|a_y(t)| \leqslant a_{y\max} \tag{4-25}$$

式中，$a_y(t)$ 是车辆换道时的横向加速度；$a_{y\max}$ 是车辆换道过程中的最大加速度。

假设车辆换道过程中横摆角和质心变化微小，则横向加速度对式（4-24）中横向位移二次求导得到：

$$a_y(t) = \ddot{y}(t) = \frac{120y_e}{t_e^5}t^3 - \frac{180y_e}{t_e^4}t^2 + \frac{60y_e}{t_e^3}t \tag{4-26}$$

横向冲击度通过式（4-26）三次求导得到：

$$\dot{a}_y(t) = \dddot{y}(t) = \frac{360y_e}{t_e^5}t^2 - \frac{360y_e}{t_e^4}t + \frac{60y_e}{t_e^3} \tag{4-27}$$

根据式（4-27）可得横向加速度的极值点 $t_{1,2}$：

$$t_{1,2} = \frac{3+\sqrt{3}}{6}t_e \tag{4-28}$$

最大的换道横向加速度通过式（4-26）和式（4-28）得到：

$$a_y(t)_{\max} = \frac{10\sqrt{3}\,y_e}{3t_e^2} \tag{4-29}$$

（3）优化目标函数

综合考虑换道时间和最大侧向加速度作为轨迹的优化目标，其中换道时间反映了换道效率，而最大侧向加速度则反映了换道的舒适性和安全性。同时，将这些参数利用相似准则进行无量纲处理：

$$\begin{cases} a_{yi}(t)_{\max} = \dfrac{10\sqrt{3}\,y_e}{3\mu g t_e^2} \\ t_{ei} = \dfrac{t_e}{t_{\max}} \end{cases} \tag{4-30}$$

式中，$a_{yi}(t)_{\max}$、t_{ei} 是转化后的评价值；μg 是可行的最大横向加速度，取为 $4\mathrm{m/s}^2$；$t_{\max}$ 是可行的最大换道时间，取 $10\mathrm{s}$。

代价函数可以设为：

$$J = w_1 a_{yi\max} + w_2 t_{ei} = w_1\frac{10\sqrt{3}\,y_e}{3\mu g t_e^2} + w_2\frac{t_e}{t_{\max}} \tag{4-31}$$

令代价函数对时间的一阶导数为 0，可得到 t_e：

$$t_e = \frac{20\sqrt{3}\,w_1 y_e t_{ei}}{3w_2 \mu g} \tag{4-32}$$

为了满足不同驾驶风格智能车辆的换道需求，引入了权重系数，并通过调整这些系数来权衡换道时间和最大侧向加速度的比重。这三种典型驾驶风格所对应的权重因子具体如表 4-8 所示。

表 4-8　不同驾驶风格的权重系数

驾驶风格	换道效率比重	换道安全性舒适性和比重
慎重型	低(1/3)	高(1)
一般型	中(2/3)	中(2/3)
冒进型	高(1)	中(2/3)

2. 换道轨迹规划结果分析

使用换道结束时的横向位移、纵向车速和路面附着系数作为输入，以期望的纵向位移和横向位移为输出，在 Matlab/Simulink 平台上搭建换道轨迹规划模型，并对轨迹规划结果进行仿真分析。假设车速为 25m/s，换道结束时的横向位移为 3.5m。则不同驾驶风格的轨迹规划结果如图 4-10 所示。

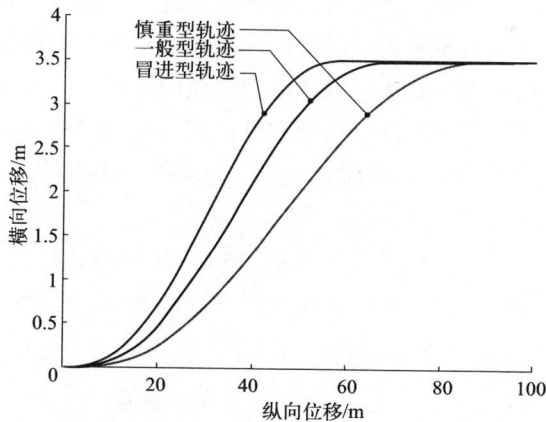

图 4-10　不同驾驶风格的轨迹规划结果

分析仿真数据可知：冒进型驾驶风格的轨迹最先完成换道；一般型驾驶风格的换道时间高于冒进型驾驶风格轨迹的换道时间，低于慎重型驾驶风格轨迹的换道时间；规划的慎重型驾驶风格的轨迹最后完成换道。分析表明，规划的换道轨迹能够满足不同驾驶风格驾驶员的换道需求。

第三节　汽车横向换道控制策略

通过车辆横向换道控制策略对规划的期望换道轨迹进行跟踪控制。基于前轮偏角较小假设下的三自由度车辆动力学模型，根据车辆实际状态参数和轨迹规划层输入的换道轨迹，以前轮转角为控制量，综合考虑控制过程中的各种约束条件，设计目标函数，并将其转化为二次规划问题，通过求解得到了下一时刻的前轮偏角控制量，从而实现对横向换道控制策略的设计。最后采用 CarSim/Simulink 联合仿真并分别以双移线轨迹和一般型换道轨迹对被控车辆的轨迹跟踪效果和换道稳定性进行验证。

一、车辆动力学建模

车辆模型描述了车辆自身状态和控制输入之间的关系，用以控制车辆的运动。当前车辆模型主要分为动力学模型和运动学模型两大类。运动学模型计算简单、计算量较小，适用于低速场景，由于其未考虑轮胎变形，当应用于车辆换道场景时，可能导致跟踪效果不佳。模型建立是否准确决定了对车辆运动描述的准确度，进而影响了车辆跟踪控制效果。车辆模型自由度越高，越能准确描述车辆的运动，但也会增加控制策略设计的难度。因此，在建立车辆模型时，需要同时满足模型的简单易用且能反映车辆真实运动特性两个条件。考虑到模型的精度和复杂性，建立一个考虑车辆侧向、横摆和纵向三个自由度的动力学模型。

为了保证车辆高速行驶时的跟踪效果，选择前轮偏角较小假设下的三自由度车辆动力学模型，如图 4-11 所示。

图 4-11 中，F_{lf}、F_{lr} 为前后轮分别受到的纵向力，F_{cf}、F_{cr} 为前后轮分别受到的侧向力，F_{xf}、F_{xr} 为前后轮分别受到的 x 方向上的力，F_{yf}、F_{yr} 为前后轮分别受到的 y 方向上的力，a、b 为质心分别到前后轴的距离，α_f 为前轮轮胎的侧偏角，m 为整车整备质量，$\dot{y}$ 为横向速度。

根据牛顿第二定律，分别得沿 x 轴、y 轴和绕 z 轴的受力平衡方程：

$$\begin{cases} x \text{ 轴方向}: m\ddot{x} = m\dot{y}\dot{\varphi} + 2F_{xf} + 2F_{xr} \\ y \text{ 轴方向}: m\ddot{y} = m\dot{x}\dot{\varphi} + 2F_{yf} + 2F_{yr} \\ z \text{ 轴方向}: I_z\ddot{\varphi} = 2aF_{yf} - 2bF_{yr} \end{cases} \tag{4-33}$$

式中，I_z 为车辆绕 z 轴的转动惯量。

轮胎在 x 方向和与 y 方向上的受力平衡方程如式（4-34）所示：

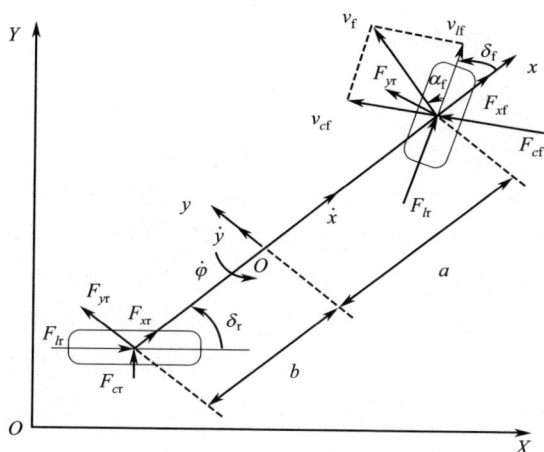

图 4-11　三自由度车辆模型

$$\begin{cases} F_{xf} = F_{lf}\cos\delta_f - F_{cf}\sin\delta_f \\ F_{yf} = F_{lf}\sin\delta_f - F_{cf}\cos\delta_f \end{cases} \tag{4-34}$$

对车辆模型进行小角度假设，即轮胎侧偏角 α 满足如式（4-35）的近似条件：

$$\sin\alpha \approx \alpha, \cos\alpha \approx 1, \tan\alpha \approx \alpha \tag{4-35}$$

对轮胎模型进行线性化，此时前后轮胎的纵向力和侧向力如式（4-36）所示：

$$\begin{cases} 纵向力: F_{lf} = C_{lf}s_f, F_{lr} = C_{lr}s_r \\ 侧向力: F_{cf} = C_{cf}\left(\delta_f - \dfrac{\dot{y} + a\dot{\varphi}}{\dot{x}}\right), F_{cr} = C_{cr}\left(\dfrac{b\dot{\varphi} - \dot{y}}{\dot{x}}\right) \end{cases} \tag{4-36}$$

式中，C_{cf}、C_{cr} 为前后轮侧偏刚度；$\dot{x}$ 为纵向速度；C_{lf}、C_{lr} 为前后轮纵向刚度；s_f、s_r 为前后轮纵向滑移率。

将式（4-34）～式（4-36）代入到式（4-33）得到小角度假设下的非线性三自由度车辆-轮胎模型动力学模型。

$$\begin{cases} m\ddot{x} = m\dot{y}\dot{\varphi} + 2\left[C_{lf}s_f + C_{\alpha f}\left(\delta_f - \dfrac{\dot{y} + a\dot{\varphi}}{\dot{x}}\right)\delta_f + C_{lr}s_r\right] \\ m\ddot{y} = m\dot{x}\dot{\varphi} + 2\left[C_{\alpha f}\left(\delta_f - \dfrac{\dot{y} + a\dot{\varphi}}{\dot{x}}\right) + C_{\alpha r}\dfrac{b\dot{\varphi} - \dot{y}}{\dot{x}}\right] \\ I_z\ddot{\varphi} = 2\left[aC_{\alpha f}\left(\delta_f - \dfrac{\dot{y} + a\dot{\varphi}}{\dot{x}}\right) - bC_{\alpha r}\dfrac{b\dot{\varphi} - \dot{y}}{\dot{x}}\right] \\ Y = v_x\sin\varphi + v_y\cos\varphi \\ X = v_x\cos\varphi - v_y\cos\varphi \end{cases} \tag{4-37}$$

二、横向模型预测控制策略设计

1. 模型预测控制原理

模型预测控制（model predictive control，MPC）由于其出色的控制效果和在多目标约束下解决系统最优化问题的能力，近年来在车辆路径跟踪控制等具有复杂约束问题的领域得到广泛应用。它是一种基于具体模型的控制方法，其控制思路是在每个采样点根据被控对象的状态和预测模型，预测系统未来一段时间内的状态。通过求解某一性能指标（成本函数）找到最优的一组控制序列，并将这组控制序列的第一个控制应用于执行机构，随后在下一个采样点继续执行该算法。该算法的基本思想包括预测模型、滚动优化、反馈校正三个部分。模型预测控制原理如图 4-12 所示。

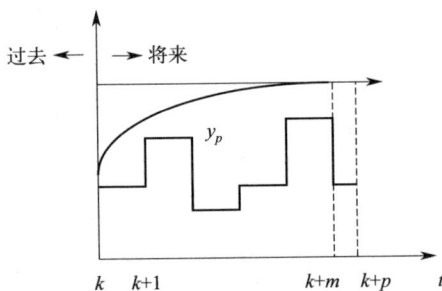

图 4-12　模型预测控制原理

预测模型：预测模型的主要作用是根据被控对象的过去状态和未来输入，对系统未来的输出进行预测。这一模型可以通过多种方式来表示，如基于状态方程、传递函数等形式，其关键在于借助历史状态信息和未来输入信息，为控制策略提供对未来状态和行为的预测，通过对系统动态性的建模，使得控制策略能够更准确地制定最优的控制策略，从而实现对系统的有效控制。

滚动优化：模型预测控制通过滚动优化特定的性能指标求解控制量，这种优化方式有助于保持控制策略在实际上最优。与传统最优控制方法相比，这种滚动优化不仅能够满足车辆对实时性的要求，而且显著降低了计算量。这意味着在控制过程中，系统能够及时调整控制策略以适应不断变化的条件，同时有效地减少了计算复杂程度，从而提高了模型预测控制的实用性和效率。

反馈校正：它是指根据系统的实际响应和测量状态实时地调整控制输入，以弥补模型预测误差。考虑到真实系统通常存在不确定性和外部扰动，导致模型预测的结果可能与实际系统行为有一定的差异。通过引入反馈校正，MPC能够在每个时间步对控制输入进行修正，以确保系统按照预期轨迹运动。反馈校正通过实时纠正控制输入，使 MPC 具有较强的鲁棒性，以适应不确定性和外部干扰。

模型预测控制主要分为线性时变模型预测控制（linear model predictive control，LMPC）和非线性模型预测控制（nonlinear model predictive control，NMPC）。在被控对象为线性时变时，即为线性时变模型预测控制算法，其具有相对更好的实时性且计算量相对简单。对于汽车的运动控制而言，实时性是必须考虑的实验基础，因此选择线性时变模型预测控制（LMPC）算法来进行智能车横向运动控制研究。

2. 预测模型状态空间方程建立

（1）线性化、离散化处理

式(4-37)描述的车辆动力学模型是非线性的，加大了系统模型预测算法的计算难度，因此需要进行调整。为了方便控制策略的设计和计算，采用参考线性化方法，对非线性车辆动力学模型进行了线性化，得到相应的线性方程：

$$\dot{\boldsymbol{\xi}}(t) = f[\boldsymbol{\xi}(t), \boldsymbol{u}(t)] \tag{4-38}$$

选取 $\dot{\boldsymbol{\xi}}(t) = [\dot{y}, \dot{x}, \varphi, \dot{\varphi}, Y, X]^{\mathrm{T}}$ 为状态量，控制量为 $\boldsymbol{u}(t) = \delta_{\mathrm{f}}$

假设当前状态量和控制量分别为 $\boldsymbol{\xi}_{t0}$ 和 $\boldsymbol{u}_{t0}$，则有状态空间：

$$\dot{\boldsymbol{\xi}}_{t0}(t) = f[\boldsymbol{\xi}_{t0}(t), \boldsymbol{u}_{t0}(t)] \tag{4-39}$$

在 t 时刻把式(4-39)在点使用泰勒公式进行展开，忽略大于一阶的展开项：

$$\dot{\boldsymbol{\xi}}(t) = f[\boldsymbol{\xi}_{t0}(t), \boldsymbol{u}_{t0}(t)] + \frac{\partial f}{\partial \boldsymbol{\xi}}\bigg|_{\boldsymbol{\xi}_{t0}(t), \boldsymbol{u}_{t0}(t)} \boldsymbol{\xi}(t) - \boldsymbol{\xi}_{t0}(t) + \frac{\partial f}{\partial \boldsymbol{u}}\bigg|_{\boldsymbol{\xi}_{t0}(t), \boldsymbol{u}_{t0}(t)} \boldsymbol{u}(t) - \boldsymbol{u}_{t0}(t) \tag{4-40}$$

设定 $\boldsymbol{A}(t)$、$\boldsymbol{B}(t)$ 分别表示 $f[\boldsymbol{\xi}_{t0}(t), \boldsymbol{u}_{t0}(t)]$ 对 $\boldsymbol{\xi}$ 和 $\boldsymbol{u}$ 的雅克比矩阵，即：

$$\boldsymbol{A}(t) = \frac{\partial f}{\partial \boldsymbol{\xi}}\bigg|_{\boldsymbol{\xi}_{t0}(t), \boldsymbol{u}_{t0}(t)}, \boldsymbol{B}(t) = \frac{\partial f}{\partial \boldsymbol{u}}\bigg|_{\boldsymbol{\xi}_{t0}(t), \boldsymbol{u}_{t0}(t)} \tag{4-41}$$

定义 $\tilde{\boldsymbol{\xi}}(t) = \boldsymbol{\xi}(t) - \boldsymbol{\xi}_{t0}(t)$，$\overline{\boldsymbol{u}}(t) = \boldsymbol{u}(t) - \boldsymbol{u}_{t0}(t)$，则式(4-40)可改写为：

$$\dot{\tilde{\boldsymbol{\xi}}}(t) = \boldsymbol{A}(t)\overline{\boldsymbol{\xi}}(t) - \boldsymbol{B}(t)\overline{\boldsymbol{u}}(t) \tag{4-42}$$

对式(4-42)采用向前欧拉法进行离散化处理，得到线性时变离散系统：

$$\dot{\tilde{\boldsymbol{\xi}}}(k+1) = \boldsymbol{A}_{k,t}\tilde{\boldsymbol{\xi}}(k) - \boldsymbol{B}_{k,t}\tilde{\boldsymbol{u}}(k) \tag{4-43}$$

式中，$\boldsymbol{A}_{k,t} = \boldsymbol{I} + T\boldsymbol{A}(t)$；$\boldsymbol{B}_{k,t} = \boldsymbol{I} + T\boldsymbol{B}(t)$；$\boldsymbol{I}$ 为单位矩阵；T 为采样周期。

（2）构建预测模型

由于在计算当前时刻的前轮转角控制量时，前一时刻的计算值的影响可能导致前轮转角发生跳变。因此，在这里引入当前时刻的控制增量 $\Delta \boldsymbol{u}(k)$，将当前时刻的前轮转角与上一时刻的控制增量作为预测模型的输入，建立如下状态方程：

$$\widetilde{\boldsymbol{x}}(k) = \begin{vmatrix} \widetilde{\boldsymbol{\xi}}(k) \\ \widetilde{\boldsymbol{u}}(k-1) \end{vmatrix} \tag{4-44}$$

联立式(4-43) 和式(4-44)，得到：

$$\boldsymbol{x}(k+1) = \widetilde{\boldsymbol{A}}_{k,t}\boldsymbol{x}(k) + \widetilde{\boldsymbol{B}}_{k,t}\Delta \boldsymbol{u}(k) \tag{4-45}$$

式中，$\widetilde{\boldsymbol{A}}_{k,t} = \begin{vmatrix} A_{k,t} & B_{k,t} \\ O_{m\times n} & I_m \end{vmatrix}$；$\widetilde{\boldsymbol{B}}_{k,t} = \begin{vmatrix} B_{k,t} \\ I_m \end{vmatrix}$；$\Delta \boldsymbol{u}(k) = \dddot{\boldsymbol{u}}(k) - \dddot{\boldsymbol{u}}(k-1)$

考虑到状态方程中的系数矩阵是时变的，为了简化计算，作出如下假设：

$$\widetilde{\boldsymbol{A}}_{k,t} = \begin{vmatrix} A_{k,t} & B_{k,t} \\ O_{m\times n} & I_m \end{vmatrix}, \widetilde{\boldsymbol{B}}_{k,t} = \begin{vmatrix} B_{k,t} \\ I_m \end{vmatrix}, \Delta \boldsymbol{u}(k) = \widetilde{\boldsymbol{u}}(k) - \widetilde{\boldsymbol{u}}(k-1) \tag{4-46}$$

系统状态量预测方程为：

$$\begin{cases} \boldsymbol{x}(t+1|t) = \widetilde{\boldsymbol{A}}_{t,t}\boldsymbol{x}(t|t) + \widetilde{\boldsymbol{A}}_{t,t}\widetilde{\boldsymbol{B}}_{t,t}\Delta \boldsymbol{u}(t|t) \\ \vdots \\ \boldsymbol{x}(t+N_c|t) = \widetilde{\boldsymbol{A}}_{t,t}^{N_c}\boldsymbol{x}(t|t) + \widetilde{\boldsymbol{A}}^{N_c-1}\widetilde{\boldsymbol{B}}_{t,t}\Delta \boldsymbol{u}(t|t) + \cdots + \widetilde{\boldsymbol{B}}_{t,t}\Delta \boldsymbol{u}(t+N_c-1|t) \\ \vdots \\ \boldsymbol{x}(t+N_p|t) = \widetilde{\boldsymbol{A}}_{t,t}^{N_p}\boldsymbol{x}(t|t) + \widetilde{\boldsymbol{A}}^{N_p-1}\widetilde{\boldsymbol{B}}_{t,t}\Delta \boldsymbol{u}(t|t) + \cdots + \widetilde{\boldsymbol{A}}^{N_p-N_c}\widetilde{\boldsymbol{B}}_{t,t}\Delta \boldsymbol{u}(t+N_c-1|t) \end{cases} \tag{4-47}$$

式中，N_p 为预测时域；N_c 为控制时域。

定义输出量矩阵：

$$\boldsymbol{\eta}(k) = \widetilde{\boldsymbol{C}}_{t,t}\boldsymbol{x}(k) \tag{4-48}$$

系统输出量预测方程为：

$$\boldsymbol{Y}(t) = \boldsymbol{\psi}_t\boldsymbol{\xi}(k|t) + \boldsymbol{\theta}_t\Delta \boldsymbol{U}(t) \tag{4-49}$$

$$\begin{cases} \boldsymbol{Y}(t) = [\boldsymbol{\eta}(k+1)|t \quad \boldsymbol{\eta}(k+1)|t \cdots \boldsymbol{\eta}(k+N_p)|t]^T \\ \boldsymbol{\psi}_t = [\widetilde{\boldsymbol{C}}_t\widetilde{\boldsymbol{A}}_t \quad \widetilde{\boldsymbol{C}}_t\widetilde{\boldsymbol{A}}_t^2 \cdots \widetilde{\boldsymbol{C}}_t\widetilde{\boldsymbol{A}}_t^{N_c} \cdots \widetilde{\boldsymbol{C}}_t\widetilde{\boldsymbol{A}}_t^{N_p}]^T \\ \Delta \boldsymbol{U}(t) = [\Delta \boldsymbol{u}(k|t) \quad \Delta \boldsymbol{u}(k+1|t) \cdots \Delta \boldsymbol{u}(k+N_c|t)]^T \end{cases}$$

其中：

$$\boldsymbol{\theta}_t = \begin{vmatrix} \widetilde{\boldsymbol{C}}_t \widetilde{\boldsymbol{B}}_t & 0 & 0 & 0 \\ \widetilde{\boldsymbol{C}}_t \widetilde{\boldsymbol{A}}_t \widetilde{\boldsymbol{B}}_t & \widetilde{\boldsymbol{C}}_t \widetilde{\boldsymbol{B}}_t & 0 & 0 \\ \cdots & \cdots & \cdots & \cdots \\ \widetilde{\boldsymbol{C}}_t \widetilde{\boldsymbol{A}}^{N_c-1} \widetilde{\boldsymbol{B}}_t & \widetilde{\boldsymbol{C}}_t \widetilde{\boldsymbol{A}}^{N_c-2} \widetilde{\boldsymbol{B}}_t & \cdots & \widetilde{\boldsymbol{C}}_t \widetilde{\boldsymbol{B}}_t \\ \widetilde{\boldsymbol{C}}_t \widetilde{\boldsymbol{A}}^{N_c} \widetilde{\boldsymbol{B}}_t & \widetilde{\boldsymbol{C}}_t \widetilde{\boldsymbol{A}}^{N_c-1} \widetilde{\boldsymbol{B}}_t & \cdots & \widetilde{\boldsymbol{C}}_t \widetilde{\boldsymbol{A}}_t \widetilde{\boldsymbol{B}}_t \\ \vdots & \vdots & \vdots & \ddots \\ \widetilde{\boldsymbol{C}}_t \widetilde{\boldsymbol{A}}^{N_p-1} \widetilde{\boldsymbol{B}}_t & \widetilde{\boldsymbol{C}}_t \widetilde{\boldsymbol{A}}^{N_p-1} \widetilde{\boldsymbol{B}}_t & \cdots & \widetilde{\boldsymbol{C}}_t \widetilde{\boldsymbol{A}}^{N_p-N_c-1} \widetilde{\boldsymbol{B}}_t \end{vmatrix}$$

（3）目标函数及约束条件

通过对目标函数进行优化求解获得控制量增量，在设置目标函数时，应同时考虑到跟踪精度和控制过程的平稳性。为防止目标函数无最优解的情况，还可以引入松弛因子。综合考虑，设定如下目标函数：

$$J[\boldsymbol{\zeta}(t), \boldsymbol{u}(t-1), \Delta \boldsymbol{U}(t)] = \sum_{i=1}^{N_p} \| \boldsymbol{\eta}(t+i/t) - \boldsymbol{\eta}_{\text{ref}}(t+i/t) \|_Q^2$$
$$+ \sum_{i=1}^{N_c-1} \| \Delta \boldsymbol{u}(t+i/t) \|_R^2 + \rho \boldsymbol{\varepsilon}^2 \tag{4-50}$$

式中，$\boldsymbol{\eta}(t+i/t)$ 为在 t 时刻对 $t+k$ 时刻的状态预测量；$\boldsymbol{\eta}_{\text{ref}}(t+i/t)$ 为在 t 时刻对 $t+k$ 时刻的系统参考输出量；$\Delta \boldsymbol{u}(t+i/t)$ 为在 t 时刻对 $t+k$ 时刻的控制增量；ρ 为权重系数；ε 为松弛因子。

以车辆换道过程中的安全性和平稳性为目标，需要对系统的控制量、控制量增量、输出量、横摆角速度以及质心侧偏角建立如下的约束。

控制量与控制增量约束：

$$\begin{cases} \Delta \boldsymbol{U}_{\min} \leqslant \Delta \boldsymbol{U} \leqslant \Delta \boldsymbol{U}_{\max} \\ \boldsymbol{U}_{\min} \leqslant \boldsymbol{U} \leqslant \boldsymbol{U}_{\max} \\ \boldsymbol{y}_{\min} \leqslant \boldsymbol{y} \leqslant \boldsymbol{y}_{\max} \end{cases} \tag{4-51}$$

输出量约束：

$$\boldsymbol{\eta}_{\min}(k+i) \leqslant \boldsymbol{\eta}(k+i) \leqslant \boldsymbol{\eta}_{\max}(k+i) \quad i=1,2,\cdots,N_p \tag{4-52}$$

式中，$\boldsymbol{\eta}_{\min}(k+i)$ 与 $\boldsymbol{\eta}_{\max}(k+i)$ 表示输出量约束的上下极限值。

横摆角速度约束：

$$|\dot{\varphi}| \leqslant \left| \frac{ug}{v_x} \right| \tag{4-53}$$

式中，u 为路面附着系数；g 为重力加速度；v_x 为车辆纵向速度。

质心侧偏角约束：

$$\alpha_{\min} \leqslant \alpha_r = \left| \frac{\dot{y} - l_r \dot{\varphi}}{V_x} \right| \leqslant \alpha_{\max} \tag{4-54}$$

式中，$\alpha_{\min}$ 和 $\alpha_{\max}$ 表示侧偏角的最小值和最大值。

（4）优化求解

综合目标函数和各项约束条件，将目标函数的求解转化为标准二次型问题：

$$\begin{cases} \min\limits_{\Delta U,\varepsilon} \sum\limits_{t=1}^{N_p} \left\| \boldsymbol{\eta}_{\mathrm{dyn}}\left(t + \frac{i}{t}\right) - \boldsymbol{\eta}_{\mathrm{ref}}\left(t + \frac{i}{t}\right) \right\|_Q^2 + \sum\limits_{i=1}^{N_c-1} \left\| \Delta\boldsymbol{u}\left(t + \frac{i}{t}\right) \right\|_R^2 + \rho\varepsilon^2 \\ s.t.\ \Delta\boldsymbol{U}_{\mathrm{dyn,min}} \leqslant \Delta\boldsymbol{U}_{\mathrm{dyn},t} \leqslant \Delta\boldsymbol{U}_{\mathrm{dyn,max}} \\ \quad\ \ \Delta\boldsymbol{U}_{\mathrm{dyn,min}} \leqslant \boldsymbol{A}\,\Delta\boldsymbol{U}_{\mathrm{dyn},t} + \Delta\boldsymbol{U}_{\mathrm{dyn},t} \leqslant \Delta\boldsymbol{U}_{\mathrm{dyn,max}} \\ \quad\ \ \boldsymbol{y}_{h,\min} \leqslant \boldsymbol{y}_h \leqslant \boldsymbol{y}_{h,\min} \\ \quad\ \ \boldsymbol{y}_{s,\min} - \varepsilon \leqslant \boldsymbol{y}_s \leqslant \boldsymbol{y}_{s,\min} + \varepsilon \\ \quad\ \ \varepsilon > 0 \end{cases}$$

$$\tag{4-55}$$

式中，r 是松弛因子 e 的权重。

运用模型预测控制的原理，得到实际控制量：

$$\boldsymbol{u}(k) = \boldsymbol{u}(k-1) + \boldsymbol{D}\boldsymbol{u}^*(k) \tag{4-56}$$

式中，D 为控制量 $\boldsymbol{u}^*(k)$ 的连续 2 次计算数值的差值。

每个循环周期内，控制策略以目标函数的最优解作为控制变量，并将每个周期内首个控制变量作为实际控制变量，通过多模型的滚动优化反复执行，最终实现对换道轨迹的跟踪控制。

三、汽车横向换道控制策略仿真分析

采用 CarSim 和 Matlab/Simulink 联合仿真平台验证换道控制策略，即在 Matlab/Simulink 建立横向换道控制策略，而 CarSim 则提供整车模型和道路场景等环境，通过相应的接口，Matlab/Simulink 中的横向换道控制策略与 CarSim 中的整车模型协同工作。

在跟踪控制中，实现换道控制轨迹跟踪精度与驾驶风格无直接关系，仅与期望轨迹与实际轨迹横向位置的偏差有关。因此，选择常见的双移线工况，该测试工况可以全面评估车辆在连续转向下的运动控制效果。其轨迹方程由式（4-57）表示，期望轨迹图如图 4-13 所示。

$$Y(X) = \frac{d_{y1}}{2}(1+\tan z_1) - \frac{d_{y2}}{2}(1+\tan z_2) \tag{4-57}$$

式中，$z_1 = \frac{2.4}{25}(X-27.19)-1.2$；$z_2 = \frac{2.4}{21.95}(X-56.46)-1.2$；$d_{y1} = 4.05$；$d_{y2} = 5.7$。

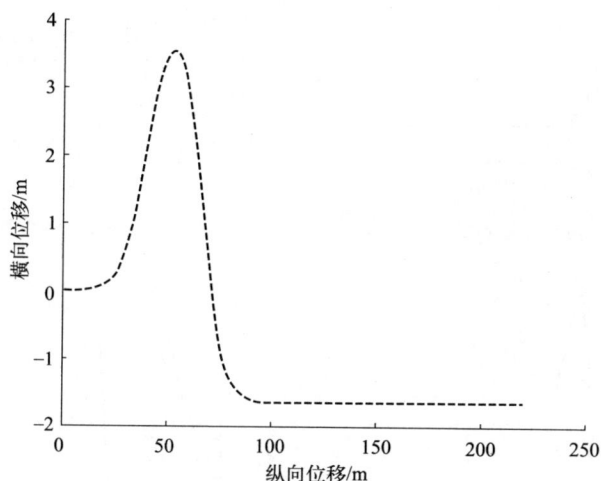

图 4-13　期望轨迹图

采用 CarSim 和 Matlab/Simulink 联合仿真，路面附着系数为 0.8，车速为 70km/h，仿真步长为 0.02s。与原车 PID 轨迹跟踪控制策略比较整车参数如表 4-9 所示。通过测试跟踪轨迹、横摆角速度、横向加速度、质心侧偏角对比跟踪效果，如图 4-14 所示。

表 4-9　整车参数设置表

参数	参数取值	参数	参数取值
车辆质量/(kg)	1723	质心到后轴距离/m	1.468
转动惯量/(kg·m²)	4175	空气阻力系数	0.34
质心到前轴距离/m	1.232		

从图 4-14(a) 可知，本控制策略和原车 PID 控制策略都能够迅速响应，跟踪上期望轨迹。但是原车 PID 控制策略的跟踪误差达到 18.6%，而本换道控制策略的跟踪误差在 10% 内。图 4-14(b) 说明，原车 PID 控制策略的横摆角速度响应慢，且在 6s 后产生波动，本控制策略横摆角速度在 6s 前即达到稳态。从图 4-14(c) 的横向加速度曲线可知，原车 PID 控制策略相较于本横向控制策略加速度响应较慢，在第 6s 将要达到稳态响应时又出现明显波动，操纵

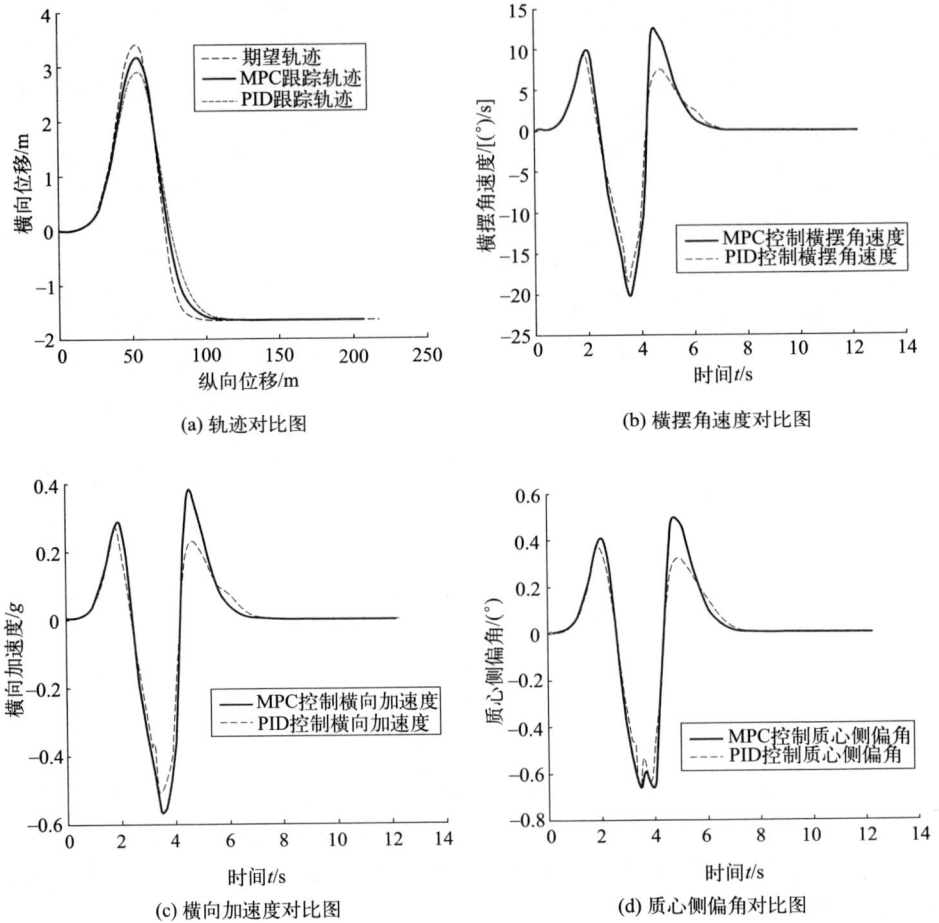

(a) 轨迹对比图

(b) 横摆角速度对比图

(c) 横向加速度对比图

(d) 质心侧偏角对比图

图 4-14　轨迹跟踪仿真对比结果

稳定性差。图 4-14（d）说明，与原车 PID 控制策略相比，本控制策略的质心侧偏角变化较大，但 PID 控制策略在 3～4s 内波动频率较快，可能出现失稳现象。综上所述，本横向换道控制策略稳定性和跟踪精度高于原车 PID 控制策略。

　　为了进一步验证横向换道控制策略的控制效果，以一般性换道轨迹为期望轨迹，进行车辆高速情况下跟踪效果验证。进行仿真时，选择路面附着系数（M_u）为 0.8，设定车辆的速度分别为 70km/h 和 90km/h。仿真时间为 10s。通过测试跟踪轨迹、横摆角速度、质心侧偏角、横向加速度对比控制效果，如图 4-15 所示。

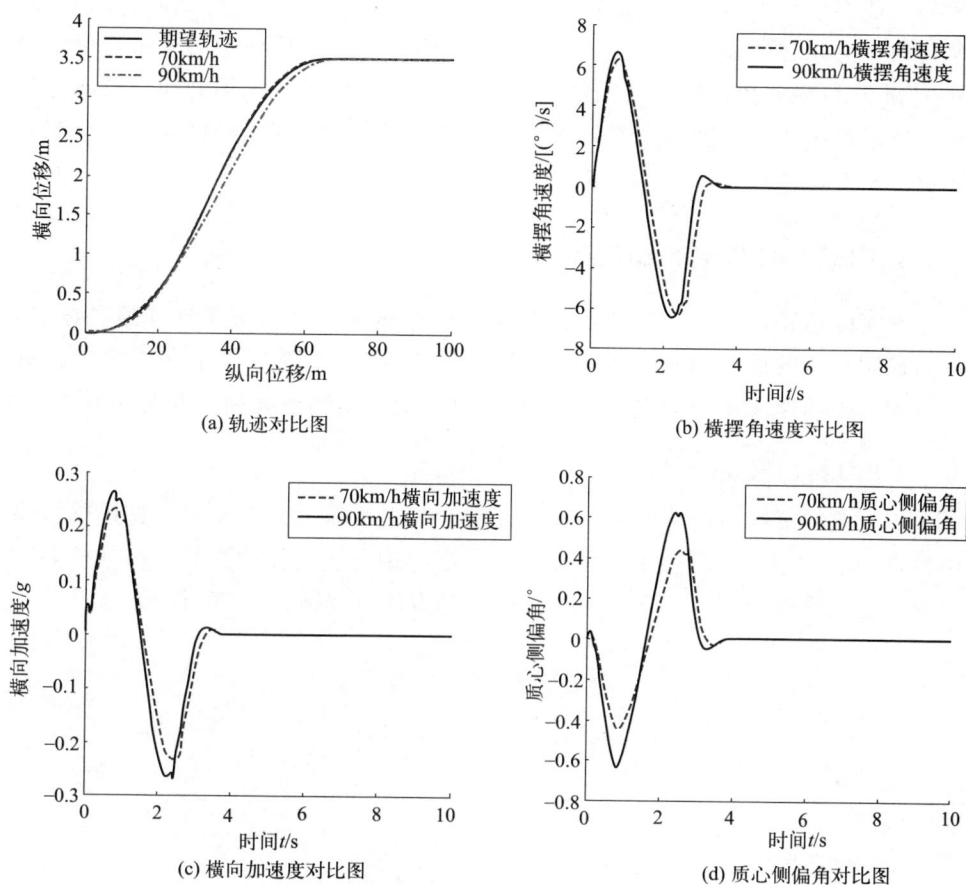

(a) 轨迹对比图

(b) 横摆角速度对比图

(c) 横向加速度对比图

(d) 质心侧偏角对比图

图 4-15　轨迹跟踪仿真对比结果（高速情况下）

从图 4-15（a）可知，当车速为 70km/h 和 90km/h 时，基本都能实现对参考轨迹的跟踪，跟踪效果较好。横摆角速度和横向加速度是评价轨迹跟踪控制策略稳定性的关键参数，从图 4-15（b）～（d）可知，当车速为 70km/h 和 90km/h 时，横摆角速度横向加速度和质心侧偏角的最大值都在约束范围以内，且在轨迹跟踪过程中没有出现突变或超调现象。结果表明横向控制策略表现出良好的控制效果，车辆可以相对平稳、安全地完成换道。

第四节　汽车横纵向综合换道控制策略

在横向运动控制器设计中，设定速度是恒定不变的，并未考虑纵向速度的影响。在实际驾驶情境下，车辆的纵向速度变化的车速会对横向加速度和方向盘转角产生相应的影响。因此，为了提高对车辆追踪期望轨迹的效果，设计位移-速度 PID 纵向控制器，制定刹车/油门标定表，以实现车辆的加速或减速行驶，并以纵向实际速度这个参数作为横纵向的耦合点，提出一种横向纵向综合换道控制系统。

一、纵向双 PID 控制策略设计

在实际道路行驶中，自动驾驶车辆通过调整油门和刹车实现加速和减速，从而控制车辆的纵向运动。考虑到 PID 控制策略具备模型简单和适应性良好的特点，采用速度-位置 PID 控制策略，以实现对车辆速度和位置的控制。

1. PID 控制原理

PID 控制策略简单易实现、调节方便、适应性强、稳定性好，是控制策略中最常用的方法之一，在工业领域得到广泛应用。它由比例控制、积分控制和微分控制三个部分组成。PID 控制策略的基本原理如图 4-16 所示。

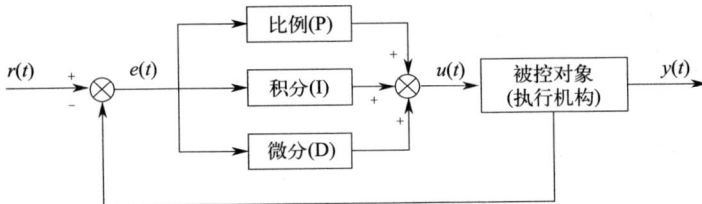

图 4-16　PID 控制原理

PID 控制的基本流程包括系统输出的测量，目标值的设定，误差的计算，利用比例、积分和微分计算控制量，将其应用到系统中，通过不断根据反馈信号更新控制，使系统逐渐趋向期望状态。比例用于实现快速响应，积分部分则消除稳态误差，而微分项则抑制振荡、提高系统稳定性。通过调整这三个部分的权重，PID 控制能够适应不同系统和工况的需求。PID 控制策略的一般形式可以表示为：

$$u(t) = K_p e(t) + K_i \int_0^t e(\tau) \mathrm{d}\tau + K_d \frac{\mathrm{d}e(t)}{\mathrm{d}t} \tag{4-58}$$

式中，K_p、K_i、K_d 分别为比例、积分、微分系数；$e(t)$ 为控制误差。

将式(4-58)离散化可得：

$$u(k) = K_p e(k) + K_i T \sum_{i=0}^{k} e(i) + K_d \frac{e(k) - e(k-1)}{T} \tag{4-59}$$

比例控制被用于快速校正系统误差，它以成比例的方式响应控制策略的偏差信号。系统的灵敏度和响应速度与比例系数成正比关系，增大比例系数会使系统更为灵敏且响应速度更快。采用过大的比例系数可能导致系统稳定性下降，相反，比例系数越小，系统反应速度越慢，使得被控对象难以迅速达到稳定值。尽管比例控制能够快速响应误差，但无法完全消除静态误差。此外，单纯的比例控制由于在系统达到稳态后可能导致稳态误差存在，难以准确收敛到期望值。

积分环节的主要目的是通过减小静态误差来提高控制策略的误差度。随着时间的推移，积分项逐渐累积，只要存在偏差，积分项将持续发挥作用。积分项的作用在于减少由纯比例控制引起的稳态误差，提高系统的控制精度。然而，积分作用过强可能导致系统的超调增大，甚至引起系统振荡。

微分控制通过误差随时间的变化率，来捕捉系统的动态特性。这一变化率信息反映了系统当前状态变化方向，从而能够提前阻止系统的过度振荡或不稳定行为。微分项的引入可以加速系统的响应速度，减少超调效应，改善系统的动态性能。引入微分时间常数来调节微分作用的幅度，决定了控制策略对误差变化的敏感程度适当设置微分时间常数有助于平衡系统的稳定性和响应速度，提高控制策略的整体性能。

2. 速度-位置 PID 控制器

建立速度-位置 PID 控制器，位移 PID 控制器的原理是基于期望纵向位移与车辆实际纵向行驶位移之间的误差，把该误差作为控制输入，把当前时刻的纵向速度误差补偿量作为输出。这个输出量结合当前时刻车辆实际纵向速度与期望纵向速度差值共同输入到速度 PID 控制器，最后输出车辆所需的纵向加速度。当车辆的期望纵向位移和纵向期望速度大于或小于实际行驶的纵向位移和纵向速度时，会产生正误差或负误差。误差为正时，车辆执行加速动作，误差为负时，车辆执行减速动作。双 PID 控制器模型图如图 4-17 所示。

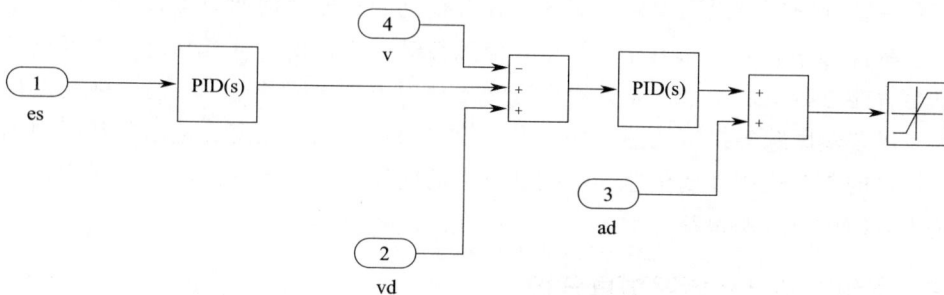

图 4-17　双 PID 控制器模型图

控制器能够计算出车辆所需的期望加速度，但是不能直接驱动车辆，需要进行油门-刹车标定，确保控制模块能够准确获取所需加速度的油门和刹车踏板的开合度控制命令。控制器整车模型输出指令，通过输出不同油门或刹车量信号，实现对车辆当前加速度的控制，从而对车辆速度进行调节。由于车辆中的执行机构如油门和刹车通常具有非线性特性，对其进行精确建模较为困难。因此，采用标定的方法建立油门、刹车与车辆加速度、减速度之间的关系。正的加速度值表示加速，负的加速度值表示制动。油门-刹车标定表如图 4-18 所示。

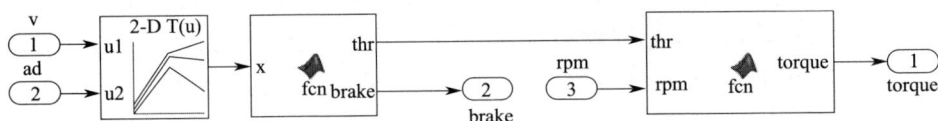

图 4-18   油门-刹车标定表

通过纵向双 PID 控制器获取所需的纵向加速度，结合当前纵向车速，在油门/刹车标定总表中查找相应的油门量或刹车压力，并应用于整车模型，以实现车辆的加速或减速行驶。

二、横纵向综合控制器设计

对车辆的横向运动进行研究时，设定速度是定值。但在实际场景中，车辆的纵向速度变化会对横向控制系统中的横向加速度和方向盘转角产生影响，横向控制系统需要对横向加速度和方向盘转角进行实时调整，以适应不同纵向速度下的换道需求。因此，以纵向实际速度作为横纵向的耦合点，构建横向 LMPC 控制器-纵向双 PID 耦合控制器。纵向双 PID 控制器输出的实际速度、规划的车辆期望轨迹以及其他位置信息的状态量作为横向换道控制器的输入，通过控制车辆的前轮转角，使其更好地跟踪期望的轨迹，减小横向位置误差，实现更精准的轨迹跟踪效果。横纵向综合控制的总体结构如图 4-19 所示。

将传感器对车辆周围环境的感知信息传输至决策模块进行判定，决策出车辆是否能进行换道。若可以进行换道，规划模块生成一条适应当前驾驶员风格的可供车辆跟踪的换道轨迹，并从参考轨迹中获取期望速度。控制器利用规划层提供的参考轨迹和期望速度，控制车辆的前轮转角、节气门或制动压力，以实现对期望轨迹的跟踪。

三、横纵向综合控制器仿真分析

通过 Matlab/Simulink、CarSim 联合仿真，在 CarSim 软件中，搭建道路模型与车辆模型，选取慎重型轨迹，以变化的速度对车辆进行仿真验证，验证

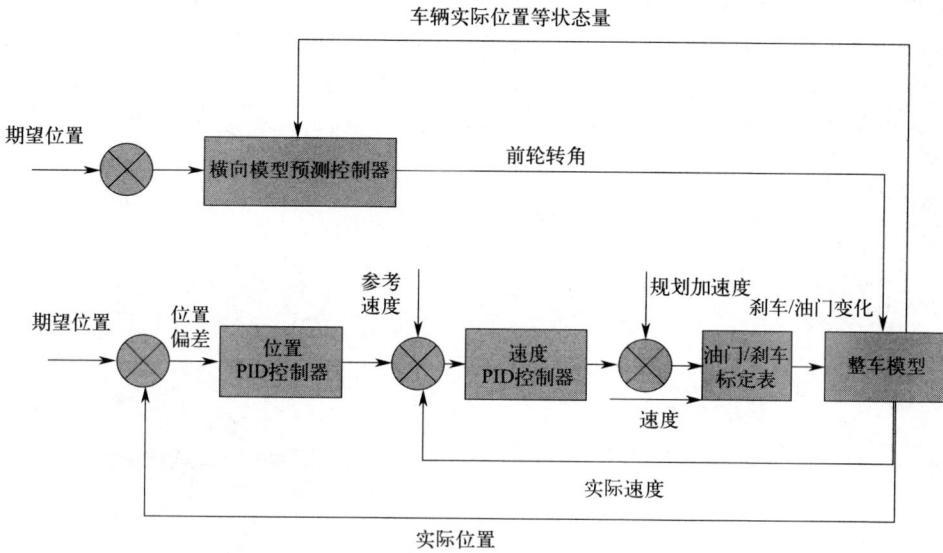

图 4-19　综合控制系统

横纵向综合控制器的轨迹跟踪效果。

设置长度为 1200m，附着系数为 0.85 的同向双车直行不考虑坡度的平直，并且设置车辆的车速、转向和刹车。道路模型图如 4-20 所示。

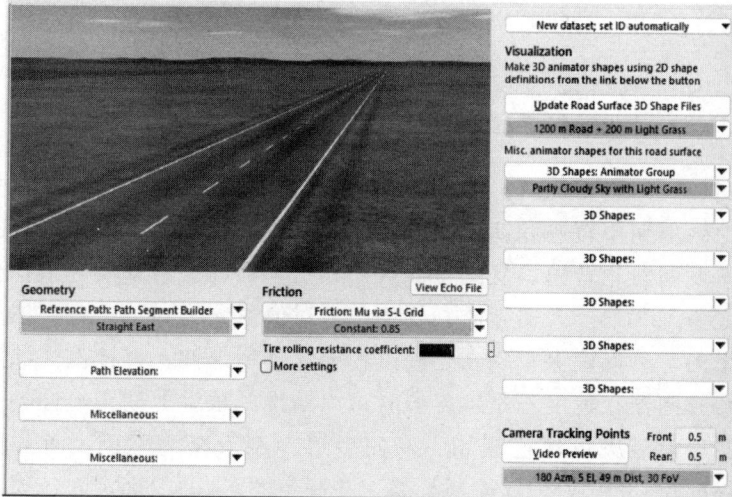

图 4-20　道路模型图

在 CarSim 中选择 C-Class，Hatchback 车型，整车参数设置与表 4-9 仿真验证设置相同。采用 CarSim 和 Matlab/Simulink 联合仿真，仿真时间为 10s，道路附着系数为 0.85，设定车辆初始速度为 0，轨迹跟踪结果图 4-21 所示。

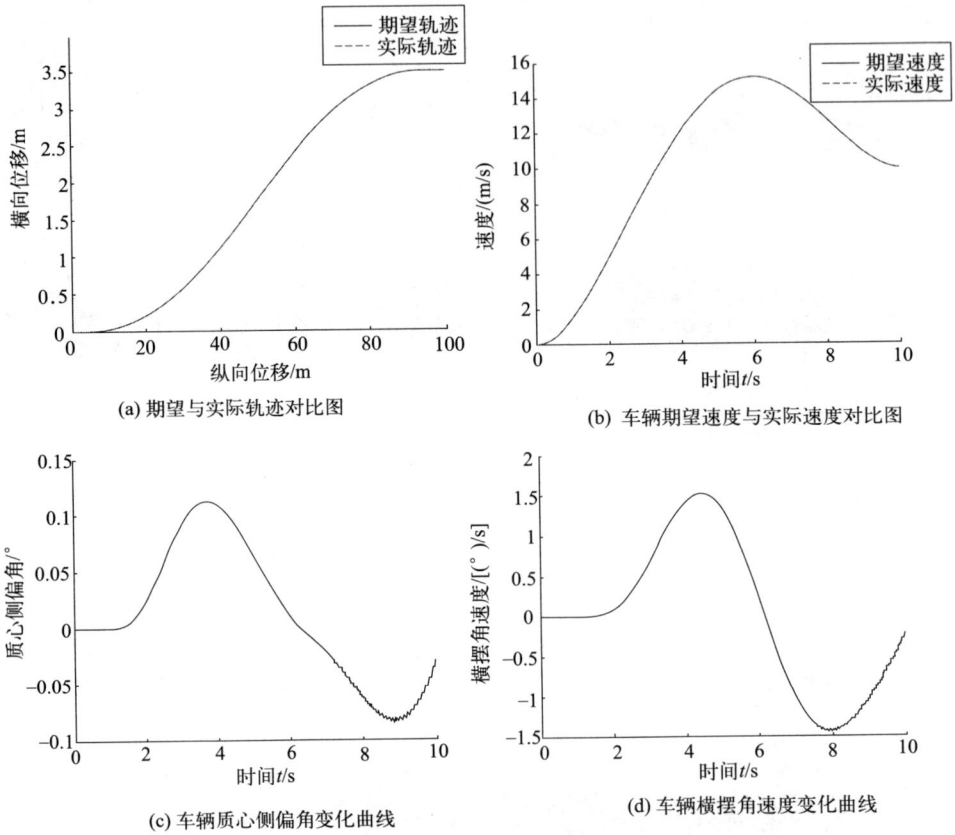

(a) 期望与实际轨迹对比图

(b) 车辆期望速度与实际速度对比图

(c) 车辆质心侧偏角变化曲线

(d) 车辆横摆角速度变化曲线

图 4-21　车辆轨迹跟踪结果图（横纵向控制器）

图 4-21（a）和图 4-21（b）表明，当车辆的纵向速度发生变化时，控制器能比较精准地跟上期望轨迹和期望速度，说明横向控制器能够根据速度的变化调整横向加速度和前轮转角。从图 4-21（c）和图 4-21（d）可知实际横摆角速度的绝对值最大为 1.5(°)/s，实际质心侧偏角绝对值最大为 0.1°，都在安全且舒适的范围约束内，可以确保车辆在驾驶过程中保持稳定性、可控性。综上表明本横纵向综合控制器在速度不是恒定值时可以精准的跟踪上期望轨迹。

　　总结：以换道决策轨迹规划、横向换道控制策略为基础，首先基于 PID 算法设计纵向位移-速度 PID 控制策略，并制定刹车/油门标定表，通过控制油门和刹车以实现车辆的加速或减速控制。把纵向实际速度输入到横向换道控制策略作为横纵向综合控制的耦合点，构建横向 LMPC 控制策略-纵向双 PID 综合控制策略。利用 CarSim 和 Matlab/Simulink 联合仿真，选取规划的慎重型轨迹进行跟踪，仿真结果表明该控制策略控制精度及稳定性均满足要求。

第五章

汽车轨迹跟踪控制

第一节　模型预测控制理论

　　目前应用于车辆轨迹跟踪的方法众多，但是模型预测控制理论使用最广。它可以直接应用数学模型，控制多个输入和多个输出，利用约束模块进行反馈调节，以此构成闭环控制。对于横向坡道路况下的汽车轨迹跟踪控制，涉及的物理量繁杂，因此应用模型预测控制理论研究横向坡道路况的汽车轨迹跟踪控制器。

一、模型预测控制基本原理

　　模型预测控制（model predictive control，MPC），是一种从实践中发展起来的思想方法，最初由 Richalet 和 Culterior 等提出。模型预测控制包括经典模型预测控制和综合模型预测控制，经典模型预测控制包括模型算法控制（model algorithmic control，MAC）、动态矩阵控制（dynamic matrix control，DMC）等，而综合模型预测控制包括状态反馈模型预测控制、有限切换时域的模型预测控制、输出反馈模型预测控制等。20 世纪 90 年代又出现了最优控制理论，其中在车辆自动驾驶领域受到广泛的应用。

　　MPC 是一种基于具体模型的控制，其控制思路为在每个采样点处根据被控对象的状态和预测模型，预测系统在未来一段时间内的状态，依据某一性能指标（成本函数）来求解最优的一组控制序列，并将这组控制序列的第一个控制作用作为输出给执行机构，在下一个采样点继续执行算法。MPC 主要包括三大步骤：第一，建立预测模型；第二，进行滚动优化；第三，进行反馈校正。

1. 预测模型

预测模型是指根据被控对象的历史信息和未来输入，预测系统未来的输出。预测模型可以是状态方程或传递函数，对于稳定的线性系统，可以是阶跃响应或者脉冲响应。对于车辆模型而言，一般所建立的预测模型的形式如式 (5-1) 所示：

$$x(k+1)=Ax(k)+Bu(k) \tag{5-1}$$

式中，$x(k)$ 表示 k 时刻的状态量；$u(k)$ 表示 k 时刻输入的控制量。该式表示下一时刻的输出量等于当前时刻的状态量与当前时刻给系统施加的控制量作用的和。

预测模型是基于具体的车辆动力学或者运动学方程而得到的，需要对动力学或者运动学方程进行线性化和离散化处理，之后进行迭代求解。

(1) 车辆非线性模型线性化

多输入多输出的线性系统的形式如式 (5-2) 所示：

$$\begin{cases} \dfrac{\mathrm{d}x}{\mathrm{d}t}=Ax+Bu \\ \quad y=Cx \end{cases} \tag{5-2}$$

式 (5-2) 由两部分组成，表示该线性系统的状态空间方程以及该线性系统的输出方程。

由于车辆动力学系统方程无法写成线性系统的形式，因此采用一阶泰勒公式对该系统进行线性化处理。一阶泰勒公式如式 (5-3) 所示：

$$f(x)=\frac{f(x_0)}{0!}+\frac{f'(x_0)}{1!}(x-x_0) \tag{5-3}$$

假设参考轨迹构成的系统如式 (5-4) 所示，实际车辆的非线性系统如式 (5-5) 所示：

$$X_r=f(x_r,u_r) \tag{5-4}$$

$$X=f(x,u) \tag{5-5}$$

将式 (5-5) 在任意参考点 (x_r, u_r) 处利用泰勒公式展开到一阶得到式 (5-6)：

$$X=f(x,u)\approx f(x_r,u_r)+J_x(x-x_r)+J_u(u-u_r) \tag{5-6}$$

式中，J_x 指对 x 的雅可比矩阵；J_u 指对 u 的雅可比矩阵。

假设状态量有三个，控制量有两个，因此式 (5-6) 中有：

$$\boldsymbol{J}_x = \frac{\partial f}{\partial x}\bigg|_{\substack{x_1 \\ x_2}} = \begin{bmatrix} \dfrac{\partial f_1}{\partial x_1} & \dfrac{\partial f_1}{\partial x_2} \\[2mm] \dfrac{\partial f_2}{\partial x_1} & \dfrac{\partial f_2}{\partial x_2} \\[2mm] \dfrac{\partial f_3}{\partial x_1} & \dfrac{\partial f_3}{\partial x_2} \end{bmatrix}, \boldsymbol{J}_u = \frac{\partial f}{\partial u}\bigg|_{\substack{u_1 \\ u_2}} = \begin{bmatrix} \dfrac{\partial f_1}{\partial u_1} & \dfrac{\partial f_1}{\partial u_2} \\[2mm] \dfrac{\partial f_2}{\partial u_1} & \dfrac{\partial f_2}{\partial u_2} \\[2mm] \dfrac{\partial f_3}{\partial u_1} & \dfrac{\partial f_3}{\partial u_2} \end{bmatrix} \tag{5-7}$$

将式(5-6)与式(5-4)相减即可得到线性误差方程如式(5-8)所示：

$$\widetilde{X}(k) = A(t)\widetilde{x}(k) + B(t)\widetilde{u}(k) \tag{5-8}$$

（2）线性误差方程离散化

式(5-8)是线性方程，此时的状态方程是连续的，不能直接用于模型预测控制器，所以利用前向欧拉离散化对式(5-8)进行处理，如式(5-9)所示：

$$\dot{\widetilde{X}} = \left(\frac{\widetilde{x}(k+1) - \widetilde{x}(k)}{T}\right) = A\widetilde{x}(k) + B\widetilde{u}(k)$$

$$\Downarrow$$

$$\widetilde{x}(k+1) = (TA + E)\widetilde{x}(k) + TB\widetilde{u}(k) \tag{5-9}$$

令 $a = TA + E$，$b = TB$，则式(5-9)可写成式(5-10)：

$$\widetilde{x}(k+1) = a\widetilde{x}(k) + b\widetilde{u}(k) \tag{5-10}$$

该式为一个线性时变的状态空间方程，也可称为预测方程，即下一时刻的状态量可由当前时刻的状态量和当前时刻的控制量综合作用预测出来。

2. 滚动优化

滚动优化模型预测控制是指通过对某一性能指标的在线反复优化来确定最优控制动作。在每一个采样点都执行一次优化。图 5-1 为 MPC 中滚动优化的原理图。

图 5-1 中，横坐标表示采样时刻，k 表示当前时刻，k 之前表示过去的时域，k 之后表示未来的时域。曲线 1 表示参考轨迹，2 表示 k 时刻之前的测量输出曲线，是通过该种控制方法获得的，3 表示 k 时刻之前的控制量序列。4 代表 k 时刻之后的预测输出曲线，该部分曲线是先对每一步的步长进行预测，预测很多步，然后走预测的第一步，再次预测多步，再走预测的第一步，如此循环往复，最终实际轨迹就可以跟参考轨迹逐渐重合。序列 5 表示 k 时刻之后的预测控制量，该控制量序列是根据 k 时刻之前的状态量和控制量曲线得到的。

（1）滚动优化的原理

图 5-2 中，r 表示参考值，$\boldsymbol{y}_k$ 表示当前系统输出的状态量，$\boldsymbol{u}_k$ 表示在 k

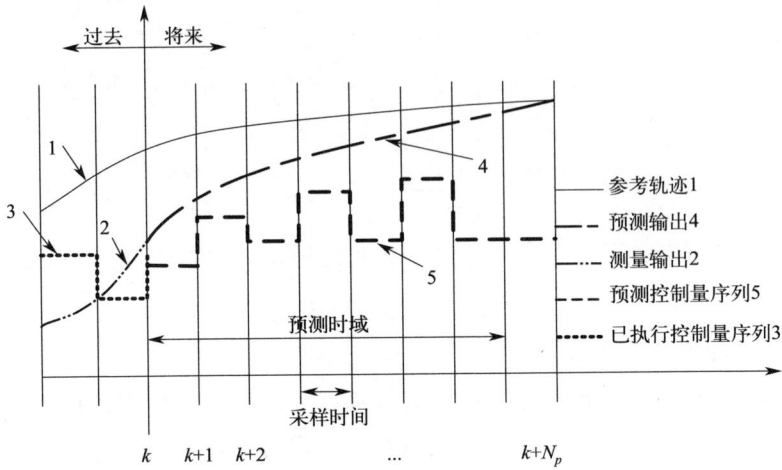

图 5-1 模型预测控制原理图

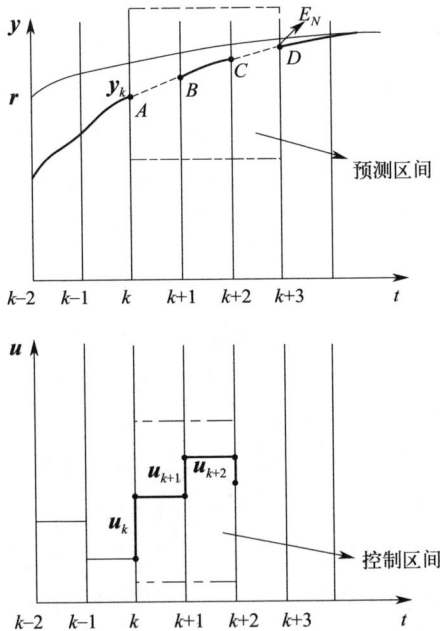

图 5-2 预测时域与控制时域关系图

时刻给系统施加的控制量，即当前系统的状态量基于控制量来进行优化控制。在 k 时刻时对系统施加控制量 u_k，则系统会根据模型来预测出 $k+1$ 时刻的表现（AB 段曲线）。同理如果在 $k+1$ 时刻对系统施加控制量 u_{k+1}，则系统同样根据模型预测出 $k+2$ 时刻的表现（BC 段曲线）。继续在 $k+2$ 时刻对系统施加

控制量 $\boldsymbol{u}_{k+2}$，则系统根据模型预测出 $k+3$ 时刻的表现（CD 段曲线）。若把输出从 k 时刻到 $k+3$ 时刻的部分用矩形框框起来，则该矩形框里面的部分称为预测区间，其中该区间的采样时间称为预测时域，指预测被控对象在未来多长时间内的状态，此时的预测时域为 3。同理若将控制量从 $\boldsymbol{u}_k$ 到 $\boldsymbol{u}_{k+2}$ 用矩形框框起来，则框在里面的部分称为控制区间，其中该区间的采样时间称为控制时域，指控制量的预测范围，也可以理解为控制序列的长度，即给出执行器在未来多长时间的输出，此时的控制时域为 2。可以看出，预测时域应该至少大于控制时域。

建立代价函数对输出控制量 $\boldsymbol{u}_k$、$\boldsymbol{u}_{k+1}$、$\boldsymbol{u}_{k+2}$ 进行最优化控制求解。但是在 k 时刻给系统输入控制量时并非将求解的三个序列一同输入，然后等到 $k+3$ 时刻再计算，而是在 k 时刻只输入 $\boldsymbol{u}_k$，因为预测的模型很难完美描述现实的系统，而且在现实系统中可能会有扰动，即对系统输入 $\boldsymbol{u}_k$ 时预测出的 k 时刻 $\boldsymbol{y}_k$ 的表现与现实当中对系统施加 $\boldsymbol{u}_k$ 时实际 $\boldsymbol{y}_k$ 的表现是存在偏差的，这就要求当 k 时刻对系统施加 $\boldsymbol{u}_k$ 之后，在 $k+1$ 时刻需要把整个预测区间和控制区间向右移动，向未来移动一个时刻，再次进行优化。

滚动优化的过程中每一步都要进行一次最优化的计算，求解一个最优化问题，因此 MPC 对控制器的计算能力要求很高。另外，MPC 在求解最优化问题时能够考虑到系统的约束，即算法自身对约束有处理能力。在实际的应用过程中，被控对象的状态往往受限于环境，即状态受约束。例如避障问题中被控对象的位置，或者是由于执行机构的性能，控制量受约束，不能够无限的大，即控制约束。

（2）优化计算原理

对于模型预测控制而言，有多种求解最优控制序列优化方法，目前最常用的是二次规划，其数学模型如式（5-11）所示：

$$\min \frac{1}{2}\boldsymbol{X}^{\mathrm{T}}\boldsymbol{H}\boldsymbol{X}+\boldsymbol{f}^{\mathrm{T}}\boldsymbol{X} \tag{5-11}$$

式中，$\boldsymbol{H}$ 为实对称矩阵；$\boldsymbol{X}$ 为自变量。若 $\boldsymbol{H}$ 为对角矩阵，则该二次规划问题就成为最小二乘问题。

二次规划数学模型的约束形式如式（5-12）所示：

$$\text{s. t.}\begin{cases}\boldsymbol{A}\boldsymbol{x}\leqslant\boldsymbol{b}\\\boldsymbol{A}_{eq}\boldsymbol{X}=\boldsymbol{b}_{eq}\\\boldsymbol{lb}\leqslant\boldsymbol{X}\leqslant\boldsymbol{ub}\end{cases} \tag{5-12}$$

式中，$\boldsymbol{f}$、$\boldsymbol{b}$、$\boldsymbol{b}_{eq}$、$\boldsymbol{lb}$、$\boldsymbol{ub}$ 为列向量；$\boldsymbol{A}$、$\boldsymbol{A}_{eq}$ 为相应维数的矩阵。

对于汽车的轨迹跟踪，假设系统的输出，即状态量如式（5-13）所示：

$$y = x \tag{5-13}$$

系统的参考值 $r = 0$，则误差如式（5-14）所示：

$$E = y - r = X - 0 = X \tag{5-14}$$

其表现形式如图 5-3 所示，实线表示参考轨迹曲线，虚线表示实际的跟踪轨迹，E 表示实际轨迹与参考轨迹之间的误差。从轨迹跟踪的角度来分析，$\int_0^t E^2 \mathrm{d}t$ 的积分越小，即实际曲线与参考轨迹曲线之间的面积越小，说明追踪的效果越好。

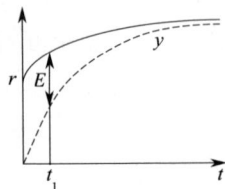

从输入的角度分析，若 $\int_0^t u^2 \mathrm{d}t$ 的积分越小，说明输

图 5-3　轨迹跟踪
误差信号图

入越小，从物理学的角度上来理解就是能耗越小，即可以使用很小的能耗来达到系统的表现。

因此构建代价函数（cost funcation）或者目标函数（objective funcatin）如式（5-15）的形式：

$$J = \int_0^t (q E^2 + r u^2) \mathrm{d}t \tag{5-15}$$

综上可知最优化的过程就是设计一个控制器使得代价函数或者目标函数达到最小值，q 和 r 是可以进行调节的参数。

当涉及多输入多输出的系统时，同理可以考虑该系统的代价函数如式（5-16）所示：

$$J = \int_0^X (E^{\mathrm{T}} Q E + u^{\mathrm{T}} R u) \mathrm{d}t \tag{5-16}$$

式中，Q 和 R 为权重矩阵。

系统的代价函数如式（5-17）所示：

$$J = \sum_{i=0}^{N-1} \left[x(k+i|k)^{\mathrm{T}} Q x(k+i|k) + u(k+i|k)^{\mathrm{T}} R u(k+i|k) \right] + x(k+N)^{\mathrm{T}} F x(k+N) \tag{5-17}$$

式中包含三部分内容，第一部分表示误差的加权和，第二部分表示输入控制量的加权和，第三部分指 x 在 $k+N$ 时刻即在图 5-2 中预测区间里面的最末尾的误差 E_N，也就是终端误差。

已知初始状态量如式（5-18）所示：

$$x(k|k) = x_k \tag{5-18}$$

k 时刻预测出 $k+1$ 时刻的系统状态量如式（5-19）所示：

$$x(k+1|k) = A x(k|k) + B u(k|k) = A x_k + B u(k|k) \tag{5-19}$$

进行迭代简化得 X_k 如式（5-20）所示：

$$\boldsymbol{X}_k = \boldsymbol{M}x_k + \boldsymbol{C}\boldsymbol{U}_k \tag{5-20}$$

式中

$$\boldsymbol{M} = \begin{bmatrix} I \\ A \\ A^2 \\ \vdots \\ A^N \end{bmatrix}, \boldsymbol{C} = \begin{bmatrix} 0 & 0 & \cdots & 0 \\ B & 0 & \cdots & 0 \\ AB & B & \cdots & 0 \\ \vdots & \vdots & \ddots & \vdots \\ A^{N-1}B & A^{N-2}B & \cdots & B \end{bmatrix}$$

将代价函数式(5-19)分为三部分时，第一部分与第三部分的和可以化简为如式(5-21)所示：

$$\sum_{i=0}^{N-1} \boldsymbol{x}(k+i\,|\,k)^{\mathrm{T}}\boldsymbol{Q}\boldsymbol{x}(k+i\,|\,k) + \boldsymbol{x}(k+N)^{\mathrm{T}}\boldsymbol{F}\boldsymbol{x}(k+N) =$$

$$\boldsymbol{x}(k\,|\,k)^{\mathrm{T}}\boldsymbol{Q}\boldsymbol{x}(k\,|\,k) + \boldsymbol{x}(k+1\,|\,k)^{\mathrm{T}}\boldsymbol{Q}\boldsymbol{x}(k+1)$$

$$+ \cdots + \boldsymbol{x}(k+N-1\,|\,k)^{\mathrm{T}}\boldsymbol{Q}\boldsymbol{x}(k+N-1\,|\,k) + \boldsymbol{x}(k+N)^{\mathrm{T}}\boldsymbol{F}\boldsymbol{x}(k+N)$$

$$= \begin{bmatrix} \boldsymbol{x}(k\,|\,k) \\ \boldsymbol{x}(k+1\,|\,k) \\ \boldsymbol{x}(k+2\,|\,k) \\ \vdots \\ \boldsymbol{x}(k+N-1\,|\,k) \end{bmatrix}^{\mathrm{T}} \begin{bmatrix} \boldsymbol{Q} & 0 & 0 & \cdots & 0 \\ 0 & \boldsymbol{Q} & 0 & \cdots & 0 \\ 0 & 0 & \boldsymbol{Q} & \cdots & 0 \\ \vdots & \vdots & \vdots & \ddots & \vdots \\ 0 & 0 & 0 & \cdots & \boldsymbol{F} \end{bmatrix} \begin{bmatrix} \boldsymbol{x}(k\,|\,k) \\ \boldsymbol{x}(k+1\,|\,k) \\ \boldsymbol{x}(k+2\,|\,k) \\ \vdots \\ \boldsymbol{x}(k+N-1\,|\,k) \end{bmatrix}$$

$$= \boldsymbol{X}_k^{\mathrm{T}}\bar{\boldsymbol{Q}}\boldsymbol{X}_k \tag{5-21}$$

同理化简得到中间的部分，如式(5-22)所示：

$$\sum_{i=0}^{N-1} \boldsymbol{u}(k+i\,|\,k)^{\mathrm{T}}\boldsymbol{R}\boldsymbol{u}(k+i\,|\,k) = \boldsymbol{U}_k^{\mathrm{T}}\bar{\boldsymbol{R}}\boldsymbol{U}_k \tag{5-22}$$

代价函数最终如式(5-23)所示：

$$J = \boldsymbol{x}_k^{\mathrm{T}}\boldsymbol{G}\boldsymbol{x}_k + 2\boldsymbol{x}_k^{\mathrm{T}}\boldsymbol{E}\boldsymbol{U}_k + \boldsymbol{U}_k^{\mathrm{T}}\boldsymbol{H}\boldsymbol{U}_k \tag{5-23}$$

其中 $\boldsymbol{G} = \boldsymbol{M}^{\mathrm{T}}\bar{\boldsymbol{Q}}\boldsymbol{M}$，$\boldsymbol{E} = \boldsymbol{C}^{\mathrm{T}}\bar{\boldsymbol{Q}}\boldsymbol{M}$，$\boldsymbol{C}^{\mathrm{T}}\bar{\boldsymbol{Q}}\boldsymbol{C} + \boldsymbol{R} = \boldsymbol{H}$。此时即将代价函数转化为了二次规划的形式，结合如式(5-24)的约束：

$$\begin{cases} \boldsymbol{u}_{\min} \leqslant \boldsymbol{u}_k \leqslant \boldsymbol{u}_{\max}, k = 0, \cdots, N-1 \\ \boldsymbol{y}_{\min} \leqslant \boldsymbol{y}_k \leqslant \boldsymbol{y}_{\max}, k = 0, \cdots, N \end{cases} \tag{5-24}$$

可求解出每一步的最优控制序列。

3. 反馈校正

指被控对象的实际输出用于修正预测结果，防止模型不匹配或者环境干扰预测结果。

二、模型预测控制器原理

MPC 控制器原理如图 5-4 所示。

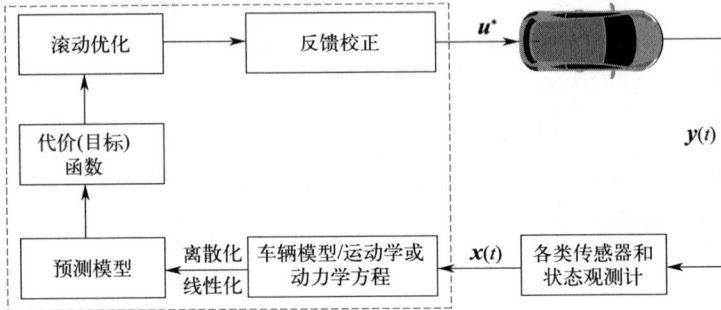

图 5-4　模型预测控制器原理框图

图 5-4 中，u^* 表示控制器输出的控制量，该控制量可以是油门踏板的开度或者前轮转角。$y(t)$ 表示被控车辆输出的一些测量的量，$x(t)$ 表示当前时刻的状态量。

可以看出，首先被控车辆输出一系列可以测量的量，经过对应的传感器或者状态观测计的处理后获得当前时刻的状态量，最后将该状态量输入给 MPC 控制器，经过 MPC 控制器处理之后输出控制量，该输出的控制量可以是油门踏板的开度或者前轮转角的角度，再将该控制量输入给被控车辆，形成闭环控制。

第二节　横向坡道路况下汽车轨迹跟踪控制

传统的车辆动力学模型一般是将车辆置于水平道路上进行受力分析，未考虑车辆的侧倾。而适应横向坡道路况下的车辆动力学模型，需要考虑车辆的侧倾因素，将车辆置于具有横向坡度角的路面上进行受力分析，得到适应横向坡道路况的车辆非线性动力学方程。

一、横向坡道路况下车辆动力学模型

1. 多因素综合作用的车辆动力学模型

车辆是一个复杂的非线性系统，尤其在实际多变的各种场景以及路况下会产生更多错综复杂的相互作用力，也正是这些作用力加大了车辆建模的难度，从而在建模时需要考虑众多的影响因素，保证所建立的车辆模型具稳定性，例如：实际车辆在不同的道路环境中行驶时有可能产生横摆、侧偏甚至侧滑等问题，此时传统的、考虑单一因素的车辆运动学模型无法准确地模拟车辆的实际运行状态，需要建立考虑多因素综合作用的车辆动力学模型。

适应横向坡道路况的多因素综合作用的车辆的非线性动力学模型如下式：

$$\begin{cases} m\dot{v}_y - mh\ddot{\varphi} + \left(mv_x + \dfrac{aC_{ef}-bC_{er}}{v_x}\right)\dot{\varphi} - \left(\dfrac{C_{ef}+C_{er}}{v_x}\right)v_y - mg\phi = -C_{ef}\boldsymbol{\delta}_f \\[3mm] I_z\ddot{\varphi} - \left(\dfrac{aC_{ef}-bC_{er}}{v_x}\right)v_y - \left(\dfrac{a^2C_{ef}+b^2C_{er}}{v_x}\right)\dot{\varphi} = -aC_{ef}\boldsymbol{\delta}_f \\[3mm] mh\dot{v}_y - (I_x+mh^2)\ddot{\phi} - mhv_x\dot{\varphi} + D_\phi\dot{\phi} + (K_\phi - mgh)\phi = K_\phi\phi_t \end{cases} \tag{5-25}$$

选取状态量为 $\boldsymbol{\xi} = [v_y, \dot{\varphi}, \dot{\phi}, \phi, e_d, e_\varphi]^T$，控制量为 $\boldsymbol{u}_1 = \boldsymbol{\delta}_f$，增加的控制量为 $\boldsymbol{u}_2 = [\phi_t, K_{ref}]^T$。

在建立多因素综合作用且能够适应一定坡度角路况的车辆动力学模型时首先研究建立考虑横摆和侧滑两个因素综合作用的车辆非线性动力学模型。图 5-5 为车辆整体的动力学模型受力示意图。

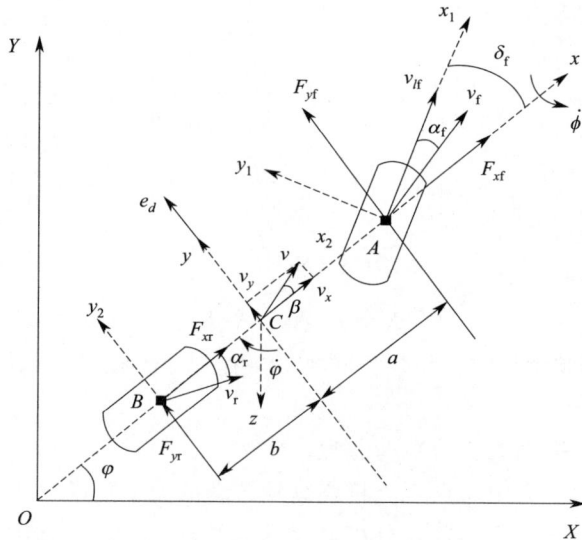

图 5-5　考虑多种因素的车辆动力学模型受力图

图 5-5 中 XOY 表示惯性坐标系，xoy 表示车辆坐标系，z 表示车辆坐标系的竖坐标方向。x_1Ay_1 表示车辆前轮的轮胎坐标系，x_2By_2 表示车辆后轮

的轮胎坐标系。A 点表示车辆前轴中心，B 点表示车辆后轴中心，C 点表示车辆质心所在位置。F_{xf} 表示作用于车辆前轴上轮胎纵向力的合力，F_{xr} 表示作用于车辆后轴上轮胎纵向力的合力，F_{yf} 表示作用于车辆前轴上轮胎侧向力的合力，F_{yr} 表示作用于车辆后轴上轮胎侧向力的合力。v_x 表示在车辆坐标系下质心的纵向速度，v_y 表示在车辆坐标系下质心的侧向（横向）速度，v_f 表示该车辆在前轴中心点处的速度，v_r 表示该车辆在后轴中心点处的速度。

α_f、α_r 分别表示车辆前轮、后轮的轮胎侧偏角，ϕ 表示侧倾角，$\dot{\phi}$ 表示侧倾角的变化率。δ_f 表示车辆前轮转角，β 表示车辆坐标系下车辆质心处的质心侧偏角，φ 表示车辆坐标系相对于惯性坐标系旋转的角度，同时被称为车辆的车身横摆角，$\dot{\varphi}$ 表示车身横摆角的变化率。a 表示车辆质心到前轴中心的距离，b 表示车辆质心到后轴的距离，$\ddot{\varphi}$ 表示横摆角速度。e_d 表示车辆质心点到道路中心线的距离偏差。

在车辆坐标系中对质心处的横向和纵向两个方向，以及绕 z 轴方向所受力矩的情况进行受力平衡分析，得到车辆在 x 轴方向、y 轴方向的受力平衡方程以及绕 z 轴方向的转动力矩平衡方程。传统未考虑侧倾的车辆非线性动力学模型如式（5-26）所示：

$$\begin{cases} m\ddot{y} = -m\dot{x}\dot{\varphi} + 2\left[C_{ef}\left(\delta_f - \dfrac{\dot{y}+a\dot{\varphi}}{\dot{x}}\right) + C_{er}\dfrac{b\dot{\varphi}-\dot{y}}{\dot{x}}\right] \\[4mm] m\ddot{x} = m\dot{y}\dot{\varphi} + 2\left[C_{lf}s_f + C_{ef}\left(\delta_f - \dfrac{\dot{y}+a\dot{\varphi}}{\dot{x}}\right)\delta_f + C_{lr}s_r\right] \\[4mm] I_z\ddot{\varphi} = 2\left[aC_{er}\left(\delta_f - \dfrac{\dot{y}+a\dot{\varphi}}{\dot{x}}\right) - bC_{er}\dfrac{b\dot{\varphi}-\dot{y}}{\dot{x}}\right] \\[4mm] \dot{Y} = \dot{x}\sin\varphi + \dot{y}\cos\varphi \\[2mm] \dot{X} = \dot{x}\cos\varphi - \dot{y}\sin\varphi \end{cases} \tag{5-26}$$

增加考虑侧倾特性时，运用牛顿第二定律对车辆模型进行以下三个方面的受力分析：

① 分析沿着横轴的受力平衡方程；

② 以质心为受力中心点，分析绕纵轴转动的力矩平衡方程；

③ 以质心为受力中心点，分析得绕 z 轴转动的力矩平衡方程。

假设车辆前轮偏角 δ_f、车辆横摆角 φ 及车辆侧倾角 ϕ 的数值处于小范围内，且忽略 F_x 对车辆横摆特性的影响，并且假设侧倾角的变化量、车辆横摆角的变化量、交叉转动惯量约为零，得到最终的考虑横摆、侧滑、侧倾的多因素综合作用的车辆动力学模型，如式（5-27）所示：

$$\begin{cases} m\dot{v}_y = -mv_x\dot{\varphi} + mh\ddot{\varphi} + F_{yf} + F_{yr} \\ \quad I_z\ddot{\varphi} = aF_{yf} - bF_{yr} \\ \quad I_x\ddot{\varphi} = mah + mgh\phi - M_x \end{cases} \tag{5-27}$$

式中，$ma = F_y\cos(\phi)$，$a = \dot{v}_y + \dot{\varphi}v_x - h\dot{\phi}^2$ 为车辆质心处的横向加速度。

该式考虑了车辆横摆、侧滑、侧倾多因素综合作用的车辆非线性动力学模型，在此基础上研究建立基于坡道路况和适应变曲率道路，即当车辆能够跟踪具有一定侧向坡度角或者具有一定变曲率的参考路面上行驶时的车辆非线性动力学模型。

2. 适应坡道路况的车辆动力学建模

当车辆在变曲率道路上行驶时，变曲率道路分析参数如图 5-6 所示。

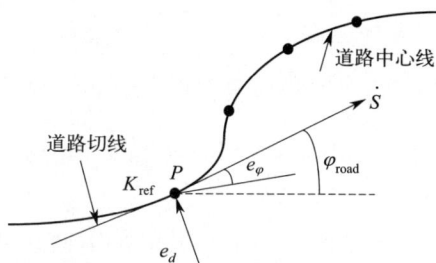

图 5-6　变曲率道路分析参数简图

图 5-6 中，P 点表示该变曲率道路上一点，K_{ref} 表示该点处的曲率，e_{φ} 表示航向偏差，当对航向偏差做小角度假设时，有 $\sin(e_{\varphi}) = e_{\varphi}$，$\cos(e_{\varphi}) = 1$。$e_d$ 表示距离偏差，φ_{road} 表示道路中心线切线与惯性坐标系横坐标轴之间的夹角，$\dot{S}$ 表示 P 点沿道路中心线的移动速度，其计算公式如下式：

$$\dot{S} = \frac{1}{1 - K_{ref}e_d} \tag{5-28}$$

航向偏差的变化率 $\dot{e}_{\varphi}$ 的计算公式如下式：

$$\dot{e}_{\varphi} = \dot{\varphi} - K_{ref}v_x/(1 - K_{ref}e_d) \tag{5-29}$$

当距离偏差非常小时，则航向偏差的变化率如下式：

$$\dot{e}_{\varphi} \approx \dot{\varphi} - K_{ref}v_x \tag{5-30}$$

且距离偏偏差的变化率的计算如下式：

$$\dot{e}_d = v_xe_{\varphi} + v_y \tag{5-31}$$

该车辆动力学模型跟踪变曲率参考道路的跟踪误差方程如式（5-32）所示：

$$\dot{e}_\varphi = \dot{\varphi} - K_{\text{ref}} v_x, \dot{e}_d = v_x e_\varphi + v_y \tag{5-32}$$

考虑建立的车辆动力学模型能够在具有一定道路坡度角的路面上稳定追踪行驶时，此时车辆质心处受到的合力在横轴上的合力表示为：

$$\sum F_y = F_{yf} + F_{yr} + mg\sin\phi_t = F_{yf} + F_{yr} - mg\phi_t \tag{5-33}$$

令该车辆的质心高度为 h，其具体位置如图5-7所示。

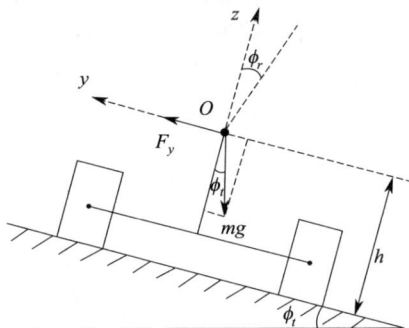

图5-7　具有一定道路倾角的车辆受力简图

图5-7中，F_y 表示轮胎受到的横纵向力在车辆坐标系 y 轴上的合力，ϕ_t 表示道路倾角，ϕ_r 表示该车辆的侧倾角。

当车辆在具有一定坡度角的路面上行驶时，车辆的悬架系统会发生变形，从而产生车体侧倾角，此时质心处产生的侧倾角 ϕ 与车体侧倾角 ϕ_r 与道路倾角 ϕ_t 存在如下式：

$$\phi_r = \phi - \phi_t \tag{5-34}$$

假设 $\dot{\phi}_t \approx 0$ 时，则车辆悬架系统产生的侧倾阻力矩 M_x 可以表示为下式：

$$M_x = K_\phi(\phi - \phi_t) + D_\phi \dot{\phi} \tag{5-35}$$

式中，K_ϕ 为侧倾刚度系数；D_ϕ 为侧倾阻尼系数。

此时式(5-35)可以改写为式(5-36)所示：

$$\begin{cases} m\dot{v}_y = -m\dot{\varphi}v_x + mh\ddot{\phi} + F_{yf} + F_{yr} \\ I_z\ddot{\varphi} = aF_{yf} - bF_{yr} \\ I_x\ddot{\varphi} = mh(\dot{v}_y + rv_x - h\ddot{\varphi}) + mgh\phi - K_\phi(\phi - \phi_t) + D_\phi\dot{\phi} \end{cases} \tag{5-36}$$

且 $\begin{cases} F_{yf} = C_{ef}\alpha_f \\ F_{yr} = C_{er}\alpha_r \end{cases}$，式中，$C_{ef}$ 表示车辆前轮线性侧偏刚度；C_{er} 表示车辆后轮线性侧偏刚度。

最终建立的基于一定坡道角的多因素的车辆的非线性动力学模型如下式

所示：

$$\begin{cases} m\dot{v}_y - mh\ddot{\varphi} + \left(mv_x + \dfrac{aC_{ef} - bC_{er}}{v_x}\right)\dot{\varphi} - \left(\dfrac{C_{ef} + C_{er}}{v_x}\right)v_y - mg\phi = -C_{ef}\delta_f \\[2mm] I_z\ddot{\varphi} - \left(\dfrac{aC_{ef} - bC_{er}}{v_x}\right)v_y - \left(\dfrac{a^2C_{ef} + b^2C_{er}}{v_x}\right)\dot{\varphi} = -aC_{ef}\delta_f \\[2mm] mh\dot{v}_y - (I_x + mh^2)\ddot{\phi} - mhv_x\dot{\varphi} + D_\phi\dot{\phi} + (K_\phi - mgh)\phi = K_\phi\phi_t \end{cases}$$

$$(5\text{-}37)$$

选取状态量为 $\boldsymbol{\xi} = [v_y, \dot{\varphi}, \dot{\phi}, \phi, e_d, e_\varphi]^T$，控制量为 $\boldsymbol{u}_1 = \boldsymbol{\delta}_f$，增加的控制量为 $\boldsymbol{u}_2 = [\phi_t, K_{ref}]^T$，也可简写为式（5-38）的形式：

$$\boldsymbol{M}_{int}\dot{\boldsymbol{\xi}} + \boldsymbol{N}_{int}\boldsymbol{\zeta} = F_{1,int}\boldsymbol{u}_1 + F_{2,int}\boldsymbol{u}_2 \qquad (5\text{-}38)$$

其中，$\boldsymbol{M}_{int} = \begin{bmatrix} m & 0 & -mh & 0 & 0 & 0 \\ 0 & I_z & 0 & 0 & 0 & 0 \\ -mh & 0 & I_x + mh^2 & 0 & 0 & 0 \\ 0 & 0 & 0 & 1 & 0 & 0 \\ 0 & 0 & 0 & 0 & 1 & 0 \\ 0 & 0 & 0 & 0 & 0 & 1 \end{bmatrix}$，

$$\boldsymbol{N}_{int} = \begin{bmatrix} -\dfrac{C_{ef} + C_{er}}{v_x} & mv_x - \dfrac{aC_{ef} - bC_{er}}{v_x} & 0 & mg & 0 & 0 \\[3mm] -\dfrac{aC_{ef} - bC_{er}}{v_x} & -\dfrac{a^2C_{ef} + b^2C_{er}}{v_x} & 0 & 0 & 0 & 0 \\[3mm] 0 & -mhv_x & D_\phi & K_\phi - mgh & 0 & 0 \\[2mm] 0 & 0 & -1 & 0 & 0 & 0 \\ 1 & 0 & 0 & 0 & 0 & v_x \\ 0 & 1 & 0 & 0 & 0 & 0 \end{bmatrix}$$

进一步变形得到考虑一定坡度角和变曲率道路综合等效约束的车辆动力学模型的状态空间方程，如式（5-39）所示。

$$\dot{\boldsymbol{\zeta}} = \boldsymbol{A}\boldsymbol{\zeta} + \boldsymbol{B}_1\boldsymbol{u}_1 + \boldsymbol{B}_2\boldsymbol{u}_2 \qquad (5\text{-}39)$$

其中，$\boldsymbol{A} = \boldsymbol{M}_{int}^{-1}\boldsymbol{N}_{int}$，$\boldsymbol{B}_1 = \boldsymbol{M}_{int}^{-1}F_{1,int}$，$\boldsymbol{B}_2 = \boldsymbol{M}_{int}^{-1}F_{2,int}$。

设 $\overline{w}_1 = C_{ef} + C_{er}$，$\overline{w}_2 = aC_{ef} - bC_{er}$，$\overline{w}_3 = a^2C_{ef}$，$\overline{w}_4 = \dfrac{1}{m} + \dfrac{h^2}{I_x}$，$\overline{w}_5 = \dfrac{-K_\phi h}{I_x} - g$，

$$
则可得，\boldsymbol{A}=\begin{bmatrix}
\dfrac{\overline{w}_1\overline{w}_4}{v_x} & \left(\dfrac{\overline{w}_2\overline{w}_4}{v_x}\right)-v_x & \dfrac{-hD_\phi}{I_x} & \overline{w}_5 & 0 & 0 \\[3mm]
\dfrac{\overline{w}_2}{I_z v_x} & \dfrac{\overline{w}_3}{I_z v_x} & 0 & 0 & 0 & 0 \\[3mm]
\dfrac{h\overline{w}_1}{I_x v_x} & \dfrac{h\overline{w}_2}{I_x v_x} & \dfrac{-D_\phi}{I_x} & \dfrac{-K_\phi}{I_x} & 0 & 0 \\[3mm]
0 & 0 & 1 & 0 & 0 & 0 \\[3mm]
1 & 0 & 0 & 0 & 0 & v_x \\[3mm]
0 & 1 & 0 & 0 & 0 & 0
\end{bmatrix}
$$

$$
\boldsymbol{B}_1=\begin{bmatrix} -C_{ef}\overline{w}_4 & \dfrac{-aC_{ef}}{I_z} & \dfrac{-hC_{ef}}{I_x} & 0 & 0 & 0 \end{bmatrix}^{\mathrm{T}}
$$

$$
\boldsymbol{B}_2=\begin{bmatrix} \dfrac{hK_\phi}{I_x} & 0 & \dfrac{K_\phi}{I_x} & 0 & 0 & 0 \\[3mm] 0 & 0 & 0 & 0 & 0 & -v_x \end{bmatrix}^{\mathrm{T}}
$$

二、适应坡道路况的轨迹跟踪控制器结构

基于考虑侧倾的横向坡道路面车辆动力学模型的状态空间方程，应用模型预测控制理论，设计多因素综合作用的汽车预测轨迹跟踪控制器，简称为 MC-MPC 轨迹跟踪控制器。

如图 5-8 所示为 MC-MPC 轨迹跟踪控制器的结构示意图。通过 MC-MPC 预测出前轮转角、道路侧倾角以及曲率实现轨迹跟踪。设计控制器的状态量为 $\boldsymbol{\xi}=[v_y,\dot{\varphi},\dot{\phi},\phi,e_d,e_\varphi]^{\mathrm{T}}$，控制量为 $\boldsymbol{u}_1=\delta_f$，增加的控制量为 $\boldsymbol{u}_2=[\phi_t,K_{ref}]^{\mathrm{T}}$。

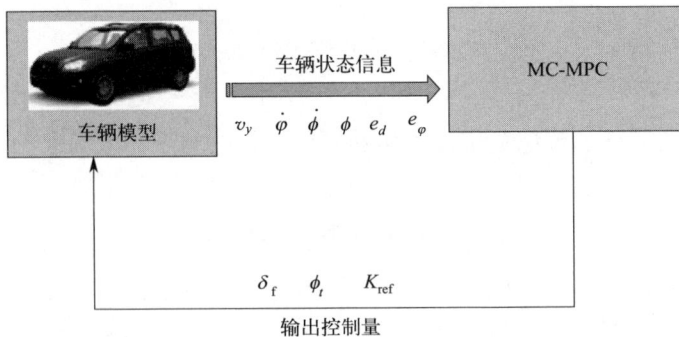

图 5-8　MC-MPC 轨迹跟踪控制器总体结构

轨迹跟踪为车辆按照控制器的指令做出行动，通过输出的前轮转角或者油门踏板的开度逐渐追踪上参考轨迹。该参考轨迹是车辆通过雷达、摄像头以及

各种传感器感知、收集车辆本身所处的环境信息，然后结合目的地信息，不断地规划出合适的、高效率的参考路线，而轨迹跟踪模块的作用就是按照这个参考路线，在所设计的轨迹跟踪控制器的指导下，通过不断地减小每个实际轨迹点与参考轨迹点之间的误差，逐渐追踪上参考轨迹，以最终到达目的地。此过程体现了一个最优控制，即在一定的约束条件下达到最优的系统表现，其中约束条件比如物理条件、机械条件等，而"最优"是指综合作用的结果。轨迹跟踪的控制思路如图 5-9 所示。

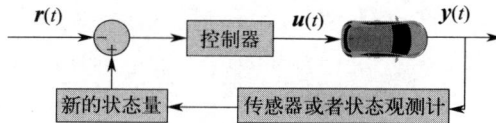

图 5-9　轨迹跟踪控制思路图

图 5-9 中，$r(t)$ 表示参考轨迹点经过处理得到的参考系统的状态空间方程，$u(t)$ 表示由控制器得到的最优控制量，也是所设计的车辆动力学系统的输入，$y(t)$ 表示车辆动力学系统参数的输出。

图 5-9 表示由轨迹规划模块得到的参考道路轨迹数据输入所设计的控制器，经过控制器预测以及优化得到的控制量输入车辆，当车辆得到控制量指示后，采取行动，例如控制前轮转角或者节气门的开度等，将采取行动之后的车辆的状态量输出，由相关的传感器或者状态观测计进行采集、转化，将处理后的新的状态量输给误差方程，即将实际的状态量与参考的状态量进行对比反馈校正，更新误差模型，进而更新控制器中预测模型的数据，继续由控制器对下一时刻进行预测，将求解出的最优控制量再次输给车辆，如此循环，直到完成整个追踪任务。

三、横向坡道路况下汽车轨迹跟踪控制器

1. 预测模型设计

考虑多因素综合作用且能够适应一定坡度角及变曲率路况的车辆动力学模型，将该动力学模型写成复合函数如式(5-40)。

$$\dot{\boldsymbol{\xi}} = \boldsymbol{f}(\boldsymbol{\zeta}, \boldsymbol{U}) \tag{5-40}$$

式中，状态量为 $\dot{\boldsymbol{\xi}} = [v_y, \dot{\varphi}, \dot{\phi}, \phi, e_d, e_\varphi]^{\mathrm{T}}$，由于控制量由两部分构成，故也可将控制量写为复合函数如式(5-41) 所示的形式。

$$\boldsymbol{U} = \boldsymbol{f}_m(\boldsymbol{u}_1, \boldsymbol{u}_2) \tag{5-41}$$

式中，控制量为 $\boldsymbol{u}_1 = \delta_f$，增加的控制量为 $\boldsymbol{u}_2 = [\phi_t, K_{\mathrm{ref}}]^{\mathrm{T}}$

假设参考道路轨迹的所有轨迹点的信息都已知，且该参考系统的系统形式

如式(5-42) 所示。

$$\dot{\boldsymbol{\zeta}}_r = \boldsymbol{f}_r(\boldsymbol{\zeta}_r, \boldsymbol{U}_r), \boldsymbol{U}_r = (\boldsymbol{u}_{1r}, \boldsymbol{u}_{2r}) \tag{5-42}$$

式中，参考轨迹的状态量为 $\boldsymbol{\zeta}_r = [v_{yr}, \dot{\varphi}_r, \dot{\phi}_r, \phi_r, e_{dr}, e_{\varphi r}]^{\mathrm{T}}$；控制量为 $\boldsymbol{u}_{1r} = \delta_{fr}$、$\boldsymbol{u}_2 = [\phi_r, k_{\mathrm{refr}}]^{\mathrm{T}}$。

（1）车辆动力学模型线性化

对式(5-42) 在任意点 (ζ_0, U_0) 处利用泰勒公式展开到一阶形式得到下式。

$$\dot{\boldsymbol{\zeta}} = \boldsymbol{f}(\boldsymbol{\zeta}, \boldsymbol{U}) \approx \boldsymbol{f}(\boldsymbol{\zeta}_r, \boldsymbol{U}_r) + \boldsymbol{J}_{\zeta}(\boldsymbol{\zeta} - \boldsymbol{\zeta}_r) + \boldsymbol{J}_U(\boldsymbol{U} - \boldsymbol{U}_r) \tag{5-43}$$

式中，
$$\boldsymbol{J}_{\zeta} = \frac{\partial f}{\partial \zeta}\bigg|_{\substack{\zeta_1 = v_y \\ \zeta_2 = \dot{\varphi} \\ \zeta_3 = \dot{\phi} \\ \zeta_4 = \phi \\ \zeta_5 = e_d \\ \zeta_6 = e_\varphi}} = \begin{bmatrix} \frac{\partial f_1}{\partial \zeta_1} & \frac{\partial f_1}{\partial \zeta_2} & \frac{\partial f_1}{\partial \zeta_3} & \frac{\partial f_1}{\partial \zeta_4} & \frac{\partial f_1}{\partial \zeta_5} & \frac{\partial f_1}{\partial \zeta_6} \\ \frac{\partial f_2}{\partial \zeta_1} & \frac{\partial f_2}{\partial \zeta_2} & \frac{\partial f_2}{\partial \zeta_3} & \frac{\partial f_2}{\partial \zeta_4} & \frac{\partial f_2}{\partial \zeta_5} & \frac{\partial f_2}{\partial \zeta_6} \\ \frac{\partial f_3}{\partial \zeta_1} & \frac{\partial f_3}{\partial \zeta_2} & \frac{\partial f_3}{\partial \zeta_3} & \frac{\partial f_3}{\partial \zeta_4} & \frac{\partial f_3}{\partial \zeta_5} & \frac{\partial f_3}{\partial \zeta_6} \\ \frac{\partial f_4}{\partial \zeta_1} & \frac{\partial f_4}{\partial \zeta_2} & \frac{\partial f_4}{\partial \zeta_3} & \frac{\partial f_4}{\partial \zeta_4} & \frac{\partial f_4}{\partial \zeta_5} & \frac{\partial f_4}{\partial \zeta_6} \\ \frac{\partial f_5}{\partial \zeta_1} & \frac{\partial f_5}{\partial \zeta_2} & \frac{\partial f_5}{\partial \zeta_3} & \frac{\partial f_5}{\partial \zeta_4} & \frac{\partial f_5}{\partial \zeta_5} & \frac{\partial f_5}{\partial \zeta_6} \end{bmatrix}$$
，其中，

$$\frac{\partial f_1}{\partial \zeta_1}\bigg|_{\zeta_1 = v_y} = \ddot{m}v_y - \frac{C_{ef} + C_{er}}{v_x}, \frac{\partial f_1}{\partial \zeta_2}\bigg|_{\zeta_2 = \dot{\phi}} = mv_x + \frac{aC_{ef} - bC_{er}}{v_x}, \frac{\partial f_1}{\partial \zeta_4}\bigg|_{\zeta_4 = \phi} = -mh,$$

$$\frac{\partial f_2}{\partial \zeta_1}\bigg|_{\zeta_1 = v_y} = -\frac{aC_{ef} - bC_{er}}{v_x}, \frac{\partial f_2}{\partial \zeta_2}\bigg|_{\zeta_2 = \dot{\phi}} = -\frac{a^2 C_{ef} + b^2 C_{er}}{v_x}, \frac{\partial f_3}{\partial \zeta_2}\bigg|_{\zeta_2 = \dot{\phi}} = -mhv_x,$$

$$\frac{\partial f_3}{\partial \zeta_3}\bigg|_{\zeta_3 = \dot{\phi}} = D_\phi, \frac{\partial f_3}{\partial \zeta_4}\bigg|_{\zeta_4 = \phi} = K_\phi - mgh, \frac{\partial f_4}{\partial \zeta_2}\bigg|_{\zeta_2 = \dot{\phi}} = 1, \frac{\partial f_5}{\partial \zeta_1}\bigg|_{\zeta_1 = v_y} = 1, \frac{\partial f_5}{\partial \zeta_6}\bigg|_{\zeta_6 = e_\varphi} = v_x;$$

$$\boldsymbol{J}_U = \frac{\partial f}{\partial U}\bigg|_{\substack{u_1 = \delta_f \\ u_2 = \phi \\ u_3 = K_{\mathrm{ref}}}} = \begin{bmatrix} \frac{\partial f_1}{\partial u_1} & \frac{\partial f_1}{\partial u_2} & \frac{\partial f_1}{\partial u_3} \\ \frac{\partial f_2}{\partial u_1} & \frac{\partial f_2}{\partial u_2} & \frac{\partial f_2}{\partial u_3} \\ \frac{\partial f_3}{\partial u_1} & \frac{\partial f_3}{\partial u_2} & \frac{\partial f_3}{\partial u_3} \\ \frac{\partial f_4}{\partial u_1} & \frac{\partial f_4}{\partial u_2} & \frac{\partial f_4}{\partial u_3} \\ \frac{\partial f_5}{\partial u_1} & \frac{\partial f_5}{\partial u_2} & \frac{\partial f_5}{\partial u_3} \end{bmatrix}$$
，其中，$\frac{\partial f_1}{\partial u_1}\bigg|_{u_1 = \zeta_f} = C_{ef}, \frac{\partial f_1}{\partial u_2}\bigg|_{u_2 = \phi} =$

$-mg$，$\dfrac{\partial f_2}{\partial u_1}\Big|_{u_1=\zeta_f}=aC_{ef}$，$\dfrac{\partial f_3}{\partial u_2}\Big|_{u_2=\phi}=K_\phi-mgh$，$\dfrac{\partial f_4}{\partial u_3}\Big|_{u_3=K_{ref}}=-v_x$。

令 $\boldsymbol{J}_\zeta=\boldsymbol{G}(t)$，$\boldsymbol{J}_U=\boldsymbol{L}(t)$，误差方程如式(5-44) 所示

$$\dot{\widetilde{\boldsymbol{\zeta}}}=\boldsymbol{G}(t)\widetilde{\boldsymbol{\zeta}}+\boldsymbol{L}(t)\widetilde{\boldsymbol{U}} \tag{5-44}$$

（2）对线性误差方程进行离散化处理

由式(5-44) 可知：

$$\dot{\widetilde{\boldsymbol{\zeta}}}=\frac{\widetilde{\boldsymbol{\zeta}}(k+1)-\widetilde{\boldsymbol{\zeta}}(k)}{T}=\boldsymbol{G}\widetilde{\boldsymbol{\zeta}}(k)+\boldsymbol{L}\widetilde{\boldsymbol{U}}(k) \tag{5-45}$$

因此，

$$\widetilde{\boldsymbol{\zeta}}(k+1)=(\boldsymbol{TG}+\boldsymbol{E})\widetilde{\boldsymbol{\zeta}}(k)+\boldsymbol{TL}\widetilde{\boldsymbol{U}}(k) \tag{5-46}$$

令 $\boldsymbol{a}=\boldsymbol{TG}+\boldsymbol{E}$，$\boldsymbol{b}=\boldsymbol{TL}$，则式(5-46) 可以写成下式：

$$\widetilde{\boldsymbol{\zeta}}(k+1)=\boldsymbol{a}\widetilde{\boldsymbol{\zeta}}(k)+\boldsymbol{b}\widetilde{\boldsymbol{U}}(k) \tag{5-47}$$

式中，

$$\widetilde{\boldsymbol{\zeta}}(k)=\begin{bmatrix}v_y-v_{yr}\\\dot{\varphi}-\dot{\varphi}_r\\\dot{\phi}-\dot{\phi}_r\\\phi-\phi_r\\e_d-e_{dr}\\e_\varphi-e_{\varphi r}\end{bmatrix},\widetilde{\boldsymbol{U}}=\begin{bmatrix}\delta_f-\zeta_{fr}\\\phi-\phi_r\\k_{ref}-k_{refr}\end{bmatrix} \tag{5-48}$$

由此可以得到考虑多因素综合作用且适应坡道路况及变曲率道路的车辆动力学模型的线性时变的状态空间方程，若此时想要引入状态量偏差和控制量偏差则构建新的状态量如式(5-49) 所示。

$$\boldsymbol{\zeta}=\begin{bmatrix}\widetilde{\boldsymbol{\zeta}}(k)\\\widetilde{\boldsymbol{U}}(k-1)\end{bmatrix} \tag{5-49}$$

新的下一状态空间的表达方式为：

$$\boldsymbol{\zeta}(k+1)=\begin{bmatrix}\widetilde{\boldsymbol{\zeta}}(k+1)\\\widetilde{\boldsymbol{U}}(k)\end{bmatrix}=\begin{bmatrix}\boldsymbol{a}\widetilde{\boldsymbol{\zeta}}(k)+\boldsymbol{b}\widetilde{\boldsymbol{U}}(k)\\\widetilde{\boldsymbol{U}}(k)\end{bmatrix}$$

$$=\begin{bmatrix}\boldsymbol{a}\widetilde{\boldsymbol{\zeta}}(k)+\boldsymbol{b}\widetilde{\boldsymbol{U}}(k-1)+\boldsymbol{b}\widetilde{\boldsymbol{U}}(k)-\boldsymbol{b}\widetilde{\boldsymbol{U}}(k-1)\\\widetilde{\boldsymbol{U}}(k-1)+\widetilde{\boldsymbol{U}}(k)-\widetilde{\boldsymbol{U}}(k-1)\end{bmatrix}$$

$$=\begin{bmatrix}\boldsymbol{a}\widetilde{\boldsymbol{\zeta}}(k)+\boldsymbol{b}\widetilde{\boldsymbol{U}}(k-1)\\\widetilde{\boldsymbol{U}}(k-1)\end{bmatrix}+\begin{bmatrix}\boldsymbol{b}\widetilde{\boldsymbol{U}}(k)-\widetilde{\boldsymbol{U}}(k-1)\\\widetilde{\boldsymbol{U}}(k)-\widetilde{\boldsymbol{U}}(k-1)\end{bmatrix}$$

$$= \begin{bmatrix} [\boldsymbol{a} \quad \boldsymbol{b}] & \begin{bmatrix} \widetilde{\boldsymbol{\zeta}}(k) \\ \widetilde{\boldsymbol{U}}(k-1) \end{bmatrix} \\ [\boldsymbol{0} \quad \boldsymbol{I}_{N_u}] & \begin{bmatrix} \widetilde{\boldsymbol{\zeta}}(k) \\ \widetilde{\boldsymbol{U}}(k-1) \end{bmatrix} \end{bmatrix} + \begin{bmatrix} \boldsymbol{b} \\ N_u \end{bmatrix} [\widetilde{\boldsymbol{U}}(k) - \widetilde{\boldsymbol{U}}(k-1)]$$

$$= \begin{bmatrix} \boldsymbol{a} & \boldsymbol{b} \\ 0 & \boldsymbol{I}_{N_u} \end{bmatrix} \boldsymbol{\zeta}(k) + \begin{bmatrix} \boldsymbol{b} \\ \boldsymbol{I}_{N_u} \end{bmatrix} \Delta \widetilde{\boldsymbol{U}}(k)$$

$$= \boldsymbol{A}\boldsymbol{\zeta}(k) + \boldsymbol{B}\Delta\widetilde{\boldsymbol{U}}(k) \tag{5-50}$$

由式（5-50）得到新的状态空间方程如式（5-51）所示

$$\boldsymbol{\zeta}(k+1) = \boldsymbol{A}\boldsymbol{\zeta}(k) + \boldsymbol{B}\Delta\widetilde{\boldsymbol{U}}(k) \tag{5-51}$$

该式表达下一时刻的新的构建的状态空间由当前时刻的新的状态空间和当前时刻控制量误差的变化量构成。

此时若令输出为 $\boldsymbol{\eta}$，则输出方程为

$$\boldsymbol{\eta}(k) = \begin{bmatrix} \boldsymbol{I}_{N_6} & 0 \end{bmatrix} \begin{bmatrix} \widetilde{\boldsymbol{\zeta}}(k) \\ \widetilde{\boldsymbol{U}}(k-1) \end{bmatrix} = \boldsymbol{C}\boldsymbol{\zeta}(k) \tag{5-52}$$

式中，N_6 表示状态量的个数，所设计模型的状态量为 6 个，即 $\boldsymbol{I}_{N_6}$ 是一个六行六列的单位矩阵。

（3）预测的迭代过程

预测时域始终是大于或者等于控制时域的，不能够小于控制时域。根据离散化后得到的预测方程进行迭代

$$\begin{bmatrix} \boldsymbol{\zeta}(k+1|k) \\ \boldsymbol{\zeta}(k+2|k) \\ \boldsymbol{\zeta}(k+3|k) \\ \vdots \\ \boldsymbol{\zeta}(k+N_C|k) \\ \boldsymbol{\zeta}(k+N_P|k) \end{bmatrix} = \begin{bmatrix} \boldsymbol{A}\boldsymbol{\zeta}(k) + \boldsymbol{B}\Delta\widetilde{\boldsymbol{U}}(k) \\ \boldsymbol{A}\boldsymbol{\zeta}(k+1) + \boldsymbol{B}\Delta\widetilde{\boldsymbol{U}}(k+1) \\ \boldsymbol{A}\boldsymbol{\zeta}(k+2) + \boldsymbol{B}\Delta\widetilde{\boldsymbol{U}}(k+2) \\ \vdots \\ \boldsymbol{A}\boldsymbol{\zeta}(k+N_C-1) + \boldsymbol{B}\Delta\widetilde{\boldsymbol{U}}(k+N_C-1) \\ \boldsymbol{A}\boldsymbol{\zeta}(k+N_P-1) + \boldsymbol{B}\Delta\widetilde{\boldsymbol{U}}(k+N_P-1) \end{bmatrix} \tag{5-53}$$

其中，$\boldsymbol{A}\boldsymbol{\zeta}(k+1) + \boldsymbol{B}\Delta\widetilde{\boldsymbol{U}}(k+1) = \boldsymbol{A}^2\boldsymbol{\zeta}(k) + \boldsymbol{A}\boldsymbol{B}\Delta\widetilde{\boldsymbol{U}}(k) + \boldsymbol{B}\Delta\widetilde{\boldsymbol{U}}(k+1)$

$\boldsymbol{A}\boldsymbol{\zeta}(k+2) + \boldsymbol{B}\Delta\widetilde{\boldsymbol{U}}(k+2) = \boldsymbol{A}^3\boldsymbol{\zeta}(k) + \boldsymbol{A}^2\boldsymbol{B}\Delta\widetilde{\boldsymbol{U}}(k) + \boldsymbol{A}\boldsymbol{B}\Delta\widetilde{\boldsymbol{U}}(k+1) +$

$$\boldsymbol{B}\Delta\widetilde{\boldsymbol{U}}(k+2)$$

$\boldsymbol{A}\boldsymbol{\zeta}(k+N_C-1) + \boldsymbol{B}\Delta\widetilde{\boldsymbol{U}}(k+N_C-1) = \boldsymbol{A}^{N_C}\boldsymbol{\zeta}(k) + \boldsymbol{A}^{N_C-1}\boldsymbol{B}\Delta\widetilde{\boldsymbol{U}}(k) +$

$$A^{N_C-2}B\Delta\widetilde{U}(k+1)+\cdots+A^0B\Delta\widetilde{U}(k+N_C-1)$$

$$A\zeta(k+N_P-1)+B\Delta\widetilde{U}(k+N_P-1)=A^{N_P}\zeta(k)+A^{N_P-1}B\Delta\widetilde{U}(k+1)+$$

$$A^{N_P-2}B\Delta\widetilde{U}(k+2)+\cdots+A^0B\Delta\widetilde{U}(k+N_P-1)$$

若令 $Y=\begin{bmatrix}\boldsymbol{\eta}(k+1\mid k)\\\boldsymbol{\eta}(k+2\mid k)\\\boldsymbol{\eta}(k+3\mid k)\\\vdots\\\boldsymbol{\eta}(k+N_C\mid k)\\\boldsymbol{\eta}(k+N_P\mid k)\end{bmatrix}$，则 $Y=\begin{bmatrix}\boldsymbol{C\zeta}(k+1)\\\boldsymbol{C\zeta}(k+2)\\\boldsymbol{C\zeta}(k+3)\\\vdots\\\boldsymbol{C\zeta}(k+N_C)\\\boldsymbol{C\zeta}(k+N_P)\end{bmatrix}$。

将式写成矩阵的形式化简得到

$$Y=\boldsymbol{\psi}\zeta(k)+\Re\Delta U(k) \tag{5-54}$$

其中，

$$\boldsymbol{\psi}=\begin{bmatrix}CA\\CA^2\\CA^3\\\vdots\\CA^{N_C}\\CA^{N_P}\end{bmatrix},\Re=\begin{bmatrix}CB & 0 & 0 & \cdots & 0\\CAB & CB & 0 & \cdots & 0\\\cdots & \cdots & \cdots & \ddots & \cdots\\CA^{N_C-1}B & CA^{N_C-2}B & CA^{N_C-3}B & \cdots & CA^0B\\CA^{N_P-1}B & CA^{N_P-2}B & CA^{N_P-3}B & \cdots & CA^{N_P-N_C}B\end{bmatrix}$$

$$\Delta U=\begin{bmatrix}\Delta\widetilde{U}(k)\\\Delta\widetilde{U}(k+1)\\\Delta\widetilde{U}(k+2)\\\vdots\\\Delta\widetilde{U}(k+N_C-1)\end{bmatrix},\ \zeta(k)=\begin{bmatrix}\widetilde{\zeta}(k)\\\widetilde{U}(k-1)\end{bmatrix}$$

式（5-54）即为下一时刻的输出控制量的方程，即为预测方程。

2. 目标函数的建立

建立多因素综合作用的目标（代价）函数时需要考虑两部分内容，一是考虑车辆操纵稳定性要求和安全行驶约束，例如保证车辆不发生横摆、不发生侧倾的稳定性约束；二是考虑道路环境的约束比如需要达到车辆行驶的基本条件，还有车辆执行机构和底层驱动能力约束等。综合以上考虑的条件以及目标（代价）函数建立的原理可构造目标（代价）函数如式（5-55）所示。

$$J = [\boldsymbol{\zeta}(k), \tilde{\boldsymbol{U}}(k-1), \Delta\boldsymbol{U}(k)] = \sum_{i=1}^{N_P} \|\boldsymbol{\eta} - \boldsymbol{\eta}_{\text{ref}}\|_Q^2 + \sum_{i=1}^{N_C-1} \|\Delta\boldsymbol{U}\|_R^2 + \boldsymbol{\rho}\varepsilon^2$$

$$(5\text{-}55)$$

式中，$\boldsymbol{Q}$ 表示输出权重矩阵；$\boldsymbol{R}$ 表示控制量权重矩阵；$\boldsymbol{\rho}$ 为松弛因子权重；ε 为松弛因子。该式的第一部分里面就包括航向偏差、距离偏差，第二部分里面包括前轮转角的变化量偏差，因此该目标（代价）函数也可以写为如式（5-56）所示。

$$J[\boldsymbol{\zeta}(k), \tilde{\boldsymbol{U}}(k-1), \Delta\boldsymbol{U}(k)] = \sum_{i=1}^{N_P} \{\boldsymbol{Q}_{e\varphi}[e_\varphi^{(k+i\,|\,k)}]^2 + \boldsymbol{Q}_{ed}[e_d^{(k+i\,|\,k)}]^2\}$$
$$+ \sum_{i=1}^{N_C-1} \{\boldsymbol{R}_{\Delta\delta_f}[\Delta\delta_f^{(k+i\,|\,k)}]^2\} + \boldsymbol{\rho}_s^T \varepsilon_s^2 \boldsymbol{\rho}_s \qquad (5\text{-}56)$$

式中，$\boldsymbol{Q}_{e\varphi}$ 表示航行偏差的权重矩阵；$\boldsymbol{Q}_{ed}$ 表示距离偏差的权重矩阵；$\boldsymbol{R}_{\Delta\delta f}$ 表示控制量前轮转角的变化量的权重矩阵；$\boldsymbol{\rho}_s$ 为滑移松弛因子的权重矩阵，松弛因子存在的意义为当该车辆以较高的车速行驶时会发生一小段时间的侧滑现象，那么此时利用二次规划求解最优序列时会出现无解的情况，而松弛因子的作用就是在这样的情况下依然能够保证控制器输出最优控制序列。

在实际运行该控制器时，可以通过改变这四个矩阵进行控制器的调试，也是通过改变该目标（代价）函数中四个部分在实际问题中所占的比重。可以将该目标（代价）函数式（5-56）转换为二次规划可以求解的形式。

简化之前首先需要计算 Y_r，即参考轨迹的输出状态方程。可定义参考轨迹系统如下式所示：

$$\boldsymbol{\zeta}_r(k) = \begin{bmatrix} \tilde{\boldsymbol{\zeta}}_r(k) \\ \tilde{\boldsymbol{U}}_r(k) \end{bmatrix} \qquad (5\text{-}57)$$

其中，$\tilde{\boldsymbol{\zeta}}_r(k) = \boldsymbol{\zeta}_r(k) - \boldsymbol{\zeta}_r(k) = 0, \tilde{\boldsymbol{U}}_r(k-1) = \boldsymbol{U}_r(k-1) - \boldsymbol{U}_r(k-1)$，$\Delta\boldsymbol{U}_r = \tilde{\boldsymbol{U}}_r - \tilde{\boldsymbol{U}}_{r-1} = 0$。

$$\boldsymbol{Y}_r = [\boldsymbol{\eta}_r(k+1) \quad \boldsymbol{\eta}_r(k+2) \quad \cdots \quad \boldsymbol{\eta}_r(k+N_C) \quad \cdots \quad \boldsymbol{\eta}_r(k+N_P)]^T$$
$$= [0 \quad 0 \quad \cdots \quad 0 \quad \cdots \quad 0]^T$$

因此，参考轨迹系统的输出方程如式（5-58）所示。

$$\boldsymbol{Y}_r = \boldsymbol{\psi}\boldsymbol{\zeta}_r(k) + \Re\Delta\boldsymbol{U}_r(k) \qquad (5\text{-}58)$$

得到 $\boldsymbol{Y}_r = 0$，故 $\boldsymbol{Y} - \boldsymbol{Y}_r = 0$。

令 $\boldsymbol{E} = \boldsymbol{\psi}\boldsymbol{\zeta}$，则式（5-58）可写为：

$$\boldsymbol{Y} = \boldsymbol{E} + \Re\Delta\boldsymbol{U} \qquad (5\text{-}59)$$

因此，

$$J\left[\zeta(k),\widetilde{U}(k-1),\Delta U(k)\right]=(E+\Re\,\Delta U)^{\mathrm{T}}Q(E+\Re\,\Delta U)+\Delta U^{\mathrm{T}}R\,\Delta U+\rho\varepsilon^{2}$$

$$=E^{\mathrm{T}}QE+\Delta U^{\mathrm{T}}(\Re^{\mathrm{T}}Q\,\Re+R)\Delta U+2E^{\mathrm{T}}Q\,\Re\,\Delta U+\rho\varepsilon^{2} \qquad (5\text{-}60)$$

由于 $E^{\mathrm{T}}QE$ 与 ΔU 无关，所以不在优化的范围之内。将式(5-60)进行配凑，目的是转化为二次规划的形式以便求解，如下式。

$$\min J=2\left(\frac{1}{2}\Delta U^{\mathrm{T}}H\,\Delta U+f^{\mathrm{T}}\Delta U\right)\Leftrightarrow\frac{1}{2}\Delta U^{\mathrm{T}}H\,\Delta U+f^{\mathrm{T}}\Delta U \qquad (5\text{-}61)$$

由于

$$\widetilde{U}(k)=\widetilde{U}(k-1)+\Delta\widetilde{U}(k)$$

$$\widetilde{U}(k+1)=\widetilde{U}(k)+\Delta\widetilde{U}(k+1)=\widetilde{U}(k-1)+\Delta\widetilde{U}(k)+\Delta\widetilde{U}(k+1)$$

$$\widetilde{U}(k+N_{\mathrm{C}}-1)=\widetilde{U}(k+N_{\mathrm{C}}-2)+\Delta\widetilde{U}(k+N_{\mathrm{C}}-1)=\widetilde{U}(k-1)+$$

$$\Delta\widetilde{U}(k)+\Delta\widetilde{U}(k+1)+\cdots\Delta\widetilde{U}(k+N_{\mathrm{C}}-1)$$

写成矩阵的形式如式(5-62)所示。

$$U=\begin{bmatrix}\widetilde{U}(k)\\ \widetilde{U}(k+1)\\ \widetilde{U}(k+2)\\ \widetilde{U}(k+3)\\ \vdots\\ \widetilde{U}(k+N_{\mathrm{C}}-1)\end{bmatrix}=\begin{bmatrix}\widetilde{U}(k-1)\\ \widetilde{U}(k-1)\\ \widetilde{U}(k-1)\\ \widetilde{U}(k-1)\\ \vdots\\ \widetilde{U}(k-1)\end{bmatrix}+\begin{bmatrix}I_{2} & 0 & 0 & \cdots & 0\\ I_{2} & I_{2} & 0 & \cdots & 0\\ I_{2} & I_{2} & I_{2} & \cdots & 0\\ I_{2} & I_{2} & I_{2} & \cdots & I_{2}\end{bmatrix}\begin{bmatrix}\Delta\widetilde{U}(k)\\ \Delta\widetilde{U}(k+1)\\ \Delta\widetilde{U}(k+2)\\ \vdots\\ \Delta\widetilde{U}(k+N_{\mathrm{C}}-1)\end{bmatrix}$$

$$(5\text{-}62)$$

若令

$$U_{t}=\begin{bmatrix}\widetilde{U}(k-1)\\ \widetilde{U}(k-1)\\ \widetilde{U}(k-1)\\ \widetilde{U}(k-1)\\ \vdots\\ \widetilde{U}(k-1)\end{bmatrix},A_{I}=\begin{bmatrix}I_{2} & 0 & 0 & \cdots & 0\\ I_{2} & I_{2} & 0 & \cdots & 0\\ I_{2} & I_{2} & I_{2} & \cdots & 0\\ I_{2} & I_{2} & I_{2} & \cdots & I_{2}\end{bmatrix},\Delta U=\begin{bmatrix}\Delta\widetilde{U}(k)\\ \Delta\widetilde{U}(k+1)\\ \Delta\widetilde{U}(k+2)\\ \vdots\\ \Delta\widetilde{U}(k+N_{\mathrm{C}}-1)\end{bmatrix}$$

则式(5-62)可写成式(5-63)：

$$U_{\text{预测}}=U_{t}(k-1)+A_{I}\Delta U \qquad (5\text{-}63)$$

该式表示当利用二次规划求出最优控制序列 ΔU 后即可得到最终输出的控制量的值 $U_{\text{预测}}$，换言之就是二次规划求解出来的是下一时刻控制量的变化量，而控制器应该最后输出的是下一时刻的控制量而非控制量的变化量，因此将未知的控制量由已知的控制量的变化量来表示即可。

3. 约束条件的建立

（1）保证车辆横摆稳定性的约束

当前针对车辆的横摆稳定性分析比较常用的方法之一是相平面分析法。选用横摆角速度-侧向速度相平面来得到保证车辆不发生横摆的约束。在车辆处于稳态的情况下，主要研究横摆角速度和横向速度这两个参数。对轮胎侧偏力进行约束是为了保证轮胎的侧偏角处于线性的范围内，否则车辆处于非稳态时，后轮会发生侧滑而失去稳定性，这时车辆无法进行正常的行驶，更不能按照预定的参考轨迹跟踪。根据车辆后轮最大侧偏力的约束，可以得到车辆横摆角的变化率的最大值如式（5-64）所示：

$$\dot{\psi}_{\max}(k) = \frac{C_{er}\alpha_r\left(1+\dfrac{b}{a}\right)}{mv_x(k)} \tag{5-64}$$

车辆后轮侧偏角的约束如式（5-65）所示：

$$-\alpha_r \leqslant \frac{v_y - b\dot{\psi}}{v_x(k)} \leqslant \alpha_r \tag{5-65}$$

由式（5-64）和式（5-65）可知，在横摆角速度-侧向速度相平面内的能够保证车辆横摆稳定性的约束如式（5-66）所示：

$$-\boldsymbol{G}_{sh}(k) \leqslant \boldsymbol{H}_{sh}(k)\boldsymbol{\zeta}(k) \leqslant \boldsymbol{G}_{sh}(k) \tag{5-66}$$

式中，$\boldsymbol{H}_{sh} = \begin{bmatrix} \dfrac{1}{v_x(k)} & \dfrac{-b}{v_x(k)} & 0 & 0 & 0 & 0 \\ 0 & 1 & \dfrac{g}{v_x(k)} & 0 & 0 & 0 \end{bmatrix}$；$\boldsymbol{G}_{sh} = \begin{bmatrix} \alpha_r \\ C_{er}\alpha_r\left(1+\dfrac{b}{a}\right)/mv_x(k) \end{bmatrix}$；

$\boldsymbol{\zeta}(k)$ 表示为车辆在 k 时刻的状态量。

因此，由式（5-65）式（5-66）便形成了一个封闭的四边形平面，平面的两组对边分别表示对横摆角速度的限制边界以及对车辆侧向速度的限制边界，式（5-65）对横摆角速度进行了约束限制，式（5-66）对车辆的侧向速度进行了限制，在实际行驶的过程中只要该车辆的横摆角速度和侧向速度处于这个封闭的四边形区域之内，则保证了车辆的横摆稳定性。当车辆在一小段时间内处于非稳定状态时，可以对侧偏角的约束增加一个松弛因子，使得车辆在这一小段时间内不会必然处于侧滑的危险工况，此时车辆侧偏角的约束又可写成如式（5-67）所示的形式：

$$|\boldsymbol{H}_{sh}(k)\boldsymbol{\zeta}(k)| \leqslant \boldsymbol{G}_{sh}(k) + \boldsymbol{\rho}_{sh}(k) \tag{5-67}$$

式中，$\boldsymbol{\rho}_{sh}(k) = \begin{bmatrix} \alpha_{r,sh} & \dot{\varphi}_{sh} \end{bmatrix}^{\mathrm{T}}$ 为横摆稳定性约束的松弛因子的矩阵，

$\alpha_{r,sh}$ 为对轮胎侧偏角约束的松弛量，$\dot{\varphi}_{sh}$ 是对横摆角速度约束的松弛量。

约束条件中的具体约束如下：

前轮转角约束：$-25° \leqslant \delta \leqslant 25°$；

质心侧偏角约束：$-12° \leqslant \beta \leqslant 12°$；

地面附着条件约束：$|a_y| \leqslant \mu g$；

轮胎侧偏角约束：$-2.5 < \alpha_r < 2.5$。

（2）保证车辆侧倾稳定性的约束

一般当车辆在具有一定横向道路坡度角或者变曲率道路上行驶时，车身非常容易发生侧倾而使得车辆失去行驶稳定性甚至发生侧翻。因此在车辆处于复杂工况下行驶时，避免车辆发生侧倾甚至侧翻的情况是研究车辆侧倾稳定性约束条件的重点。下面以图示的方式详细说明车辆失去侧倾稳定性的过程以及基于零力矩点的侧倾稳定性约束条件。其中零力矩点（zero moment point，ZMP）是指位于地面上的，使得重力、惯性力及地面对车辆的作用力 F_N 相对产生的车辆侧倾力矩之和为零的点。当车辆发生侧倾时该点的具体位置如图 5-10 所示，该图为横向坡道工况下车辆逐渐发生侧倾的原理图。

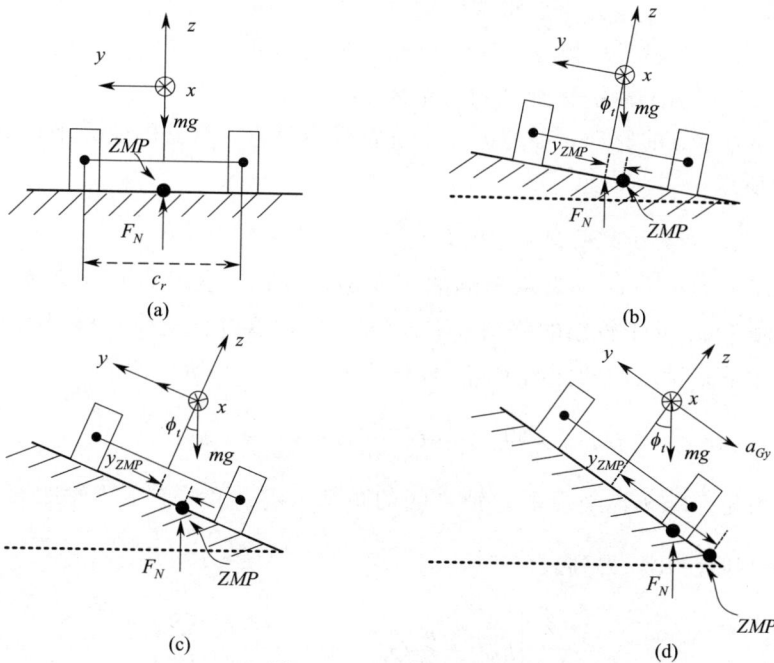

图 5-10　车辆侧倾原理图

图 5-10（a）表示车辆在坡度角为零的水平道路上行驶时，车辆并未发生侧倾，车辆的侧向加速度为零，车辆质心处所受到的重力与 z 轴位于同一条直线

上，夹角为零，且此时车辆所受到的惯性力、重力以及地面对车辆的作用力 F_N 在同一点受力分析得到的车辆侧倾力矩为零，将这一点称为零力矩点，此时该点与重力在同一垂线上，与车辆坐标系中 z 轴之间的距离为零。

图 5-10(b) 表示当车辆在具有较小坡度角的道路上行驶时，车辆不发生侧倾，侧向加速度也同样为零，但是车辆质心处所受到的重力与 z 轴不再位于同一条直线上，而是产生了一定的夹角，而且此时的零力矩点也不再与重力位于同一垂线上，相对于图 5-10(a) 当中的零力矩点发生了位移，该点与 z 轴之间的距离用 y_{ZMP} 来表示。

图 5-10(c) 表示当道路坡度角处于一定的范围内时，车辆并不发生侧倾，但是随着道路坡度角的增大，车辆的侧向加速度不再为零，其方向与车辆坐标系中横坐标轴的方向一致，车辆质心处所受到的重力与车辆坐标系中 z 轴之间的夹角逐渐增大，零力矩点与 z 轴方向的位移 y_{ZMP} 也逐渐增大，但是该距离保持在车辆轮距之内。

图 5-10(d) 表示当道路坡度角过大时，车辆的侧向加速度的方向会与车辆坐标系中横坐标轴的正方向相反，车辆质心处所受到的重力与车辆坐标系中 z 轴之间的夹角更大，零力矩点将继续偏移，直至其与 z 轴方向的位移 y_{ZMP} 大于车辆的轮距，车辆发生侧倾。综上可知，衡量车辆的侧倾稳定性的重要指标为零力矩点与车辆坐标系 z 轴之间的距离 y_{ZMP}。

根据零力矩点的原理，在零力矩点进行受力分析，得到的受力平衡方程如式(5-68) 所示：

$$mg\cos(\phi_t)y_{ZMP} = [ma_y + mg\sin(\phi_t)]h - I_x\ddot{\varphi} \tag{5-68}$$

式中，$a_y = \dot{v}_y + \dot{\psi}v_x$ 表示车辆的侧向加速度；h 表示质心的高度。当假设车辆侧倾角 ϕ_t 处于较小的范围，则式(5-68) 可以进行化简，得到零力矩点与车辆坐标系 z 轴之间的距离 y_{ZMP} 表达式如式(5-69) 所示：

$$y_{ZMP} = h\phi_t + \frac{h}{g}(\dot{v}_y + \dot{\psi}v_x) - \frac{I_x}{mg}\ddot{\phi} \tag{5-69}$$

将零力矩点与车辆坐标系 z 轴之间的距离 y_{ZMP} 相对于车辆轮距 C_r 的一半 $\left(\dfrac{C_r}{2}\right)$ 进行归一化，得到式(5-70)：

$$\tilde{y}_{ZMP} = \frac{2}{C_r}\left[h\phi_r + \frac{h}{g}(\dot{v}_y + \dot{\psi}v_x) - \frac{I_x}{mg}\ddot{\phi}_t\right] \tag{5-70}$$

若将该式(5-70) 所表示的归一化的零点力矩 $\tilde{y}_{ZMP}$ 写成状态空间方程时，既可用来预测车辆在坡度路况下行驶时发生侧倾的情况，同时也可以将该参数进行约束即可防止车辆发生侧倾的危险情况，具体的约束情况如式(5-71)

所示：

$$-\tilde{y}_{ZMP,\min} \leqslant \tilde{y}_{ZMP} \leqslant \tilde{y}_{ZMP,\max} \tag{5-71}$$

该式表示若将零力矩点到 z 轴之间的距离经过归一化之后的值 $\tilde{y}_{ZMP}$ 进行约束即可保证车辆在坡道路况下行驶时的侧倾稳定性。

（3）对车辆的状态量和控制量进行约束

依据该控制器最终输出的控制量方程，即对状态量进行约束，如式（5-72）所示：

$$U_{\min} \leqslant U_{预测} \leqslant U_{\max} \tag{5-72}$$

由式（5-72）进行转化推导如式（5-73）所示：

$$U_{\min} \leqslant U_t + A_I \Delta U \leqslant U_{\max} \Rightarrow \begin{cases} A_I \Delta U \leqslant U_{\max} - U_t \\ -A_I \Delta U \leqslant -U_{\min} + U_t \end{cases}$$

$$\Rightarrow \begin{bmatrix} A_I & 0 \\ -A_I & 0 \end{bmatrix} \begin{bmatrix} \Delta U \\ \varepsilon \end{bmatrix} \leqslant \begin{bmatrix} U_{\max} - U_t \\ -U_{\min} + U_t \end{bmatrix} \tag{5-73}$$

该式对应二次规划的约束条件中的 $AX \leqslant b$ 这一约束规则，对控制增量进行约束，如下式：

$$\begin{bmatrix} \Delta U_{\min} \\ 0 \end{bmatrix} \leqslant \begin{bmatrix} \Delta U \\ \varepsilon \end{bmatrix} \leqslant \begin{bmatrix} \Delta U_{\max} \\ M \end{bmatrix} \tag{5-74}$$

该式对应二次规划约束条件中的 $lb \leqslant X \leqslant ub$ 这一约束规则，其中 M 表示松弛因子的最大值。

对输出量即控制量进行约束，如式（5-75）所示：

$$Y_{\min} \leqslant Y(k) \leqslant Y_{\max} \tag{5-75}$$

因此：

$$Y_{\min} \leqslant \psi \xi(k) + \Re \Delta U(k) \leqslant Y_{\max} \Rightarrow \begin{cases} \Re \Delta U(k) \leqslant Y_{\max} - \psi \xi(k) \\ -\Re \Delta U(k) \leqslant -Y_{\min} - \psi \xi(k) \end{cases}$$

$$\Rightarrow \begin{bmatrix} \Re & 0 \\ -\Re & 0 \end{bmatrix} \begin{bmatrix} \Delta U \\ \varepsilon \end{bmatrix} \leqslant \begin{bmatrix} Y_{\max} - \psi \xi(k) \\ -Y_{\min} - \psi \xi(k) \end{bmatrix} \tag{5-76}$$

即 $\begin{bmatrix} \Delta U & \varepsilon \end{bmatrix}^T$ 就是所求解出来的控制量的序列，综上即为该控制器的约束设计。

第三节 坡道路况下 MC-MPC 轨迹跟踪控制器

利用 CarSim 建立合理的车辆模型，设置横向坡道路况，搭建联合仿真平台，设置不同的车速以及道路附着系数，对 MC-MPC 轨迹跟踪控制器与未考虑侧倾的 MPC 轨迹跟踪控制器进行仿真对比分析。

一、基于 CarSim 建立多因素综合作用的车辆动力学模型

汽车模型选择为"D-Class SUV V9"，该车辆模型包括七大部分，包括车体、空气动力学、动力传动系统、制动系统、转向系统、轮胎的设置和悬架系统（包括前悬架和后悬架）。

1. 车体部分的设置

车体设置如图 5-11 所示。

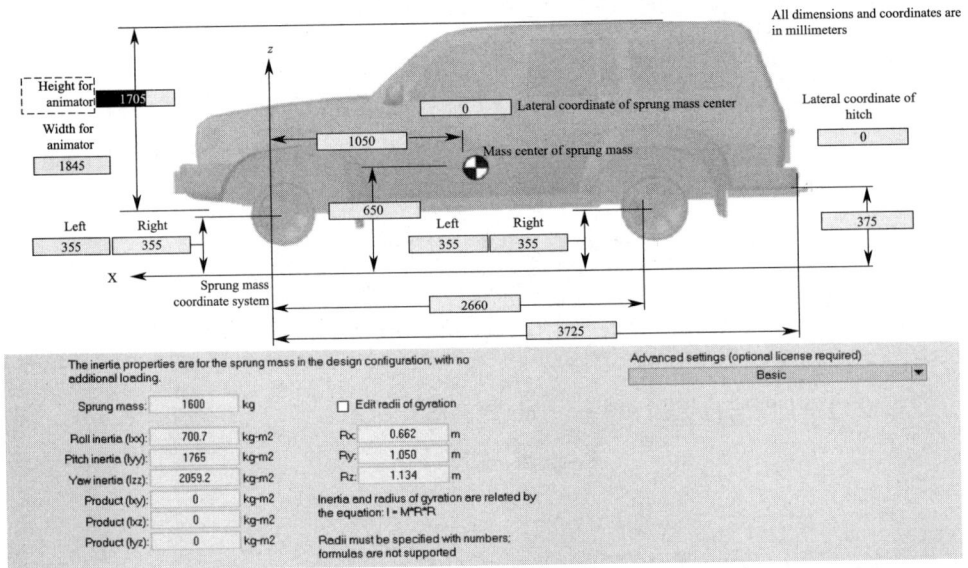

图 5-11　车体设置

如图 5-11 所示为车辆的具体尺寸、转动惯量等车辆参数的设置："Sprung mass"表示簧载质量；"Roll inertia"表示沿着车辆坐标系 y、z 轴做滚动运动即绕 x 轴的转动惯量；"Pith intertia"表示沿着车辆坐标系 x、z 轴做俯仰运动即绕 y 轴的转动惯量；"Yaw intertia"表示沿着车辆坐标系 x、y 轴做横摆运动即绕 z 轴的转动惯量。相关车辆的参数设置如下表 5-1 所示。

表 5-1　车辆参数设置

车辆参数	单位	数值
车身簧上质量 m	kg	1600
车身尺寸 $L \times w$	m×m	4×1.988
质心至前轴的距离 a	m	1.05

车辆参数	单位	数值
质心至后轴的距离 b	m	1.61
绕 x 轴的转动惯量 I_x	kg·m²	700.7
绕 y 轴的转动惯量 I_y	kg·m²	1765
绕 z 轴的转动惯量 I_z	kg·m²	2059.2
车辆质心高度 h	m	0.65

2. 动力传动系统

动力传动系统包括发动机、离合器、变速器和差速器四个部分，具体参数的设置如表 5-2 所示。

表 5-2　动力传动系统参数设置

参数	单位	数值
发动机功率	kW	150
曲轴转动惯量	kW·m²	0.2
怠速转速参数	r/min	750
力矩比	—	4 : 1
扭转刚度	N·m/(°)	80
扭转阻尼	N·m·s/(°)	0.8
固有频率	Hz	9
阻尼	—	0.9

3. 制动系统

制动系统具体参数的设置界面如表 5-3 所示。

表 5-3　制动系统参数设置

参数	单位	数值
前轮压力系数	N·m/MPa	300
后轮压力系数	N·m/MPa	150
输送压力比	—	1
前流体动力学时间常数	s	0.06
后流体动力学时间常数	s	0.06
前部流体动力学传输迟滞	s	0
后部流体动力学传输迟滞	s	0

4. 转向系统

转向系统具体参数设置如表 5-4 所示。

表 5-4　转向系统参数设置

参数	数值	参数	数值
转向柱管转动惯量	0.02kg·m²	转向传动齿轮阻尼	4N·m/(°)
转向系统等效转动惯量	0.0005kg·m²	主销内倾角	7.9°
转向柱管阻尼	0.01	主销后倾角	3.4°
转向柱管干摩擦矩	0.1N·m	侧向偏移	39.6mm
转向迟滞角	0.5°	纵向偏移	—0.86mm

5. 前悬架和后悬架

前悬架的参数设置如表 5-5 所示。

表 5-5 前悬架参数设置

参数	单位	数值
簧下质量	kg	80
绕主销转动部分的比重	—	0.8
轮距	mm	1565
左侧车轮转动惯量	kg·m²	0.9
右侧车轮转动惯量	kg·m²	0.9
静载状态车轮外倾角	(°)	−0.3
静载状态车轮前束角	(°)	−0.2

后悬架的参数设置如表 5-6 所示。

表 5-6 后悬架参数设置

参数	单位	数值
簧下质量	kg	100
绕主销转动部分的比重	—	0
左、右侧车轮转动惯量	kg·m²	0.9
横摆转动惯量	kg·m²	40

6. 悬架系统

悬架系统的具体参数设计如表 5-7 所示。

表 5-7 悬架刚度、压缩比、阻尼比设置

参数	单位	数值
前悬架刚度	N/mm	130
后悬架刚度	N/mm	40
前悬架压缩比	—	0.611
后悬架压缩比	—	0.999
前悬架阻尼比	—	0.614
后悬架阻尼比	—	1.003

7. 轮胎设置

选择的轮胎型号为 255/75 R16，具体参数如表 5-8 所示。

表 5-8 轮胎参数

参数	单位	数值
轮胎允许最大载荷	N	100000
有效滚动半径	mm	379
空载时的滚动半径	mm	394
轮胎刚度	N/mm	470
滚动阻力系数	—	0.0042
和速度相关的滚动阻力系数	—	0.000032

二、汽车轨迹跟踪控制器

1. 控制器模型的搭建

对所设计的多因素综合作用的模型预测轨迹跟踪控制器进行联合仿真验证。该平台由两个软件搭建而成，分别是 CarSim 软件和 Matlab 软件中的 Simulink 模块，其中 CarSim 中可以设置车辆模型，同时模拟车辆在实际道路上行驶的场景，根据实验的需要设计对应的实际工况、道路以及道路的路面情况等实际场景。

如果将 CarSim 当中设计的车辆输出的状态量比作一个函数的自变量，则 Simulink 的作用相当于该函数的对应法则（函数法则），即可以在该模块中搭建模型，将 CarSim 当中设置的车辆模型发送至对应法则当中，经过 Simulink 当中的控制器的控制之后，输出应变量，也就是经过控制器处理后预测出来的控制量，一个自变量对应一个应变量。其对应的联合仿真原理图如图 5-12 所示。

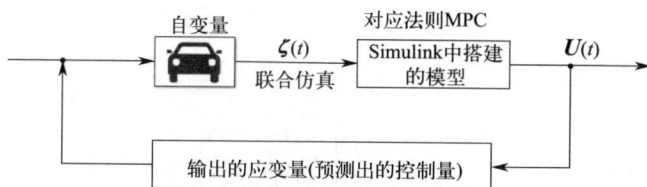

图 5-12　联合仿真原理图

图 5-12 中，若将车辆模型所输出的状态量看作一个函数的自变量，Simulink 中搭建的模型看作该函数的对应法则，自变量输入对应法则作用之后输出预测的控制量就是该函数的应变量，去验证所设计的基于模型预测控制理论的横摆、侧滑、侧倾综合作用的车辆动力学模型的轨迹跟踪控制器。

应用 CarSim/Simulink 搭建联合仿真平台，搭建的 MC-MPC 轨迹跟踪控制器如图 5-13 所示。

图 5-13 中，输入量为纵向速度 v_y、横摆角速度 $\dot{\varphi}$、侧倾角 ϕ、侧倾角速度 $\dot{\phi}$、距离偏差 e_d、航向偏差 e_ϕ，输出量为前轮转角 δ_f、道路倾角 ϕ_t、曲率 K_{ref}。

CarSim 的输入量设置为前轮转角、道路倾角、曲率。CarSim 的输出量即 MC-MPC 轨迹跟踪控制算法的输入量：纵向速度、横摆角速度、侧倾角、侧倾角速度、距离偏差、航向偏差。

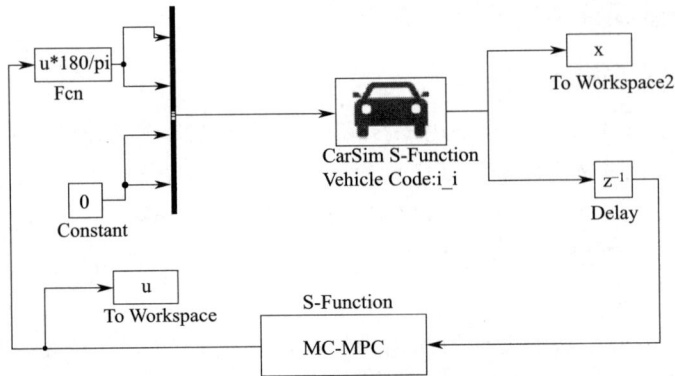

图 5-13　MC-MPC 轨迹跟踪控制器

2. 参考道路的设置

　　MC-MPC 轨迹跟踪控制器主要应用于具有一定横向坡度角的路面和变曲率参考道路，因此在 CarSim 中设置参考坡道及变曲率道路，设置坡道的情况如图 5-14 所示。

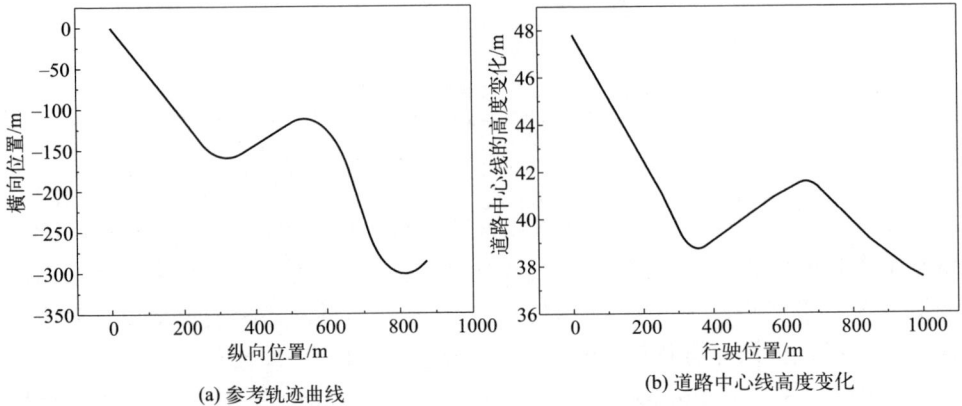

(a) 参考轨迹曲线　　　　　　　　　(b) 道路中心线高度变化

图 5-14　横向坡道平面图及坡道高度变化

　　图 5-14（a）表示在平面坐标系中设置的参考道路轨迹，整体上包含三大曲率的变化，即车辆需要驶过连续三个弯道。图 5-14（b）表示横向坡道的道路中心线随位置的高度变化拟合图。

　　横向坡道的增量高程随位置的变化拟合图如图 5-15 所示。

　　横向坡道的三维拟合图如图 5-16 所示。

　　如图 5-16 为参考横向坡道的三维拟合图，从该图中可形象的看出所设计的坡道及变曲率道路的全貌。其中竖坐标表示道路横向坡度的变化。

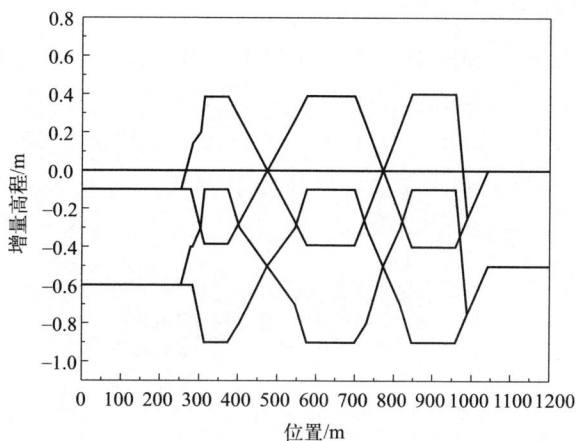

图 5-15　横向坡道的增量高程随位置的变化拟合图

横向坡道及变曲率路面的实际俯视图如图 5-17 所示。横向坡道路面的实景图如图 5-18 所示。

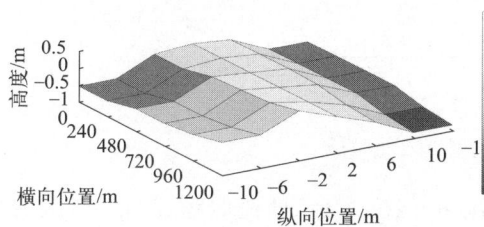

图 5-16　横向坡道三维拟合图

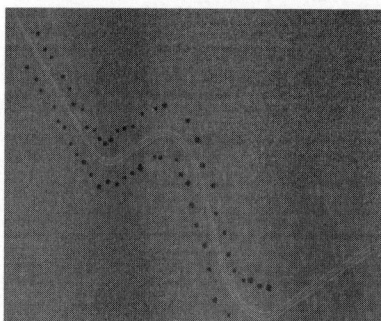

图 5-17　横向坡道及变曲率路面的实际俯视图

图 5-18　横向坡度路面实景图

3. 模型有效性验证

在具有一定坡度角和变曲率道路的参考道路条件下，给车辆一定的初始速度，行驶过程中以横向载荷转移率（LTR）与归一化零力矩点的吻合程度作为判定车辆模型稳定性的依据。LTR 是一个可以准确评价车辆侧倾的指标参数。

MC-MPC 控制器的基本参数：采样周期为 $T=0.05\text{s}$，预测时域 $N_p=20$，控制时域 $N_c=10$，仿真时间为 65s。模型有效性验证结果如图 5-19 所示。

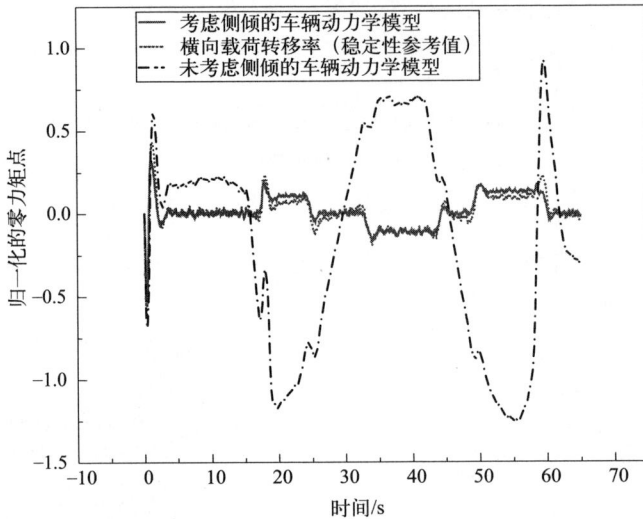

图 5-19　模型有效性验证

图 5-19 中，短划线表示未考虑侧倾的传统 MPC 轨迹跟踪控制器对应的车辆追踪参考轨迹，短点线表示参考曲线，实线表示考虑侧倾的 MC-MPC 轨迹跟踪控制器对应的车辆追踪参考轨迹。可以看出，考虑侧倾的综合作用的车辆动力学模型的侧倾稳定性依据归一化零力矩点与横向载荷转移率参考值曲线基本吻合，相差几乎为零，说明该模型可以通过约束零力矩点的最大值预防车辆发生侧倾危险。未考虑侧倾的传统动力学模型的侧倾稳定性依据归一化零力矩点与横向载荷转移率曲线相差较大，最大差值为 1，最小差值为 0.2。

三、基于 MC-MPC 的汽车轨迹跟踪仿真

基于传统车辆动力学的 MPC 轨迹跟踪控制器的确能够很好地适应无道路坡度角的水平道路，但是在具有一定道路坡度角即考虑侧倾因素的路面上追踪效果、稳定性差，增加考虑侧倾所设计的 MC-MPC 轨迹跟踪控制器能够适应具有一定道路坡度角和变曲率工况，稳定精确地完成追踪任务。

1. 高附着系数坡道路况下的汽车轨迹跟踪仿真

（1）高速状态时轨迹跟踪仿真研究

仿真参数：采样周期为 $T=0.05s$，预测时域 $N_p=20$，控制时域 $N_c=10$，仿真时间为 40s。

设置工况：横向坡道及变曲率工况，车速为 80km/h，在道路高附着系数为 $M_u=0.8$ 的条件下验证考虑侧倾的 MC-MPC 轨迹跟踪控制器的追踪性能。

测试参数如图 5-20、图 5-21 所示，包括行驶轨迹对比图、横向加速度、纵向加速度、横摆角速度、航向角。

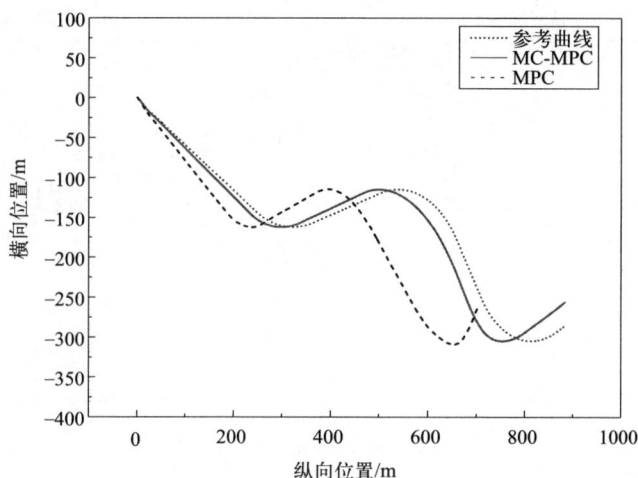

图 5-20 高附着系数坡道路况且 $v=80$km/h 的轨迹跟踪对比图

可以看出，在纵向位置 0～550m 之间，考虑侧倾的 MC-MPC 与参考轨迹几近贴合，基本能够按照参考轨迹行驶。传统未考虑侧倾的 MPC 从一开始便与参考轨迹的误差逐渐增大，在纵向位置为 250m 之后直接脱离参考轨迹，行至 550m 时停车。因此，在高速、高附着系数路面下，考虑侧倾的 MC-MPC 比未考虑侧倾的 MPC 更加适应坡道与变曲率路况。

从图 5-21（a）可知，在 0～20s 间 MC-MPC 的横向加速度基本趋于零，而 MPC 在 0～15s 时横向加速度变化基本为零，但是在 15s 之后横向加速度逐渐增大，在行至第 15～20s 之间横向加速度最大值为 $0.4g$，而 MC-MPC 最大值为 $0.1g$，误差减小 75%。20s 之后 MPC 迅速增加到 $0.8g$，车辆已经失去稳定性，严重脱离参考道路，而 MC-MPC 始终保持在 $\pm0.2g$ 之间，稳定行驶完全程。因此，在高速、高附着系数坡道路面下，考虑侧倾的 MC-MPC 比未考虑侧倾的 MPC 更加适应横向坡道及变曲率路况。

从图 5-21（b）可知，考虑侧倾的 MC-MPC 实线基本水平，即纵向加速度

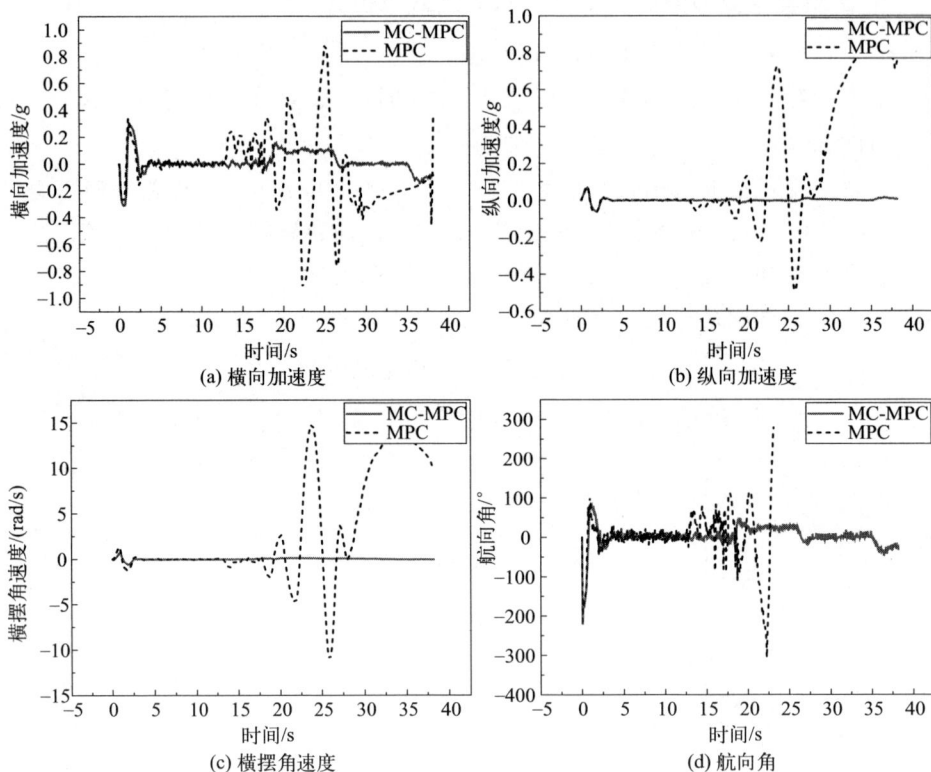

(a) 横向加速度

(b) 纵向加速度

(c) 横摆角速度

(d) 航向角

图 5-21 高附着系数坡道路况且 $v=80\text{km/h}$

基本控制为零，说明车辆在整个行驶过程中没有发生侧倾等危险工况，而未考虑侧倾的 MPC 短划线在 0～15s 间基本水平，但是在 15s 之后纵向加速度逐渐增大，在约 20s 时已超过 $\pm0.2g$，车辆逐渐不稳定，在约 23s 之后迅速增大直至失控。因此，在高速、高附着系数坡道路面下，考虑侧倾的 MC-MPC 能够很好地适应坡道及变曲率路况，而未考虑侧倾的 MPC 无法适应坡道及变曲率路况。

从图 5-21(c) 可知，考虑侧倾的 MC-MPC 实线在 0～40s 间基本保持水平，在整个行驶的过程中横摆角速度稳定在 $\pm0.2\text{rad/s}$ 之间，车辆稳定行驶完全程。未考虑侧倾的 MPC 点划线与参考线在 0～10s 间误差基本为零，但是在第 15s 时横摆角速度达到 -0.5rad/s，绝对值已大于 0.2rad/s，车辆即将处于不稳定状态，而此时 MC-MPC 为 0.1rad/s，误差减小了 80%，因此，在高速、高附着系数坡道路面下，未考虑侧倾的 MPC 无法适应具有侧倾角的坡道工况，而考虑侧倾的 MC-MPC 能够很好地适应坡道及变曲率路况。

从图 5-21(d) 可知，考虑侧倾的 MC-MPC 实线在 0～15s 间与水平线间的最大误差为 20°，且航向角基本稳定于±50°。未考虑侧倾的 MPC 点划线与参考线在 0～15s 间航向角的变化保持在约 20°，但是在 15s 之后航向角迅速增大，在第 20s 时转角约达到 150°，车辆已经即将发生侧滑，而 MC-MPC 此时为 40°，误差减小了 3%～75%，最终在第 40s 发生侧翻等危险工况无法行驶。因此，在高速、高附着系数的坡道路面下，未考虑侧倾的 MPC 无法适应具有侧倾角的坡道工况，而考虑侧倾的 MC-MPC 能够很好地适应坡道及变曲率路况。

（2）中速状态时轨迹跟踪仿真研究

仿真参数：采样周期为 $T=0.05s$，预测时域 $N_p=20$，控制时域 $N_c=10$，仿真时间为 40s。

设置工况：横向坡道及变曲率工况，车速为 50km/h，在道路高附着系数为 $M_u=0.8$ 的条件下验证考虑侧倾的 MC-MPC 轨迹跟踪控制器的追踪性能。

测试参数如图 5-22、图 5-23 所示，包括行驶轨迹对比图、横向加速度、纵向加速度、横摆角速度、航向角。

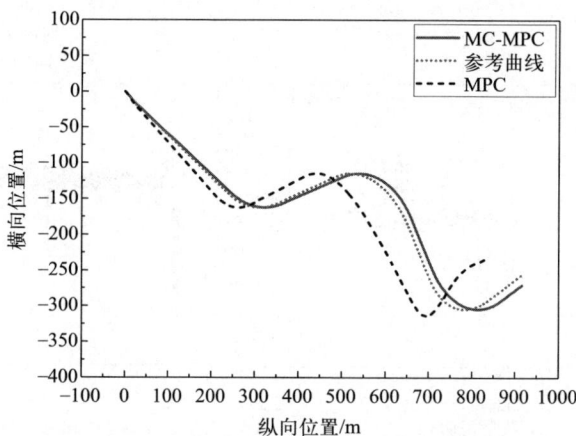

图 5-22　高附着系数坡道路况且 $v=50km/h$ 的轨迹跟踪对比图

从图 5-22 中可以看出，在纵向位置为 0～550m 之间，考虑侧倾的 MC-MPC 与参考轨迹之间的误差几乎为零。而传统未考虑侧倾的 MPC 从一开始进入坡道就与参考轨迹相差甚远，而且误差逐渐增大，在纵向位置为 250m 之后直接脱离参考轨迹。因此，在中高速、高附着系数坡道路面下，考虑侧倾的 MC-MPC 比未考虑侧倾的 MPC 更加适应坡道与变曲率路况。

从图 5-22(a)、（b）中可以看出，在 0～12s 时考虑侧倾的 MC-MPC 的横向加速度值与纵向加速度值基本稳定于±0.1g，但是未考虑侧倾的 MPC 的横向加速度值与纵向加速度值基本稳定于±0.2g，相对 MC-MPC 比 MPC 误差降低了 50%。因此，在中高速行驶的情况下 MC-MPC 相比于传统的 MPC 更能适应坡道及变曲率路况。

从图 5-22(c)、(d) 中分析得，在约 0～12s 时横摆角速度和航向角的变化都非常稳定，在 12～20s 间，未考虑侧倾的传统 MPC 变化较大，其中横摆角速度的最大值达到 1.0rad/s，航向角最大值为 100°，而考虑侧倾的 MC-MPC 最大值为 0.2rad/s，相比 MPC 降低了 80%，航向角降低了 50%。因此，在中高速行驶的情况下 MC-MPC 相比于传统的 MPC 更适应坡道及变曲率路况。

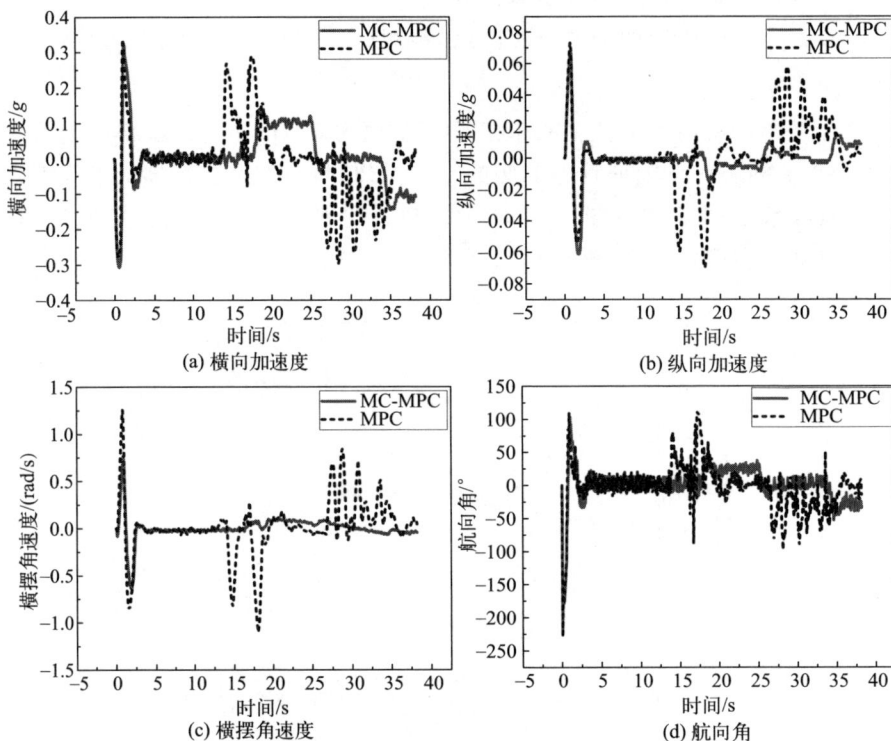

图 5-23　高附着系数坡道路况且 $v=50\mathrm{km/h}$

2. 低附着系数坡道路况下的汽车轨迹跟踪仿真

（1）高速状态时轨迹跟踪仿真研究

仿真参数：采样周期为 $T=0.05\mathrm{s}$，预测时域 $N_\mathrm{p}=20$，控制时域 $N_\mathrm{c}=10$，仿真时间为 40s。

设置工况：横向坡道及变曲率工况，车速为 80km/h，在道路高附着系数为 $M_\mathrm{u}=0.3$ 的条件下验证考虑侧倾的 MC-MPC 轨迹跟踪控制器的追踪性能。

　　测试参数如图 5-24、图 5-25 所示，包括行驶轨迹对比图、横向加速度、纵向加速度、横摆角速度、航向角。

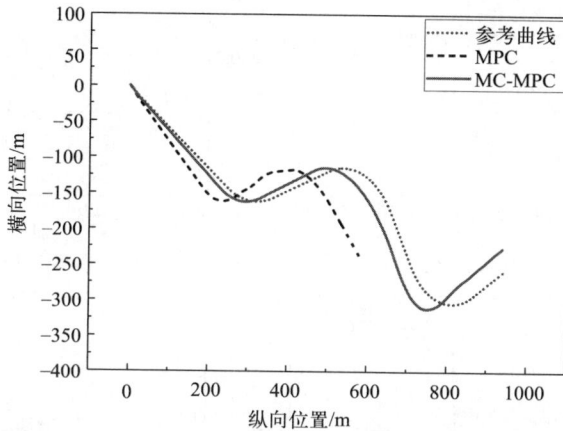

图 5-24 低附着系数坡道路况且 $v=80\text{km/h}$ 的轨迹跟踪对比图

　　从图 5-24 中可以得出，在高速低附着系数的坡道路面下，0～570m 之间，考虑侧倾的 MC-MPC 能够很好地按照参考轨迹行驶，与参考轨迹之间的误差较小。但是未考虑侧倾的 MPC 从一开始就与参考轨迹有误差，而且误差越来越大，甚至偏离轨迹，行至纵向位置为 600m 时停止行车。因此，在高速、低附着系数坡道路面下，考虑侧倾的 MC-MPC 比未考虑侧倾的 MPC 更加适应坡道与变曲率路况。

　　从图 5-25(a)、(b) 中分析得，在 2～12s 时考虑侧倾的 MC-MPC 的横向加速度值与纵向加速度值基本稳定于 $\pm0.1g$，但是未考虑侧倾的 MPC 的横向加速度值与纵向加速度值基本稳定于 $\pm0.2g$，相对 MC-MPC 比 MPC 误差降低了 50%，整体上考虑侧倾的 MC-MPC 的横向加速度和纵向加速度比较稳定。但是在 12s 之后，未考虑侧倾的 MPC 横、纵向加速度迅速增大，行至 20s 时失控，车辆发生不稳定工况。因此，在高速、低附着系数路面行驶的情况下 MC-MPC 相比于传统的 MPC 更能适应坡道及变曲率路况。

　　从图 5-25(c)、(d) 中分析得，在约 5～12s 时两者横摆角速度和航向角的变化不大，此时车辆基本处于稳态。但是在 10～20s 间，其中横摆角速度的最大值达到 2rad/s，航向角最大值为 120°，而考虑侧倾的 MC-MPC 最大值为 0.2rad/s，相比 MPC 降低了 90%，航向角降低了 58.3%。整体上考虑侧倾的 MC-MPC 变化不大，处于稳态，但是在 20s 之后 MPC 迅速增大直至失控停车。因此，在高速行驶，低附着行驶的情况下 MC-MPC 相比于传统的 MPC 更能适应坡道及变曲率路况。

(a) 横向加速度　　　　　　　(b) 纵向加速度

(c) 横摆角速度　　　　　　　(d) 航向角

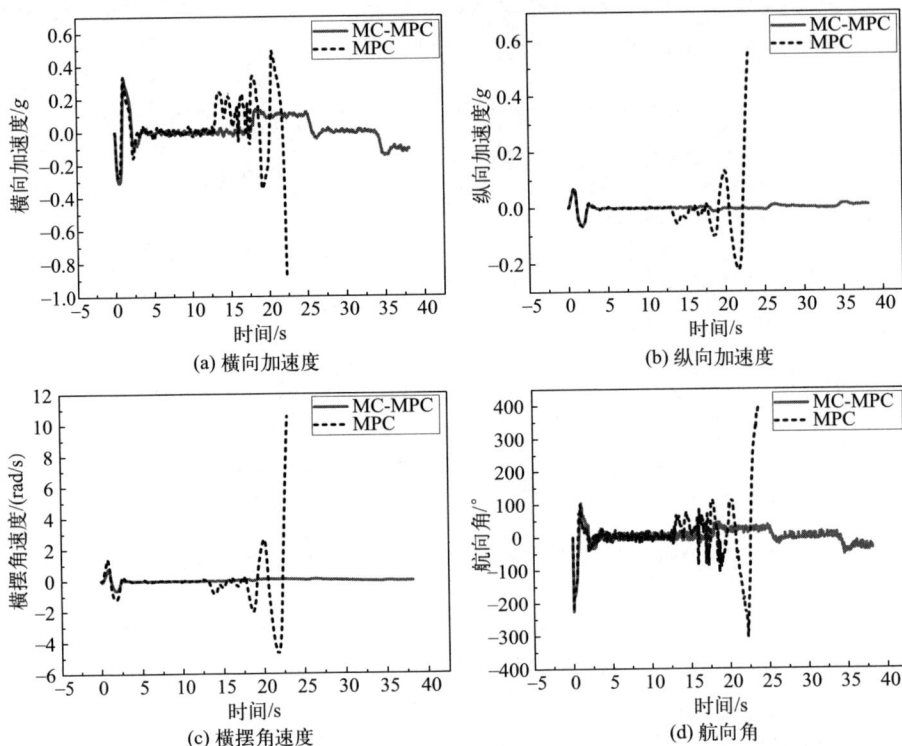

图 5-25　低附着系数坡道路况且 $v=80\mathrm{km/h}$

（2）中速状态时轨迹跟踪仿真研究

仿真参数：采样周期为 $T=0.05\mathrm{s}$，预测时域 $N_\mathrm{p}=20$，控制时域 $N_\mathrm{c}=10$，仿真时间为 40s。

设置工况：横向坡道及变曲率工况，车速为 50km/h，在道路高附着系数为 $M_\mathrm{u}=0.3$ 的条件下验证考虑侧倾的 MC-MPC 轨迹跟踪控制器的追踪性能。

测试参数如图 5-26、图 5-27 所示，包括行驶轨迹对比图、横向加速度、纵向加速度、横摆角速度、航向角。

从图 5-26 中可分析得，在高速低附着系数的坡道路面下，0～200m 之间，考虑侧倾的 MC-MPC 与参考轨迹之间也存在误差，但是相对于未考虑侧倾的 MPC 误差降低了 3%～45%。在 200m 之后两者误差都有所增大，但是考虑侧倾的 MC-MPC 相对于 MPC 误差更小。因此，在高速、低附着系数路面下，考虑侧倾的 MC-MPC 比未考虑侧倾的 MPC 更加适应坡道与变曲率路况。

从图 5-27(a)、(b) 中分析得，在 2～10s 时考虑侧倾的 MC-MPC 的横向加速度值与纵向加速度值基本稳定于 $\pm0.1g$，但是未考虑侧倾的 MPC 的横向加速度值与纵向加速度值基本稳定于 $\pm0.2g$，MC-MPC 比 MPC 误差降低了

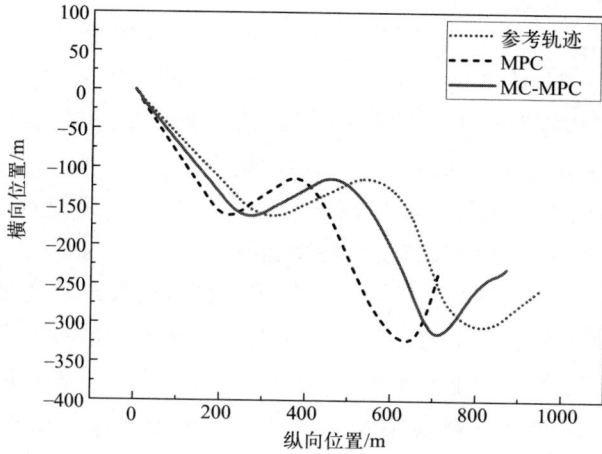

图 5-26　低附着系数坡道路况且 $v=50\text{km/h}$ 的轨迹跟踪对比图

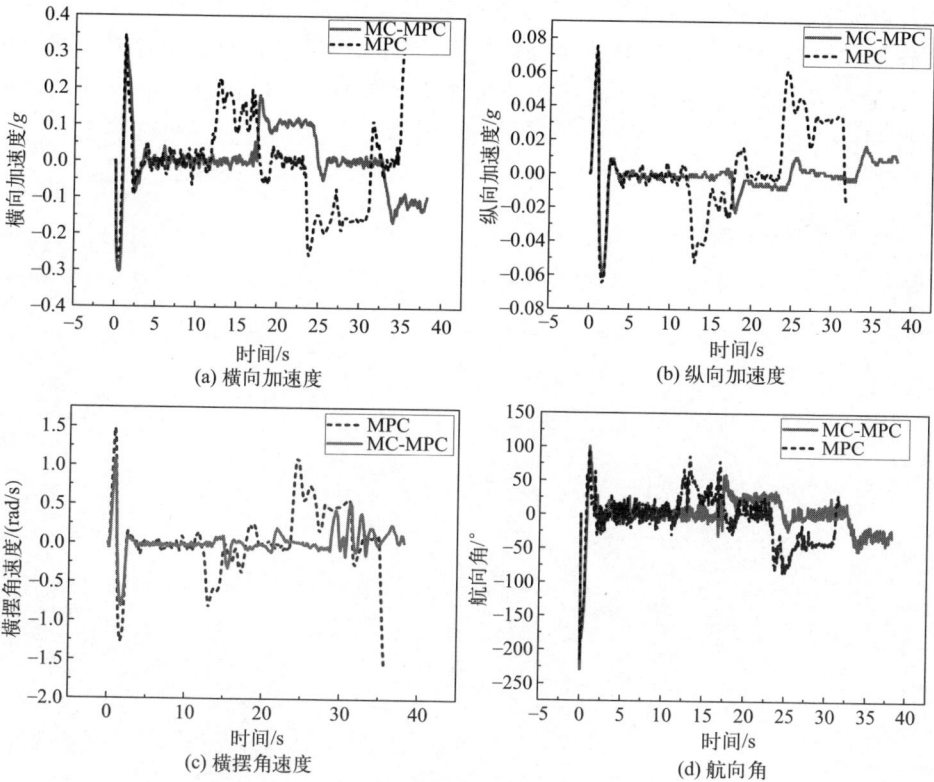

(a) 横向加速度

(b) 纵向加速度

(c) 横摆角速度

(d) 航向角

图 5-27　低附着系数坡道路况且 $v=50\text{km/h}$

50%。因此，在中高速、低附着坡道路况下 MC-MPC 相比于传统的 MPC 更能适应坡道及变曲率路况。

从图 5-27(c)、(d) 中分析得,在约 5～10s 时横摆角速度和航向角的变化不大,此时车辆基本处于稳态。但是在 10～20s 间,未考虑侧倾的传统 MPC 变化较大,其中横摆角速度的最大值达到 1.2rad/s,航向角最大值为 110°,而考虑侧倾的 MC-MPC 最大值为 0.2rad/s,相比 MPC 降低了 3％～85％,航向角降低了 5％～55％。因此,在中高速行驶,低附着坡道路况下 MC-MPC 相比于传统的 MPC 更能适应坡道及变曲率路况。

总结:建立考虑侧倾的多因素综合作用的且适应坡道及变曲率路况的车辆动力学模型,基于传统未考虑侧倾的车辆动力学模型增加考虑侧倾因素,在具有一定横向坡度角的路面上对车辆进行受力分析,增加了侧倾角、侧偏角、俯仰角等物理量,同时加入航向偏差、距离偏差两个量以适应坡道和变曲率路况。在小角度假设的情况下对动力学方程进行了简化,最终得到了多因素综合作用的且适应坡道及变曲率路况的车辆非线性状态空间方程。相比于未考虑侧倾的传统模型预测(MPC)轨迹跟踪控制器,增加考虑侧倾的多因素综合作用模型预测(MC-MPC)轨迹跟踪控制器应用于车辆进行轨迹跟踪时,能够更加适应坡道路况,同时也提高了传统未考虑侧倾的 MPC 轨迹跟踪过程中的稳定性和可行性。

第六章

汽车避撞控制系统

　　汽车主动避撞控制系统能够在汽车行驶的过程中，根据周围的环境信息，判断出可能存在发生碰撞危险的时机，首先通过预警来提醒驾驶员，如果驾驶员此时仍未及时反应，那么汽车主动避撞控制系统就会发挥作用，根据当前的道路工况有选择地执行制动或者转向来避免危险的发生。从操作方式主要分为两种，横向避撞（即主动转向避撞）或纵向避撞（即主动制动避撞）。但是实际避撞过程非常复杂与多样，仅仅依靠单一的避撞方式具有局限性，无法实现较好的避撞效果。因此通过分析横纵向的动力学耦合，研究影响横纵向运动的因素，进行横纵向耦合避撞，可以弥补独立控制对避撞效果的缺陷，提高避撞系统的鲁棒性和提升汽车的行驶稳定性。

一、碰撞预警

　　对于主动避撞系统而言，需要根据汽车当前的行驶状态和周围环境的数据，判定汽车在既定的行驶区域是否可能与其他静态或动态物体发生碰撞。若是存在碰撞的可能性，则需要首先进行避撞预警，驾驶员根据危险信息进行人为干预，并通过物理分析判定执行机构的操作方式，从而合理地避免碰撞。但由于实际道路工况的复杂性、路面附着条件的多样性，使得汽车的避撞决策较为复杂。若是驾驶员未能及时地根据危险信息作出判断，则主动避撞系统开始启动，用来补偿驾驶员干预失效，控制汽车主动避开危险，实现汽车安全行驶。

1. 汽车碰撞预警系统

汽车碰撞预警系统主要利用现代传感器技术，将获取的汽车相关的运动信息与道路情况信息传输给驾驶员，及时为驾驶员提供警报，使驾驶员能够在反应时间内及时避免交通事故的发生，如图 6-1 所示。汽车碰撞预警系统利用汽车前、后方的汽车或障碍物的信息，如主车的速度、加速度，相关车的速度、加速度，主车与相关车之间的距离等参数，采用基于安全距离的逻辑算法、基于安全时间的逻辑算法、避撞最小减速度模型、驾驶员主观感受模型、时间与距离综合模型、转向与制动协调控制模型等进行碰撞判断，做出不报警、报警、纵向避撞或横向避撞的处理。

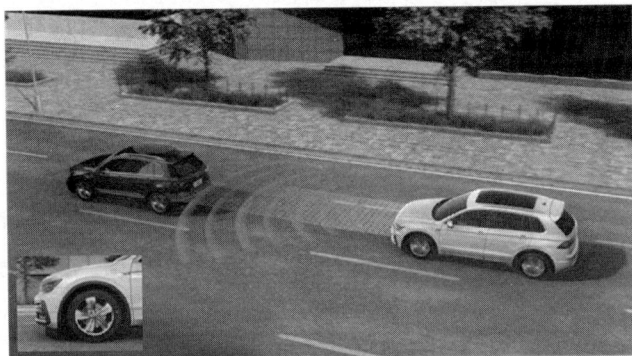

图 6-1　汽车碰撞预警系统

为了简化避撞的决策方式，一般对主动避撞系统作如下假设：

① 驾驶员对主车的运动状态不进行干预；

② 自车位于自车道，沿自车道行驶，前方无车遮挡；

③ 检测到的自车道前方有紧急风险目标时，该目标处于静止状态；

④ 采取不同避撞方式时，邻车道无危险目标进行干扰；

⑤ 当两车间距不足时，纵向避撞的优先权大于横向避撞。若是两车间距不足，纵向避撞无法实现时，则采取横向避撞。

针对以上假设条件，避撞方案可以分为三个部分：第一部分是碰撞预警，即当主车与障碍物之间的距离过小，低于设定的安全阈值时，触发安全距离预警；第二部分是纵向避撞方案和横向避撞方案，纵向避撞方案包括制动器开始发挥作用、开始制动和持续制动三个部分，决策出纵向避撞的临界避撞距离，横向避撞方案通过采用五次多项式对避撞轨迹进行拟合来实现局部横向避撞，决策出横向避撞的临界距离；第三部分是避撞决策逻辑，根据当前主车的行驶状态和前方障碍物的位置信息，决策出主车当前的避撞模式，从而控制执行机构实现避撞。

2. 碰撞时间模型

碰撞时间余量 t_{ttc}（time to collision）常常作为判断是否采取纵向避撞措施的一个判断阈值。t_{ttc} 是指两车相撞所需的时间，在定义危险制动距离时，在算法逻辑中使用 t_{ttc} 的制动距离。如果 t_{ttc} 小于系统延迟时间 T_{delay}，则驾驶员不会发出有关碰撞的警告。作为响应，系统此时自动制动。标准 t_{ttc} 模型如式(6-1) 所示：

$$t_{ttc} = d_r / v_r \tag{6-1}$$

式中，d_r 为本车与障碍物相对距离；v_r 为本车与障碍物相对速度。

由于当两车相对车速趋于 0 时，此时碰撞时间余量 t_{ttc} 趋于无穷。因此采用碰撞时间余量的倒数 t_{ttc}^{-1} 来表征驾驶员对碰撞预警的反应，如式(6-2) 所示。

$$t_{ttc}^{-1} = v_r / d_r \tag{6-2}$$

t_{ttc}^{-1} 仅仅考虑了相对速度和相对位移，对风险的估计较为单一，因此引入纵向行驶安全系数 δ 对危险等级进行划分。

3. 危险等级划分

针对主车与同车道前方出现障碍物，采用 Seungwuk Moon 提出的考虑制动临界距离 d_{br} 和路面附着系数 $f(\mu)$ 等因素的纵向行驶安全系数 δ 进行危险等级划分，表达汽车的纵向行驶安全性能，即

$$\delta = \frac{d_r - d_{br}}{d_w - d_{br}} \tag{6-3}$$

$$d_{br} = v_1 \cdot T_{delay} + f(\mu) \cdot \frac{(2v_0 - v_1)v_1}{2a_{max}}, d_w = d_{br} + v_0 \cdot T_{h,min} \tag{6-4}$$

$$f(\mu) = \begin{cases} f(\mu_{min}) & ,\mu \leqslant \mu_{min} \\ f(\mu_{min}) + \dfrac{f(\mu_{norm}) - f(\mu_{min})}{\mu_{norm} - \mu_{min}}(\mu - \mu_{min}) & ,\mu_{min} < \mu < \mu_{norm} \\ f(\mu_{norm}) & ,\mu_{norm} \leqslant \mu \end{cases} \tag{6-5}$$

$$f(\mu_{norm}) = 1/\eta, f(\mu_{min}) = \frac{\mu_{norm}}{\eta} \cdot \mu_{min} \tag{6-6}$$

式中，d_r 为本车与障碍物的相对距离；d_{br} 为制动临界距离；d_w 为警告临界距离；T_{delay} 为系统延迟时间；$f(\mu)$ 为路面附着系数的函数；a_{max} 为最

大制动减速度；$T_{h,min}$ 为最小车时距；v_0 为本车速度；v_1 为障碍物速度；μ 为路面附着系数；μ_{norm} 为良好附着路面系数；μ_{min} 为冰雪路面附着系数；η 为制动效率。$\eta=0.8$，$a_{max}=0.8g$。

纵向行驶安全系数 δ 表征了两车相对距离相对于警告临界距离的比值，δ 越大，意味着两车相对车距越大，即留给制动避撞的距离就越长，纵向避撞的安全性越高，反之，则安全性越低。纵向行驶安全系数 δ 的等级划分如表 6-1 所示。

表 6-1　纵向行驶安全系数 δ 的等级划分

δ	条件	等级
$\delta>1$	$d_r>d_w$	安全
$\delta=1$	$d_r=d_w$	警告
$\delta<1$	$d_r<d_w$	危险

二、汽车纵向和横向避撞方案

1. 纵向避撞方案

假设主车以恒定车速 v_0 从当前时刻开始制动减速，一般情况下，在驾驶员未介入的情况下，制动的过程主要包括感知到预警信号后制动器起作用和持续制动两个过程，如图 6-2 所示。

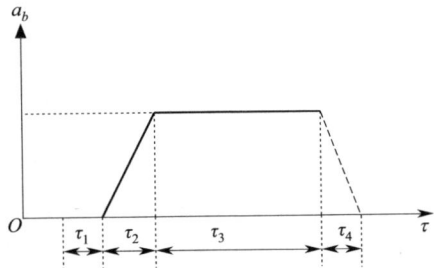

图 6-2　汽车制动过程

当汽车感知预警信号之后，制动器起作用的时间为 τ_1。在 τ_1 时间段内，汽车驶过的距离为：

$$s_1=v_0\tau_1 \tag{6-7}$$

式中，v_0 为起始制动车速。

在制动器发挥作用的时间即 τ_2 时间段内，制动减速度 a_b 线性增长，即有：

$$\frac{dv}{d\tau}=k\tau \tag{6-8}$$

式中

$$k=-\frac{a_{bmax}}{\tau_1}$$

因此

$$\int dv=\int k\tau d\tau \tag{6-9}$$

求解积分等式。初始时，$v=v_0$，因此：

$$v = v_0 + \frac{1}{2}k\tau^2 \qquad (6\text{-}10)$$

则在 τ_2 时间段结束时的车速为：

$$v_e = v_0 + \frac{1}{2}k\tau_2^2 \qquad (6\text{-}11)$$

又因为 $\qquad\qquad \dfrac{\mathrm{d}s}{\mathrm{d}\tau} = v_0 + \dfrac{1}{2}k\tau^2$

因此 $\qquad\qquad \displaystyle\int \mathrm{d}s = \int \left(v_0 + \frac{1}{2}k\tau^2\right)\mathrm{d}\tau \qquad (6\text{-}12)$

求解积分等式。初始时，$s = 0$，因此：

$$s = v_0\tau + \frac{1}{6}k\tau^3 \qquad (6\text{-}13)$$

$\tau = \tau_2$ 时的距离为：

$$s_2 = v_0\tau_2 - \frac{1}{6}a_{\text{bmax}}\tau_2^2 \qquad (6\text{-}14)$$

因此，在 τ_2 时间段内的制动距离为：

$$s_2' = s_1 + s_2 = v_0\tau_1 + v_0\tau_2 - \frac{1}{6}a_{\text{bmax}}\tau_2^2 \qquad (6\text{-}15)$$

在持续制动阶段，汽车以 a_{bmax} 做匀减速运动，其初速度为 v_e，末速度为 0，因此：

$$s_3 = v_e^2/2a_{\text{bmax}} \qquad (6\text{-}16)$$

将 v_e 值代入得：

$$s_3 = \frac{v_0^2}{2a_{\text{bmax}}} - \frac{v_0\tau_1}{2} + \frac{a_{\text{bmax}}\tau_1^2}{8} \qquad (6\text{-}17)$$

因此汽车总的制动距离为

$$s_c = s_3 + s_2' = (\tau_1 + \tau_2)v_0 + \frac{v_0^2}{2a_{\text{bmax}}} - \frac{a_{\text{bmax}}\tau_2^2}{24} \qquad (6\text{-}18)$$

由于制动器发挥作用的时间非常小，即 τ_2 非常小，因此略去 $\dfrac{a_{\text{bmax}}\tau_2^2}{24}$ 项，且车速的单位为 km/h，则主车行驶的纵向距离 s_e 为：

$$s_e = \frac{1}{3.6}\left(\tau_1 + \frac{\tau_2}{2}\right)v_0 + \frac{v_0^2}{25.92a_{\text{bmax}}} \qquad (6\text{-}19)$$

一般情况下，$\tau_1 + \tau_2$ 时间在 $0.2 \sim 0.9\text{s}$ 之间，由于制动器制动的时间不仅取决于驾驶员踩踏板的速度，而且受制动系结构形式的影响，制动系选择真空助力制动系，因此 $\tau_1 + \tau_2$ 取 0.4s，a_{bmax} 为最大制动减速度，此处取 $0.8g$，v_0 为汽车的初始速度。

根据前面的假设条件，仅研究障碍物静止的状态。因此，纵向避撞的临界距离 s_{cbd} 为：

$$s_{cbd}=s_e+d_0 \tag{6-20}$$

式中，d_0 为最小停车距离。

2. 横向避撞方案

当主车与障碍物的相对距离小于主车的纵向避撞临界距离 s_{cbd} 时，此时纵向避撞距离不足，则汽车采取横向避撞方案。横向避撞主要分为两大类：跟踪某条固定车道的轨迹跟踪行为和从一条车道进入另一条车道的轨迹改变行为。此处的横向避撞只讨论对固定车道上静止障碍物的局部避撞，即对轨迹进行局部规划和对规划轨迹进行跟踪。

多项式函数的轨迹规划法具有实时性好、精度高的特点，并且是一元五次多项式，其曲率连续、起始点处的曲率为 0，起始点处的位移、速度和加速度曲线平滑且无突变，符合汽车局部避撞的轨迹要求，保证了避撞结束后道路线平行，同时满足乘员舒适性的要求。因此对前方静止障碍物的局部避撞轨迹采用一元五次多项式进行拟合。

一元五次多项式的局部避撞路径为式(6-21)：

$$y=f(x_{steer})=c_0+c_1 x_{streer}+c_2 x_{steer}^2+c_3 x_{steer}^3+c_4 x_{steer}^4+c_5 x_{steer}^5 \tag{6-21}$$

式中，x_{steer} 为汽车的纵向位移；y 为汽车的横向位移；c_i $(i=0, 1, \cdots, 5)$ 为一元五次多项式的系数。

横向位移 y 对纵向位移 x 的一阶和二阶导数如式(6-22)、式(6-23) 所示：

$$y'=f'(x_{steer})=c_1+2c_2 x_{steer}+3c_3 x_{steer}^2+4c_4 x_{steer}^3+5c_5 x_{steer}^4 \tag{6-22}$$

$$y''=f''(x_{steer})=2c_2+6c_3 x_{steer}+12c_4 x_{steer}^2+20c_5 x_{steer}^3 \tag{6-23}$$

设汽车横向避撞时起点到终点的纵向距离为 x_e，横向距离为 y_e。为保证避撞完成之后，与车道线平行，则起点与终点满足的约束关系如下所示。

起点、终点和曲率约束：$f(x_0)=0$；$f(x_e)=y_e$；$f'(x_0)=f'(x_e)=0$。

汽车的航向角约束：$\theta(0)=\theta(x_e)=\dot{\theta}(0)=\dot{\theta}(x_e)=0$。

横向加速度约束：$f''(x_0)=f''(x_e)=0$。

将起点和曲率约束 $f(x_0)=f'(x_0)=f'(x_e)=0$ 代入式(6-21) 中得：

$$c_0=c_1=c_2=0$$

此时有：
$$\begin{cases} c_3 x_e^3+c_4 x_e^4+c_5 x_e^5=y_e \\ 3c_3 x_e^2+4c_4 x_e^3+5c_5 x_e^4=0 \\ 6c_3 x_e+12c_4 x_e^2+20c_5 x_e^3=0 \end{cases} \tag{6-24}$$

$$\begin{cases} \dfrac{c_3}{x_e^2}+\dfrac{c_4}{x_e}+c_5=\dfrac{y_e}{x_e^5} \\[3mm] \dfrac{3c_3}{x_e^2}+\dfrac{4c_4}{x_e}+5c_5=0 \\[3mm] \dfrac{6c_3}{x_e^2}+\dfrac{12c_4}{x_e}+20c_5=0 \end{cases}$$

由式(6-24) 得：

$$c_5=6y_e/x_e^5 \tag{6-25}$$

将式(6-25) 代入式(6-23) 得：

$$c_3=10y_e/x_e^3，c_4=-15y_e/x_e^4 \tag{6-26}$$

最后得到一元五次多项式拟合的轨迹为式(6-27)：

$$y=f(x)=10\frac{y_e}{x_e^3}x_{steer}^3-15\frac{y_e}{x_e^4}x_{steer}^4+6\frac{y_e}{x_e^5}x_{steer}^5 \tag{6-27}$$

假设主车速度为 v_0，障碍物宽度为 B，则汽车与前方障碍物不发生碰撞的条件是，汽车外侧前角的横向位移等于前车或障碍物的宽度 B，即：

$$B=10\frac{y_e}{x_e^3}x_{steer}^3-15\frac{y_e}{x_e^4}x_{steer}^4+6\frac{y_e}{x_e^5}x_{steer}^5 \tag{6-28}$$

由 B 可得到在当前轨迹下横向避撞时所需的最短纵向距离 x_{steer}，即为横向避撞的临界条件。

三、横纵向避撞决策逻辑

避撞决策逻辑的原则是在驾驶员未干预的情况下，当汽车检测到当前道路前方存在障碍物时，首先进行危险等级的预警，其次采取纵向避撞优先的原则，若是纵向避撞无法实现，则实行横向避撞控制，从而来保证汽车的安全性。具体的避撞过程如图 6-3 所示。

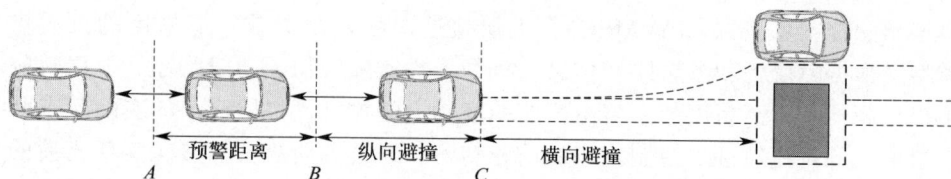

图 6-3　避撞过程

图 6-3 中，A 点为避撞触发点，B 点为纵向避撞的临界点，C 点为横向避撞的临界点。

由警告临界距离 d_w，纵、横向避撞方案所得到的纵向避撞临界距离 s_{cbd} 和横向避撞临界距离 x_{steer} 可得避撞控制逻辑如表 6-2 所示。

表 6-2　避撞控制逻辑

避撞条件	避撞方式
$s_{cbd} < d_r < d_w$	避撞触发
$x_{steer} < d_r < s_{cbd}$	纵向避撞
$d_r < x_{steer}$	横向避撞/（横纵向耦合避撞）

当主车与障碍物之间的距离 d_r 大于纵向避撞临界距离 d_w 而小于警告临界距离 s_{cbd} 时，即 $s_{cbd} < d_r < d_w$。根据危险等级的划分，此时处于危险状态，避撞方案启动。

当主车与障碍物之间的相对距离 d_r 大于横向避撞的临界距离 x_{steer} 而小于纵向避撞的临界距离 s_{cbd}，即 $x_{steer} < d_r < s_{cbd}$ 时，实行纵向避撞。

当主车与障碍物之间的相对距离 d_r 小于横向避撞的临界距离 x_{steer} 时，即 $d_r < x_{steer}$ 时，此时采用横向避撞。

由于汽车的主动避撞系统是一个基于多学科交叉的领域，道路与行驶环境的复杂性导致横、纵向避撞决策过程考虑的因素较多。因此为了简化避撞过程，研究仅对 $d_r < x_{steer}$ 时横向避撞的情况进行研究。同时针对纵向运动因素对横向避撞的影响，考虑横纵向耦合关系提高汽车横向避撞的效果。

第二节　汽车横向主动避撞控制系统

汽车的横向主动避撞主要是指转向避撞，主要包括避撞路径规划和避撞路径跟踪。避撞路径规划是指汽车根据给定的参考轨迹和前方障碍物的位置信息和运动信息规划出一条躲避前方障碍物的期望路径，而避撞路径跟踪则是对规划出的期望路径通过控制汽车的执行机构来实现小误差的跟踪，常用线性时变模型预测控制算法（LTV MPC）。上层轨迹规划控制器基于低精度的点质量模型，根据障碍物和参考路径信息，规划出规避障碍物的期望路径。下层轨迹跟踪控制器基于高精度的三自由度非线性动力学模型，根据汽车的实际状态和上层输入的避撞轨迹，控制汽车的前轮转角，通过方向盘主动转向实现避撞的同时，实现对避撞轨迹的跟踪。

一、横向主动避撞控制系统设计

横向主动避撞的总体结构如图 6-4 所示，其中上层轨迹规划器根据障碍物的位置信息和汽车的当前状态，并通过 LTV MPC 算法规划出局部的参考轨迹，下层轨迹跟踪控制器对避撞轨迹进行跟踪，实现对输出量前轮转角的控制。

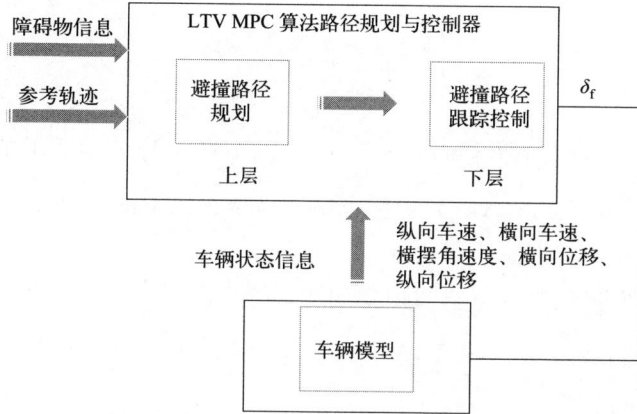

图 6-4　横向主动避撞总体结构

二、上层路径规划控制器设计

1. 低精度的点质量模型

由于避撞路径规划器中对汽车的实时性和鲁棒性要求比较高，为了减少动力学约束的复杂程度，在路径规划层忽略车身尺寸，将汽车-轮胎模型进行简化，得到如图 6-5 所示的低精度的点质量模型。该模型考虑了汽车的侧向受力，并且将约束条件转换为加速度圆。相比较一般的汽车二自由度模型而言，极大地降低了计算量和非线性动力学模型的复杂性。

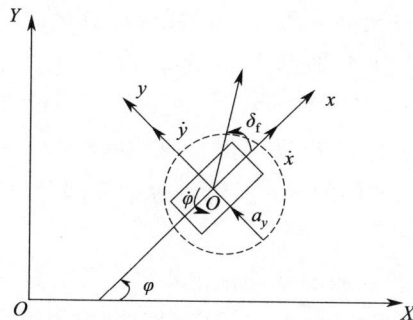

图 6-5　低精度的点质量模型

简化后的点质量模型方程为如式(6-29)：

$$\begin{cases} \ddot{y} = a_y \\ \ddot{x} = 0 \\ \dot{\varphi} = a_y / \dot{x} \\ \dot{Y} = \dot{x}\sin\varphi + \dot{y}\cos\varphi \\ \dot{X} = \dot{x}\cos\varphi - \dot{y}\sin\varphi \end{cases} \quad (6\text{-}29)$$

式中，XOY 为大地坐标系；$\ddot{x}$、$\ddot{y}$ 为汽车在车身坐标系下的纵、横向加速度；φ 为汽车横摆角；$\dot{X}$、$\dot{Y}$ 为汽车在大地坐标系下的纵、横向速度；a_y 为汽车纵向加速度；$\dot{\varphi}$ 为横摆角速度。

将上述模型转化为状态空间模型如式（6-30）：

状态量：$\dot{\boldsymbol{\xi}}_{\text{dyn}} = [y, \dot{x}, \varphi, Y, X]^{\text{T}}$

控制量：$\boldsymbol{u}_{\text{dyn}} = \delta_{\text{f}}$

输出量：$\boldsymbol{\eta}_{\text{dyn}} = [\varphi, Y]$ (6-30)

则状态空间方程为式（6-31）：

$$\dot{\boldsymbol{\xi}}_{\text{pmm}} = f_{\text{pmm}}(\boldsymbol{\xi}_{\text{pmm}}, \boldsymbol{u}_{\text{pmm}}) \quad (6\text{-}31)$$

2. LTV MPC 算法实现过程

（1）LTV MPC 算法的基本理论

对汽车的控制问题一般是基于汽车多自由度非线性的动力学模型，要求在线的实时控制，但非线性模型和复杂的非线性约束增加了非线性模型预测控制的求解难度，并且由于非线性模型预测控制算法很难保证在线的实时控制，并不适用求解多自由度、非线性系统问题，因此需要将非线性系统线性化，即采用线性模型预测控制算法进行求解，从而减少运算量。

线性化系统根据其是否随时间变化的特点可以分为线性时不变系统（LTI）和线性时变系统（LTV）。由于线性时不变系统在高速下的控制误差比较大，无法获得满意的控制效果，因此采用线性时变模型预测控制方法（LTV MPC），其基本原理如图 6-6 所示，包括 3 部分：预测模型、滚动优化、反馈校正。

预测模型：作为模型预测的基础，主要根据历史输入信息和未来输入信息预测未来的输出，以线性时变状态空间模型作为预测模型。相比非线性模型预测控制，其最大的优点是基于矩阵计算，无须进行非线性进行线性化的分析，使得计算的复杂性降低，实时性增强。

滚动优化：线性时变模型预测控制采用一个滚动式的有限时域优化策略，

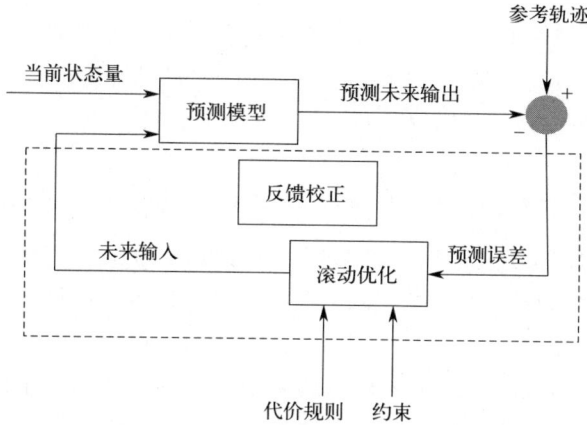

图 6-6　LTV MPC 的基本原理

即在每一个采样时刻，根据该时刻下的优化性能指标，求解该时刻起有限时段里面的最优控制率。下一个采样时刻又重新来获取最优控制率，求解下一个时段的最优控制率，即优化的过程不是一次离线完成的，而是反复在线进行的。可以通过代价规则与约束条件对预测路径与给定的参考路径的偏差进行滚动优化，获得最优控制序列，并不断地在预测时域内进行预测输出。

反馈校正：在预测模型的过程当中，实际上是存在非线性、时变、模型失配和外部干扰等不确定因素的。因此，在不确定因素的影响下，采用预测控制进行过程的输出值的预估，只是一种理想的方式，结果会使得实际控制偏离理想状态。在预测控制当中，以模型的预测误差，即通过预测输出的测量值与模型的预估值进行比较，然后利用预测误差校正模型的预测值，从而得到更准确的预测值。因此由模型＋反馈校正的过程，使预测控制具有很强的抗干扰能力，能够对预测输出进行修正，使滚动优化不但基于模型，而且利用了反馈信息形成闭环的反馈控制。

（2）预测方程

由于式(6-31)为非线性方程，因此根据 LTV MPC 算法，采用近似线性化和近似离散化的方法，将非线性连续系统转化为线性离散系统。

首先对式(6-31)进行近似线性化处理，即在任意点（$\boldsymbol{\xi}_{\mathrm{pmm}}$，$\boldsymbol{u}_{\mathrm{pmm}}$）处进行泰勒展开，只保留一阶项，忽略高阶项得到线性化状态空间模型为式(6-32)：

$$\dot{\boldsymbol{\xi}}_{\mathrm{pmm}}=\boldsymbol{A}_{\mathrm{pmm}}(t)\boldsymbol{\xi}_{\mathrm{pmm}}(t)+\boldsymbol{B}_{\mathrm{pmm}}(t)\boldsymbol{u}_{\mathrm{pmm}}(t) \tag{6-32}$$

然后对式(6-32)采用一阶差商的方法进行近似离散化处理，得到离散的状态空间表达式式(6-33)：

$$\dot{\boldsymbol{\xi}}_{\mathrm{pmm}}(k+1)=\boldsymbol{A}_{\mathrm{pmm}}(k)\boldsymbol{\xi}_{\mathrm{pmm}}(k)+\boldsymbol{B}_{\mathrm{pmm}}(k)\boldsymbol{u}_{\mathrm{pmm}}(k) \tag{6-33}$$

（3）优化求解

为了减小 LTV MPC 预测模型的输出路径与给定参考路径之间的误差，需要根据代价规则与约束条件，对式(6-34) 所示的目标函数进行优化。

$$J\left[\boldsymbol{\xi}_{\mathrm{dyn}}(t),\boldsymbol{u}_{\mathrm{dyn}}(t-1),\Delta\boldsymbol{U}_{\mathrm{dyn}}(t)\right]$$

$$=\min\sum_{i=1}^{N_{\mathrm{P}}}\|\boldsymbol{\eta}(t+i/t)-\boldsymbol{\eta}_{\mathrm{ref}}(t+i)\|_{\boldsymbol{Q}}^{2}+\sum_{i=1}^{N_{\mathrm{c}}-1}\|\Delta\boldsymbol{u}(t+i/t)\|_{\boldsymbol{R}}^{2}+\boldsymbol{\rho}\varepsilon^{2} \tag{6-34}$$

式中，$\boldsymbol{Q}$、$\boldsymbol{R}$ 为权重矩阵；$\boldsymbol{\rho}$ 为权重系数；ε 为松弛因子；N_{P} 为预测时域；N_{c} 为控制时域；t 为预测时间，$\Delta\boldsymbol{U}_{\mathrm{dyn}}$ 为控制输入增量。

（4）约束条件的建立

经横向跟踪测试能力试验可得，约束条件中的具体的约束值为：

控制量即前轮转角约束：$-25^{\circ}\leqslant\delta\leqslant25^{\circ}$；

控制增量即前轮偏角增量约束：$-0.47^{\circ}\leqslant\Delta\delta\leqslant0.47^{\circ}$；

质心侧偏角约束：$-12^{\circ}\leqslant\beta\leqslant12^{\circ}$（良好路面），$-2^{\circ}\leqslant\beta\leqslant2^{\circ}$（冰雪路面）；

地面附着条件约束：$|a_{y}|\leqslant\mu g$；

轮胎侧偏角约束：$-2.5<\alpha_{\mathrm{f,r}}<2.5$。

其中，δ 为前轮转角；$\Delta\delta$ 为前轮转角增量；β 为质心侧偏角；a_{y} 为横向加速度；μ 为路面附着系数；$\alpha_{\mathrm{f,r}}$ 为前后轮胎侧偏角。

最后是惩罚函数的建立。为了减小轨迹规划过程中的计算量，汽车在横向避撞过程中，假设前方障碍物是静态的，且将障碍物进行膨胀处理，即简化为方块的形式。为此引入惩罚函数 $J_{\mathrm{obs},i}$ 如式(6-35)，用障碍物点和目标点的偏差来调节函数值大小，从而减小预测轨迹与参考轨迹的误差。

$$J_{\mathrm{obs},i}=\frac{\boldsymbol{S}_{\mathrm{obs}}v_{i}}{(\boldsymbol{x}_{i}-\boldsymbol{x}_{0})^{2}+(\boldsymbol{y}_{i}-\boldsymbol{y}_{0})^{2}+\zeta} \tag{6-35}$$

式中，$\boldsymbol{S}_{\mathrm{obs}}$ 为权重系数；(x_{i},y_{i}) 为障碍物点在车身坐标系下的位置坐标；(x_{0},y_{0}) 为车身质心坐标；ζ 取 0.001。函数值随 S_{obs} 变化的情况如图 6-7～图 6-9 所示。

由图 6-7、图 6-8、图 6-9 可知，当目标点与障碍物点的距离偏差不变时，随着权重系数 S_{obs} 由 1、10、100 逐渐升高，$J_{\mathrm{obs},i}$ 的函数值越大，预测轨迹与参考轨迹之间的误差越大，规划出的避撞轨迹结果更加保守。但 S_{obs} 太小，无法保证能有效实现避撞效果。选取权重系数 $S_{\mathrm{obs}}=10$，既可以保证避撞效果，又可以减小预测轨迹与参考轨迹之间的误差。

3. 局部避撞路径规划结果分析

在汽车横向避撞的测试中，使用较频繁的测试路段是更符合避撞场景的双移线工况，道路设置参考线行驶试验规程的国际标准《ISO 3888：乘用车车道

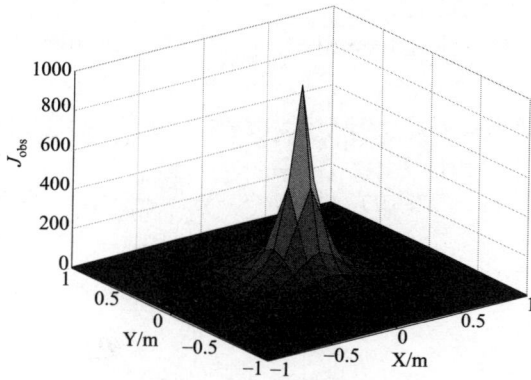

图 6-7　$S_{obs}=1$

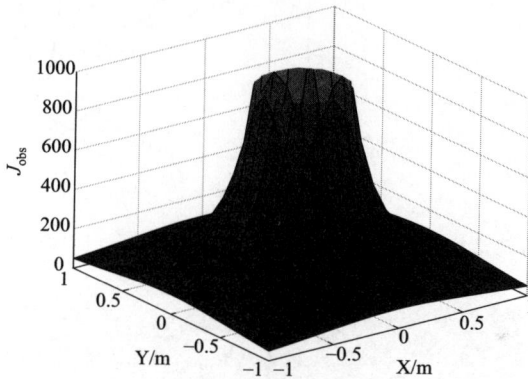

图 6-8　$S_{obs}=10$

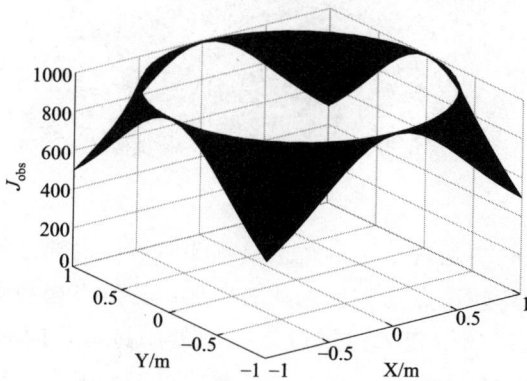

图 6-9　$S_{obs}=100$

急剧改变操纵试验车道》，道路数据如图 6-10、图 6-11 所示，由参考横向位移 Y_{ref} 和参考横摆角 ϕ_{ref} 构成，Y_{ref}、ϕ_{ref} 都表示为纵向位置 x 的函数，具体表达式如式（6-36），参考路径如图 6-12 所示。

$$Y_{\text{ref}} = \frac{d_{y1}}{2}\left[1 + \tanh(z_1)\right] - \frac{d_{y2}}{2}\left[1 + \tanh(z_2)\right]$$

$$\varphi_{\text{ref}} = \arctan\left[d_{y1}\frac{1}{\cosh(z_1)}\right]\frac{1.2}{d_{x1}} - d_{y2}\left[\frac{1}{\cosh(z_2)}\right]^2\frac{1.2}{d_{x2}} \quad (6\text{-}36)$$

式中，$z_1 = \frac{2.4}{25}(x - 27.19) - 1.2$；$z_2 = \frac{2.4}{21.95}(x - 56.46) - 1.2$；$d_{x1} =$ 25；$d_{x2} = 21.95$；$d_{y1} = 0.45$；$d_{y2} = 5.7$。

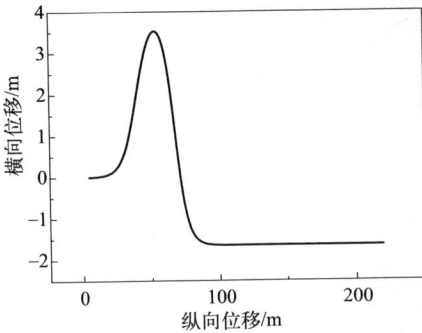

图 6-10　参考轨迹横向位移

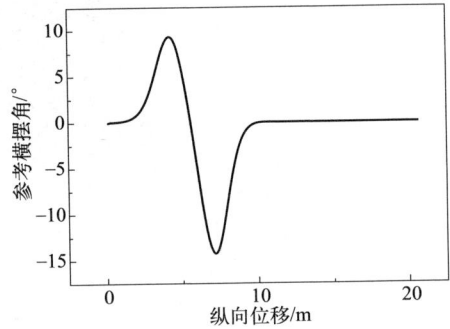

图 6-11　参考轨迹横摆角

图 6-12　参考路径

由于 LTV MPC 算法规划出的轨迹是预测时域内的离散的点，随着预测时域的增加，局部参考轨迹点的数量也随之增加。若是将这些参考点直接输入控制层，增加了控制层的负担，占用过多控制器的接口，同时削弱算法运行时间，不利于控制器的优化设计，需要对离散的点进行拟合处理，保证规划层和控制层的顺利对接。由于避撞结束之后汽车要回到本车道，曲线拟合之后需要保证起点、终点和曲率约束，同时要求拟合过程简单、拟合效果良好，从而保证避撞效果的准确性以及避撞的实时性。因此可以采用一元五次多项式对离散点进行拟合，如式（6-37）所示：

$$Y = a_0 t^5 + a_1 t^4 + a_2 t^3 + a_4 t + a_5$$

$$\phi = b_0 t^5 + b_1 t^4 + b_2 t^3 + b_3 t^2 + b_4 t + b_5 \tag{6-37}$$

式中，$a_m \in [a_0, a_1, a_2, a_3, a_4, a_5]$，$b_m \in [b_0, b_1, b_2, b_3, b_4, b_5]$为一元五次多项式的待定系数，$m = 0$、1、2、3、4、5。

设规划层的预测时域 $N_P = 16$，对参考的横向位移和参考横摆角拟合后的结果如图 6-13 和图 6-14 所示，黑方块为轨迹规划算法在预测时域内规划出的离散点，曲线为拟合后的轨迹曲线。

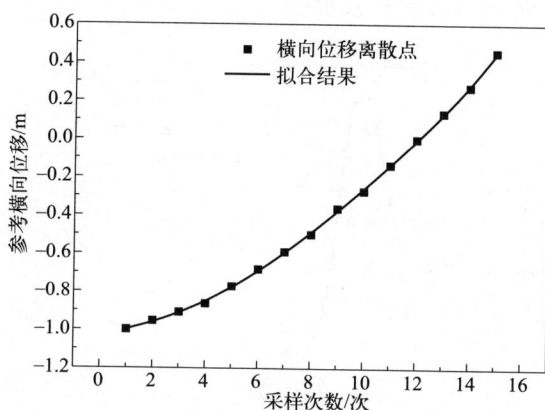

图 6-13 参考横向位置拟合结果

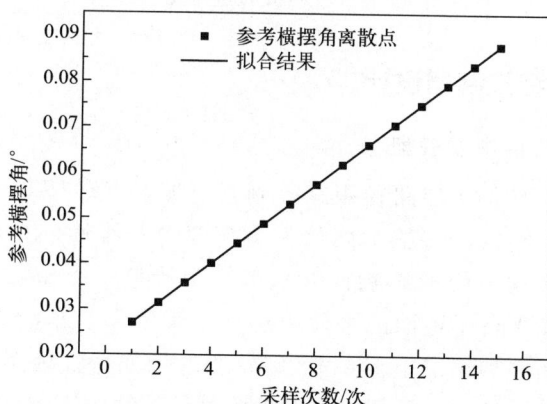

图 6-14 参考横摆角拟合结果

由图 6-13 和图 6-14 可知，在预测时域内，一元五次多项式较准确的实现了对上层局部规划层离散点的拟合，拟合质量较好，拟合精度较高，未出现欠拟合和过拟合的情况。当参考轨迹前方出现的静止障碍物位置的坐标为（80，0.5）、（80，1）、（82.5，0.5）、（82.5，1）、（85，0.5）、（85，1）时，以式（6-37）所规定的双移线作为参考轨迹，实际轨迹规划的结果如图 6-15

所示。

曲线拟合是对离散点处理的主要方式，并不要求拟合曲线必须经过数据点，只要求拟合的曲线合理的反应数据的基本趋势即可。由于幂指数拟合方法具有效果好和适应性强的优点，能同时模拟正态和非正态分布，是较常采用的离散点的拟合方式之一。如图 6-15 所示，与参考轨迹相比，其跟踪误差为30.1%。而用五次多项式拟合的轨迹在满足避撞效果的同时，各点的位移、曲率曲线连续且光滑，能更好地跟踪参考轨迹，跟踪误差为 3%。因此五次多项式拟合更符合局部避撞路径规划要求。

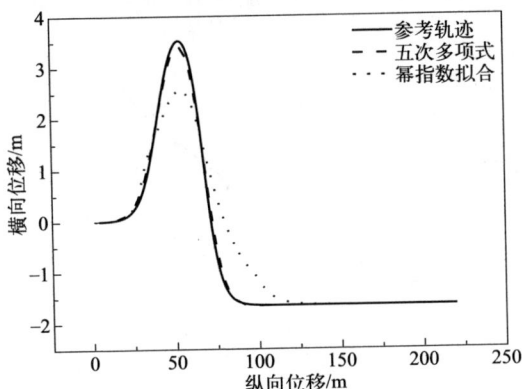

图 6-15　行驶轨迹对比

三、下层路径跟踪控制器设计

1. 高精度的三自由度模型

基于 LTV MPC 的下层路径跟踪控制器参照某前轮驱动 C 级车，为了便于分析路径跟踪控制器，将整车简化为高精度的非线性三自由度模型进行分析，分析中忽略转向系统的影响：以汽车前轮转角作为输入；忽略悬架的作用，仅考虑汽车在平行于地面的平面中运动；假设牵引车沿 X 轴的前进速度保持不变；假设横向加速度小于 $0.4g$ 则轮胎的侧偏特性处于线性范围内；假设驱动力不大，即不考虑地面切向力对轮胎侧偏特性的影响，轮胎处于线性范围内；忽略空气阻力的影响；忽略左、右车轮轮胎特性因负载变化和轮胎回正力矩的影响而变化；此时平面运动的汽车仅具有 3 个方向的运动，即纵向、横向和横摆运动，如图 6-16 所示。

图 6-16 中，XOY 为车身坐标系，F_{lf}、F_{lr} 为前、后轮胎受到的纵向力，F_{cf}、F_{cr} 为前、后轮胎受到的侧向力，F_{xf}、F_{xr} 为前、后轮胎受到的 x 方向上的力，F_{yf}、F_{yr} 为前、后轮胎受到的 y 方向上的力，yox 为大地坐标系，

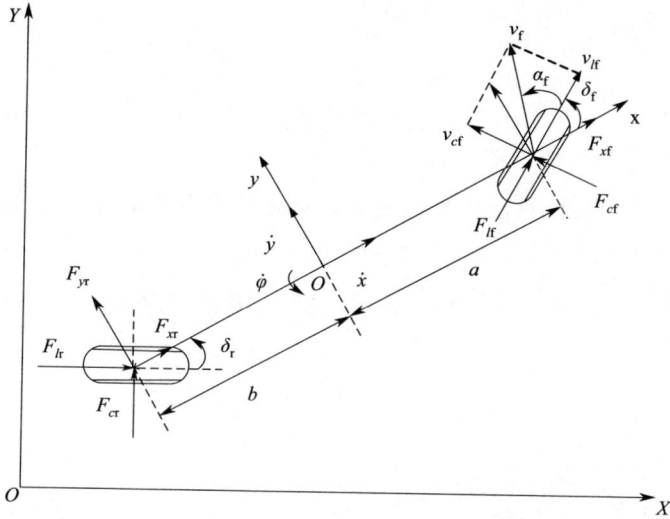

图 6-16 三自由度汽车模型

a、b 为质心到前、后轴的距离，m 为汽车整备质量，I_z 为汽车绕 z 轴的转动惯量，α_f 为前轮轮胎的侧偏角，$\dot{y}$ 为横向速度，$\dot{\varphi}$ 为横摆角速度。

根据牛顿第二定律，分别得沿 x 轴、y 轴和绕 z 轴的受力平衡方程，如式(6-38) 所示：

x 轴：$m\ddot{x}=m\dot{y}\dot{\varphi}+2F_{xf}+2F_{xr}$

y 轴：$m\ddot{y}=-m\dot{x}\dot{\varphi}+2F_{yf}+2F_{yr}$

z 轴：$I_z\ddot{\varphi}=2aF_{yf}-2bF_{yr}$

$$(6-38)$$

轮胎在 x 轴、y 轴上的受力平衡方程，如式(6-39) 所示：

x 轴：$F_{xf}=F_{lf}\cos\delta_f-F_{cf}\sin\delta_f$，$F_{xr}=F_{lr}\cos\delta_r-F_{cr}\cos\delta_f$

y 轴：$F_{yf}=F_{lf}\sin\delta_f+F_{cf}\cos\delta_f$，$F_{yr}=F_{lr}\sin\delta_r+F_{cr}\cos\delta_f$ $\qquad(6-39)$

此处对模型进行小角度假设，即对前轮偏角、前后轮胎侧偏角满足如式(6-40) 近似关系：

$$\cos\theta\approx1, \sin\theta\approx\tan\theta\approx\theta \qquad(6-40)$$

同时对轮胎进行线性假设，即当侧向加速度约束为 $a_y \leqslant 0.4g$ 时，轮胎力可用线性函数进行描述，此时轮胎的侧向力、纵向力如式(6-41)、式(6-42) 所示：

侧向力：$F_{cf}=C_{cf}\left(\delta_f-\dfrac{\dot{y}+a\dot{\varphi}}{\dot{x}}\right)$，$F_{cr}=C_{cr}\dfrac{b\dot{\varphi}-\dot{y}}{\dot{x}}$ $\qquad(6-41)$

纵向力：$F_{lf}=C_{lf}s_f$，$F_{lr}=C_{lf}s_r$ $\qquad(6-42)$

结合上式得，非线性三自由度汽车-轮胎模型的状态空间模型为式(6-43)。

状态量：$\dot{\boldsymbol{\xi}}_{\mathrm{dyn}}=[y,\dot{x},\phi,\dot{\phi},Y,X]$

控制量：$\boldsymbol{u}_{\mathrm{dyn}}=\delta_{\mathrm{f}}$

输出量：$\boldsymbol{\eta}_{\mathrm{dyn}}=[\phi,Y]$

(6-43)

2. 避撞路径跟踪控制器设计

采用与 LTV MPC 算法中近似线性化和近似离散化的方法，得到线性离散状态方程（6-44）：

$$\dot{\boldsymbol{\xi}}_{\mathrm{dyn}}(k+1)=\boldsymbol{A}_{\mathrm{dyn}}(k)\boldsymbol{\xi}_{\mathrm{dyn}}(k)+\boldsymbol{B}_{\mathrm{dyn}}(k)\boldsymbol{u}_{\mathrm{dyn}}(k)$$ (6-44)

式中，

$$\boldsymbol{B}_{\mathrm{dyn}}(k)=T\frac{\partial f_{\mathrm{dyn}}}{\partial u_{\mathrm{dyn}}}\bigg|_{\xi_k,u_k}=$$

$$T\left[\frac{2C_{cf}}{m},\frac{2C_{cf}\left(2\delta_{\mathrm{f},k-1}-\dfrac{\dot{y}_k+a\dot{\varphi}_k}{\dot{x}_k}\right)}{m},0,\frac{2aC_{cf}}{I_Z},0,0\right],\boldsymbol{A}_{\mathrm{dyn}}(k)=\boldsymbol{I}+T\frac{\partial f_{\mathrm{dyn}}}{\partial\boldsymbol{\xi}_{\mathrm{dyn}}}\bigg|_{\xi_k,u_k}$$

其中，

$$\frac{\partial f_{\dot{y}}}{\partial\dot{x}}=[2C_{cf}(\dot{y}_{\mathrm{r}}+a\dot{\varphi}_{\mathrm{r}})+2C_{cr}(\dot{y}_k-b\dot{\varphi}_{\mathrm{r}})]/m\dot{x}_k^2-\dot{\varphi}_k,$$

$$\frac{\partial f_{\dot{x}}}{\partial\dot{x}}=[2C_{cf}\delta_{\mathrm{f},k-1}(\dot{y}_k+a\dot{\varphi}_k)]/(m\dot{x}_k^2),\frac{\partial f_{\dot{\varphi}}}{\partial\dot{x}}$$

$$=[2aC_{cf}(\dot{y}_k+a\dot{\varphi}_k)-2bC_{cr}(\dot{y}_k-b\dot{\varphi}_k)]/I_Z\dot{x}_k^2$$

$$=\boldsymbol{I}+T\begin{bmatrix}\dfrac{-2(C_{cf}+C_{cr})}{m\dot{x}_k} & \dfrac{\partial f_{\dot{y}}}{\partial\dot{x}} & 0 & -\dot{x}_k+\dfrac{2(bC_{cr}-aC_{cf})}{m\dot{x}_k} & 0 & 0 \\[3mm] \dot{\varphi}-\dfrac{2C_{cf}\delta_{\mathrm{f},k-1}}{m\dot{x}_k} & \dfrac{\partial f_{\dot{x}}}{\partial\dot{x}} & 0 & \dot{y}_k-\dfrac{2aC_{cf}\delta_{\mathrm{f},k-1}}{m\dot{x}_k} & 0 & 0 \\[3mm] 0 & 0 & 0 & 1 & 0 & 0 \\[3mm] \dfrac{2(bC_{cr}-aC_{cf})}{I_Z\dot{x}_k} & \dfrac{\partial f_{\dot{\varphi}}}{\partial\dot{x}} & 0 & \dfrac{-2(a^2C_{cf}+b^2C_{cr})}{I_Z\dot{x}_k} & 0 & 0 \\[3mm] \cos(\varphi_k) & \sin(\varphi_k) & \dot{x}_k\cos(\varphi_k)-\dot{y}_t\sin(\varphi_k) & 0 & 0 & 0 \\[3mm] -\sin(\varphi_k) & \cos(\varphi_k) & -\dot{y}_t\cos(\varphi_k)-\dot{x}_k\sin(\varphi_k) & 0 & 0 & 0 \end{bmatrix}$$

下层路径跟踪控制器尽可能地实现实际路径与上层避撞路径之间的偏差非常小。由此定义路径跟踪控制的目标函数为式(6-45)，保证实际路径能平稳的跟踪避撞路径。

$$J\left[\boldsymbol{\xi}(t),\boldsymbol{u}(t-1),\Delta\boldsymbol{U}(t)\right]=$$

$$\sum_{i=1}^{N_p}\|\boldsymbol{\eta}(t+i/t)-\boldsymbol{\eta}_{\text{ref}}(t+i/t)\|_Q^2+\sum_{i=1}^{N_c-1}\|\Delta\boldsymbol{u}(t+i/t)\|_R^2+\boldsymbol{\rho}\varepsilon^2 \qquad (6\text{-}45)$$

式中，Q、R 为权重矩阵。等号右侧第一项为路径偏差，第 2 项控制量的变化率，第 3 项为松弛因子。同时满足约束条件，采用二次规划求解器，最终求得最优控制序列 $\boldsymbol{U}=[\delta_k,\delta_{k+1},\cdots,\delta_{k+N_c}]$，每次计算取第一项作为此时的控制输入，输入到汽车模型中，如此进行滚动优化，最终形成闭环的反馈系统。

四、横向避撞控制系统联合仿真分析

应用 CarSim/Simulink 建立联合仿真，根据所建立的基于 LTV MPC 的主动避撞控制器可知，模型输入变量为纵向速度 $\dot{y}$、横向速度 $\dot{x}$、横摆角 φ、横摆角速度 $\dot{\varphi}$ 和纵向位置 Y、横向位置 X，输出变量为前轮转角 δ_f，如图 6-17 所示。

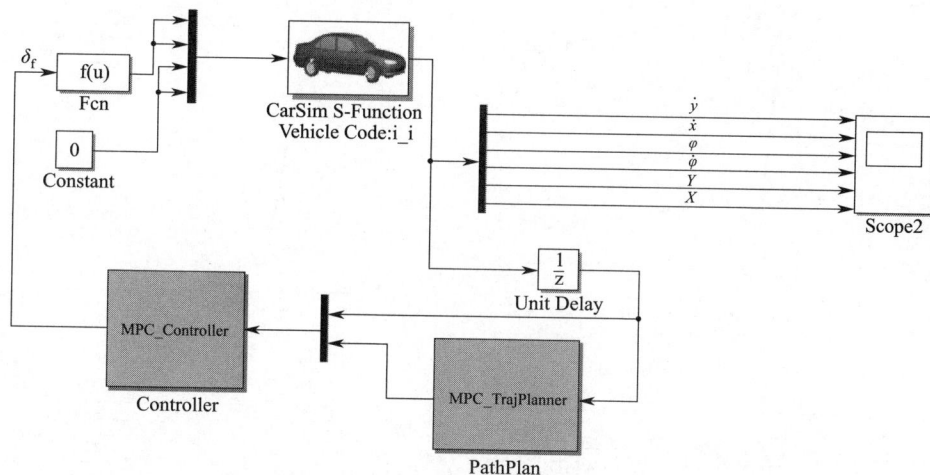

图 6-17　LTV MPC＋LTV MPC 主动避撞控制器

为了验证横向主动避撞控制器的有效性，根据上层路径规划器输出的避撞路径与实际输出路径之间的偏差 e 作为下层路径跟踪控制器的输入，前轮转角 δ_f 作为控制器的输出，搭建 LTV MPC＋PID 的横向主动避撞控制器，与 LTV MPC＋LTV MPC 的横向主动避撞控制器进行对比，如图 6-18 所示。

仿真时选取路面附着系数 $M_u=0.85$，车速分别为 40km/h 和 60km/h。仿真时间为 10s，观察汽车的行驶轨迹和横摆角速度、侧向加速度三个评价指标，如图 6-19 和图 6-20 所示。

将搭建的 LTV MPC＋LTV MPC 横向主动避撞控制器与搭建的 LTV

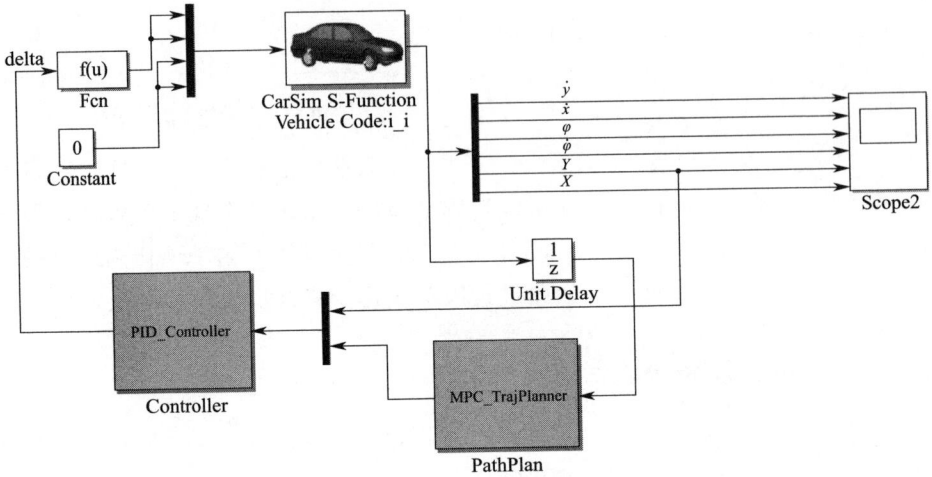

图 6-18　LTV MPC＋PID 主动避撞控制器

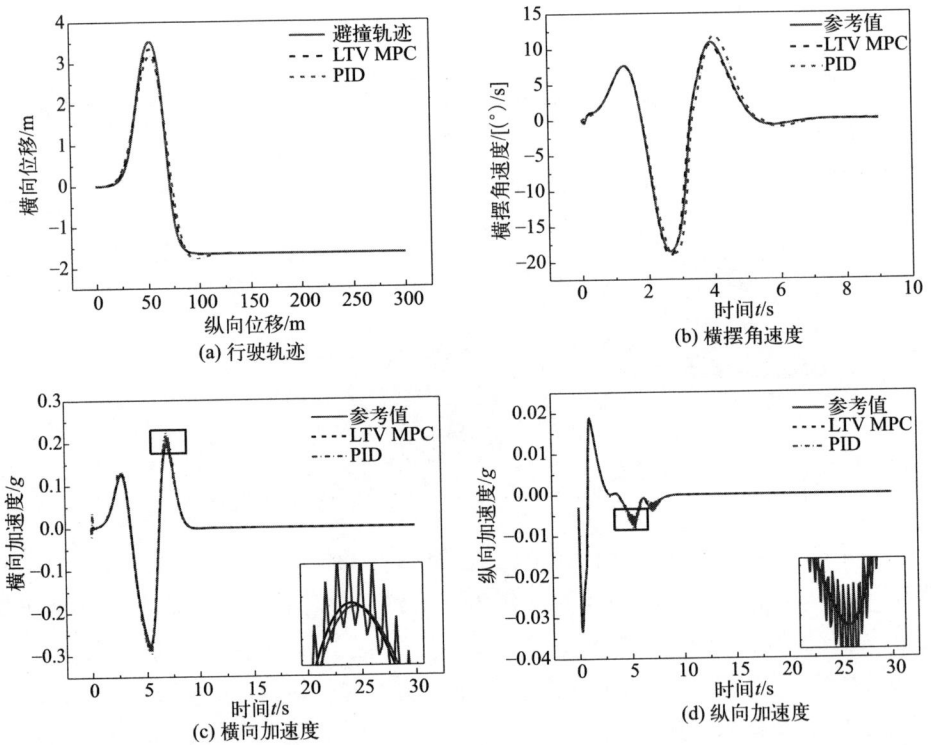

图 6-19　$v＝40\text{km/h}$

MPC＋PID 的横向主动避撞控制器进行比较。从图 6-19(a) 与图 6-20(a) 中可

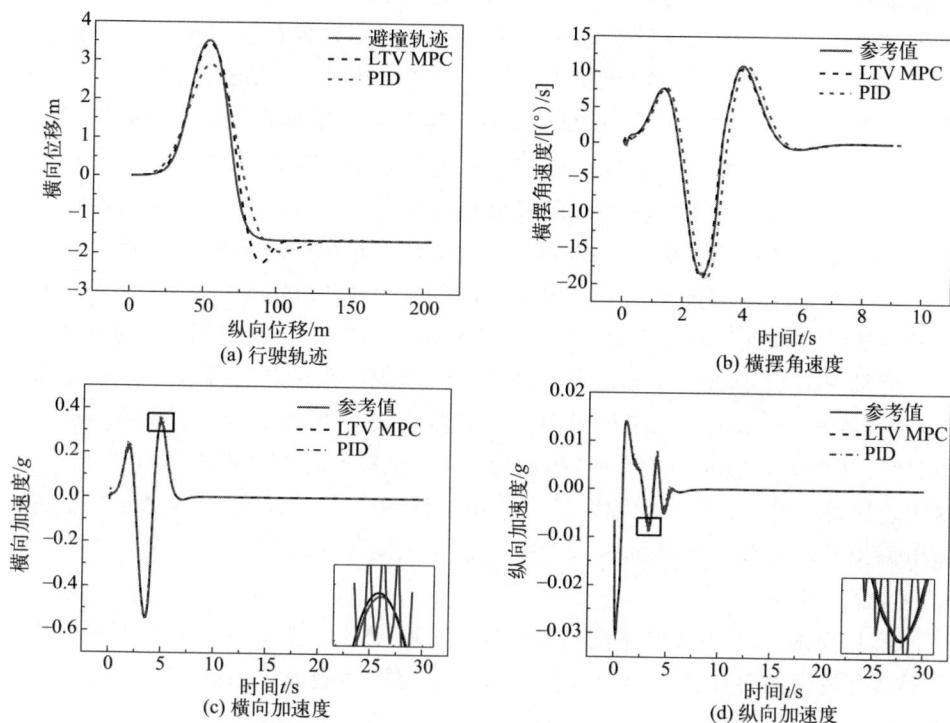

(a) 行驶轨迹

(b) 横摆角速度

(c) 横向加速度

(d) 纵向加速度

图 6-20 $v = 60\text{km/h}$

知，在不同车速下，LIV MPC 的主动避撞控制器和图 6-20 所建立的 PID 主动控制器均能够实现对避撞轨迹的跟踪。但是当 $v = 40\text{km/h}$ 时，LTV MPC 控制算法跟踪的误差为 5.3%，而 PID 控制算法的跟踪误差为 22.2%。当 $v = 60\text{km/h}$ 时，LTV MPC 控制算法跟踪的误差为 5.6%，而 PID 控制算法的跟踪误差为 11.1%，对速度的鲁棒性较差。因此，在相同附着系数路面下，不同速度下，相比 PID 而言，LTV MPC 算法能很好地跟踪上层规划避撞轨迹，避撞效果更好。

从图 6-19(b) 与图 6-20(b) 中可知，当 $v = 40\text{km/h}$ 时，基于 LIV MPC 和 PID 的控制器的汽车横摆角速度均保持在 0.1(°)/s 左右，但是 LTV MPC 的跟踪误差为 2.0%，进入稳态响应的时间在 5.3s 左右，但是 PID 控制器跟踪误差在 6.8% 左右，且达到稳态的时间在 6.4s 左右；当 $v = 60\text{km/h}$ 时，二者的横摆角速度基本稳定在 0.2(°)/s，且同时进入稳态时间，但 LTV MPC 跟踪误差基本为 0，而 PID 跟踪误差为 1.1%。因此，相比较 PID 控制器，LTV MPC 控制器具有更好的稳定性。

从图 6-19(c) 与图 6-20(c) 中可知：当 $v = 40\text{km/h}$ 时，LTV MPC 主动

控制器的横向加速度保持在 $0.02g$ 左右，达到稳态响应的时间在 8s 左右，跟踪误差为 2.9%。而 PID 虽然也保持在 $0.02g$ 左右，但是在汽车运行过程中出现严重的抖振现象，横向加速度无法平稳过渡；当 $v=60\mathrm{km/h}$ 时，LTV MPC 和 PID 侧向加速度均保持在 $0.02g$ 左右，达到稳态响应的时间在 6s 左右，但 LTV MPC 的跟踪误差为基本为 0，但 PID 跟踪误差较大，同时各种过程中同样出现严重的抖振现象。因此 LTV MPC 控制器横向加速度可以得到很好地抑制，系统超调量降低，稳态值减小，有利于改善汽车的瞬态响应性能。

从图 6-19（d）与图 6-20（d）中可知：当 $v=40\mathrm{km/h}$ 时，LTV MPC 主动控制器的纵向加速度达到稳态所需的时间为 8s 左右，且跟踪误差为 0.1% 左右，但是 PID 主动避撞控制器在跟踪过程中出现严重的抖振现象，跟踪误差较大；当 $v=60\mathrm{km/h}$ 时，二者的纵向加速度基本稳定在 $0.2(°)/\mathrm{s}$，且同时进入稳态时间，但 LTV MPC 跟踪误差基本为 0.4% 左右，而 PID 控制器在 $2.5\sim7.5\mathrm{s}$ 内出现的抖动增多，且抖动幅度较大，跟踪误差增大。因此 LTV MPC 控制器能更好地抑制纵向加速度的跟踪误差，减少纵向加速度的抖动，有利于改善汽车的瞬态响应性能。

综上所述，与 PID 主动控制器相比，LTV MPC 主动控制器在不同中高车速下具有较强的鲁棒性，能够在保证汽车稳定性和避撞效果的同时，更好地提高避撞轨迹跟踪精度。

为了进一步验证基于 LTV MPC 的横向避撞控制器的避撞效果，进行高速下汽车的仿真验证。仿真时选取路面附着系数 $M_u=0.85/0.35$，车速分别为 $40\mathrm{km/h}$、$60\mathrm{km/h}$ 和 $80\mathrm{km/h}$。仿真时间为 10s，观察汽车的行驶轨迹如图 6-21 和图 6-22 所示。

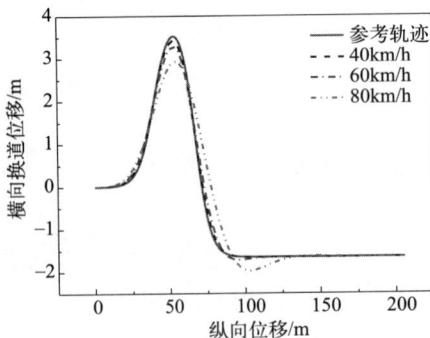
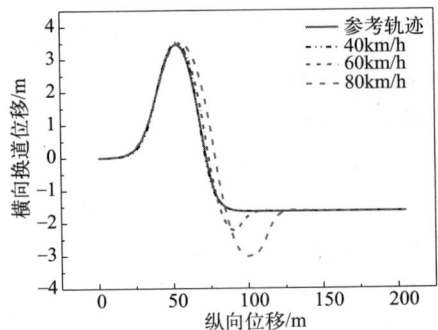

图 6-21　$M_u=0.85$　　　　　图 6-22　$M_u=0.35$

从图 6-21 中可以看出，当路面为高附着系数，即 $M_u=0.85$ 时，随着车速的增高，横向避撞的精度逐渐降低。当 $v=40\mathrm{km/h}$ 和 $v=60\mathrm{km/h}$ 时，在避撞实现的同时，基本实现对参考轨迹的跟踪，但当 $v=80\mathrm{km/h}$ 时，与参考轨迹的跟踪精度降低了 25%，横向避撞控制器未能跟踪上层避撞轨迹，极大地降低了避撞效果。

从图 6-22 中可以看出，当路面为低附着系数，即 $M_\mathrm{u}=0.35$ 时，随着车速的增高，横向避撞的精度也逐渐降低。当 $v=40\mathrm{km/h}$ 基本实现对参考轨迹的跟踪，但当 $v=60\mathrm{km/h}$ 时，对参考轨迹的跟踪精度降低了 43%，而 $v=80\mathrm{km/h}$ 时，跟踪精度降低了 88%，横向避撞控制器对高速的鲁棒性极大地降低，避撞效果较差。

综上所述，随着车速的升高，不同附着系数路面下的横向避撞的跟踪精度逐渐降低，避撞效果较差，汽车稳定性降低。当车速为 $80\mathrm{km/h}$ 时，采用横向避撞的方式，汽车已经处于完全失稳状态，无法实现避撞。为此引入纵向避撞，利用建立的横纵向耦合避撞控制系统解决高速下横向避撞控制的局限性。

第三节　汽车横纵向耦合避撞控制系统

为了弥补横向避撞控制器跟踪精度较差的情况，基于纵向避撞控制器，以纵向实际速度这个参数作为横纵向的耦合点，搭建横纵向耦合控制器。纵向控制器决策出的实际速度与汽车的参考路径等其他位置信息的状态量作为横向避撞控制器的输入，通过控制汽车的前轮转角，使其更好地跟踪期望的轨迹，减小横向位置误差，从而实现横向避撞效果。其中，横向避撞控制器与前文相同，下文主要介绍纵向主动避撞控制器。

一、纵向主动避撞控制系统设计

如图 6-23 所示，为了实时地决策出纵向实际速度，提出纵向主动避撞的主动控制系统。上层控制器根据目标车与障碍物之间的相对位移、相对速度和本车速度，并通过基于纵向行驶安全系数 δ 的时间安全模型 t_ttc^{-1} 算法决策出理想的汽车制动减速度，下层控制器基于模糊 PID。通过对期望的制动减速度进行跟随，实现对制动力的控制，进一步实现对速度的控制。

1. 上层控制系统

（1）上层控制算法

将前文的纵向避撞的决策逻辑作为上层控制器，根据 Seungwuk 提出的避

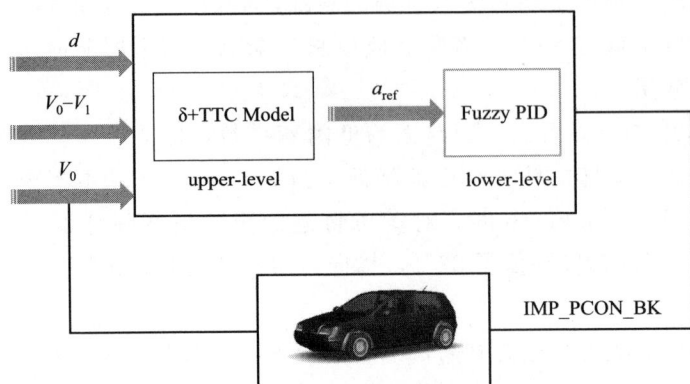

图 6-23　纵向避撞控制系统构成

撞策略，即在获取纵向行驶安全系数 δ 和 t_{ttc}^{-1} 后，利用式（6-46）计算出期望的制动减速度值：

$$a_{\mathrm{ref}}=\boldsymbol{W}_1 \cdot a_1(\delta)+\boldsymbol{W}_1 \cdot a_2(t_{\mathrm{ttc}}^{-1}) \tag{6-46}$$

式中，a_{ref} 为期望的制动减速度；$\boldsymbol{W}_1$ 为权重；δ 为纵向安全行驶系数；t_{ttc} 为碰撞时间。

（2）基于 Matlab/Simulink 的上层控制器

搭建上层控制器的 Simulink 模型，如图 6-24 所示，取 $T_{\mathrm{delay}}=0.2$，$f(\mu)=0.5$，$a_{\max}=0.8g$，$T_{h,\min}=2\mathrm{m}$，$w_1=0.6$，$w_2=0.4$。

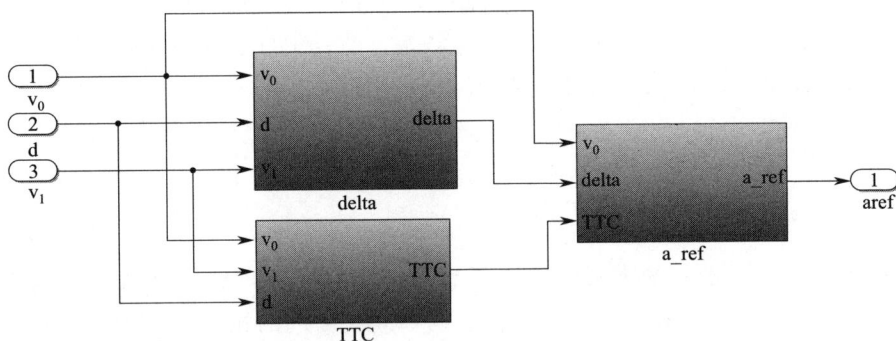

图 6-24　上层控制器的 Simulink 模型

2. 下层控制系统

（1）PID 原理

PID 控制理论作为经典控制理论里一个重要的控制律，它实际上是三种反馈控制：比例控制（proportional control）、积分控制（integral control）、微分控制（derivative control）的统称。通常当无法获得准确的数学模型时，或者对于模型内部结构较模糊时，仅对系统的输入和输出已知时，使用 PID 控制理论可以根据系统实际输出与期望输入的偏差 $e(t)=r(t)-u(t)$，经过比例、积分、微分环节计算出控制量来实现对系统的控制。其控制原理如图 6-25 所示。

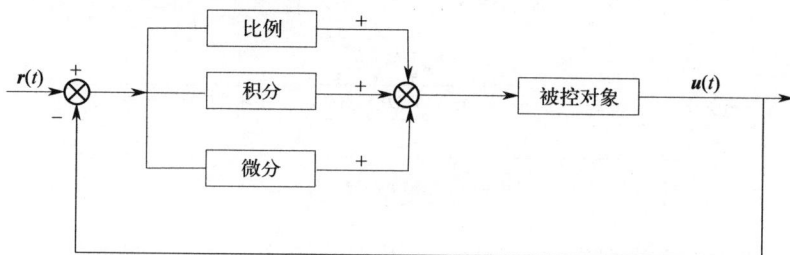

图 6-25　PID 控制器原理

比例（K_p）控制特点：比例控制的作用是 PID 控制中最重要的一个环节，它能迅速反应误差，并能减小稳态误差，使系统的输出量快速接近参考值。但是，比例控制并不能消除稳态误差，而是随着比例系数的不断增大，系统会出现超调加大，甚至使系统出现振荡现象。

积分（K_i）控制特点：积分控制的作用是对比例控制器的辅助，使系统的稳态误差进一步减小，直至为 0。但是由于是对时间的积分，随着时间的积累，控制器的调节趋于缓慢。因此积分作用一般并不单独作用，而是和比例控制结合起来，作用于控制系统中。

微分（K_d）控制特点：由于自动控制系统中有时存在惯性组件和滞后组件，能够抑制误差的产生，减缓系统的变化。因此微分控制的作用主要是克服系统误差在调节过程中出现振荡甚至失稳，减少系统的滞后。

（2）模糊 PID 原理

模糊 PID 控制器是指使用模糊逻辑算法、模糊规则实时优化 PID 的比例、积分、微分系数，以实现更理想的控制效果。模糊 PID 共包括模糊化、模糊规则推理、参数去模糊化、PID 控制器等几个重要组成部分。系统以实际状态和理论状态之间的偏差 e 以及当前的偏差变化 ec 作为输入，并根据模糊规则进行模糊推理，最后对模糊参数进行模糊化处理，输出 PID 控制器的比例、积分、微分系数，如图 6-26 所示。

模糊 PID 的具体实现过程如下所述。

预处理：输入数据通常是由测量设备测量的特定数据，预处理就是在这些数据进入控制器之前对其进行分类，或定义数据的性质。预处理过程也是量化过程，它将输入数据在离散空间中分为若干个数字级别。量化过程是个削减数据量的方法，但是，若量化过于粗糙，控制器将会发生剧烈的抖振现象。

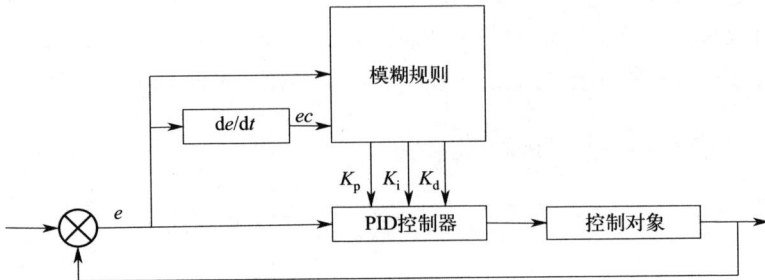

图 6-26　模糊 PID 结构

模糊化：进行模糊化时，要确定与模糊集论域中语言变量的每个值相对应的模糊子集的隶属度函数。隶属度函数通常根据经验确定，并且需要在调试和开发甚至控制器操作期间不断进行修改和优化，以满足控制要求。通常将零固定，其他模糊子集会更接近零集合，以实现较好的控制效果。因此一般输入的语言变量为 NB（负大）、NM（负中）、NS（负小）、O（零）、PS（正小）、PM（正中）、PB（正大），所对应的模糊子集为｛正大，正中，正小，零，负小，负中，负大｝。

设计模糊规则表：模糊规则的条件和结论中使用了一些变量，如果将控制对象调整为一个标准值，则研究仅限于单输入单输出系统。模糊语言控制器的规则以式(6-47)形式展现：

$$\text{if } A \text{ is NB and } B \text{ is NB, then } C \text{ is NB} \tag{6-47}$$

（3）模糊 PID 控制器设计

纵向避撞系统的下层控制器采用模糊 PID 进行控制，模糊 PID 控制器以上层输出的期望制动减速度和实际制动减速度的偏差 e 和偏差的变化率 ec 作为输入，输出参数为本车的制动主缸压力 IMP_PCON_BK。模糊推理过程包括 e 和 ec 2 个输入变量，比例系数、积分系数和微分系数 3 个输出变量。

精确量模糊化：输入量 e 和 ec 模糊化的论域值分别为 [−1，1]、[−1，1]，输出量 K_p、K_i、K_d 模糊化后的论域值均为 [−15，15]。

确定模糊子集：模糊输入输出语言变量为 NB（负大）、NM（负中）、NS（负小）、ZO（零）、PS（正小）、PM（正中）、PB（正大），模糊子集为｛正大，正中，正小，零，负小，负中，负大｝。

选择隶属函数：利用上述模糊语言变量，设 e、ec 和 K_p、K_i、K_d 服从高斯分布。

制定模糊规则：应用 "if e and ec then K_p、K_i、K_d" 描述控制规则，共得到 50 条模糊控制规则，如表 6-3～表 6-5 所示。

表 6-3　K_p 的模糊规则

ec	e						
	NB	NM	NS	O	PS	PM	PB
NB	PB	PB	PM	PM	PS	O	O
NM	PB	PB	PM	PS	PS	O	NS
NS	PM	PM	PM	PS	O	NS	NS
O	PM	PM	PS	O	NS	NM	NM
PS	PS	PS	O	NS	NS	NM	NM
PM	PS	O	NS	NM	NM	NM	NB
PB	O	O	NM	NM	NM	NB	NB

表 6-4　K_i 的模糊规则

ec	e						
	NB	NM	NS	O	PS	PM	PB
NB	NB	NB	NM	NM	NS	O	O
NM	NB	NB	NM	NS	NS	O	O
NS	NB	NM	NS	NS	O	PS	PS
O	NM	NM	NS	O	PS	PM	PM
PS	NM	NS	O	PS	PS	PM	PB
PM	O	O	PS	PS	PM	PB	PB
PB	O	O	PS	PM	PM	PB	PB

表 6-5　K_d 的模糊规则

ec	e						
	NB	NM	NS	O	PS	PM	PB
NB	PS	NS	NB	NB	NB	NM	PS
NM	PS	NS	NM	NM	NM	NS	O
NS	O	NS	PM	NM	NS	NS	O
O	O	NS	PM	NM	NS	NS	O
PS	O	O	O	O	O	O	O
PM	PB	NS	PS	PS	PS	PS	PB
PB	PB	PM	PM	PM	PS	PS	PB

在"Mamadani"模糊推理下，K_p、K_i、K_d 的输出曲面如图 6-27～图 6-29 所示。

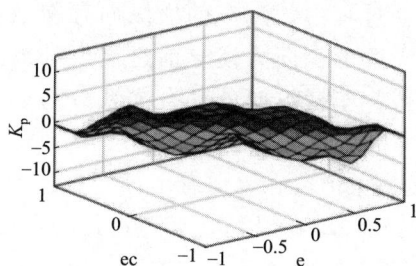

图 6-27　K_p 的输出曲面

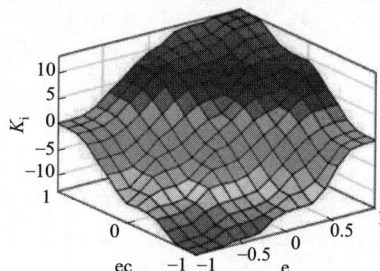

图 6-28　K_i 的输出曲面

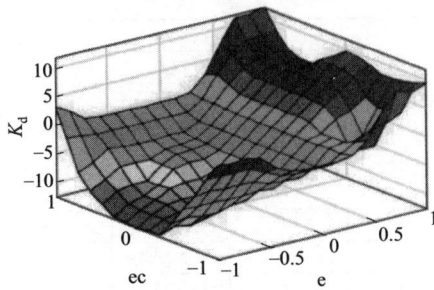

图 6-29　K_d 的输出曲面

3. 基于 Matlab/Simulink 的下层控制器

下层控制器以期望减速度 a_{ref} 和实际减速度 a_0 的偏差 e 作为输入，通过模糊 PID 的方法，适时调整计算并输出控制量主缸压力 IMP _ PCON _ BK。利用模糊 PID 建立的下层控制器的模型如图 6-30 所示。

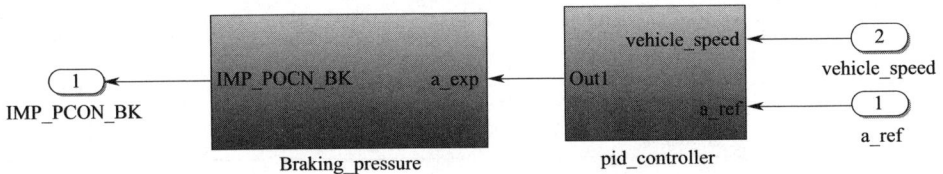

图 6-30　下层控制器的 Simulink 模型

二、横纵向耦合控制器设计

1. 横纵向耦合避撞分析

在汽车的主动避撞的研究中，纵向避撞和横向避撞两种控制方式通常被解耦，分别进行研究，即将纵向避撞（制动避撞）和横向避撞（转向避撞）设计为两个独立且互补的控制器，这样极大地降低了控制精度，同时也降低了汽车行驶的安全性。实际上，汽车在行驶过程中，汽车的横纵向存在强耦合关系，二者耦合的根源在于无论是转向需要的侧向力还是前进需要的纵向力，都来源于地面对轮胎的反作用力。一般汽车横纵向的耦合关系分为以下三类。

动力学耦合：在转弯工况下，转向轮的侧偏力会在纵向有个分力，这个分力直接影响到纵向速度，从而影响到整个运动，即在以稳定车速进行转弯时，一般情况下，车速会有明显下降。同时，当汽车偏离道路中心线时，纵向速度对汽车质心相对于道路任意点处的横向位置误差的变化率和横向的离心力有影响。反之，横向速度对纵向离心力也有影响。

　　轮胎力耦合：由于轮胎的侧偏力与切向力都产生于轮胎和地面的同一个摩擦面上。由试验得到的曲线图（图6-31）表明，在一定侧偏角下，随着驱动力的增加，侧偏力逐渐减小。这是由于轮胎侧向弹性有所变化引起的。而当驱动力相当大时，侧偏力显著下降，那是因为此时接近轮胎的附着极限，切向力已经消耗了大部分附着力，而侧向能利用的附着力则很少，此时汽车会发生侧滑现象，甚至出现转向失控。当施加制动力时，侧偏力也会跟施加驱动力时一样的变化。

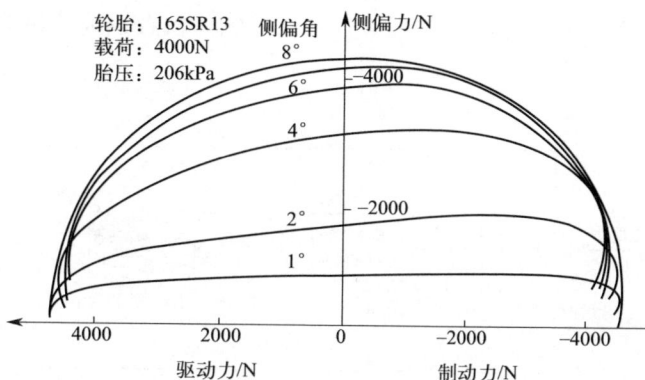

图6-31　侧偏离与纵向力的耦合作用

　　垂直载荷转移耦合：汽车在行驶的过程中，轮胎的垂直载荷经常发生变化。当汽车转弯时，内轮轮胎的垂直载荷减小，而外轮轮胎的垂直载荷增大。当垂直载荷太大时，轮胎与地面之间的接触区域中的压力变得非常不均匀，这会降低轮胎的转弯刚度，即纵向加速度的改变会使垂直载荷会进行转移，从而使胎正压力重新分布，进而影响到横向动态特性。因此垂直载荷的转移会影响到汽车横纵向的耦合运动，如图6-32所示。

　　以上三种耦合关系使得汽车在横纵向关系上并不是独立的，因此将横纵向进行解耦研究。研究中不考虑轮胎力和垂直载荷的耦合，提出了一种基于动力学耦合关系的横纵向耦合控制器，即将纵向速度作

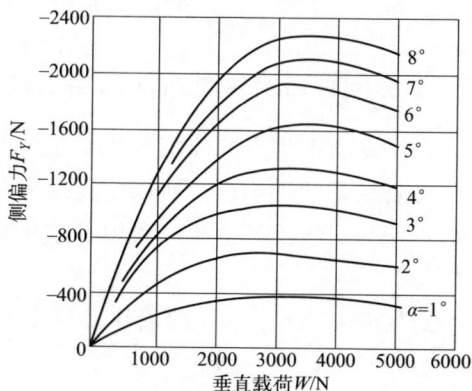

图6-32　垂直载荷的转移对侧偏力的影响

为横纵向主动避撞控制系统的耦合点，综合考虑耦合的补偿效应，并进而提高

汽车行驶的安全性、实时性和鲁棒性。

2. 横纵向耦合控制器设计

以纵向实际速度这个参数作为横纵向的耦合点，搭建了横纵向耦合控制器。其中，纵向避撞控制器以纵向实际速度与期望的实际速度的偏差作为输入，通过控制汽车的制动力实现对速度的控制，实时地输出纵向的实际速度。同时，纵向的实际速度与汽车的参考路径等其他位置信息的状态量作为横向避撞控制器的输入，通过控制汽车的前轮转角，使其更好地跟踪期望的轨迹，减小横向位置误差，从而实现横向避撞效果。横纵向耦合避撞的整体结构如图6-33所示。

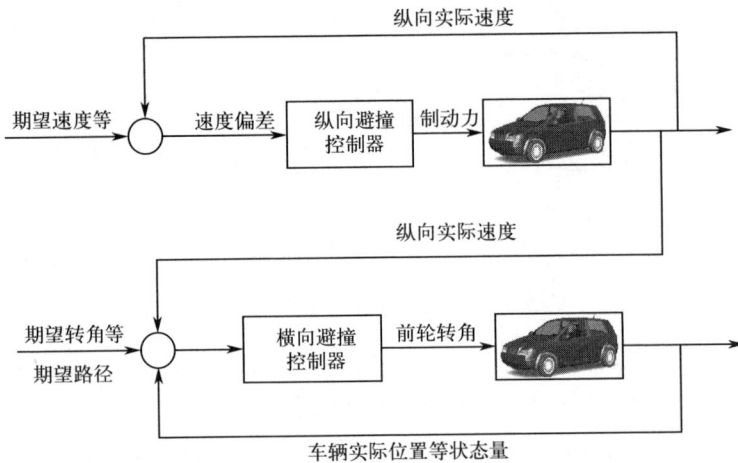

图 6-33　横纵向耦合控制整体框架

三、横纵向耦合避撞系统动力学建模

汽车动力学仿真的前提是建立一个合理的汽车模型，模型的合理性直接影响到仿真结果的正确性，所以建立的汽车模型在外观、结构、性能等各个方面应尽可能与实际汽车一致。采用参数化建模的汽车动力学软件 CarSim 建立整车模型。

选用 CarSim 中内置的某款 C 级车 C-Class Hatchback，整车模型如下。

（1）车体

车体建模的界面为 C-Class，Hatchback Sprung Mass，如图 6-34 所示。其中，车体中的车身长、宽、高、轴距、质心高度等主要参数的具体数值如表 6-6 所示。其中质心高度和转动惯量通过力矩平衡法、侧倾法和摇摆法试验测得，车身尺寸参数直接测得，整车转动惯量参数通过公式 $I=MR^2$ 计算。

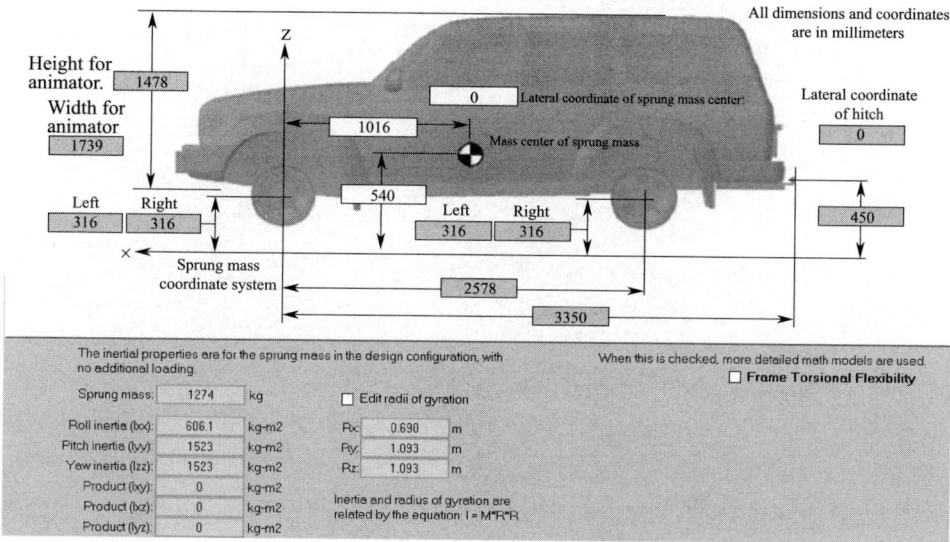

图 6-34　CarSim 汽车车体

表 6-6　主要车体参数

参数名称/单位	数值	参数名称/单位	数值
整车质量 M/kg	1274	车长/mm	3350
质心高度 h/mm	540	轴距/mm	2578
轮距/mm	1500	整车绕 X 轴转动惯量 I_{xx}/kg·m^2	606.1
车宽/mm	1739	整车绕 Y 轴转动惯量 I_{yy}/kg·m^2	1523
车高/mm	1478	整车绕 Z 轴转动惯量 I_{zz}/kg·m^2	1523

（2）空气动力学

空气动力学系统参数是按照 SAE（美国机动车工程师学会）标准进行规定的，将地面上轮距和参考长度的中间位置定为参考点。如图 6-35 所示，空气动力学建模的界面为 C-Class，Hatchback Aero，包含的参数主要有空气动力学的分力和力矩曲线，还有纵向分力 CF_x、横向分力 CF_y、垂向分力 CF_z、侧倾力矩 CM_x、俯仰力矩 CM_y、横摆力矩 CM_z 以及汽车的正投影面积。

（3）轮胎

轮胎模型包括内置轮胎模型、外接轮胎模型和 Pacejka 轮胎模型三种形式。本模型使用的是内置轮胎模型，如图 6-36 所示，轮胎模型主要参数如表 6-7 所示。

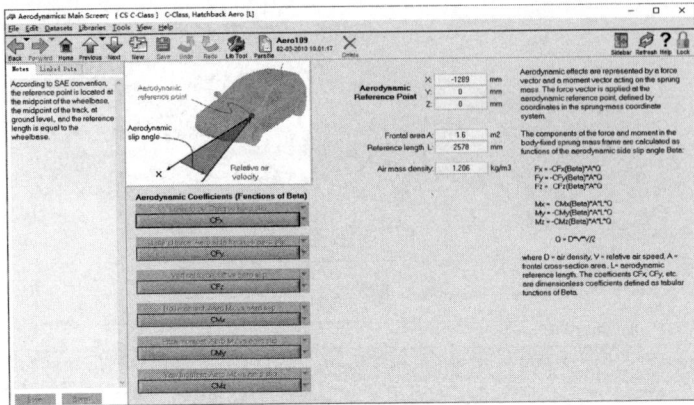

图 6-35　空气动力学坐标系的定义

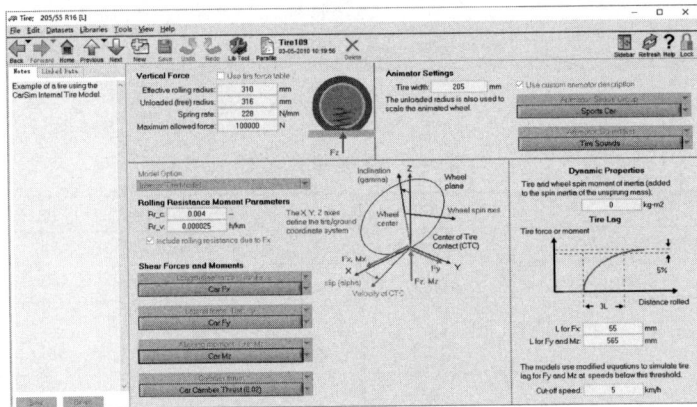

图 6-36　内置轮胎模型

表 6-7　轮胎模型主要参数

参数名称	数值	参数名称	数值
滚动半径/mm	310	最大载荷/N	10000
空载半径/mm	316	轮胎滚动阻力系数	0.004
轮胎宽度/mm	205	轮胎滚动阻力速度系数	0.000025
弹性刚度/(N/mm)	228		

（4）转向系统

转向系统设计参数如图 6-37 所示，主要包括转向系运动学特性即转向 K 特性和弹性运动学特性即转向 C 特性。转向系统将转向 C 特性和 K 特性分别考虑，然后通过综合计算，最后得出其对转向轮转角的影响。

转向系统转向参数的设置，主要包括转向柱管阻尼、转向柱管干摩擦矩、转向迟滞角等参数。具体转向系统的建模参数如表 6-8 所示。

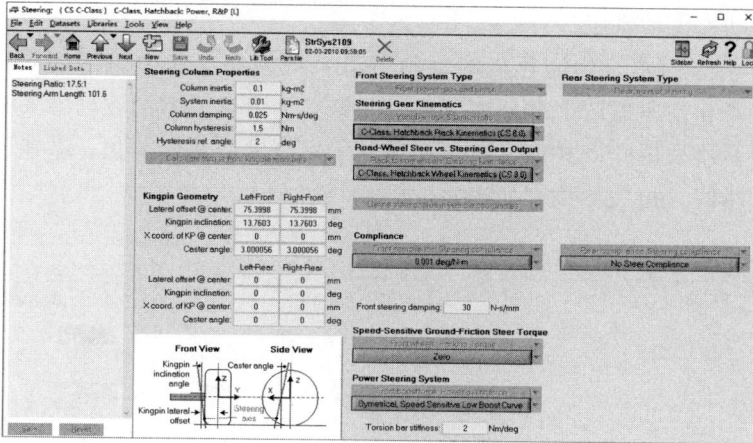

图 6-37 CarSim 转向系统模型

表 6-8 转向系统建模参数

参数名称	数值	参数名称	数值
转向柱管转动惯量	$0.1\text{kg} \cdot \text{m}^2$	转向传动齿轮阻尼	$30\text{N} \cdot \text{s/mm}$
转向系统等效转动惯量	$0.01\text{kg} \cdot \text{m}^2$	主销内倾角	$7.9°$
转向柱管阻尼	$0.025\text{N} \cdot \text{m} \cdot \text{s/(°)}$	主销后倾角	$3.4°$
转向柱管干摩擦矩	$2.0\text{N} \cdot \text{m}$	侧向偏移	39.6mm
转向迟滞角	$2.0°$	纵向偏移	-0.86mm

（5）制动系统

制动系统的建模过程中，主要设置的参数有制动系统的力学特性、液体时间延迟和 ABS 控制参数、ABS 开启和关闭的滑移率门限值等，其建模界面如图 6-38 所示。

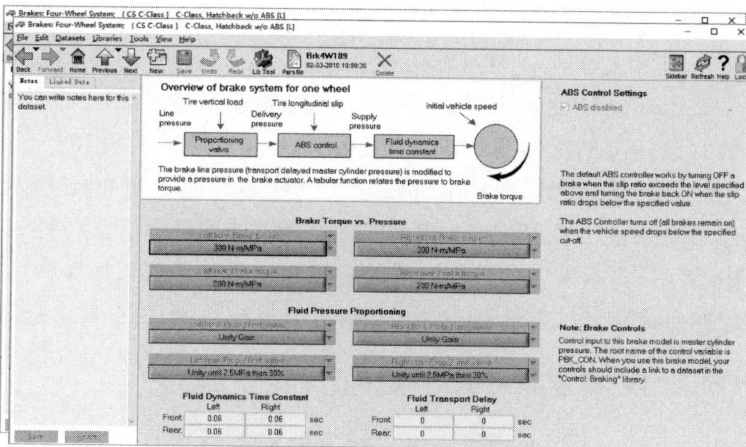

图 6-38 CarSim 制动系统实现过程

（6）动力传动系统

如图 6-39 所示，为简化后的动力传动系统模块，其中包括发动机、离合器、变速器和差速器四个部分。所搭建的整车动力学模型的驱动方式采用前置前驱，离合器采用摩擦式离合器，变速器采用自动变速器 5 挡，差速器采用黏性耦合差速器。相关参数表如表 6-8 所示。

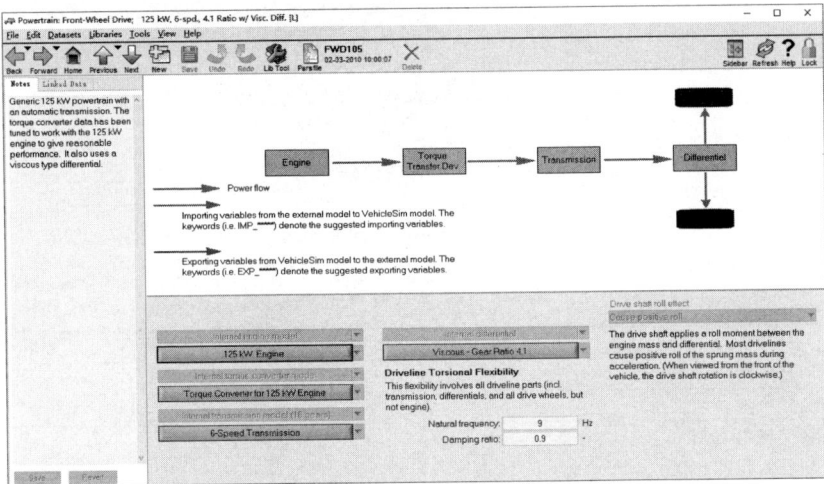

图 6-39　简化后的动力传动系统模块

表 6-9　传动系统主要参数

参数名称/单位	数值	参数名称/单位	数值
发动机功率/kW	125	力矩比	4 : 1
曲轴转动惯量/kg·m²	0.16	扭转刚度/N·m/(°)	100
怠速转速参数/r/min	750	扭转阻尼/N·m·s/(°)	1

（7）悬架系统

独立悬架运动学特性：本模型中独立悬架的运动学特性（即悬架 K 特性的具体参数）包括主销后倾角、车轮中心纵向位移、车轮外倾角初始值、车轮外倾角、车轮转动惯量、车轮中心高度等。其建模界面如图 6-40 所示。

独立悬架弹性运动学特性：本模型中独立悬架的弹性运动学特性（即悬架 C 特性的具体参数）包括横向稳定杆的辅助侧倾刚度曲线、悬架弹性特性曲线、减振器速度特性曲线和悬架弹性运动学系数等。其建模界面如图 6-41 所示。

四、横纵向耦合避撞控制系统仿真分析

应用 CarSim/Simulink 建立横纵向耦合避撞联合仿真，利用 Stateflow 建立避撞决策逻辑，分别以相对速度 v_r、临界预警距离 d_w、临界纵向避撞距离

Mass and Inertia

Unsprung mass (both sides): 120 kg
Fraction steered (0-1): 0.8 -
Spin inertia for each side:
Left 1.1　Right 1.1 kg-m2
1575
Wheel centers
Dimensions are in millimeters
Sprung mass origin
☐ Set wheel center height here
Lateral coordinate of suspension center: 0 mm
Note:
No roll center location is specified because the location and movement of the roll center are implied by the kinematic data.

Static Alignment Settings

	Left	Right	
Camber:	-0.14007	-0.14007	deg
Toe:	0.2	0.2	deg

Kinematics Based on Jounce

Left Right
Specify jounce at design load ▼　0　0 mm

Wheel Dive Movement Due to Jounce

Left wheel dive (caster change): Dive table ▼
Front SLA - Dive Angle
Right wheel dive (caster change): Dive table ▼
Front SLA - Dive Angle

Left wheel X: Longitudinal Movement ▼
Front SLA - Longitudinal Movement
Right wheel X: Longitudinal Movement ▼
Front SLA - Longitudinal Movement

Wheel Roll Movement Due to Jounce

Left wheel camber: Camber ▼
Front SLA - Camber Change
Right wheel camber: Camber ▼
Front SLA - Camber Change

Left wheel lateral (-Y): Lateral Movement ▼
Front SLA - Lateral Movement
Right wheel lateral (+Y): Lateral Movement ▼
Front SLA - Lateral Movement

Toe (Steer) Due to Jounce

Left wheel toe: Toe ▼
Front SLA - Toe Change
Right wheel toe: Toe ▼
Front SLA - Toe Change

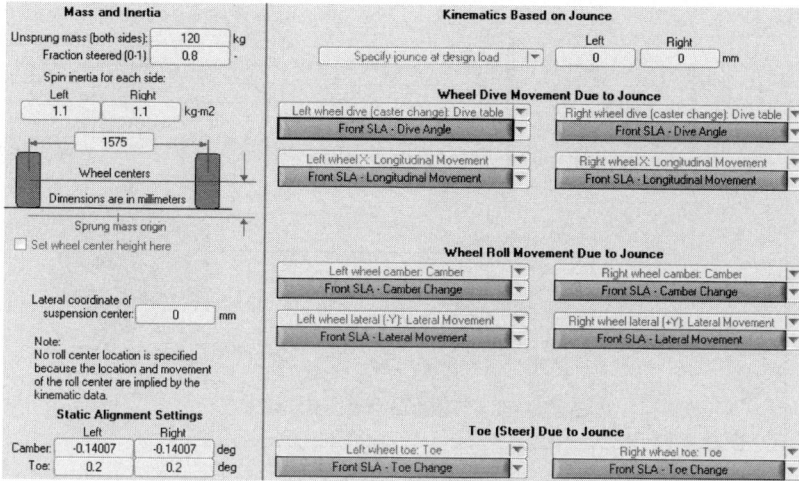

图 6-40　悬架 K 特性建模界面

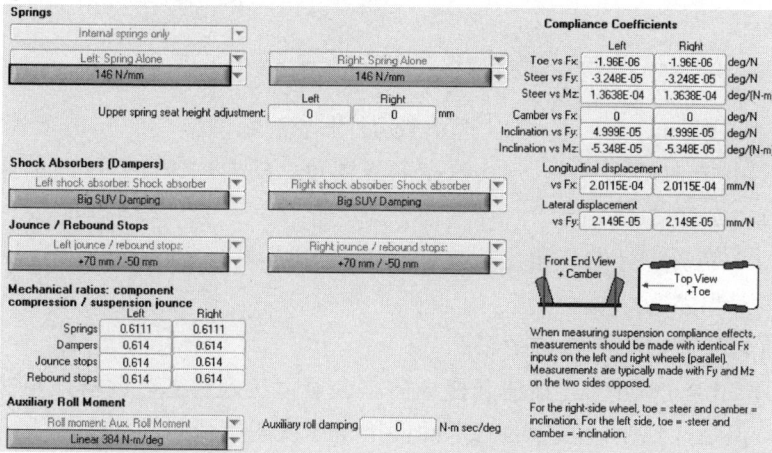

Springs

Internal springs only ▼
Left: Spring Alone ▼
146 N/mm
Right: Spring Alone ▼
146 N/mm

Left Right
Upper spring seat height adjustment: 0　0 mm

Shock Absorbers (Dampers)

Left shock absorber: Shock absorber ▼
Big SUV Damping
Right shock absorber: Shock absorber ▼
Big SUV Damping

Jounce / Rebound Stops

Left jounce / rebound stops: ▼
+70 mm / -50 mm
Right jounce / rebound stops: ▼
+70 mm / -50 mm

Mechanical ratios: component compression / suspension jounce

	Left	Right
Springs	0.6111	0.6111
Dampers	0.614	0.614
Jounce stops	0.614	0.614
Rebound stops	0.614	0.614

Auxiliary Roll Moment

Roll moment: Aux. Roll Moment ▼
Linear 384 N-m/deg
Auxiliary roll damping 0 N-m sec/deg

Compliance Coefficients

	Left	Right	
Toe vs Fx	-1.96E-06	-1.96E-06	deg/N
Steer vs Fy	-3.248E-05	-3.248E-05	deg/N
Steer vs Mz	1.3638E-04	1.3638E-04	deg/(N-m)
Camber vs Fx	0	0	deg/N
Inclination vs Fy	4.999E-05	4.999E-05	deg/N
Inclination vs Mz	-5.348E-05	-5.348E-05	deg/(N-m)

Longitudinal displacement
vs Fx: 2.0115E-04　2.0115E-04 mm/N
Lateral displacement
vs Fy: 2.149E-05　2.149E-05 mm/N

Front End View + Camber
Top View +Toe

When measuring suspension compliance effects, measurements should be made with identical Fx inputs on the left and right wheels (parallel). Measurements are typically made with Fy and Mz on the two sides opposed.

For the right-side wheel, toe = steer and camber = inclination. For the left side, toe = -steer and camber = -inclination.

图 6-41　悬架 C 特性建模界面

s_{cbd}、临界转向距离 x_{steer} 作为输入，通过避撞逻辑决策出以纵向速度 $\dot{y}$ 为耦合点的横纵向耦合避撞控制器，分为纵向主动避撞和横向主动避撞。其中纵向主动避撞上层以目标车与障碍物之间的相对位移 d、相对速度 v_r 和本车速度 v_0 作为输入，制动减速度作为输出。下层以制动减速度和纵向车速微分的偏差作为输入，制动主缸压力 IMP＿CON 作为输出。基于 LTV MPC 的主动避撞控制器，模型输入变量为纵向速度 $\dot{y}$、横向速度 $\dot{x}$、横摆角 φ、横摆角速度 $\dot{\varphi}$ 和纵向位置 Y、横向位置 X，输出变量为前轮转角 δ_f，如图 6-42 所示。

1. 高速高附着路面

为了更好地验证横纵向耦合控制器在高速高附着系数路面下的稳定性，与

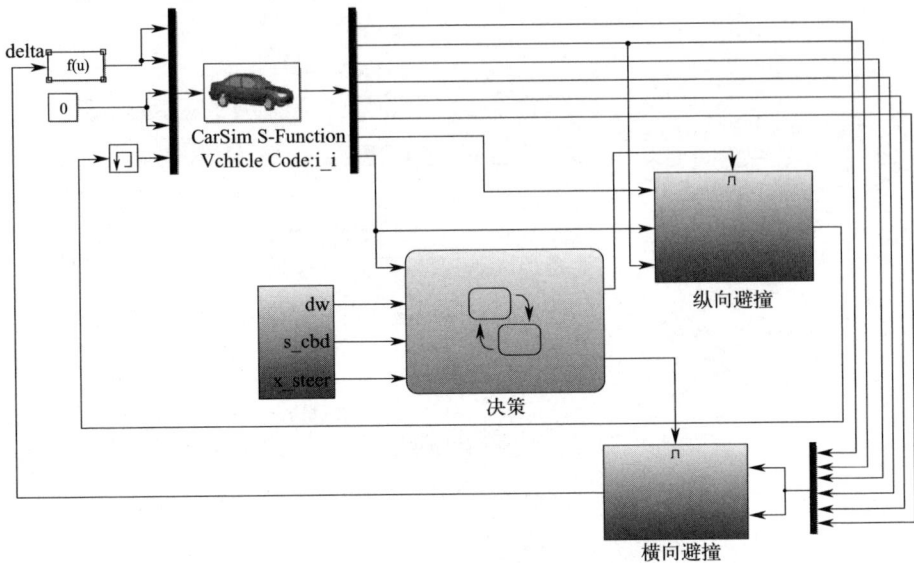

图 6-42　横纵向耦合避撞控制器 Simulink 模型

横向控制器进行对比。仿真时选取路面附着系数 $M_u = 0.85$，车速分别为 80km/h。仿真时间为 10s，观察汽车的横摆角、横向加速度、纵向加速度三个评价指标，如图 6-43 所示。

由图 6-43(a) 可知，相比较横向避撞控制误差的 25% 而言，横纵向耦合避撞的跟踪误差为 8.3%，极大了降低了跟踪误差，提升了跟踪精度，基本上可以较好地实现对参考轨迹的跟踪

由图 6-43(b) 可知，横向和横纵向耦合避撞达到稳态时的横摆角速度基本为 0°/s，但是达到横向避撞的汽车的横摆角速度的幅值抖动幅度较大，避撞过程中汽车的稳定性较差，因此高速时，横向避撞的控制策略鲁棒性较弱。而添加纵向参数的横纵向耦合避撞控制器横摆角速度较平滑，汽车的稳定性较好，有效地解决了高速时横向避撞的不足。

由图 6-43(c) 可知，横向和横纵向耦合避撞达到稳态时的横向加速度基本为 0.1g，但横向避撞汽车的横向加速度的幅值抖动幅度较大，而横纵向耦合能够明显抑制横向加速度的幅值变化，使系统超调量降低，有效提高了汽车的侧向稳定性，同时改善了汽车在高速高附着路面工况下的横向避撞的不足。

由图 6-43(d) 可知，横向和横纵向耦合避撞达到稳态时的纵向加速度基本为 0.01g，但横向避撞汽车的纵向加速度的幅值抖动幅度较大，使得汽车稳定性以及舒适性较差。而横纵向耦合能够明显削弱纵向加速度的幅值变化，有效降低幅值的抖振，提高了汽车的鲁棒性，同时改善了汽车在高速高附着路面工

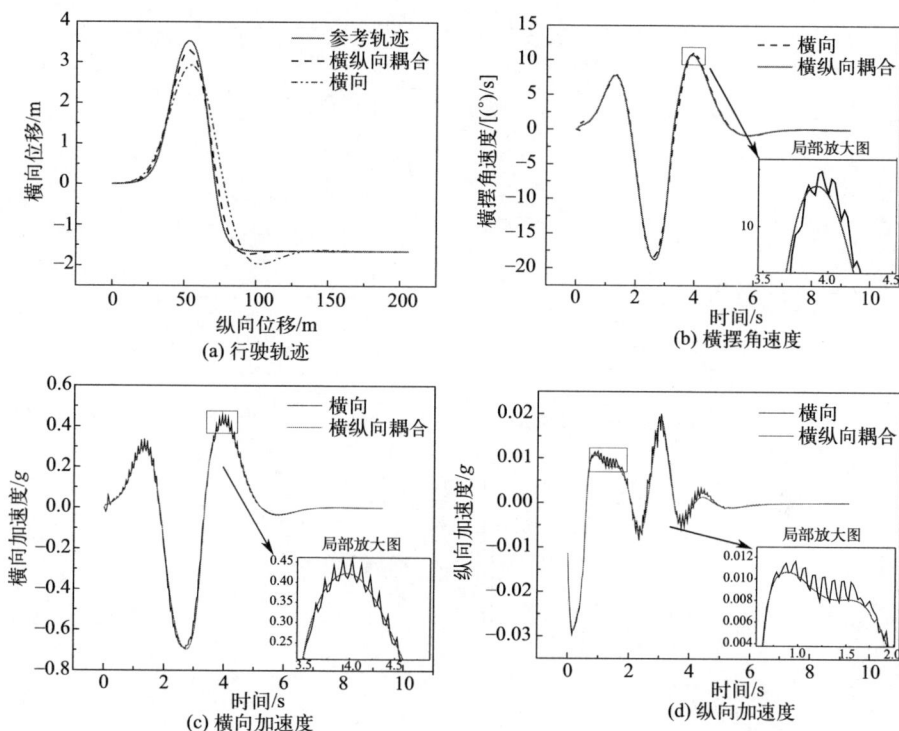

图 6-43 $v=80\mathrm{km/h}$，$M_\mathrm{u}=0.85$

况下的横向避撞的不足。

2. 高速低附着路面

为了验证横纵向耦合避撞控制器在高速低附着路面下的稳定性，仿真时选取路面附着系数 $M_\mathrm{u}=0.35$，车速分别为 80km/h。仿真时间为 30s，观察汽车的横摆角速度、横向加速度、纵向加速度三个评价指标，如图 6-44 所示。

由图 6-44（a）可知，高速低附着路面时，横向避撞的跟踪误差为 43%，而横纵向耦合控制的跟踪误差为 9.3%，相比横向避撞的控制器误差明显降低，同样保证了轨迹的跟踪精度。

由图 6-44（b）可知，高速低附着路面时，横向避撞控制器在仿真起始阶段，汽车已发生抖振现象，出现严重的失稳。而横纵向耦合避撞控制器达到稳态时的横摆角速度基本为 0°/s，能够很好地抑制横摆角速度的抖振现象，汽车在运行过程鲁棒性较好，有效地解决了高速时横向避撞的不足。

由图 6-44（c）可知，横向避撞控制器在仿真时间 8s 左右时，横向加速度的幅值抖动幅度较大，发生剧烈的抖振现象，汽车处于严重的失稳状态。而横纵向耦合避撞达到稳态时的横向加速度基本为 0.1g，能够明显抑制横向加速

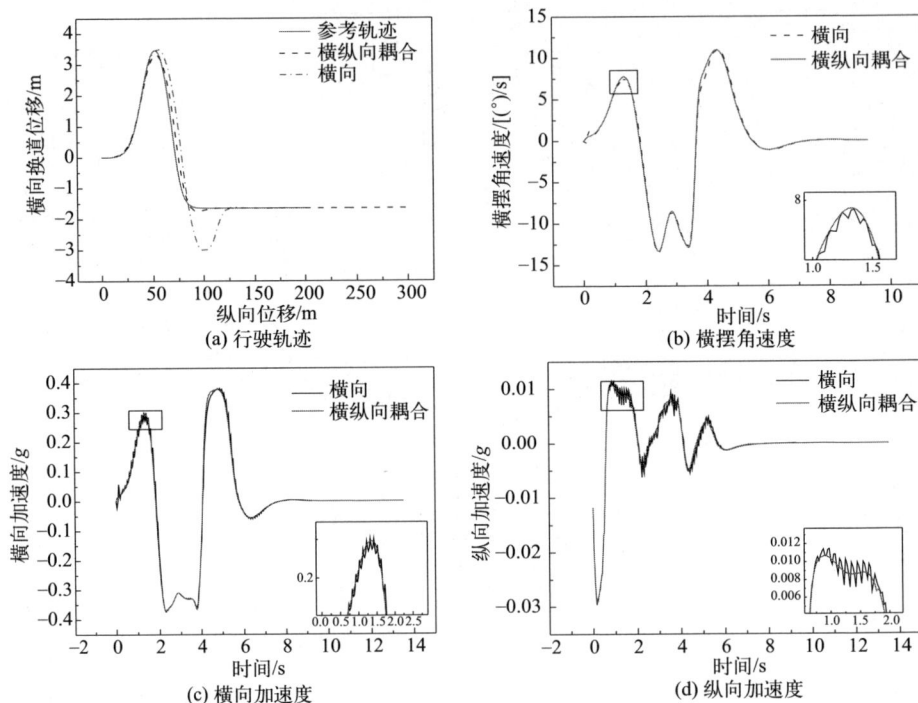

(a) 行驶轨迹

(b) 横摆角速度

(c) 横向加速度

(d) 纵向加速度

图 6-44　$v = 80 \text{km/h}$，$M_u = 0.35$

度的抖振现象，使系统超调量降低，有效提高汽车的侧向稳定性，同时弥补了汽车在高速高附着路面工况下的横向避撞的不足。

由图 6-44(d) 可知，横向避撞控制器在仿真时间为 0～7s 时，纵向加速度基本保持在 0g 左右，汽车稳定性较好。当仿真时间为 7s 时，横向避撞的纵向加速度出现剧烈的抖动现象，汽车严重失稳。但横纵向耦合避撞控制器的纵向加速度在仿真时间内一直保持在 0g 左右，达到稳态时的纵向加速度基本为 0g，明显削弱纵向加速度的幅值变化，有效降低幅值的抖振，提高了汽车的鲁棒性与舒适性。

结论：综合考虑横纵向避撞的动力学耦合因素，通过纵向速度这个参数作为横纵向的耦合点，建立横纵向耦合控制器，结果表明，横纵向耦合控制器可以根据决策逻辑状态更好地实现对前方障碍物的避撞。通过在高速高附着和高速低附着路面工况下仿真可知，相比横向避撞，考虑动力学耦合，将纵向参量作为横向输入所建立的横纵向耦合避撞控制器，提升了参考轨迹的跟踪精度，抑制了横、纵向加速度的产生，优化了汽车的瞬态响应性能，提高了汽车的行驶稳定性。

第七章

基于稳健性能的汽车稳定性优化

大多数实际工程问题都包含许多不确定信息，载荷条件、材料特性、仿真模型的准确度、几何特征、制造公差、使用条件等等实际上都会有一些波动。然而，许多优化设计没有考虑这些不确定信息，从而产生一个高风险的设计方案，设计参数或操作条件的一个微小波动足以导致设计失败。因此，优化初始要充分考虑这些不确定性信息，使产品特性对这些信息的变化不敏感，保证产品性能的稳健性。

第一节　稳健性能分析

一、稳健设计概述

随着我国经济的快速发展，民众日常生活水平的不断提高，人们对产品性能的要求也在不断地提高，市场竞争越来越激烈。传统单一的可靠性产品设计方法已经不能满足当前产品的质量要求。而产品的抗干扰性能一般是由各种产品设计技术参数（因素）的配合所决定，当产品设计技术参数配合有所不同，输出特性的波动程度就有所不同，平均值也有所不同。

一般来说，产品的质量受到产品设计、工艺技术、使用环境等因素的综合制约，并存在一定的分散性。综合这些影响因素可分为两类：可控因素和不可控因素（噪声因素）。可控因素如产品部件的材料特性、几何尺寸、构件数量等，这类因素能够通过合理的设计增加产品的可靠性。不可控因素如产品的加工误差、安装误差、工作环境以及产品的使用条件等。想要完全消除不可控因素对产品性能所造成的影响通常很难实现，但是提高产品的可靠性可以通过加大设计安全裕度、减小容差来实现，然而制造成本也会随之提高。如果做出的产品设计能在各种因素的影响下保持性能稳定，或是使用最廉价的零件就可以装配出质量上乘、性能稳定的产品，则认为这种产品的设计质量具有稳健性。目前稳健设计广泛应用于多种工程领域，包括加工制造、机械设备、航空航天、医疗领域等领域。

二、产品质量特性

1. 影响产品质量特性的因素

稳健设计（也被称作鲁棒设计）是一种减少产品制造成本、提高产品性能稳定性的设计方法。稳健性产品设计利用最便宜的元器件来设计并生产出高质量的产品，同时采用当前最先进的试验测试技术来减少传统试验的时间与经费，这也是稳定性产品设计对传统产品设计思路的革命性转变，为企业进一步提高经济效益指明了一条创新方向。

通常，影响产品质量特性的因素主要包括信号因素、可控因素和噪声因素三类。如图 7-1 所示，根据信号因素值的特点（各因素对产品质量的作用），可以将系统分为两类：当信号因素是一个常量时，则称为静态系统（static system）；当信号因素并非一个定值时，则称为动态系统（dynamic system）。此时，设计者期望系统响应按预先设定的规则随信号因素水平的改变而发生变化。

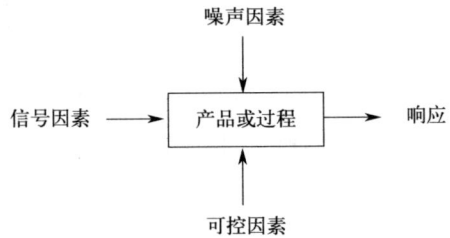

图 7-1　产品质量特性的影响因素系统

对于动态系统，信号因素（signal factors）表示理想响应值，是根据产品操作人员或者使用用户所设定。通过对信号因素的调节，可以保证当响应的目标值发生改变时，响应的平均值依然与目标理想值相同。

在现代工业的产品设计中，通常采用测量产品相关数值或测定产品特性的方法来评定产品的质量特性。每一种产品都具有固定的目标值即额定值，但是实际中质量特性值与其目标值（额定值）之间不但存在误差，而且会受到其他因素的干扰，引起产品性能的波动。从产品的设计角度考虑，这些干扰因素分为可控因素（control factor）和噪声因素（noise factor）且共同决定系统的响应。可控因素的水平是由产品的设计者所决定的，是设计者能够掌握的技术参数。可控因素即设计变量，即设以控制的因素，如产品的尺寸、材料、加工方式、时间、温度等。在稳健设计中，通过控制因素水平的不同组合，使得系统响应对由噪声因素的变化的敏感程度降低。噪声因素是指对产品质量特性有影响但无法控制的参数，其基本特征是具有不确定性。通常噪声因素可分为以下三类。

外噪声因素：指由于产品的使用环境或使用要求的变化，而影响产品质量特性的波动，通常涉及环境温度、湿度、磁场、位置等，也被称为外干扰。

内噪声因素：指产品在长期储存或应用过程中，由于时间的推进，出现产品材料劣变、老化等现象，并造成产品质量特性的波动的噪声，也被称为内干扰。

产品间噪声因素：指在产品制造的过程中，由于设备、物料、工艺、操作者、测量误差等导致产品质量特性值波动的噪声，也被称为产品间干扰，这类噪声具有随机性。

2. 产品质量特性分析

在产品的设计生产过程中，产品的质量特性围绕目标值波动范围越小，误差也就越小，产品的可靠性就越好，其稳健设计模型如图 7-2 所示。

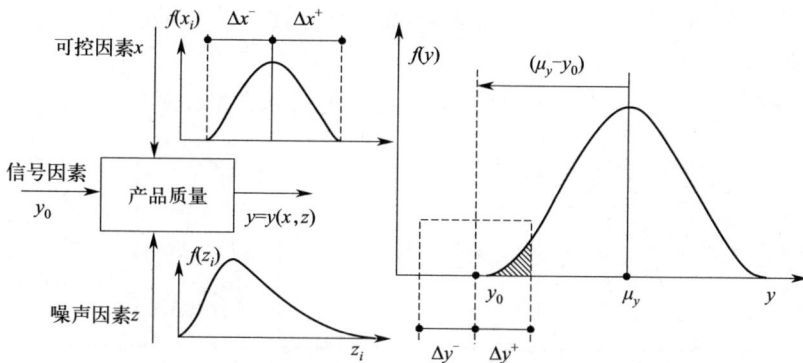

图 7-2　稳健设计模型

若产品质量的好坏用质量特性值接近于目标值的程度评定，则可认为功能特性愈接近于目标值，质量就愈好，偏离目标值越远，质量就越差。设产品质量特性值为 y，可控因素 x 与噪声因素 z 共同确定产品的质量特性 y，产品的目标值为 y_0，考虑到 y 的随机性，用平均损失来表达产品的质量并且考虑质量特性值的随机性，则有表达式：

$$E\{L(y)\}=E\{(y-y_0)^2\}=E\{(y-\overline{y})^2+(\overline{y}-y_0)^2\}=\sigma_y^2+\delta_y^2 \quad (7-1)$$

式中，$\overline{y}=E\{y\}$ 为质量指标的期望值或均值；$\sigma_y^2=E\{(y-\overline{y})^2\}$ 为质量指标的方差，表示输出特性变差的大小，即稳健性；$\delta_y^2=E\{(\overline{y}-y_0)^2\}$ 为质量特性指标的绝对偏差，即灵敏度。一般认为，致力于减小波动（或方差）称为方差稳健性设计和分析，然后在控制波动的情况下再致力于减少质量特性值的偏差，称为灵敏度设计和分析或灵敏度稳健性设计。

一般来说，稳健设计要求达到两个目的：

① 使产品质量特性的均值尽可能达到目标值，即使 $\delta_y = |\overline{y} - y_0| \longrightarrow \min$；

② 使由于各种干扰因素引起的功能特性波动的方差尽可能小，即使 $\sigma_y^2 = E\{(y - \overline{y})^2\} \longrightarrow \min$。

通常，要想达到稳健设计的第一个目的，主要方法是：

① 通过产品的方案设计，改变输入和输出关系，使其功能特性尽可能接近目标值；

② 通过参数设计调整设计变量的名义值，使输出均值达到目标值。

要想达到稳健设计的第二个目的，主要方法是：

① 通过减小参数名义值的偏差，缩小输出特性的方差，但减小参数的容差需要采用高性能的材料或者高精度的加工方法，这就意味着要提高产品的成本；

② 利用非线性效应，通过合理选择参数在非线性曲线的工作点或中心值，使质量特性值的波动小。

在实际的产品生产过程中，降低产品质量特性的波动即降低方差 σ_y^2 是至关重要的。

① 降低方差可以使产品的次品率降低，提高其合格率如图 7-3 所示。

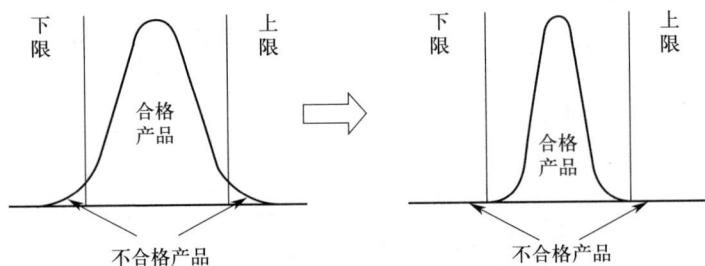

图 7-3　降低方差降低不合格率

② 降低方差可以提高操作空间，容易控制生产过程如图 7-4 所示。

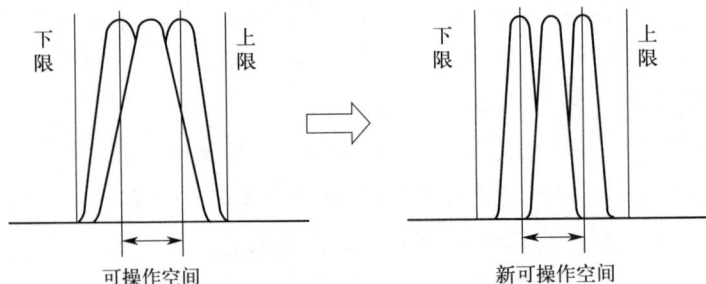

图 7-4　降低方差提高操作空间

③ 降低方差能使产品的质量特性值与目标值之间的偏差减小。

三、稳健设计理论

稳健设计起始于日本，田口玄一博士在 20 世纪 70 年代末创立的以试验设计和信噪比设计为工具的三次设计法奠定了稳健设计的理论基础。目前，不少工业国家已把稳健设计推荐为提高和改进产品质量的一种有效和实用的工程设计方法。

1. 稳健优化设计模型

稳健优化设计问题一般可描述为：

$$\begin{cases} \min F(\boldsymbol{X}) \boldsymbol{X} \in R^n \\ s.t. \quad g_i(\boldsymbol{X}) \leqslant 0 \quad i = 1, 2, \cdots, q \\ \qquad h_i(\boldsymbol{X}) = 0 \quad i = q+1, \cdots, p \\ \boldsymbol{X} = [x_1, x_2, \cdots, x_n, y_1, y_2, \cdots, y_m]^T \end{cases} \tag{7-2}$$

式中，F_{x_i} 为目标函数；$g_i(x)$ 和 $h_i(x)$ 分别为不等式约束和等式约束；$\boldsymbol{X}$ 为可控变量与不可控变量的总体。

为了减少可控变量和不可控变量对产品质量的影响，根据泰勒展开式和线性统计分析方法推导出稳健优化设计的目标函数，表示为：

$$\min F = u_F(x, y) + \lambda \sigma_F(x, y)$$

$$= F(x, y) + \frac{1}{2}\left(\sum_{i=1}^{n}\frac{\partial^2 F}{\partial^2 x_i}\sigma_{x_i} + \sum_{j=1}^{n}\frac{\partial^2 F}{\partial^2 y_i}\sigma_{y_j}\right)$$

$$+ \lambda\left[\sum_{i=1}^{n}\left(\frac{\partial F}{\partial x_i}\sigma_{x_i}\right)^2 + \sum_{j=1}^{n}\left(\frac{\partial F}{\partial y_j}\sigma_{y_j}\right)^2\right] \tag{7-3}$$

式中，σ_{x_i} 为第 i 个设计变量的标准差；σ_{y_j} 为第 j 个不可控变量的标准差；λ 为权重。

2. 稳健设计的流程

稳健设计的流程如图 7-5 所示，一般分为如下几个过程：

① 构建稳健设计模型：通过分析具体的工程问题，确定可控因素、干扰因素以及评价产品质量特性指标。这些性能指标可以表示成可控因素和噪声因素的显式函数形式或通过试验确定其函数关系；

② 建立可控因素、噪声因素和产品性能指标之间的数学模型或表达式，该模型能充分反映各个影响因素的变差对产品性能的影响；

③ 确定稳健设计的类型和方法；

④ 寻找稳健设计的最优解，确定最佳设计参数组合，得出稳健设计方案。

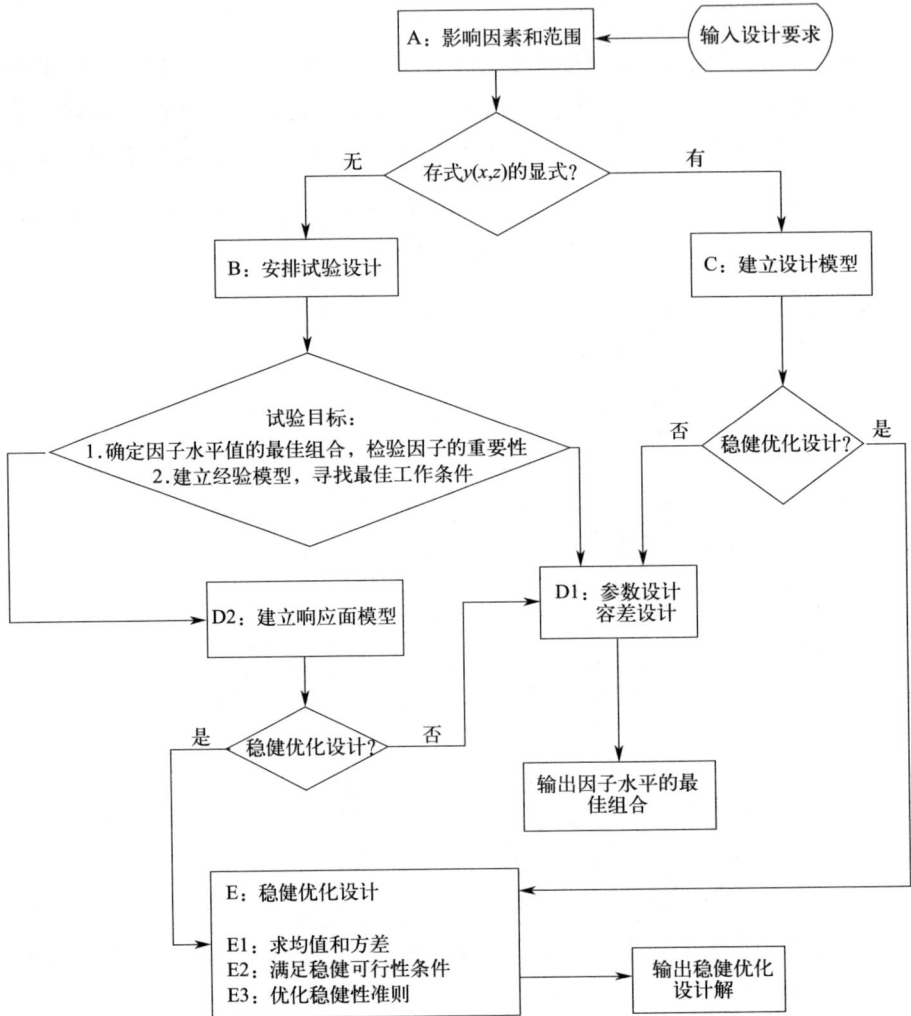

图 7-5　稳健设计流程图

四、稳健设计方法

稳健设计方法可分成两类：第一类以经验或半经验设计为基础，属传统的稳健设计方法；第二类以工程模型为基础与优化技术相结合，称工程稳健优化设计方法。基于经验的稳健设计常用的方法有响应面法、双响应面法、广义线性模型法等。基于工程模型的数学规划稳健设计常用的方法除了随机模型法外，还有容差多面体法、容差传递法、最小灵敏度法等。

1. 传统的稳健设计方法

（1）田口方法

田口方法又称三次设计法或基于损失模型法。此法是田口博士所创立的一种以试验设计为基础的提高与改进产品质量的设计方法。

田口方法的基本内容如下所述。

系统设计（system design）：这次设计主要是根据用户需求探索新产品功能原理，确定产品的基本结构和分析综合功能，因此又称它为概念设计或功能设计。系统设计对减小产品质量特性的波动和降低制造费用都有重要的作用。

参数设计（parameter design）：这是田口稳健设计最核心内容，在系统设计之后进行，是设计的重要阶段。参数设计也是一种线性和非线性设计，它主要利用线性和非线性性质减小产品质量特性的波动。

容差设计（tolerance design）：这是用于调整产品质量与成本关系的一种重要方法，是产品质量设计的最后一个阶段。如果在参数设计后能够达到减小产品质量特性的波动，则一般不再进行容差设计。因此，容差设计一般是在参数设计后，确认还需进一步提高产品质量时才进行。

（2）响应面模型法

响应面模型法（或称响应面法，response surface method，RSM）源于20世纪70年代的统计试验设计法，最初是由鲍克斯和威尔逊提出的。响应面模型法一般分为参数筛选、区域寻找和优化三个阶段进行。通过小规模的试验筛分出影响产品质量较重要的或者与噪声参数相互作用的设计参数，建立线性模型，并通过对该模型的分析为设计者指明在设计空间中应该按照哪个方向去寻找能够提供稳健产品的设计参数值。当最后的区域被确定后，再对各参数在所设定的变动范围内给出几个水平值，通过试验设计获得各参数与产品质量的相关参数，然后用一阶或二阶模型拟合出响应面函数，并利用图解法、分析法或优化方法找出问题的稳健设计最优解。

（3）广义模型法

广义线性模型法是 Pregibon 于 1984 年建议，用来处理参数设计中不满足回归模型中假定方差齐性要求时的方法。此法的缺点是具体问题中方差函数如何寻找尚无一般有效方法，因此可能遇到比建立响应面法中的回归模型还要大的困难。

2. 基于工程模型的方法

工程模型法是近年来计算机技术、优化方法迅速发展并被工程模型广泛应用于产品设计后发展起来的一种方法，本质上是对田口方法进行数学方式的诠释，通过优化计算实现产品质量性能的提前控制。

（1）容差多面体法

容差多面体法是由 Michael. W 于 1981 年提出。此法不考虑噪声因素的变差影响，通过调整设计变量及容差的大小提高产品对一些因素干扰的不灵敏性。此法可以求解约束问题，适用公差设计问题。

（2）容差模型法

容差模型法又称变差传递法，由 Park-inson 于 1993 年提出。其指导思想就是既考虑设计变量的变差，又考虑噪声因素的变差对约束条件变差的影响，在此新的可行域内寻找稳定性解。此法优点是既明确说明了所要达到的目标值，又克服了田口方法中的信噪比对均值和方差之间必须成比例变化的要求。

（3）随机模型法

随机模型法是将优化技术、概率论和数理统计、计算机技术用于处理含有随机因素的工程问题。随机模型法的优点是考虑可控因素和不可控因素的随机性，因此实际工程意义较大。缺点是随机模型的建立和计算都比较复杂，在实际中往往不得不采用近似的数据或算法，从而降低了计算结果的精度。

（4）灵敏度法

灵敏度分析法的中心思想是估计出设计变量变差和约束变差（由可控因素和不可控因素变差引起的）对质量性能指标影响的大小。需要指出的是设计变量发生变化时，最优点可能超出了某些约束，此时应该在新的约束条件下重新求解最优点。

（5）基于成本-质量模型的稳健设计

基于成本-质量模型的混合稳健设计，是将根据产品质量的稳定性确定设计变量的容差与根据制造费用确定容差结合起来，以期在设计阶段使产品的质量和成本之间达到最佳平衡的方法。其数学模型求解可以采用一种交互进行的优化设计方法。

第二节　基于田口方法的汽车车身稳定性优化

一、田口方法的基本理论

田口方法主要侧重于产品参数设计以及容差设计而并没有涉及产品系统设计。田口方法基于质量损失函数评价产品质量特性，以噪声因素表示干扰因素，以峰值信噪比（SN ratio）为关键指标衡量产品对随机波动的敏感程度来判断产品的稳健性。通过正交表安排试验设计，基于对所有试验方案的总结分析，得到所有影响因素的最佳水平组合，得出让产品质量特性稳定且抗干扰的设计方案，再以质量损失最小化为准则，科学合理地设定参数的容差值，以取得成本最低、质量最好的效果，降低了目标值的波动，提高了产品的稳健性。

1. 质量损失模型

田口玄一提出了"质量损失函数"的概念来定量地表示产品质量的损失。当质量特性与目标特性发生偏差时，质量损失增加。在产品设计过程中，一般可将质量特性分为望目特性、望小特性、望大特性。

（1）望目特性的质量损失函数

望目特性（nominal-the-better，NTB）是指产品的质量特性值 y 有一个目标值且质量损失在目标值的两侧呈对称分布，一般不为零，如图7-6所示。

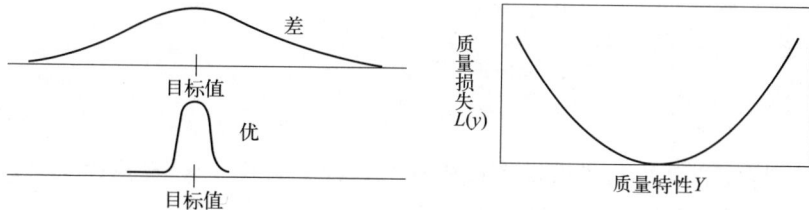

图 7-6　望目特性

设 y_0 为产品质量特性的目标值，y 为产品质量特性的实际值，若 y_0 和 y 不相等，则必然存在质量损失 L，对应的质量损失函数为 $L(y)$，并且 y_0 和 y 的差值越大，质量损失函数 $L(y)$ 越大。望目特性的质量损失函数为：

$$L(y) = K(y - y_0)^2 \tag{7-4}$$

式（7-4）表示由于波动造成的质量损失与质量特性的实际值和目标值的偏差平方成正比。

（2）望小特性的质量损失函数

望小特性（smaller-the-better，STB）指质量特性值 y 越小越好，不取负值，零值最好。当系统输出特性值逐渐变小时，系统性能逐渐变好，质量损失也逐步减小，如图7-7所示。

式（7-4）中，令 y_0 取0，可得望小特性的质量损失函数：

$$L(y) = Ky^2 \tag{7-5}$$

（3）望大特性的质量损失函数

望大特性（larger-the-better，LTB）指特性值 y 越大越好，不取负值，零值最差。当输出特性值增大时，系统性能逐步转好，质量损失逐步减小，最

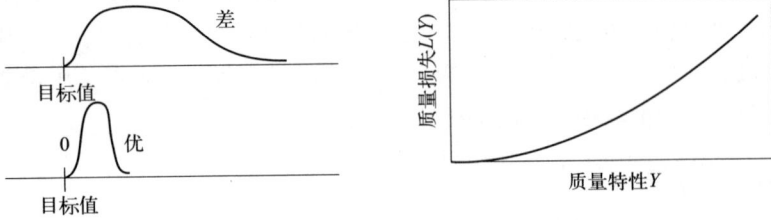

图 7-7　望小特性

理想的值是无穷大，如图 7-8 所示。

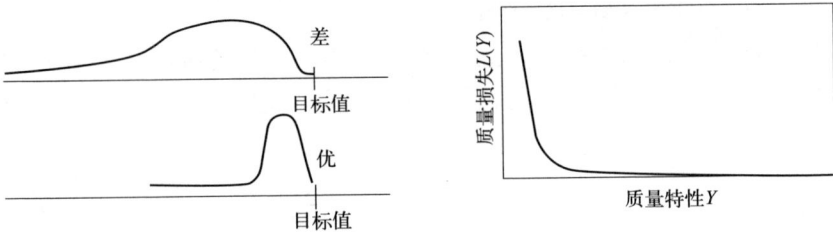

图 7-8　望大特性

望大特性的倒数与望小特性性质相同，因此可用 $1/y$ 来替代式（7-5）中的 y，即得到望大特性的质量损失函数。

$$L(y) = K\,\frac{1}{y^2} \qquad (7\text{-}6)$$

2. 信噪比

在田口方法中，信噪比 η（signal-to-noise ratio，SN 比）用于评定产品质量稳健性的重要指标，表示系统响应与理想响应的偏差大小，是产品性能的稳健性指标。对于不同系统，信噪比的含义不同。归纳起来，主要有以下四种情况。

（1）望目特性的信噪比

即存在设计目标值 m，输出特性越接近目标值越好。如果知道输出特性 y 的 n 个观测值 y_1，y_2，$\cdots$，y_n，可按式（7-7）估算信噪比。

$$\eta = \frac{S_m - V_e}{nV_e} \qquad (7\text{-}7)$$

式中，$V_e = \dfrac{\sum\limits_{i=1}^{n}(y_i - \overline{y})^2}{n-1}$ ；$S_m = \dfrac{\left(\sum\limits_{i=1}^{n} y_i\right)^2}{n}$ 。

（2）望小特性的信噪比

即输出特性越接近零值越好，通常用于考虑机械部件的磨损量和表面粗糙度等指标。望小特性的信噪比可按式（7-8）估算。

$$\eta = \frac{n}{(\sum\limits_{i=1}^{n} y_i^2)} \qquad (7\text{-}8)$$

（3）望大特性的信噪比

即输出特性越大越好，一般用于考虑系统的整体寿命及机械部件的强度要求。望大特性和望小特性两种信噪比互为倒数关系。

（4）动态特性的信噪比

对于一种输出特性随着输入参数变化而发生变化的情况，即系统动态特性的信噪比，其目标值不是恒定常数，而是随着输入信号的变化而变化。

二、正交试验设计

田口方法的基本思想是采用正交试验，通过制定内外表来获得可控因素与噪声因素的最佳水平组合，并通过信噪比来评价质量特性对噪声因素的敏感程度的大小。正交试验设计过程如下。

1. 制定正交试验方案

① 确定试验因素即控制因素和噪声因素的数量，以及每一个因素变化的水平数。

② 分析各试验因素之间的相互作用，并分析其中的相互作用能否忽略。

③ 试验次数可以通过人力、物力、时间、费用等因素综合考虑确定。

④ 选用适当的正交表安排试验。在试验安排过程中，在忽略各因在之间相互作用的情况下，将试验因素逐一布置在正交表的任意一列。若各因素之间的相互作用不可忽略，可以通过相关的表头设计安排试验，选择的正交表的行数需要超过试验因素的数量。

2. 针对正交试验结果的直观分析与方差分析

通过试验数据直观分析与方差分析，不但能够得出各控制因素对目标函数的贡献率，而且可以确定各因素不同程度的变化对目标函数的影响，进而得出设计变量值的最优组合。

（1）正交表的直观分析

例如：对于四种因素三水平组合的正交试验，选用 $L_9(3^4)$ 的正交试验设计表，直观分析表如表 7-1 所示。

表 7-1　直观分析表

试验序号	试验因素				试验结果
	A	B	C	D	
1	1	1	1	1	y_1
2	1	2	2	2	y_2
3	1	3	3	3	y_3
4	2	1	2	3	y_4
5	2	2	3	1	y_5
6	2	3	1	2	y_6
7	3	1	3	2	y_7
8	3	2	1	3	y_8
9	3	3	2	1	y_9
直观分析计算 水平和	T_1	T_{1A}	T_{1B}	T_{1C}	T_{1D}	
	T_2	T_2	T_{2B}	T_{2C}	T_{2D}	
	T_3	T_{3A}	T_{3B}	T_{3C}	T_{3D}	
水平均值	R_1	R_{1A}	R_{1B}	R_{1C}	R_{1D}	
	R_2	R_{2A}	R_{2B}	R_{2C}	R_{2D}	
	R_3	R_{3A}	R_{3B}	R_{3C}	R_{3D}	
极差	R	R_A	R_B	R_C	R_D	

① 计算试验结果的水平和（各因素不同水平的试验结果和）、水平均值（同水平的试验结果和均值）及极差。

水平和：$T_{1A}=y_1+y_2+y_3$　$T_{2A}=y_4+y_5+y_6$　$T_{3A}=y_7+y_8+y_9$

水平均值：$R_{1A}=\dfrac{T_{1A}}{3}$

极差：$R_A=\max\{R_{1A}，R_{2A}，R_{3A}\}-\min\{R_{1A}，R_{2A}，R_{3A}\}$

② 按照极差大小进行排序，确定试验因素的重要程度，极差越大，说明该因素对目标函数的影响越大，该因素越重要。

③ 绘制出各种因素与试验结果之间的关联图，观察各因素水平值变化对试验结果的影响。关联图横坐标为各因素的水平值，纵坐标为因素的水平和均值。

④ 确定最佳参数组合。

（2）正交表的方差分析

方差分析可以定量的给出各因素的主次关系。

① 计算总平方和 S_T 及其自由度 f_T：

$$S_T=\sum_{i=1}^{N}(y_i-\overline{y})^2=\sum_{i=1}^{N}y_i^2-\frac{1}{N}(\sum_{i=1}^{N}y_i)^2=\sum_{i=1}^{N}y_i^2-CT \tag{7-9}$$

式中，n 为试验因素数；N 为试验次数；y_i 为试验结果的信噪比；$\overline{y}$ 为所有试验结果信噪比的均值；$CT=\dfrac{1}{N}(\sum_{i=1}^{N}y_i)^2$ 为修正项。

$$f_T=N-1 \tag{7-10}$$

② 计算各试验因素的平方和及其自由度：

$$S_1 = \frac{1}{3}\sum_{i=1}^{3}T_{iA}^2 - CT \qquad (7\text{-}11)$$

$$f_1 = 水平数 - 1 \qquad (7\text{-}12)$$

③ 计算误差平方和 S_e 及其自由度 f_e：

$$S_e = S_T - (S_1 + S_2 + \cdots) = \sum S_{空列} \qquad (7\text{-}13)$$

$$f_e = f_T - (f_1 + f_2 + \cdots) = \sum f_{空列} \qquad (7\text{-}14)$$

将方差分析的计算公式汇总可得到正交表的方差分析表（表 7-2）。

表 7-2 正交表的方差分析表

离差来源	平方和 S	自由度 f	均方 V	统计量 F	贡献率 ρ
x_1	S_1	f_1	$V_1 = S_1/f_1$	$F_1 = V_1/V_e\rho$	$\rho_1 = \dfrac{S_1 - f_1 V_e}{S_T}$
x_2	S_2	f_2	$V_2 = S_2/f_2$	$F_2 = V_2/V_e$	$\rho_2 = \dfrac{S_2 - f_2 V_e}{S_T}$
⋮	⋮	⋮	⋮	⋮	⋮
e	S_e	f_e	$V_e = S_e/f_e$		
总平方和	S_T	f_T	100%		

三、基于田口方法的汽车转向机构稳健优化

1. 汽车转向梯形机构

汽车转向梯形机构组成如图 7-9 所示，图中 M 表示主销中心距，L 为转向梯形臂长度，θ 为转向梯形机构底角。

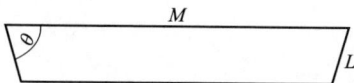

图 7-9 转向梯形机构

车辆在转向时，其内、外侧车轮转角应保持以下关系：

$$\cot\alpha_0 - \cot\beta_0 = M/N \qquad (7\text{-}15)$$

式中，α_0 为外侧车轮理论转角；β_0 内侧车轮理论转角；N 为轴距。

车辆转向时，实际是由等腰梯形机构近似地实现式（7-15）的理想内外轮转角的关系。其内、外侧车轮实际转角关系如式（7-16）所示：

$$\alpha = \arctan\frac{L\sin(\theta-\beta)}{M - L\cos(\theta-\beta)} + \frac{\arccos[L + 2M\cos\theta - 2L\cos^2\theta - M\cos(\theta-\beta)]}{\sqrt{L^2 + M^2 - 2LM\cos(\theta-\beta)}} - \theta \quad (7\text{-}16)$$

式中，α 为外侧车轮实际转角；β 为内侧车轮实际转角。

2. 基于田口方法的转向梯形机构设计

田口方法的一般步骤如图 7-10 所示。

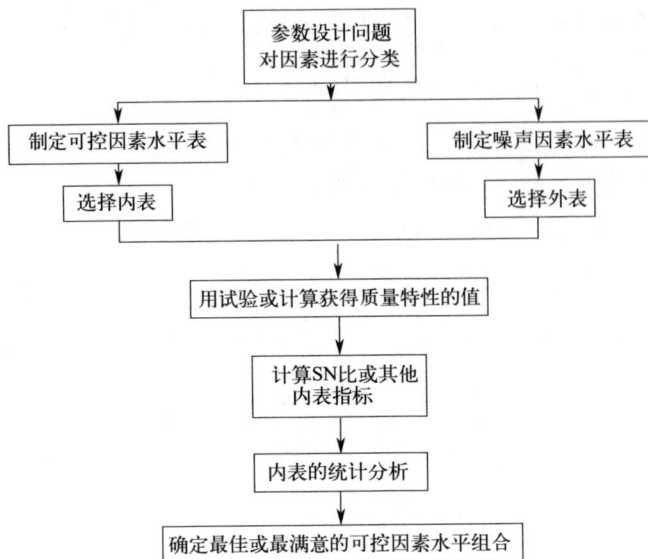

图 7-10 田口方法的一般步骤

（1）设计变量

从设计角度看，可将影响产品质量的因素分为可控因素和不可控因素。可控因素是指在设计中可以控制的参数，即设计参数或设计变量，如几何尺寸、装配间隙等，设计变量在设计中可以通过调整其名义值与控制其偏差来达到产品的规定质量指标。不可控因素是指在设计中不易控制的参数，又称误差因素，如干扰或噪声，一般这类因素具有随机性。

以汽车的主销中心距（M）、轴距（N）、梯形底角（θ）和转向梯形臂长度（L）四个参数作为设计变量，记作：$\boldsymbol{X} = [x_1, x_2, x_3, x_4]^T = [M, N, \theta, L]^T$。

噪声因素主要是考虑各运动副间隙的随机变化对机构运动质量的影响，记作：
$$\boldsymbol{Z} = [z_1, z_2, z_3, z_4]^T = [r_1, r_2, r_3, r_4]^T。$$

（2）约束条件

在转向梯形设计中考虑最小传动角的约束。最小传动角是指转向梯形臂与横拉杆所夹的最小锐角。此角过小会使杆件的作用力臂短而受力过大，还会使杆件接近转动的"死点"，影响正常使用。最小传动角按式（7-17）计算，其值要求大于30°。

$$\delta(X) = \arccos\{[-M\cos(\theta+A) + 2M\cos\theta - 2L\cos^2\theta] / (M - 2L\cos\theta)\} \quad (7-17)$$

式中，A 为外侧车轮最大转角。

最大转角误差的约束如式（7-18），其角度过大会加大轮胎的侧滑量，加重轮胎的磨损，影响汽车的转向性能。

$$|\alpha_i - \alpha_{0i}| \leqslant 3° \tag{7-18}$$

式中，α_i 为外侧车轮实际输出转角；α_{0i} 为外侧车轮理想输出转角。

根据经验公式，转向梯形底角应满足：

$$\theta = \arctan(4N/3M) \pm 5° \tag{7-19}$$

（3）参数设计

建立可控因素水平表，如表 7-3 所示。内表设计选用 $L_9(3^4)$，如表 7-4 所示。噪声因素水平表，如表 7-5 所示。外表设计选用 $L_9(3^4)$，与可控因素水平表一致。实验次数共 81 次。

表 7-3　可控因素水平表

水平	因素			
	M/m	N/m	$\theta/°$	L/m
1	2.07	3.285	60.3	0.250
2	2.30	3.650	67.0	0.278
3	2.53	4.015	77.05	0.348

表 7-5　噪声因素水平表

水平	因素			
	r_1/m	r_2/m	r_3/m	r_4/m
1	0.0009	0.0018	0.0009	0.0018
2	0.001	0.002	0.001	0.002
3	0.0011	0.0022	0.0011	0.0022

表 7-4　内表

试验号	M/m	N/m	$\theta/°$	L/m
1	1	1	1	1
2	1	2	2	2
3	1	3	3	3
4	2	1	2	3
5	2	2	3	1
6	2	3	1	2
7	3	1	3	2
8	3	2	1	3
9	3	3	2	1

（4）建立响应面

建立与所有重要的可控和噪声因素有关的响应面模型，包括 3 个响应面模型，分别是具有望小特性的最大角度误差响应面模型，具有望小特性的转向过程中的转角总误差响应面模型，具有望大特性的最小传动角响应面模型。

（5）稳健优化目标

稳健优化目标为：均值（转向过程中总转角误差）＋方差（转向过程中总的转角误差）＋损失（最大角度误差）－信噪比（最小传动角）。

其中，转向过程中总的转角误差为：

$$\varepsilon = \sum_{i=1}^{n} \boldsymbol{\omega}_i (\alpha_i - \alpha_{0i})^2 \tag{7-20}$$

式中，$\boldsymbol{\omega}_i$ 为加权系数；α_i 为外侧车轮实际输出角度；α_{0i} 为理论输出转角。

（6）设计结果

转向时，内侧车轮转角（α）与外侧车轮理想的转角（β）之间的关系如表 7-6 所示。

表 7-6　内侧车轮转角与外侧车轮理想转角的对应关系

$\alpha/(°)$	2	4	6	8	10	12	14	16	18	20	22	24	26	28
$\beta/(°)$	1.95	3.82	5.60	7.31	8.94	10.51	12.02	13.48	14.88	16.24	14.88	18.84	20.08	21.29

基于田口方法的转向梯形机构设计结果如表 7-7 所示，内侧车轮实际转角（α）与外侧车轮实际转角（β）之间的关系如表 7-8 所示。

表 7-7　基于田口方法的转向梯形机构设计结果

主销中心距/m	轮距/m	梯形底角/°	转向臂长度/m	最小传动角/°	最大角度误差/°	目标值/°
2.5	3.65	72	0.25	33.13	2.25	1.84

表 7-8　内侧车轮实际转角与外侧车轮实际转角的对应关系

$\alpha/(°)$	2	4	6	8	10	12	14	16	18	20	22	24	26	28
$\beta/(°)$	1.97	3.91	5.79	7.63	9.42	11.17	12.88	14.54	16.16	17.73	19.26	20.73	22.16	23.54

若以主销中心距、轮距、梯形底角和转向臂长度四个参数作为确定性设计变量，应用常规的数学模型进行优化设计，设计结果如表 7-9 所示，内侧车轮转角（α）与外侧车轮实际转角（β）之间的关系如表 7-10 所示。

表 7-9　确定性优化设计结果

主销中心距/m	轮距/m	梯形底角/°	转向臂长度/m	最小传动角/°	最大角度误差/°	目标值/°
2.3	3.65	73.75	0.32	32.16	1.93	1.62

表 7-10　内侧车轮转角与外侧车轮实际转角的对应关系

$\alpha/(°)$	2	4	6	8	10	12	14	16	18	20	22	24	26	28
$\beta/(°)$	1.97	3.90	5.79	7.67	9.47	11.26	13.02	14.54	16.16	17.76	19.29	20.76	22.09	23.65

总结：从表 7-7、表 7-8 可以看出，在转向误差相差不大的情况下，应用田口方法设计的转向机构最小传动角大，系统的传递性能及运动性能好，并且设计变量有较大的容差，当设计变量出现微小变化时，能有效保证转向系统的运动精度；从表 7-9、表 7-10 可以看出，将设计变量处理成确定性变量，并建立常规的数学模型进行设计，最小传动角小，系统的传递性能及运动性能差，并且当设计变量出现微小变化时，不能保证转向系统的运动精度。

第三节　基于响应面方法的汽车车身稳定性优化

一、响应面法概述

响应面法（response surface methodology，RSM）是以试验设计为基础的

用于处理多变量问题建模和分析的一套统计处理技术。最早由 G. E. P. Box 和 K. G. Wilson 提出的响应面法由于没有考虑到噪声因素的影响，因此并未得到广泛应用，直到 20 世纪 80 年代 R. H. Myers 将噪声因素引入响应面法后，此方法才在世界范围内得到广泛应用并成为工程稳健设计的有力工具。

若是用函数 $y = f(x_1, x_2) + \varepsilon$ 来描述响应量和自变量间的关系，其中 ε 表示的是响应量 y 的随机误差。若记期望的响应量为 $E\{y\} = \mu$，则由 $\mu = f(x_1, x_2)$ 表示的曲面叫作响应面。由于在多数设计问题中自变量和响应的关系都是未知的，因此响应面法通常是先求出 $f(x)$ 函数的近似函数，一般可以用自变量的线性函数：

$$y = \beta_0 + \beta_1 x_1 + \beta_2 x_2 + \cdots + \beta_n x_n + \varepsilon \tag{7-21}$$

或用较高次的多项式来近似：

$$y = \beta_0 + \sum_{i=1}^{n} \beta_i x_i + \sum_{i=1}^{n} \beta_{ii} x_i^2 + \sum_{i<j} \sum \beta_{ij} x_i x_j + \varepsilon \tag{7-22}$$

由于 RSM 分析是以拟合面的方式进行分析的，只要拟合面对于函数 $f(x)$ 是充分近似的，可认为拟合面的分布就近似等于实际响应量的分析。因此，对拟合响应面的设计又称为响应面设计。

二、响应面模型的拟合和分析

1. 一阶响应面模型

响应面模型是在试验设计的基础上所建立起的有关设计变量和产品质量特性（一个或多个）间函数关系的模型。由于响应面模型的响应量和试验因素 $x_i (i = 1, 2, \cdots, n)$ 间的函数关系可用一阶线性函数表达式来近似表达，所以响应面模型是线性的。那么试验因素 x_i 和响应量 y 间的函数关系可用线性表达式 [式（7-23）] 表示，称为一阶响应面模型。其中 ε 表示拟合误差，且 $\varepsilon \sim N(0, \sigma_y^2)$。$\beta_0, \beta_1, \cdots, \beta_n$ 是基于试验数据估算所得的待定系数，可通过观测所得的试验数据 $(x_{11}, x_{21}, \cdots, x_{n1}, y_1), \cdots, (x_{1k}, x_{2k}, \cdots, x_{nk}, y_k)$，通过最小二乘法估算，如下所示：

$$\boldsymbol{\beta} = \begin{bmatrix} \hat{\beta}_0 \\ \hat{\beta}_1 \\ \hat{\beta}_2 \\ \vdots \\ \hat{\beta}_n \end{bmatrix} = (x^{\mathrm{T}} x)^{-1} x^{\mathrm{T}} y = \left[\frac{1}{k} \sum_j y_j, \frac{\sum_j x_{1j} y_j}{\sum_j x_{1j}^2}, \cdots, \frac{\sum_j x_{nj} y_j}{\sum_j x_{nj}^2} \right]^2 \tag{7-23}$$

式中，
$$\boldsymbol{\beta} = \begin{bmatrix} 1 & x_{11} & x_{21} & \cdots & x_{n1} \\ 1 & x_{12} & x_{22} & \cdots & x_{n2} \\ \vdots & \vdots & \vdots & \ddots & \vdots \\ 1 & x_{1k} & x_{2k} & \cdots & x_{nk} \end{bmatrix} ; \boldsymbol{y} = \begin{bmatrix} y_1 \\ y_2 \\ \vdots \\ y_k \end{bmatrix} 。$$

对于式（7-23）能否准确表达设计变量和各响应面间的统计学规律，也就是说该一阶响应面模型是否有意义，需要通过 F 检验和方差分析来判定。通过因式分解计算误差波动平方和及自由度，具体计算过程如下所述。

S_T、f_T 表示总波动平方和及自由度：

$$S_T = \sum_{j=1}^{k} (\boldsymbol{y}_j - \overline{\boldsymbol{y}})^2 = \sum_{j=1}^{k} \boldsymbol{y}_j^2 - k\overline{\boldsymbol{y}}^2 , f_T = k - 1 \tag{7-24}$$

式中，$\overline{y}$ 表示统计均值。

S_R、f_R 表示拟合波动平方和及自由度：

$$S_R = \sum_{j=1}^{k} (\hat{\boldsymbol{y}}_j - \overline{\boldsymbol{y}})^2 = \sum_{j=1}^{k} \hat{\boldsymbol{y}}_j^2 - k\overline{\boldsymbol{y}}^2 = \hat{\boldsymbol{\beta}}^{\mathrm{T}} \boldsymbol{x}^{\mathrm{T}} \hat{\boldsymbol{y}} - n\overline{\boldsymbol{y}}^2 , f_R = n \tag{7-25}$$

S_e、f_e 表示残差平方和及自由度：

$$S_e = \sum_{j=1}^{k} e_j^2 = \sum_{j=1}^{k} (\boldsymbol{y}_j - \hat{\boldsymbol{y}}_j)^2 , f_e = k - n - 1 \tag{7-26}$$

则 $S_e = S_T - S_R$， $f_e = f_T - f_R$。

统计量 $F = \dfrac{S_R}{S_e}$ 服从第一自由度 f_R 和第二自由度 f_e 的 F 分布。因此，对于给定的显著水平 α，由 F 分布表得到临界值 $F(f_R, f_e, \alpha)$，则有

$$P\{F > F(f_R, f_e, \alpha)\} = \alpha \tag{7-27}$$

若 $F > F(f_R, f_e, \alpha)$，则拟合的响应面模型在 α 水平下有效，反之则无效。

2. 二阶响应面模型

不同于一阶响应面模型的线性关系，二阶响应面模型的设计变量和响应量间的函数关系，与二次多项式［式（7-28）］近似。若 $\boldsymbol{\varepsilon} \sim N(0, \sigma_y^2)$，且令 $\boldsymbol{x}_{1i} = \boldsymbol{x}_i$，$\boldsymbol{x}_{2i} = \boldsymbol{x}_i^2$，$\boldsymbol{x}_{3i} = \boldsymbol{x}_i \boldsymbol{x}_j$，则式（7-28）可变换成多元线性响应面模型。

$$\boldsymbol{y} = \boldsymbol{\beta}_0 + \sum \boldsymbol{\beta}_{1i} \boldsymbol{x}_{1i} + \sum \boldsymbol{\beta}_{2i} \boldsymbol{x}_{2i} + \sum \boldsymbol{\beta}_{3i} \boldsymbol{x}_{3i} + \boldsymbol{\varepsilon} \tag{7-28}$$

二阶响应面模型回归系数的计算与一阶响应面的雷同，计算公式如下：

$$\begin{cases} \hat{\boldsymbol{\beta}}_0 = \frac{1}{k} \sum_j \boldsymbol{y}_j = \overline{\boldsymbol{y}} \\[2mm] \hat{\boldsymbol{\beta}}_i = \sum_j \boldsymbol{x}_{ij} \boldsymbol{y}_j / \sum_j \boldsymbol{x}_{ij}^2 \\[2mm] \hat{\boldsymbol{\beta}}_{ii} = \sum_j \boldsymbol{x}_{ij}^2 \boldsymbol{y}_j / \sum_j (\boldsymbol{x}_{ij}^2)^2 \\[2mm] \hat{\boldsymbol{\beta}}_{jj} = \sum_j \boldsymbol{x}_{jj} \boldsymbol{y}_{ij} \boldsymbol{y}_j / \sum_j (\boldsymbol{x}_{jj} \boldsymbol{x}_{ij})^2 \end{cases} \tag{7-29}$$

用最小二乘法估算系数矩阵表，可得：

$$\hat{\boldsymbol{\beta}} = (\boldsymbol{x}^{\mathrm{T}} \boldsymbol{x})^{-1} \boldsymbol{x}^{\mathrm{T}} \boldsymbol{y} \tag{7-30}$$

且 $E\{(\hat{\boldsymbol{\beta}} - \boldsymbol{\beta})\} = 0$ 和 $\mathrm{Var}\{\hat{\boldsymbol{\beta}}\} = (\boldsymbol{x}^{\mathrm{T}} \boldsymbol{x})^{-1} \sigma^2$，其中 $\boldsymbol{y}$ 表示试验观测值，为 $k \times 1$ 阶向量；$\boldsymbol{x}$ 表示与 $\boldsymbol{y}$ 对应的设计矩阵值。于是在 $\boldsymbol{x}^{\mathrm{T}} = (x_1, x_2, \cdots, x_n)$ 点预测的响应量可以表示为：

$$\hat{\boldsymbol{y}}(\boldsymbol{x}) = [\boldsymbol{\varphi}(\boldsymbol{x})]^{\mathrm{T}} \hat{\boldsymbol{\beta}} \tag{7-31}$$

式中，$[\boldsymbol{\varphi}(\boldsymbol{x})]^{\mathrm{T}}$ 代表矩阵 $\boldsymbol{x}$ 中的一行。例如，对于二响应面模型的预测响应量为：

$$\hat{\boldsymbol{y}}(\boldsymbol{x}) = \hat{\boldsymbol{\beta}}_0 + \sum_{i=1}^{n} \hat{\boldsymbol{\beta}}_i x_i + \hat{\boldsymbol{\beta}}_{ii} x_i^2 + \sum_{j<i}^{n} \hat{\boldsymbol{\beta}}_{ij} x_p x_i = [\boldsymbol{\varphi}(\boldsymbol{x})]^{\mathrm{T}} \hat{\boldsymbol{\beta}} \tag{7-32}$$

式中，$[\boldsymbol{\varphi}(\boldsymbol{x})]^{\mathrm{T}} = (1, x_1, x_2, \cdots, x_n, x_1^2, x_2^2, \cdots, x_n^2, x_1 x_2, \cdots, x_{n-1} x_n)$。

$\hat{\boldsymbol{y}}(x)$ 的预测方差表达式为：

$$\mathrm{Var} = \{\hat{\boldsymbol{y}}(\boldsymbol{x})\} = [\boldsymbol{\varphi}(\boldsymbol{x})]^{\mathrm{T}} (\boldsymbol{x}^{\mathrm{T}} \boldsymbol{x})^{-1} \boldsymbol{\varphi}(\boldsymbol{x}) \sigma^2 \tag{7-33}$$

若通过适当的试验设计可获得响应量的试验数据 $y_i(1, 2, \cdots, k)$，则按式（7-33）就可以计算出二阶响应面模型表达式中的回归系数。

对于二阶响应面模型的 F 检验和方差分析同一阶响应面模型类似。

三、响应面方法的步骤

1. 响应面方法的实验设计计算

在响应面设计中，合适的试验设计有助于响应面拟合模型的建立。拟合二阶响应面模型的试验设计，试验因素必须有三个水平值，这样拟合出的响应面模型才能更好地反映真实模型。

要想计算出响应面模型的系数，就必须对所要研究的问题进行试验，通过试验可以获得足够的响应量观测值。因此在建立响应面模型之前，研究试验设计是很有必要的。试验设计作为稳健设计中必不可少的一部分，主要包括：辨识关键的试验因素；确定设计变量的最佳参数组合；分析目标函数和设计变量间的关系及趋势；构建经验公式和近似模型；有效提高产品设计的稳健性。

在响应面稳健设计中一般采用正交表设计、中心组合设计和拉丁超立方设计等试验设计算法。

（1）正交表设计

正交表设计是一种用正交表来安排多因素试验的设计方法，也是稳健设计中最常用的一种试验设计算法，目前多用于田口稳健设计中，对设计变量的正交性和水平数要求比较严格。

一般选用正交表设计需要遵循以下几个原则：

① 合理安排试验因素的水平数：主要因素宜多安排几个水平，次要因素可少安排几个水平。

② 考虑交互作用的存在：所选的正交表要足够大，可以容纳考虑在内的所有因素和交互作用，每个交互作用在表中占一或二列。另外还要留出一个空白列，供试验结果进行方差分析或回归分析时作为"误差"列使用。在条件允许的情况下，尽量选择大表，这样可以大大提高试验效率。

③ 考虑试验精度要求：精度要求越高，选取的正交表试验次数就越多。

④ 考虑试验费用：试验费用昂贵时尽量选取试验次数较少的正交表。

（2）中心组合设计

中心组合设计（central composite design，CCD）又称二次回归旋转设计。在因素空间中选择 $2n$ 个二水平的因素设计点、$2n$ 个轴点及 n 个中心点这些具有不同特点的点，将这些不同特点的点组合起来形成的试验设计方案就是中心组合设计。图 7-11 所示是 $n=3$ 时的中心组合

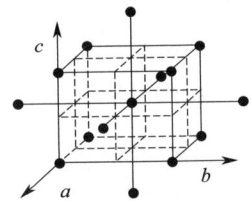

图 7-11 三因素中心
组合试验设计

设计，n 为设计变量的个数，二水平（水平数为 $+1$ 和 -1）的全因素试验的试验点个数是 23，分布于 3 个坐标轴上的轴点个数为 2×3 个，a 是待定参数（可由设计者选定），各设计变量都取 0 水平的中心点至少可以做一次试验。中心组合设计因其具有设计简单、试验次数少即预测性好等优点，目前在稳健设计中应用广泛，建立响应面近似模型中采用的试验设计算法即是中心组合设计。

（3）拉丁超立方设计

拉丁超立方设计（latin hypercube design，LHD）最先是由 M. D. McKay、R. J. Beckman 和 W. J. Conover 提出，也是一种用来安排多因素试验的试验设计算法。假设设计问题总共有 R 个试验因素，将每个因素做 N 等分，每个小的间距中取一个值作为因素的水平值，那么每个因素就会有 N 个水平值，这样便构

成了一个包含 R 个因素的 N 个水平值的 $N \times R$ 矩阵，其中的每列都是一个 $1 \cdots N$ 的排列，并且各行各列中的数均不能重复，其中 N 可以根据试验条件由设计者进行安排。

拉丁超立方设计不仅具备有效的空间填充能力还可以拟合非线性响应，比之正交表设计，用相同的点数可以研究更多的组合，而且拉丁超立方设计对水平值分阶稀疏，可以人为控制试验的次数。但其不可重复性和试验点分布不均性的缺点也影响着它的发展，而最优拉丁超立方设计改进了随机拉丁超立方设计的均匀性，使得影响因素和目标响应间的拟合度更加精确，该算法可以使所有的试验点尽可能地均匀分布于设计空间内，空间填充性和均衡性较高。

2. 响应面模型的方差分析和显著性检验

在产品设计中存在很多影响产品质量特性的因素，各因素对质量特性的影响或大或小，有的可控，也有的不可控，设计时总是希望能够从众多可控的影响因素中找出主要的影响因素进行控制和调整，从而提高产品的质量。方差分析就是解决这一问题的一种很有效的方法。方差分析作为一种数据统计方法，在试验设计中尤为重要。试验设计和数据的方差分析是一个试验问题必需的两个步骤，紧密相关，缺一不可。试验设计可以为试验问题提供合理的收据数据的方法，通过对试验结果的方差分析便可得出有效、正确的试验结论。

设存在响应量 y 依赖于 n 个自变量 x_1，x_2，$\cdots$，x_n，这些变量间的关系可通过一种称为回归方程的模型来描述。回归模型适用于试验数据的分析和处理。由于响应量和自变量间的真实关系是未知的，因此可选用一个恰当的函数来逼近，并通过已知数据求出该函数的拟合参数，并进行显著性检验，这个过程就称为回归分析。回归模型与真实模型之间是存在偏差的，通常允许偏差控制在一定范围内，若偏差过大，回归模型的精确度就会降低，需要寻找新的模型，因此就涉及回归检验。

对所建立的响应面进行显著性检验时，一般可构造如下公式来检验显著性的 F 统计量：

$$F(p,n-p-1)\frac{S_{SR}/p}{S_{SE}/(n-p-1)} \tag{7-34}$$

式中，$S_{SR}=\sum_{i=1}^{n}(\hat{Y}_i-Y)^2$ 为回归均方；$S_{SE}=\sum_{i=1}^{n}(Y_i-\hat{Y}_i)^2$ 为残差平方和；Y_i 分别表示第 i 点响应的实验值、预测值和实验均值；$\hat{Y}_i$ 为第 i 点响应的预测值；Y 为第 i 点响应的实验均值；n 为样本容量；p 为自变量

个数。

模型的优良性评价指标如下式：

$$Ra^2 = 1 - \frac{n-1}{n-k-1}(1-R^2) \tag{7-35}$$

式中，$R^2 = 1 - S_{SE}/S_{ST}$，$S_{ST} = \sum_{i=1}^{n}(Y_i - Y)^2$ 为总平方和；k 为回归系数个数；n 为试验点数。

Ra^2 表示回归模型平方和与试验数据平方和之比，介于 $0 \sim 1$ 之间。Ra^2 越大，表示回归模型的精确度越高，一般要求 Ra^2 大于 0.9，方能反映真实问题。

3. 响应面法的设计步骤

将响应面法应用于稳健优化设计中，一般包含因素筛选、寻域、建立响应面模型及优化设计等步骤。稳健优化设计中，选用响应曲面近似模型的方法，具有以下几个特点：

① 可以通过数学函数或图形的形式显示各设计变量与目标响应在给定范围内的关系；

② 通过响应曲面模型可以确定设计变量能满足产品质量特性要求的变差范围；

③ 寻找设计变量的最佳稳健设计组合。

用响应面法解决稳健设计问题的一般步骤如图 7-12 所示。

四、响应面法在汽车车身稳定性优化中的应用

在传统的车辆转向机构设计中，一般没有考虑车轮运动的空间关系，而是以平面关系进行设计的。但是由于车轮定位参数的存在，车轮运动是以空间方式进行的，因此在设计中应考虑车轮定位参数对转向机构的影响。另外，由于机构的制造误差、装配误差等不确定误差破坏了车轮的运动轨迹，加重了轮胎的磨损，影响了车辆的操纵稳定性。因此在转向机构设计中应进行稳健分析，以减小不确定性误差对车轮运动轨迹的影响。集成车轮定位参数对转向机构的影响，应用二阶响应面法对汽车转向机构进行稳健设计。

1. 稳健优化设计模型

建立车辆仿真模型，应用响应面法进行稳健求解，其过程为：首先通过试

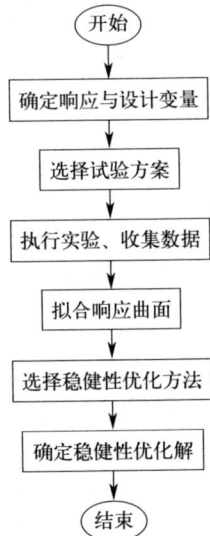

图 7-12　基于响应面法的稳健设计流程图

验筛分出影响产品质量较重要的设计参数，建立线性模型；其次再对各参数在所设定的变动范围内给出几个水平值，通过试验设计获得各参数与产品质量的相关参数；然后应用二阶模型拟合出响应面函数；最后利用分析法找出问题的最优解。

（1）稳健设计数学建模

稳健优化设计模型为式（7-36）形式。

$$\begin{cases} \min F(\boldsymbol{X}) \quad \boldsymbol{X} \in R^n \\ s.t. \quad g_i(\boldsymbol{X}) \leqslant 0 \quad i=1,2,\cdots,q \\ \quad\quad h_i(\boldsymbol{X})=0 \quad i=q+1,\cdots,p \\ \boldsymbol{X}=[x_1,x_2,\cdots,x_n,z_1,z_2,\cdots,z_m]^T \end{cases} \quad (7\text{-}36)$$

式中，$F(\boldsymbol{X})$ 为目标函数；$g_i(\boldsymbol{X})$ 和 $h_i(\boldsymbol{X})$ 分别为不等式约束和等式约束；$\boldsymbol{X}$ 为可控变量与不可控变量的总体。

为了减少可控变量和不可控变量（噪声因素）对产品质量的影响，根据泰勒展开式和线性统计分析方法，稳健设计的目标函数可表示为：

$$\min F = u_F(x,z) + \lambda \sigma_F(x,z)$$

$$= F(x,z) + \frac{1}{2} \left(\sum_{i=1}^{n} \frac{\partial^2 F}{\partial^2 x_i} \sigma_{x_i} + \sum_{j=1}^{n} \frac{\partial^2 F}{\partial^2 z_j} \sigma_{z_j} \right)$$

$$+ \lambda \left[\sum_{i=1}^{n} \left(\frac{\partial F}{\partial x_i} \sigma_{x_i} \right)^2 + \sum_{j=1}^{n} \left(\frac{\partial F}{\partial z_j} \sigma_{z_j} \right)^2 \right] \quad (7\text{-}37)$$

式中，σ_{x_i} 为第 i 个设计变量的标准差；σ_n 为第 j 个不可控变量的标准差，λ 为权重。

（2）汽车转向机构数学建模

某运输车辆空载 23t，有效载荷 32t，总重 55t。前轮距 3100 mm、后轮距 2550 mm、轴距 3650 mm。后悬挂缸的长度最长为 950mm，最短为 690mm，满载时为 763mm，偏频 $n=2.1$Hz，空载到满载时伸缩的距离 84.4 mm。前悬挂缸最长为 1386mm，最短为 1033mm，满载时为 1174mm，偏频 1.4Hz。

设计变量：转向机构在实际运动过程中，受到车轮定位参数的影响，改变了其运动学规律，所以分析定位参数的影响，对转向机构进行稳健设计。

设计变量选择为 $\boldsymbol{X}=[x_1,x_2]=[l,\theta]$，即转向梯形臂长度、转向梯形底角。噪声因素选择为 $\boldsymbol{Z}=[z_1,z_2,z_3,z_4]=[\alpha,\beta,\gamma,\delta]$，即主销内倾角、主销后倾角、前轮外倾角和前轮前束。

优化目标：以转向过程中转角误差最小、车轮跳动过程中车轮摆角最小、直线行驶过程中轮距变化最小三个优化目标对转向机构进行稳健设计，如式（7-38）所示。

$$\min f(x) = \omega_1 f_1(x) + \omega_2 f_2(x) + \omega_3 f_3(x) \tag{7-38}$$

式中，$f_1(x)$ 是转向过程中设计变量对转角误差的二阶响应面近似模型，转角误差越小，轮胎的磨损越小，转向越轻便；$f_2(x)$ 是车轮跳动过程中设计变量对车轮摆角的二阶响应面近似模型，摆角越大，车辆操纵稳定性越差；$f_3(x)$ 是直线行驶过程中设计变量对轮距变化的二阶响应面近似模型，轮距变化越小，轮胎磨损越小，车辆稳定性越好。

约束条件如式（7-39），依次是：转向中最小传动角约束，其值要求大于 $30°$，其中，A 为外侧车轮最大转角；最大转角误差约束，其值要求小于 $3°$；车轮跳动中车轮最大摆角约束，其值要求小于 $3°$；直线行驶中轮距变化约束，其值要求小于 $5mm$；转向梯形底角取值范围约束。

$$\begin{cases} \delta = \arccos\left[-M\cos(\theta+A) + 2M\cos\theta - 2L\cos^2\theta\right] / \\ (M - 2L\cos\theta \geqslant 30° \\ |\alpha_i - \alpha_{0i}| \leqslant 3° \\ \phi_i \leqslant 3° \\ s \leqslant 5 \\ \arctan(4N/3M) - 5° \leqslant \theta \leqslant \arctan(4N/3M) + 5° \end{cases} \tag{7-39}$$

式中，δ 为最小传动角；M 为主销中心矩；θ 为转向梯形底角；A 为外侧车轮最大转角；L 为转向梯形臂长度；α_i 为外侧车轮实际转角；α_{0i} 为外侧车轮理想转角；ϕ_i 为车轮摆角；s 为轮距最大变化量；N 为汽车轴距。

2. 转向机构的正交试验设计

（1）试验方法

正交试验时，若仅是考虑因素影响的趋势，水平数选择为二水平，变化范围为 $\pm5\%$。因此本设计中可控因素及不可控因素的设计如表 7-11、表 7-12 所示，即水平数为二水平，共 3 个试验点。可控因素正交表将 l、θ 分别安排在第 1、2 列，它们的交互作用 l-θ 安排在第 3 列，如表 7-13 所示。不可控因素正交表将 α、β、γ、δ 分别安排在第 1、2、4、7 列，它们的交互作用 α-β、α-γ、β-γ 安排在第 3、5、6 列，如表 7-14 所示。

表 7-11　可控因素表

试验点	因素	
	l /mm	θ /°
1	403.75	65.55
2	425	69
3	446.25	72.45

表 7-12　不可控因素表

试验点	因素			
	α /°	β /°	γ /°	δ /mm
1	5.7	4.75	4.75	9.5
2	6.0	5.0	5.0	10.0
3	7.5	6.25	6.25	12.5

<table>
<tr><th colspan="4">表 7-13　可控因素正交表</th></tr>
</table>

序号	l	θ	$l\text{-}\theta$
	1	2	3
1	403.75	65.55	1
2	403.75	72.45	2
3	446.25	65.55	2
4	446.25	72.45	1

表 7-14　不可控因素正交表

序号	α	β	$\alpha\text{-}\beta$	γ	$\alpha\text{-}\gamma$	$\beta\text{-}\gamma$	δ
	1	2	3	4	5	6	7
1	5.7	4.75	1	4.75	1	1	9.5
2	5.7	4.75	1	6.25	2	2	12.5
3	5.7	6.25	2	4.75	1	2	12.5
4	5.7	6.25	2	6.25	2	1	9.5
5	7.5	4.75	2	4.75	2	1	12.5
6	7.5	4.75	2	6.25	1	2	9.5
7	7.5	6.25	1	4.75	2	2	9.5
8	7.5	6.25	1	6.25	1	1	2.5

（2）二阶响应面模型的建立

响应面法用一个超曲面近似地替代实际的输入与输出关系，其基本思想是通过数值仿真分析或试验方法，建立系统响应 y 和随机变量 x_1，x_2，$\cdots$，x_n 之间的关系。用式（7-40）所示的二次多项式表示：

$$y = \beta_0 + \sum_{i=1}^{n} \beta_i x_i + \sum_{i=1}^{n} \beta_{ii} x_i^2 + \sum_{p<i}^{n} \beta_{pi} x_p x_i + \varepsilon \tag{7-40}$$

式中，$y = \beta_0 + \sum_{i=1}^{n} \beta_i x_i + \sum_{i=1}^{n} \beta_{ii} x_i^2 + \sum_{p<i}^{n} \beta_{pi} x_p x_i$ 为响应面；β 为响应面的回归系数；ε 为拟合误差。

通过正交试验数据建立转向梯形机构对各优化目标的近似模型，建立的二阶响应面近似模型如下。

$$y_1 = -37.47 + 0.037 x_1 + 0.589 x_2 - 0.0006 x_1 x_2 \tag{7-41}$$

$$y_2 = 6.19 + 0.0015 x_1 - 0.001 x_2 \tag{7-42}$$

$$y_3 = 7.65 - 0.001 x_1 - 0.003 x_2 \tag{7-43}$$

以上公式分别是转向过程中设计变量对转角误差的近似模型、直线行驶过程中设计变量对轮距变化的近似模型、车轮跳动过程中设计变量对车轮摆角的近似模型。式中，x_1 为转向梯形臂长度；x_2 为梯形底角。

建立的二阶响应面模型是否真正反映目标与设计变量之间的统计规律性，需要通过确定性系数检验，如式（7-44）所示。

$$R^2 = \frac{SS_{\text{Model}}}{SS_{\text{Total}}} \tag{7-44}$$

式中，$SS_{\text{Total}} = \sum_{i=1}^{p} (y_i - \overline{y})^2$；$SS_{\text{Model}} = \sum_{i=1}^{p} (\widetilde{y}_i - \overline{y})^2$；$p$ 是系统自由度；$\overline{y}$ 是 y 响应面的平均值；$\widetilde{y}_i$ 是曲面模型在设计点 i 的值。

确定性系数 $R^2 = 1$，表示模型最为精确。建立的转向机构与转角误差近似模型的确定性系数 $R^2 = 0.92$；车轮摆角近似模型的确定性系数 $R^2 = 0.97$；轮距变化近似模型的确定性系数 $R^2 = 0.97$。三个模型都能正确地反映设计参数与优化目标之间的关系。

同时，经过试验分析，得到优化目标中各因素重要性（Pareto 影响因素）如图 7-13 所示，其中，图（a）为设计变量对转向过程中转角误差的影响，图（b）为设计变量对直线行驶过程中轮距变化的影响，图（c）为设计变量对车轮跳动过程中车轮摆角的影响。

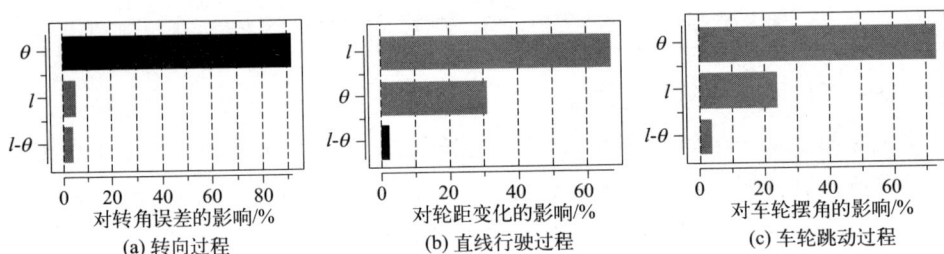

图 7-13　Pareto 影响因素

可以看出：转向过程中对转角误差影响最大的因素是转向梯形底角，之后是梯形臂长度；直线行驶过程中对轮距变化影响最大的因素是梯形臂长度，之后是转向梯形底角；车轮跳动过程中对车轮摆角影响最大的因素是转向梯形底角，之后是梯形臂长度。

3. 优化结果分析

基于二阶响应面法的转向机构优化结果如表 7-15 中方法 1 的对应值，相同的设计条件，按照传统确定性优化方法，转向机构的设计结果如表 7-15 中方法 2 的对应值。

表 7-15　设计结果

方法	底角/°	梯形臂/mm	最小传动角/°
1	70.25	320	32.16
2	71.75	250	31.16

在两种方法中，传统优化算法所得的转角误差较小（1.83°），但是轮距变化（4.5 mm）及车轮摆角（2.4°）较大，不适合车辆的操纵稳定性。并且最小传动角小，系统的传递性能及运动性能较差，如表 7-16 所示。

表 7-16　优化目标

方法	转角误差/°	轮距变化/mm	车轮最大摆角/°
1	1.93	3.2	2.1
2	1.83	4.5	2.4

当存在相同的外界因素干扰时，传统优化算法所得的设计结果不稳健。例如，当转向梯形底角存在 5％的误差时，转向过程中车轮转角误差变化如图 7-14 所示（虚线为传统优化方法，实线为二阶响应面法），即传统优化算法的设计结果变化大。当主销内倾角存在 5％的误差时，转向过程中车轮转角误差变化如图 7-15 所示（虚线为传统优化方法，实线为二阶响应面法），仍然是传统优化算法的设计结果变化大。可以看出，基于响应面法的转向机构的设计结果稳健性能好。

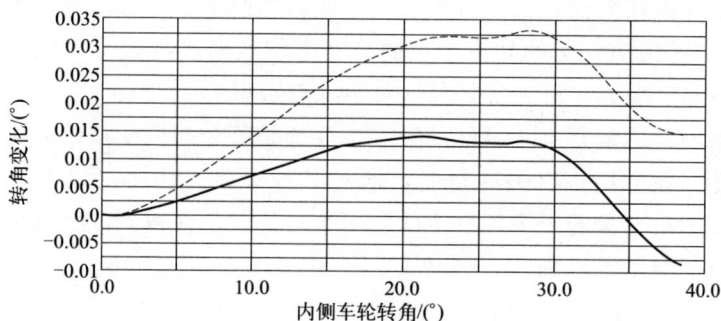

图 7-14 车轮转角变化（一）

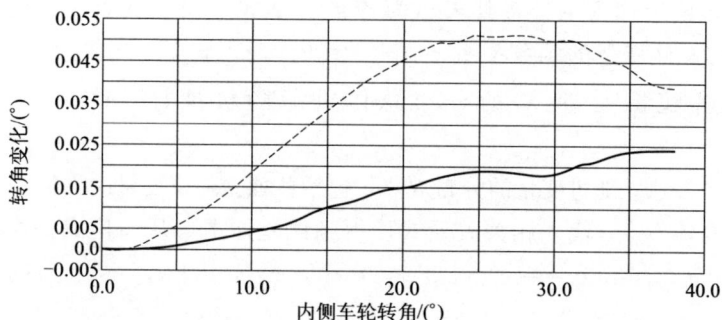

图 7-15 车轮转角变化（二）

总结：考虑转向机构自身的随机误差，选择梯形底角和转向梯形臂长度 2 个参数作为设计变量；考虑前轮定位参数对车轮转角的影响，选择主销内倾角、主销后倾角、前轮外倾角和前轮前束作为噪声因素，更加符合转向机构的实际运动条件。以转向过程中转角误差最小、直线行驶过程中轮距变化最小、车轮跳动过程中车轮摆角最小为优化目标，可以最大程度地改善汽车的整车性能。这种二阶响应面法具有普遍意义和实用价值，为转向机构设计提供了新的设计方法。

第四节　基于蒙特卡罗方法的汽车车身稳定性优化

一、蒙特卡罗方法概述

1. 蒙特卡罗（Monte Carlo）方法基本思想

蒙特卡罗方法是一种计算机模拟方法，又称随机模拟法或统计实验法，是一种根据统计抽样理论近似求解数学问题或物理问题的方法。同传统代数法相比，Monte Carlo 方法无须知道参数的分布类型及概率参数，可以选用正态分布、指数分布、威布尔分布等任何一种分布解决问题。

当所求问题的解是某个事件的概率，或者是某个随机变量的数学期望，或者是与概率、数学期望有关的量时，通过某种试验方法得出该事件发生的频率，或者该随机变量若干个观察值的算术平均值，从而得到问题的解，这就是蒙特卡罗方法的基本思想。

2. 蒙特卡罗模拟方法

蒙特卡罗模拟方法基本步骤如下：

① 确定响应面模型，将其表示为各自变量 X（设计变量）的超曲面，系统的输出与设计变量的函数关系 $f(x) = f(x_1, x_2, \cdots, x_n)$。

② 对各随机变量 X 的分布总体进行随机抽样，得到样本 $x^{(j)} = \{x_{j1}, x_{j2}, \cdots, x_{jn}\}^{\mathrm{T}}$。

③ 选择各独立随机变量的分布规律，包括各独立随机变量的均值和标准差等。

④ 将样本 $x^{(j)}$ 代入相关关系式，得到误差样本，从而构成一次试验。$\boldsymbol{\Delta}_{\max}^i = g[x^{(j)}, \theta_i] = g\{x_{j1}, x_{j2}, \cdots, x_{jn}, \beta_i\}^{\mathrm{T}}$，（$\beta_i$ 为内侧车轮转角，$i = 1, \cdots, n$）。

⑤ 检验是否满足：$Y_j = \boldsymbol{\Delta}_{\max}^i - [\boldsymbol{\Delta}] \leqslant 0$。

⑥ 重复步骤 ②～⑤ K 次，计算 K 次独立抽样试验中 $Y_j \leqslant 0$ 的次数，如

式 $R_K = \sum\limits_{j=1}^{K} U_j$，

其中 $U_j = \begin{cases} 0, & Y_j > 0 \\ 1, & Y_j \leqslant 0 \end{cases}$。

⑦ 重复 K 次实验后，计算可靠度 $P(K) = P\{\boldsymbol{\Delta}_{\max} - [\boldsymbol{\Delta}] \leqslant 0\} = R_K / R$。若 $P(K) \geqslant \delta$，则产品是稳健的，否则对产品各随机变量的精度进行修改。

⑧ 绘制概率分布图。

二、蒙特卡罗方法在汽车车身稳定性优化中的应用

汽车转向机构的实际运动轨迹与理想运动轨迹之间存在不确定性运动误差 ε。ε 包含两部分：一部分是由于机构综合方法本身的近似性带来的误差，即原理误差；另一部分是由机构的制造、装配误差带来的误差，即随机误差。这些不确定运动误差破坏了汽车的运动轨迹，加重了轮胎的磨损，影响了车辆的操纵。因此，考虑各种相关因素的随机性，将蒙特卡罗模拟方法应用于汽车整体式转向机构设计中，以提高转向机构的运动轨迹精度。

1.　以运动轨迹精度为目标的转向机构设计

车辆转向时，内、外侧车轮理想运动轨迹应保持下式关系，此时，车轮在转向时无侧滑，轮胎磨损小。

$$\alpha_0 = \mathrm{arccot}(\cot\beta + M/S) \tag{7-45}$$

式中，M 为主销中心距；S 为轴距；α_0 为外侧车轮理想转角；β 为给定的内侧车轮转角。

车辆转向时，实际是由等腰梯形机构近似地实现式（7-45）的理想运动轨迹。整体式转向机构的内、外侧车轮实际运动轨迹如下式所示：

$$\alpha = \arctan\left[\frac{L\sin(\theta-\beta)}{M-L\cos(\theta-\beta)}\right] + \frac{\arccos[L+2M\cos\theta-2L\cos^2\theta-M\cos(\theta-\beta)]}{\sqrt{L^2+M^2-2LM\cos(\theta-\beta)}} - \theta \tag{7-46}$$

式中，α 为外侧车轮实际转角；θ 为转向梯形底角；L 为转向梯形臂长度。

为了满足转向机构轨迹精度的要求，目标函数设计为在内侧车轮转动过程中，外侧车轮实际输出转角与理想转角相差最小，即：

$$\varepsilon = \sum_{i=1}^{n} \boldsymbol{\omega}_i (\alpha_i - \alpha_{0i})^2 \tag{7-47}$$

式中，$\boldsymbol{\omega}_i$ 为加权系数；α_i 为外侧车轮实际输出转角；α_{0i} 为对应的外侧车轮理想输出转角。

2.　以运动轨迹精度为目标的转向机构数学模型

（1）设计变量

选择主销中心距（M）、轴距（S）、梯形底角（θ）和转向臂长度（L）四个参数作为设计变量，记作：$\boldsymbol{X} = [x_1, x_2, x_3, x_4]^\mathrm{T} = [M, S, \theta, L]^\mathrm{T}$，这些变量为服从正态分布的相互独立的随机变量。各变量分布如下：$M \sim N$（2.3，0.005^2），$S \sim N$（3.65，0.005^2），$\theta \sim N$（67，0.01^2），$L \sim N$（0.25，0.001^2）。

（2）约束条件

最小传动角的约束：最小传动角是指转向梯形臂与横拉杆所夹的最小锐角。此角过小会使杆件的作用力臂短而受力过大，还会使杆件接近转动的"死点"，影响正常使用。最小传动角按下式计算，其值要求大于 $30°$。

$$\delta(\boldsymbol{X}) = \arccos\{[-M\cos(\theta+A)+2M\cos\theta-2L\cos^2\theta]/(M-2L\cos\theta)\} \quad (7-48)$$

最大角度误差的约束：最大角度误差的约束如下式，其角度误差过大会加大轮胎的侧滑，增加汽车的转向阻力。

$$|\alpha_i - \alpha_{0i}| \leqslant 3 \quad (7-49)$$

设计变量的约束：根据经验公式，转向梯形底角应满足式（7-50）

$$\theta = \cot(4S/3M) \pm 5° \quad (7-50)$$

式中，A 为外侧车轮最大输出转角。

根据实车布置，转向梯形臂长度范围为 $0.25 \sim 0.5$ m。

（3）响应面模型

选择内侧车轮常用转角 $2°$、$4°$、$6°$、$8°$、$10°$时对应的外侧车轮转角建立响应面模型。

（4）设计目标

选取转向过程中需要再现的 14 个运动角度，即理想的内外侧前轮转角关系进行设计。内侧前轮转角 α 为 $2°$、$4°$、$6°$、$8°$、$10°$、$12°$、$14°$、$16°$、$18°$、$20°$、$22°$、$24°$、$26°$、$28°$，对应的外侧前轮转角 β 为 $1.96°$、$3.83°$、$5.63°$、$7.36°$、$9.02°$、$10.62°$、$12.16°$、$13.65°$、$15.09°$、$16.49°$、$17.85°$、$19.17°$、$20.46°$、$21.72°$。

（5）结果分析

基于蒙特卡罗方法的整体式转向机构结果：$[M, S, \theta, L]^T = [2.3, 3.65, 75.77, 0.25]^T$；约束值为最小传动角 $35.7°$，最大角度误差 $2.14°$；目标值为 $1.75°$。各响应面模型概率分布、内侧车轮转角 (α) 与外侧车轮实际转角 (β) 关系如图 7-16 所示。

响应面模型的概率分布如下：$\beta_2 \sim (1.98, 0.001^2)$、$\beta_4 \sim (3.92, 0.004^2)$、$\beta_6 \sim (5.83, 0.009^2)$、$\beta_8 \sim (7.71, \sim 0.01^2)$、$\beta_{10} \sim (9.55, 0.02^2)$，$\beta$ 的下标表示内侧车轮转角。

若以主销中心距、轴距、梯形底角和转向臂长度四个参数作为确定性设计变量，应用常规的数学模型进行优化设计，设计结果如下。设计变量值：$[M, S, \theta, L]^T = [2.3, 3.65, 73.75, 0.32]^T$；约束值为最小传动角 $32.16°$，最大角度误差为 $1.93°$；目标值为 $1.62°$。内侧车轮转角 (α) 与外侧车轮实际转角 (β) 关系如图 7-17 所示。

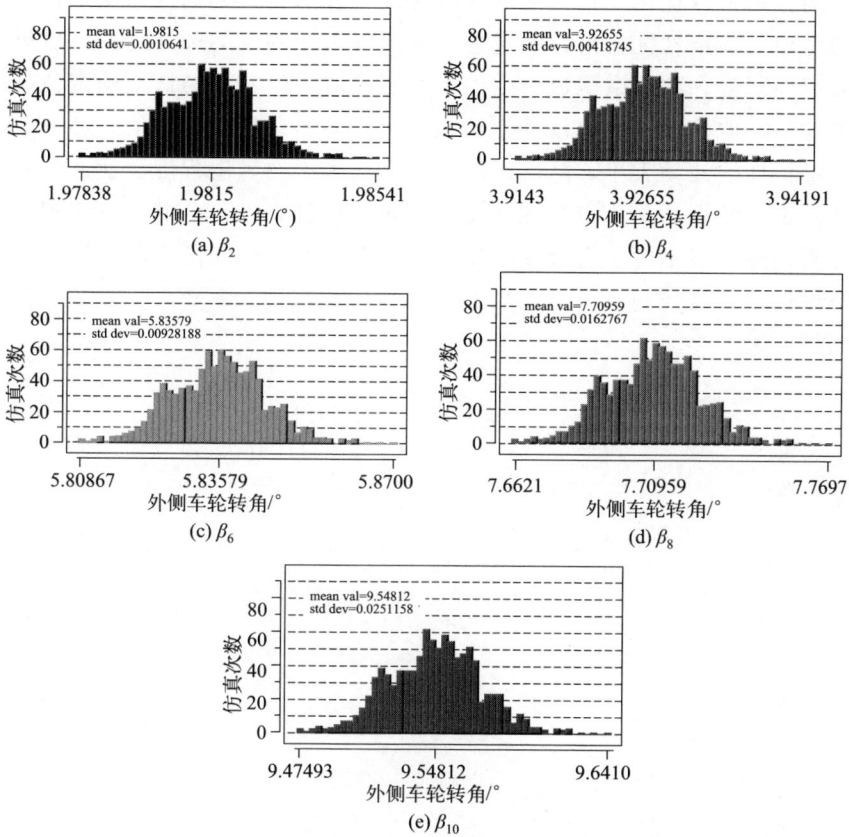

(a) β_2

(b) β_4

(c) β_6

(d) β_8

(e) β_{10}

图 7-16　概率分布图

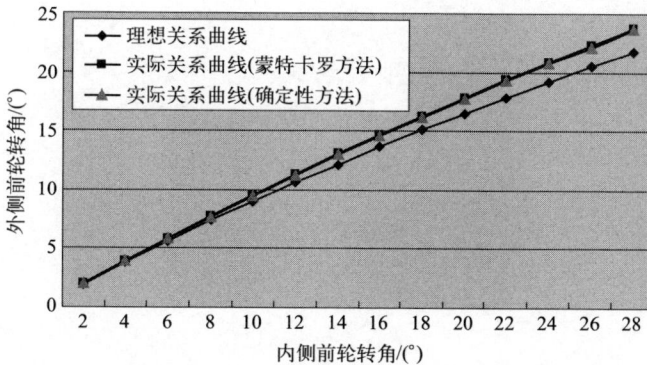

图 7-17　前轮转角关系曲线

　　这种基于响应面模型的蒙特卡罗模拟优化在保证汽车车身运动轨迹精度的同时，又提高了系统的稳健性，是一种更具工程实用价值的优化。

总结：在工程优化设计方法中，确定性设计忽略对影响产品质量特性波动因素的考虑，确定性优化设计的优化点一般分布在约束的边界周围，所以当由于不确定性因素导致约束函数产生很大程度的波动时，极易造成确定性设计结果失去效果。但稳健性优化设计不仅能优化产品质量特性的均值，还可以降低产品质量特性的波动大小，降低产品不确定性因素的敏感程度，让产品质量特性保持稳定，使得产品质量特性的变化分布在稳健设计点区域，以实现产品性能的提高，降低成本并且有效地降低噪声因素对产品性能的影响。稳健设计基于调节设计变量及控制其容差，当产品实际参数与设计参数发生偏差时仍能保证产品的质量。

第八章

汽车座椅压力分布识别系统

第一节 汽车座椅压力测量系统

汽车座椅压力分布识别是一种专门用于测量和分析汽车座椅上乘客体重分布的分析。这种分析主要用于评估座椅的舒适性、人体工程学以及在不同驾驶条件下的座椅性能，同时也可以作为汽车安全气囊弹开工作时刻以及工作力度的依据。

一、汽车座椅压力分布应用和特点

座椅设计和优化：座椅压力分布分析可用于评估不同座椅设计的乘客体重分布，可以利用这些数据来优化座椅结构、填充物和支撑系统，以提高座椅的舒适性和支持性。

人体工程学研究：通过分析座椅上的压力分布，可以了解车内乘员在长时间驾驶过程中的舒适性和姿势，有利于设计符合人体工程学原理的座椅以减轻疲劳和提高驾驶体验。

座椅适应性研究：座椅压力分布分析可用于研究不同体型和身体条件的人员对座椅的适应性，这对于设计适用于多种车内乘员的座椅系统很重要。

座椅耐久性测试：座椅压力分布分析可用于模拟长时间使用座椅的情况，以评估座椅在不同条件下的耐久性和性能，有助于确保座椅在日常使用中的稳定性和可靠性。

座椅调整系统测试：座椅压力分布分析可用于测试座椅调整功能的效果，

确保不同座椅调整设置下的压力分布合理并且符合人体工程学标准。

座椅舒适性评估：利用座椅压力分布分析，可以定量评估座椅的舒适性，并根据反馈进行改进，有助于满足乘员对舒适驾驶体验的期望。

二、座椅压力系统的数据采集与分析

1. 座椅压力分布数据采集

目前国际上通常根据安全气囊弹开时是否利于乘员安全，把座椅后背和仪表板之间的区域划分为三个区域：正常区域、离位区域、严重离位区域。

由于乘员坐姿使得乘员处于离位区域和严重离位区域时都有可能对乘员造成伤害，为此，在进行乘员坐姿识别时直接将乘员坐姿分为了正常坐姿和离位坐姿（包括离位区域和严重离位区域）两类，并按照乘员的头部与汽车方向盘之间的相对距离进行划分。图 8-1 为正常坐姿与离位坐姿的区域划分图。

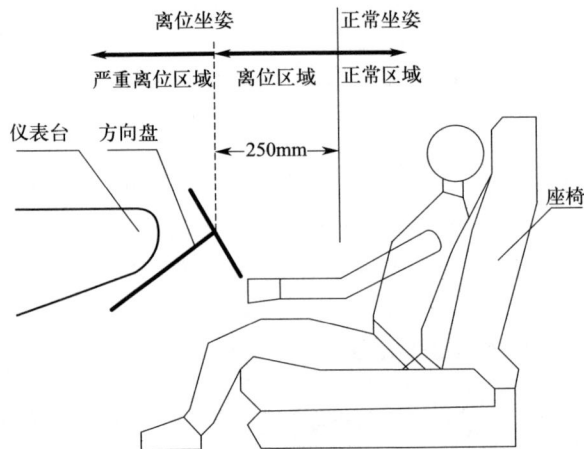

图 8-1　正常坐姿与离位坐姿的区域划分图

2. 实验数据的采集

实验采集不同人群的不同坐姿下的座椅压力分布数据，包括正常坐立、向前屈身、后仰、向左倾斜等 8 种人体坐姿的测试数据。

试验乘员按性别分为男性、女性，按年龄分为儿童、成年人（青年人、中年人、老年人）。试验乘员身体健康状况良好，无脊椎病史。每个试验乘员独立进行实验，以减少试验乘员之间造成的干扰。

实验数据的采集步骤如下：

① 实验前向试验乘员介绍实验的方法及实验要求。记录试验乘员的性别、年龄等个人信息，并测量其体重、身高。

② 试验乘员上车后，调整座椅位置至自己感觉最舒适的位置，保持正常驾驶姿势 30s，然后根据主观意象量表和人体示意图，根据主观感觉意象打分。为保证数据的可靠性和有效性，使用李克特量表（Liker scale）以获取试验乘员对座椅舒适度的评价数据。在测试过程中，人体被分为多个部分，让试验乘员将身体各部分的感觉记录到李克特量表上，将所有评价指标舒适度与评价标准绝对值相加，从而得到试验乘员对座椅的整体舒适度。

③ 在座椅上铺好压力传感器后，试验乘员保持正常乘坐姿势（后背轻靠座椅）坐在座椅上。进行压力矫正后，开始获取其压力及其分布状态等信息。数据采集时间约 60s。

④ 压力分布原始数据通过压力分布测试试验获取后，记录相关的数据及图像，如图 8-2 所示。

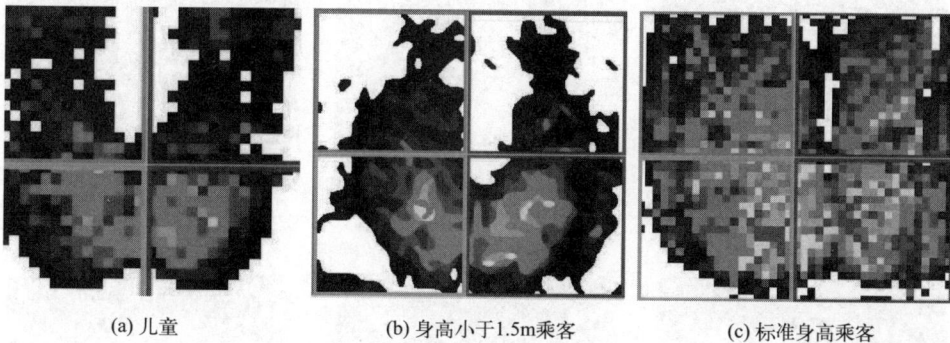

(a) 儿童　　　　　(b) 身高小于1.5m乘客　　　　　(c) 标准身高乘客

图 8-2　乘员的座椅压力分布

⑤ 依次测量在 8 种不同坐姿下，座椅压力分布的原始数据，包括直立坐姿、正常坐姿、前倾、后仰、左倾、右倾、翘左腿、翘右腿。

图 8-2～图 8-7

3. 实验数据统计分析

试验共采集了 200 个样本乘员共 1600 个有效体压分布样本，作为座椅压力识别训练的检验样本。为了体现训练和测试样本的代表性，样本的体重及身高均匀覆盖了儿童男性、儿童女性、成年女性、成年男性。

图 8-3～图 8-7 分别为具有代表性的不同身高、体重和年龄的男性成年人、女性成年人以及儿童的座椅压力分布数据。根据人机工程学原理评价，座椅的几何相关特性应符合人体测量学及人口统计学特征。如座宽对应人的臀宽，应符合身材高大的人，适宜采用较大百分位的女性测量值为设计依据。压力分布特征要符合人体坐姿：根据人体脊椎骨受力特征，座椅上合理的压力分布应是坐骨处最大，并向四周递减，大腿部位压力最小。对于坐垫，以坐骨节处承受

的压力最大，同时以坐骨节处为中心向四周不断减少，直到坐垫前端和大腿接触处趋于最低值，膝盖后面腘窝不受压，没有突变的峰值出现，左右两侧的压力对称，具有较好的包裹性。

图 8-3 为身高为 175cm，体重为 116kg 男性成年人的测试数据。图 8-4 为身高为 179cm，体重为 77kg 男性成年人的测试数据。图 8-5 为身高为 156cm，体重为 50kg 女性成年人的测试数据。图 8-6 为身高为 149cm，体重为 36.5kg 男性儿童的测试数据。图 8-7 为身高为 136cm，体重为 28kg 女性儿童的测试数据。

图 8-3～图 8-6 中，红色的地方表示该处的乘员体压分布最大，颜色为白色的地方表示该处乘员体压为零。颜色越红的地方，表示乘员体压的数值越大。

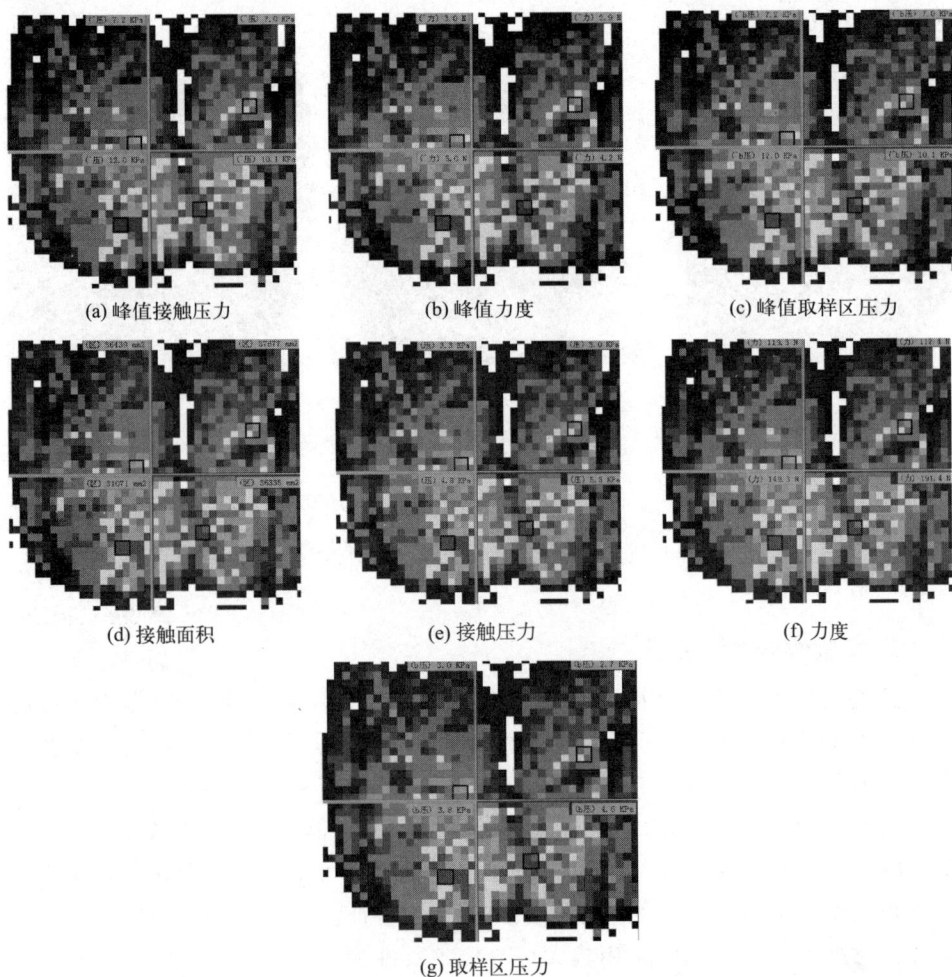

(a) 峰值接触压力　　　　(b) 峰值力度　　　　(c) 峰值取样区压力

(d) 接触面积　　　　(e) 接触压力　　　　(f) 力度

(g) 取样区压力

图 8-3　男性成年人（175cm，116kg）

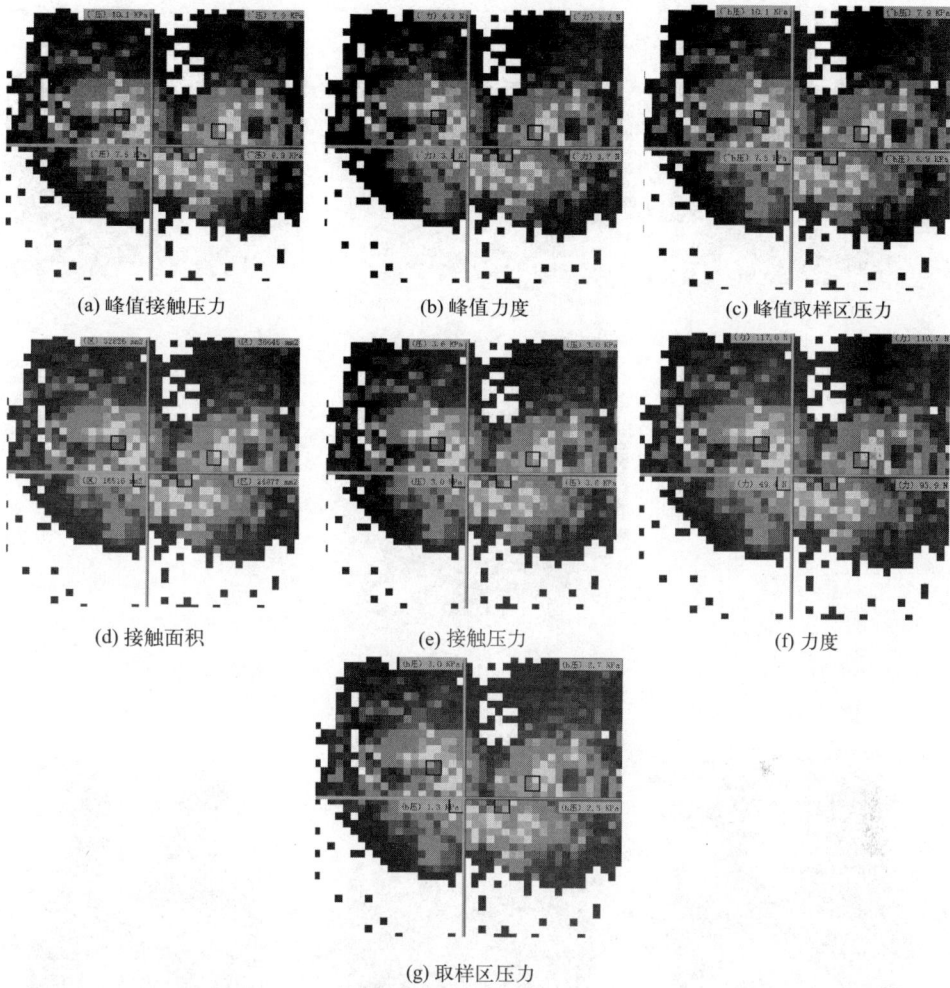

(a) 峰值接触压力　　　　　(b) 峰值力度　　　　　(c) 峰值取样区压力

(d) 接触面积　　　　　(e) 接触压力　　　　　(f) 力度

(g) 取样区压力

图 8-4　男性成年人（179cm，77kg）

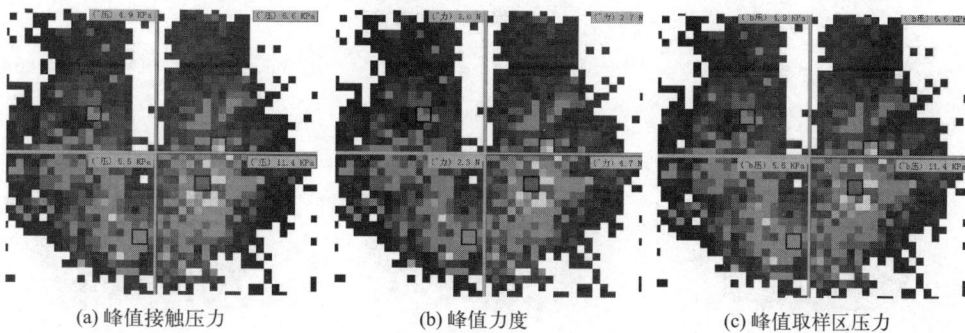

(a) 峰值接触压力　　　　　(b) 峰值力度　　　　　(c) 峰值取样区压力

图 8-5

279

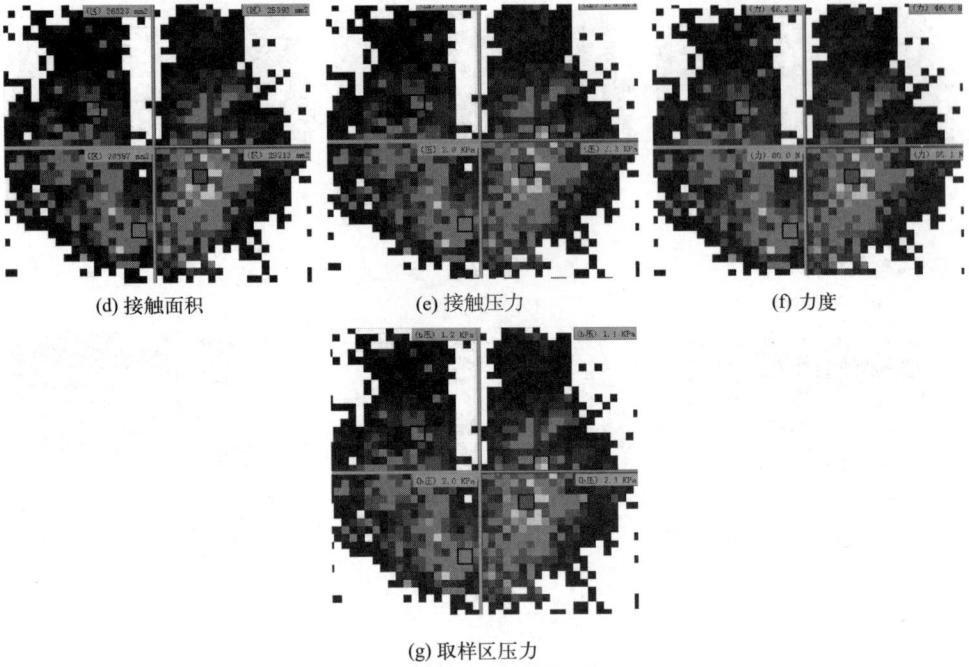

(d) 接触面积   (e) 接触压力   (f) 力度

(g) 取样区压力

图 8-5 女性成年人（156cm，50kg）

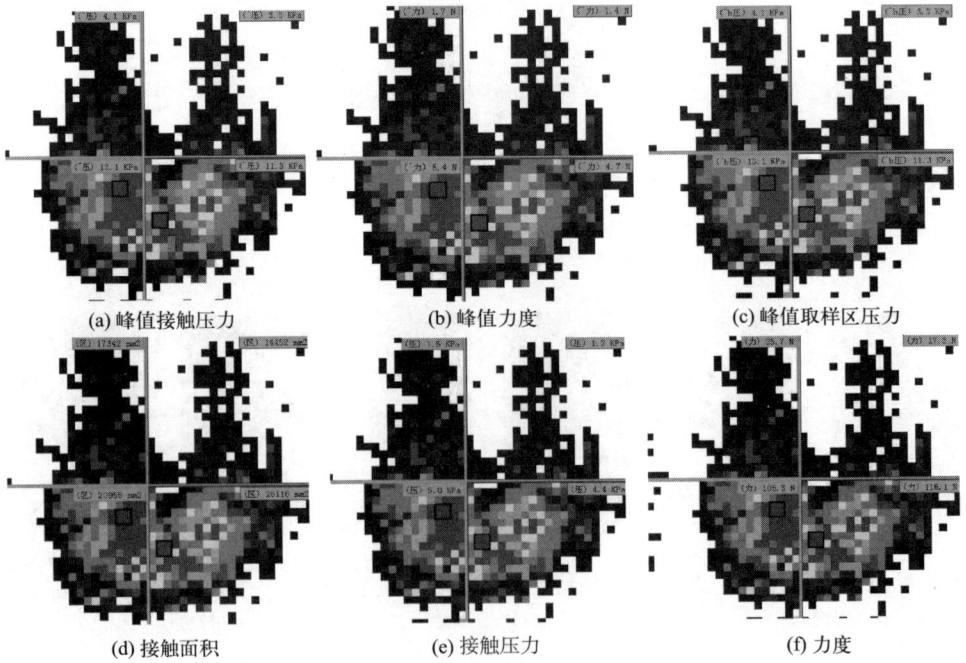

(a) 峰值接触压力   (b) 峰值力度   (c) 峰值取样区压力

(d) 接触面积   (e) 接触压力   (f) 力度

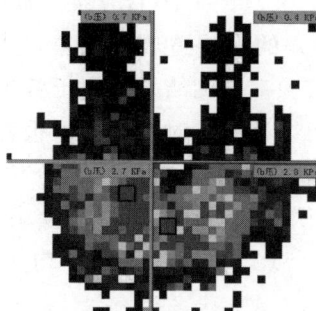

(g) 取样区压力

图 8-6　男性儿童 （149cm，36.5kg）

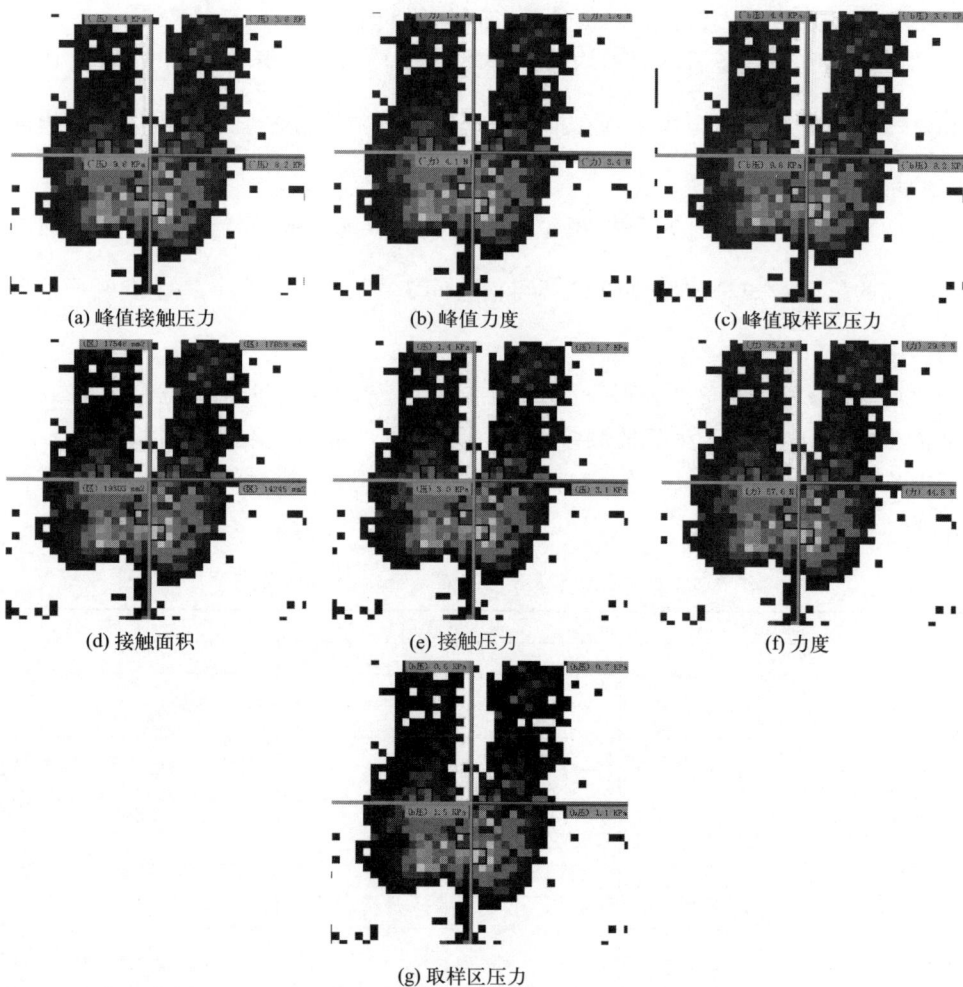

(a) 峰值接触压力

(b) 峰值力度

(c) 峰值取样区压力

(d) 接触面积

(e) 接触压力

(f) 力度

(g) 取样区压力

图 8-7　女性儿童 （136cm，28kg）

　　实验值不可避免地存在误差。统计上的误差概念专指随机误差（random error），即多种不可控制因素的影响造成的误差，大小没有方向性和系统性，如人体身高值、体重值及实验室检测结果。由于各种统计分析方法都需度量观察值的随机误差大小，因而统计结果时，都必须报告变异指标，如正态分布资料选用标准差 s 或 $x \pm s$，偏态分布资料选用四分位数间距或极差（最大值～最小值）。统计指标的随机误差（与研究的样本大小有关，又称抽样误差），用标准误差（standard error，Sx）表示，如样本均数 x 的误差用 Sx 或 $x \pm Sx$ 表示，样本率 p 的误差用 S_p 或 $p \pm S_p$ 表示。系统误差和过失误差不属于随机误差的范畴，必须尽可能杜绝，如测量仪器偏差、失灵、数据记录或计算机录入错误等。

　　估计参数的方法包括：点值估计和可信区间估计。

　　（1）点值估计是通过样本均数或样本率进行估计，既分别用 x 和 P 作为和 $\mu \dfrac{a}{2}$ 和 π 的估计值。由于存在抽样误差，这种估计方法显然不准，尤其当样本例量较少时。

　　（2）可信区间估计则是按预先给定的概率（通常是 95％）来估计总体参数所在的范围，如总体均数的 95％可信区间为 $x \pm t \dfrac{a}{2}$，总体率的 95％可信区间为 $p \pm 1.96 S_p$。

　　（3）表 8-1、表 8-2 为医学上的调查统计表，由表可知，身高很高或很低的健康成年男子或女子的频率均在 5％以内，符合可信区间估计的要求，因此在实验过程中，可以忽略身材较正常人矮小或高大的人对实验造成的误差。

表 8-1　健康成年人男子身高（cm）的频数分布

分　组（身高）	频数累计/个	频　率/％
[162,164)	2	1.25
[164,166)	6	3.75
[166,168)	15	9.4
[168,170)	13	8.1
[170,172)	28	17.5
[172,174)	36	22.5
[174,176)	25	15.6
[176,178)	14	8.8
[178,180)	12	7.5
[180,182)	5	3.1
[182,184)	4	2.5
合　　计	160	100

表 8-2　健康成年人女子身高（cm）的频数分布

分　组（身高）	频数累计/个	频　率/%
[146.5,149.5)	1	1
[149.5,152.5)	5	5
[152.5,155.5)	14	14
[155.5,158.5)	30	30
[158.5,161.5)	26	26
[161.5,164.5)	16	16
[164.5,167.5)	5	5
[167.5,170.5)	2	2
[170.5,+∞)	1	1
合　计	100	100

（4）实验分为 3～6 岁、6～12 岁、12～16 岁、16 岁以上四个年龄段进行测量，共选取了 200 位测试对象，其中男性 120 人，女性 80 人。所选取的实验对象，基本符合该年龄段的正态分布，且基本能涵盖 95% 中国人的体型。

（5）在实验中，从 200 个测试对象中随机在"12～16 岁、16 岁以上"两个阶段中，抽取四个测试对象在座椅上正常坐姿时的信息来进行详细处理，并进行比较，如表 8-3 所示。

表 8-3　试验者的生理参数

序号	性别	年龄/岁	身高/cm	体重/kg
1	女	14	146	36.5
2	男	14	143	42
3	女	32	161	51.5
4	男	46	174	76

三、车内乘员座椅压力分布评价

1. 乘员压力分布评价指标

体压分布情况以体压分布指标和调查被测者的主观感受为依据，常用的评判指标有最大压力、平均压力、最大压力梯度、平均压力梯度、接触面积、不对称系数等。

（1）最大压力 P_m

最大压力即全部测点中的最大值为：$P_m = \max\ (P_1，P_2，P_3，\cdots，P_N)$，$N$ 为测点数。

从座椅的物理特性角度看，P_m 体现了坐垫的刚度，较硬的坐垫 P 较大，较软的坐垫较小。从人的生理结构看，最大压力的位置应在人的坐骨结节部位。否则，体压分布不合理。刚度是坐垫最重要的物理参数之一。因此，P_m

是表征乘员压力分布的重要指标。

（2）平均压力 P_v

平均压力为全部受压点压力的算术平均值：

$$P_v = \frac{1}{N_p} \sum_{i=1}^{N_p} P_i \qquad (8\text{-}1)$$

式中，N_p 为受压点数。

平均压力直接受坐垫刚度影响，但是即使同一材质的座椅，由于表面形状的差异，使得受压点数不同，也会产生较大的影响。

（3）最大压力梯度 G_m

压力梯度是压力沿某一方向的变化率，最大压力梯度为各点压力梯度最大的值：

$$G_m = \max (\mathrm{grad}G_1, \ \mathrm{grad}G_2, \ \mathrm{grad}G_3, \ \cdots, \ \mathrm{grad}G_N)$$

式中，N' 为测点数。

最大压力梯度体现了坐垫的刚度和材质分布。刚度较大的坐垫最大压力梯度也较大，材质分布较为合理的坐垫最大压力梯度较小，人体感受也较为舒适。这可以为座椅提供一个改进设计的参考标准。结合人体的生理结构，最大压力梯度也应在人体臀部坐骨结节附近。

（4）平均压力梯度 G_v

平均压力梯度为各点压力梯度的算术平均值：

$$G_v = \frac{1}{N_p} \sum_{i=0}^{N_p} (\mathrm{grad}G_i) \qquad (8\text{-}2)$$

平均压力梯度体现坐垫材质的分布是否合理以及坐垫的刚度大小，坐垫的形状也会产生重要的影响。同一材质的坐垫，合理的材质分布或符合人体生理特点的形状，平均压力梯度较小。

（5）不对称系数 C_u

试验表明，人的坐姿是决定体压分布的关键性因素之一。坐姿的不同会造成体压分布较大的差异。为了表征这一因素的影响，引入了不对称系数指标，用以判定体压分布的不对称程度，它是左右对称测点压力差的绝对值之和与总压力的比值：

$$C_u = \frac{\sum\limits_{i=1}^{N/2} |P_{iL} - P_{iR}| \cdot \Delta S}{\sum\limits_{i=1}^{N/2} |P_{iL} + P_{iR}| \cdot \Delta S} \qquad (8\text{-}3)$$

式中，N 为测点数；P_{iL}、P_{iR} 为第 i 对左右对称测点压力值；S 为单点压力传感作用的面积。

显然，当 $C_u=0$ 时，体压分布完全对称，当 $C_u=1$ 时，体压集中于一侧，C_u 越大则体压分布越不对称。

不对称系数的实际意义在于：一方面统计结果可以作为某一座椅好坏的判定条件之一，对称性好的座椅更为合理；另一方面在实验中可以用于判定试验结果的有效性。

（6）总接触面积 S_T

总接触面积 S_T 为配重（真人）与压力传感器的总接触面积：

$$S_T = S \cdot N_p \tag{8-4}$$

式中，S 为单个传感器的面积，cm^2；N_p 为配重（真人）与压力传感器接触的传感器个数，即受压点数。

总接触面积受座椅表面形状和材质影响，座椅泡棉和骨架受力后会发生形变从而影响人体的受力面积。通常设计不好的座椅与人体总接触面积较小，不能很好地和人体贴合。

（7）总压力 F_s

总压力 F_s 为 S_T 为配重（真人）作用在压力传感器的总压力：

$$F_s = S_T \cdot P_v \tag{8-5}$$

式中，S_T 为配重（真人）与压力传感器的总接触面积，cm^2；P_v 为平均压力，kg/cm^2。

对于座椅压力分布分析，除了以上基本评价参数，还可以选择以下参数。

（8）纵向压力分布曲线

将垂直于座椅纵向对称轴的各截面上的压力积分，以纵向对称轴为横坐标轴，以压力积分结果方级坐标轴画出的曲线，称纵向压力分布曲线。

纵向压力分布曲线反映了人体受压的分布情况，包括臀部和腿部的受压以及压力的变化趋势，综合反映了坐垫的刚度、形状、坐垫离地高度等几何物理特性，从而可以把臀部、腿部的舒适感以及压力梯度等联系起来。

（9）纵向力矩分布曲线

将垂直于座椅纵向对称轴的各截面的压力取矩积分，以纵向对称轴为横坐标轴，以力矩积分结果为纵坐标画出的曲线，称之为纵向力矩分布曲线。

人体臀部各部分受力对于保持人体平衡的贡献是不一样的，力矩则反映了这一权重，很显然，距离纵向对称轴远的点的受力对保持人体平衡有较大的影响。较好的座椅，纵向力矩曲线向上偏移，在腿部与臀部区域力矩的分布合理，在重力、稳定感、腿部舒适性以及臀部舒适性得以体现。

2. 乘员座椅压力分布比较分析

数据处理将每张座椅压力分布区域图划分为 4 个取样区域。在各子区域内将衡量体压分布状况的几何物理参数提取出来，系统地体现与乘员体型密切相关的几何物理参数，包括体压力度、接触面积、取样区压力、接触压力、峰值力度、峰值取样区压力、峰值接触压力，所以每张座椅压力分布区域图处理为 28 个几何物理参数值。

（1）压力分布特性分析

压力分布即乘客在座椅上的力度。根据人机工程学原理，最舒适的体压分布应保证人体大部分质量以较大的支承面积、较小的单位压力合理地分布到坐垫上，压力分布从小到大平滑过渡，无突变。一般体重越重力度分布越明显，在四个区域内显示的力度数值也就越大，通过比较数值就可以区分出乘客的差异性。

图 8-8 为四个测试对象的座椅压力力度比较图。

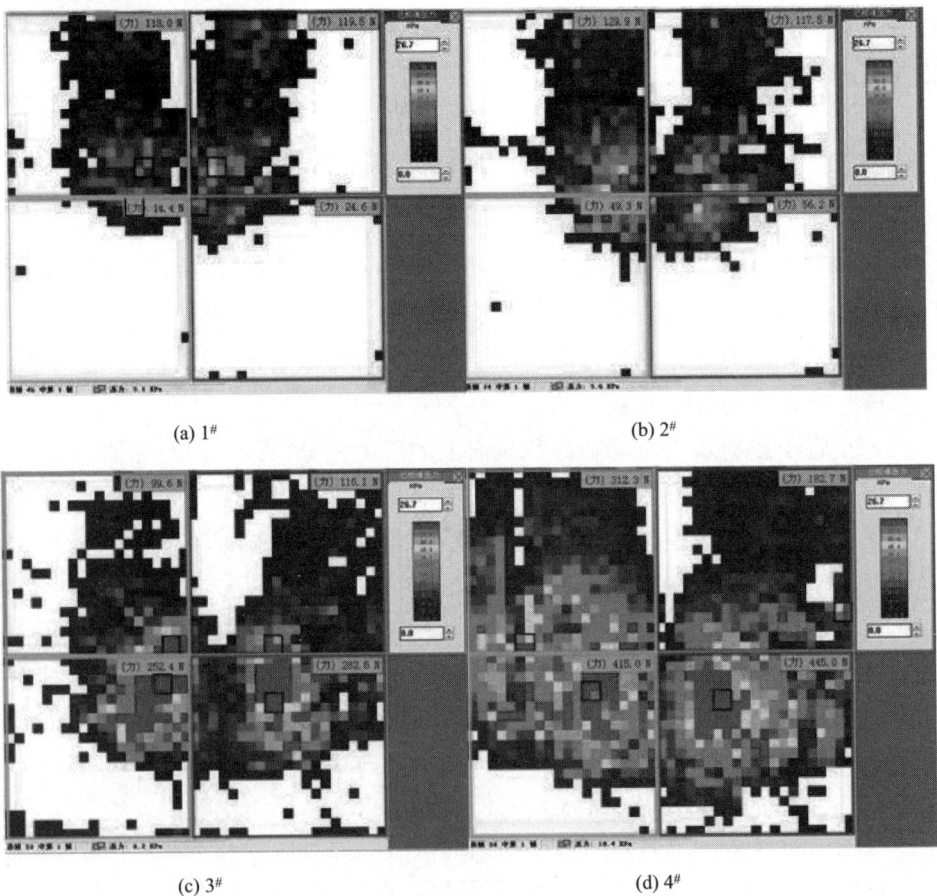

(a) 1#   (b) 2#

(c) 3#   (d) 4#

图 8-8　座椅压力力度比较图

可以看出：乘员体压（相当于人体的大部分质量）在其坐姿保持常态下，是以乘员臀部轮廓且较为集中的单位压力分布在汽车坐垫上，压力分布为从小（座椅边缘）到大（座椅与椅背相交处）平滑地过渡。女性乘员由于其臀部生理结构的不同，体压分布较散，同时随着乘员上身的前倾（导致其重心前移），乘员体压分布点也随之前移，随着乘员腿部的前伸（整个体重均布在座椅上），乘员体压分布点变得扩散而不集中。而且在不同坐姿下乘员体压分布呈现明显的差异，尤其是背靠座椅正常坐姿时的体压分布和身体前倾严重离位时的体压分布呈现明显的不同体压分布规律。所以，实验数据满足人机工程学的评价指标。

表 8-4 为座椅压力力度分布表。

表 8-4 座椅压力力度分布表

力度分布	儿童	1 号（女）				2 号（男）			
		区域 1	区域 2	区域 3	区域 4	区域 1	区域 2	区域 3	区域 4
		118N	119N	14.4N	24.6N	129N	117N	49N	56N
	成年人	3 号（女）				4 号（男）			
		区域 1	区域 2	区域 3	区域 4	区域 1	区域 2	区域 3	区域 4
		99.6N	116N	252N	282N	312N	182N	415N	445N

由表 8-4 可知：

① 在座椅上，由于儿童体重较轻、身材矮小，臀部和大腿坐在座椅上，且以大腿为主，所以区域 1 和区域 2 成为主要受力区，成年人由于身材较高，主要靠臀部坐在座椅上，所以受力区主要集中在区域 3 和区域 4 内。

② 由于成年人体重较重，所以成年人的最大峰值力度是儿童的 10 倍左右。力度分析时可以选取区域 3、区域 4 的力度来区别乘客是儿童还是成年人。临界值可以选取 100N。

（2）取样面积的测量分析

取样面积即乘员坐在座椅上，受力面积在传感器上的显示。通常正常体态的乘客臀部将是主要的取样面积部位。

图 8-9 为四个测试对象的座椅压力接触面积比较图，表 8-5 为取样面积分布表。

表 8-5 座椅压力取样面积分布表

取样面积分布 /mm²	儿童	1 号（女）				2 号（男）			
		区域 1	区域 2	区域 3	区域 4	区域 1	区域 2	区域 3	区域 4
		24464	21574	3716	4955	23742	24774	5884	8155
	成年人	3 号（女）				4 号（男）			
		区域 1	区域 2	区域 3	区域 4	区域 1	区域 2	区域 3	区域 4
		19613	26426	18477	27355	36129	33032	27148	33548

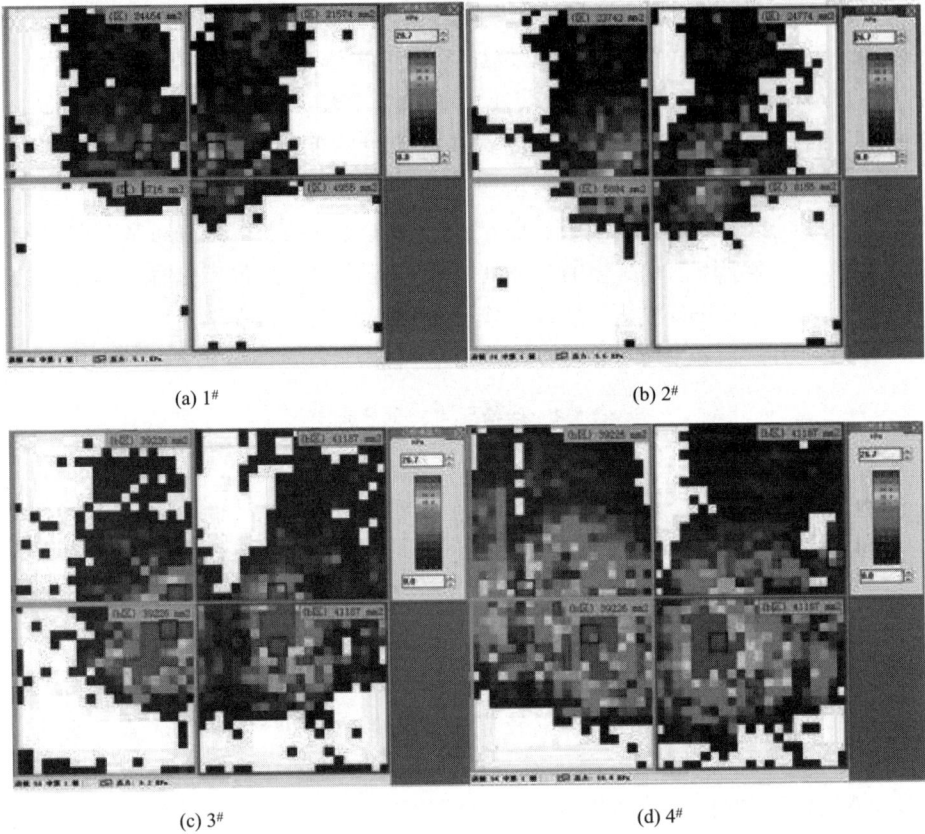

(a) 1#

(b) 2#

(c) 3#

(d) 4#

图 8-9 座椅压力接触面积比较

由表 8-5 可知：

① 由于儿童臀部较小，座椅前半部分成为主要取样区，故在区域 1 和区域 2 的面积大于区域 3 和区域 4 的面积，成年人在各个区域的取样面积基本相同。

② 在区域 3、4 内，成年人的取样面积约是儿童的 5 倍。在分析取样面积分布时，可以通过对比区域 3、4 的面积，可以以 10000mm² 为儿童和成年人的临界值。

第二节 基于神经网络的汽车座椅压力识别系统

一、BP 神经网络

BP（back propagation）神经网络是一种神经网络学习算法，全称为基于误差反向传播算法的人工神经网络。

BP 神经网络是目前应用最广泛的神经网络模型之一。BP 神经网络能学习和存贮大量的输入-输出模式映射关系，而无需事前揭示描述这种映射关系的数学方程。它的学习规则是使用最速下降法，通过反向传播来不断调整网络的权值和阈值，使网络的误差平方和最小。BP 神经网络模型拓扑结构包括输入层（input）、隐含层（hide layer）和输出层（output layer），特点是：各层神经元仅与相邻层神经元之间相互全连接，同层内神经元之间无连接，各层神经元之间无反馈连接，构成具有层次结构的前馈型神经网络系统。

BP 神经网络，即误差反传误差反向传播算法的学习过程，由信息的正向传播和误差的反向传播两个过程组成。输入层各神经元负责接收来自外界的输入信息，并传递给中间层各神经元。中间层是内部信息处理层，负责信息变换，根据信息变化能力的需求，中间层可以设计为单隐含层或者多隐含层结构。最后一个隐含层传递到输出层各神经元的信息，经进一步处理后，完成一次学习的正向传播处理过程，由输出层向外界输出信息处理结果。当实际输出与期望输出不符时，进入误差的反向传播阶段。误差通过输出层，按误差梯度下降的方式修正各层权值，向隐含层、输入层逐层反传。周而复始的信息正向传播和误差反向传播过程，是各层权值不断调整的过程，也是神经网络学习训练的过程，此过程一直进行到网络输出的误差减少到可以接受的程度，或者预先设定的学习次数为止。

BP 神经网络不仅有输入节点层、输出节点层，而且有隐节点层，函数选取 Sigmoid 函数。隐含层可以是单层，也可以是多层。只要有充分多的隐层单元，就能够以任意精度逼近任意一个有限维函数。如图 8-10 所示为典型的三层 BP 神经网络结构。

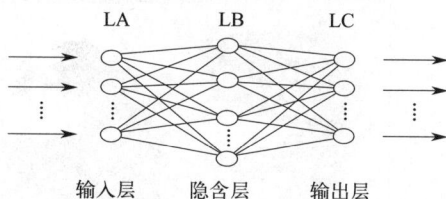

图 8-10　三层 BP 神经网络结构

设网络的输入矢量 $\boldsymbol{A} = (a_1, a_2, \cdots, a_n)^{\mathrm{T}}$，中层的输出矢量 $\boldsymbol{B} = (b_1, b_2, \cdots, b_L)$ 则输出层的输出矢量 $\boldsymbol{C} = (c_1, c_2, \cdots, c_m)$。

$$b_i = f\left[\sum_{h=1}^{n} \boldsymbol{v}_{hi} a_h - \theta_i\right] (i = 1, 2, \cdots, p)$$

$$c_j = f\left[\sum_{j=1}^{p} \boldsymbol{w}_{ij} b_j - \theta_j\right] (j = 1, 2, \cdots, m) \tag{8-6}$$

式中，$\boldsymbol{v}_{hi}$ 为输入层到隐含层的权值；θ_i 为隐含层的阈值；$\boldsymbol{w}_{ij}$ 为隐含层到输出层的权值；θ_j 为输出层的阈值。

二、乘员座椅压力数据处理

依次测量在 8 种不同坐姿下，座椅压力分布的原始数据。通过压力分布测试试验获取后，记录相关的数据及图像，如图 8-11 所示。其中，1 为直立坐姿，2 为正常坐姿，3 为前倾，4 为后仰，5 为左倾，6 为右倾，7 为翘左腿，8 为翘右腿。1、2、4 坐姿处于正常区域，3 坐姿处于离位区域，5、6 坐姿处于严重离位区域。

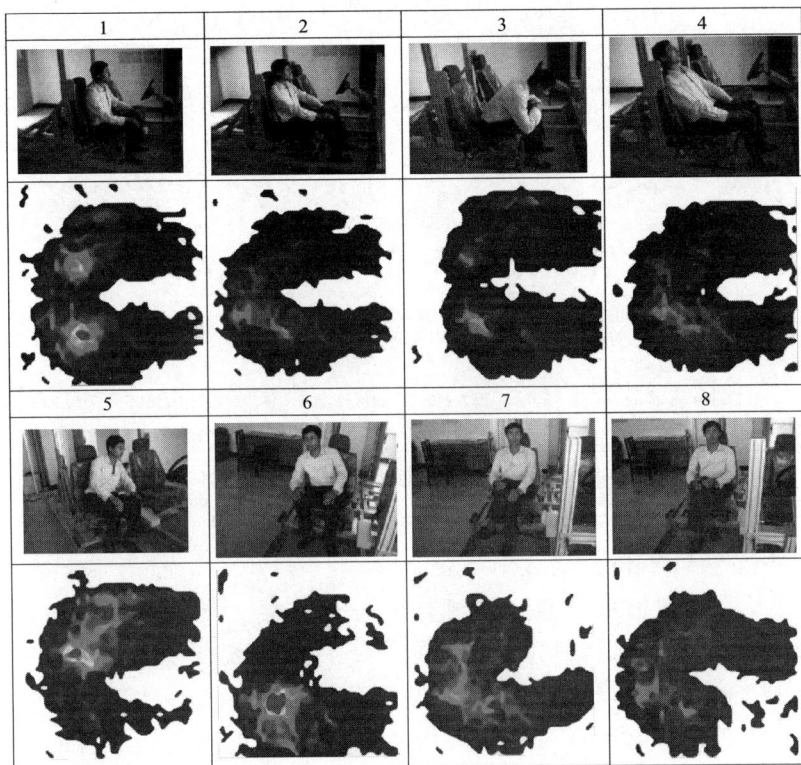

图 8-11　乘员坐姿及体压分布

通过对大量测试对象的体压分布及不同姿势的研究，并考虑到乘员坐姿体征的复杂多样，需要减小实验数据的噪声以加大数据的准确性。

数据平滑处理的方法如下所述。

Tekscan 软件处理的数据为 38×41 的矩阵，将 38×41 的矩阵乘以 $\frac{1}{7}$ $\begin{pmatrix} 0.5 & 1 & 0.5 \\ 1 & 1 & 1 \\ 0.5 & 1 & 0.5 \end{pmatrix}$ 矩阵进行降噪及平滑处理，图 8-12 和图 8-13 为平滑处理前后的压力分布图。

通过经平滑处理后的实验数据，应用设计的 3 层神经网络结构对车内乘员体型进行识别。

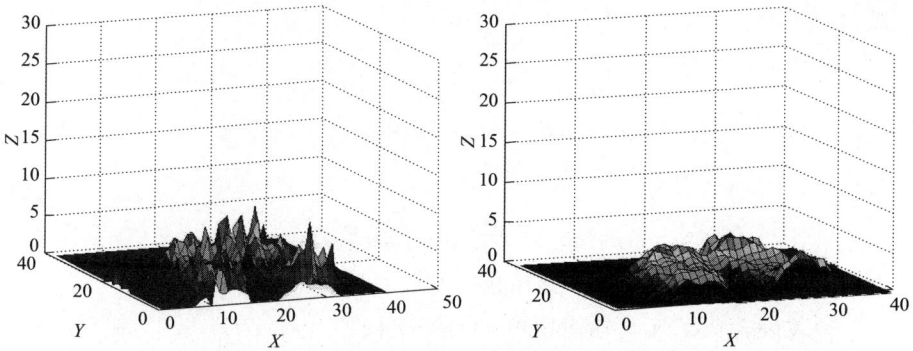

图 8-12　儿童平滑处理前后的对比图

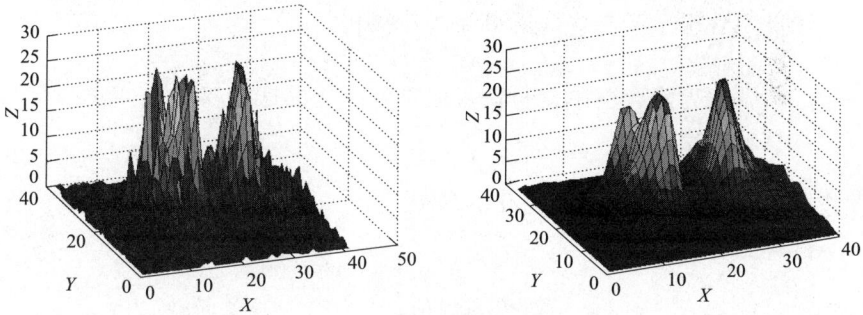

图 8-13　成年人平滑处理前后的对比图

三、基于 BP 神经网络的乘员坐姿模式识别

1. BP 神经网络的学习过程

BP 神经网络的学习过程包括正向传播和反向传播两个过程。

（1）正向传播过程

① 计算隐含层单元激活值：

将 a_h（即选择的特征参数）的值送到输入层单元，通过连接权值矩 w 阵送到隐含层单元，产生隐含层单元新的激活值。

$$b_i = f(\sum_{h=1}^{n} v_{hi} a_h + \theta_i) \tag{8-7}$$

式中，f 为单极性作用函数 $f(x) = (1+e^{-x})^{-1}$；a_h 为输入层单元的输入；b_i 为隐含层单元的输出；θ_i 为隐层单元域值。

② 计算输出层单元激活值：

$$c_j = f(\sum_{i=1}^{p} w_{ij} b_i + r_i) \tag{8-8}$$

式中，b_i 为隐层单元；c_j 为输出层单元的输出；r_i 为输出层单元域值。

291

（2）后向传播过程

① 计算输出层误差：

$$d_j = c_j(1-c_j)(c_j^k - c_j) \tag{8-9}$$

式中，d_i 为输出层单元误差；c_j^k 为输出层单元期望输出。

② 计算隐含层单元对输出层误差：

$$e_j = b_i(1-b_i)\sum_{j=1}^{a} w_{ij} \tag{8-10}$$

式中，e_j 为隐含层单元对输出层单元误差。

③ 计算隐含层单元与输出层单元的连接权：

$$\Delta w_{ij} = b_i d_j \tag{8-11}$$

式中，Δw_{ij} 为隐含层单元与输出层单元变化的连接权。

④ 计算隐含层单元与输入层单元的连接权：

$$\Delta w_{ij} = a_h e_i \tag{8-12}$$

式中，Δw_{ij} 为隐含层单元与输入层单元变化的连接权。

⑤ 计算输出层域值：

$$\Delta r_j = d_i \tag{8-13}$$

式中，Δr_j 为输出层单元变化的域值。

⑥ 计算隐含层域值：

$$\Delta \theta_i = e_i \tag{8-14}$$

式中，$\Delta \theta_i$ 为隐含层单元变化的域值，i 为隐含层单元数。

2. BP 神经网络结构

设计的 BP 神经网络结构由一个输入层、一个输出层和一个隐含层组成。输入层和输出层单元数由实际问题决定。

（1）输入层

输入层特征值选择是与体压分布密切相关的 28 个预处理数据。

（2）输出层

神经网络的输出层为 1 层。数值为 0 或 1。0 表示为正常体型的成年人，1 表示儿童或身材矮小的成年人。

（3）隐含层

隐含层单元数按下式预选：

$$n_2 = \sqrt{n_1 + n_3} + a \tag{8-15}$$

式中，n_1 为输入层单元数；n_3 为输出层单元数；n_2 为隐含层单元数；a 是调整值（1～10）。

3. 基于 BP 神经网络的乘员识别

实验过程中共对 200 名被测对象进行了座椅压力分布数据的采集，并代入神经网络系统进行训练。测试对象包括 20 名儿童、40 名小个子的成年人以及 140 名正常身高的乘客。其中部分训练样本如表 8-6 所示。

表 8-6 训练样本及训练结果

样本	力度/N				接触面积/cm²				取样区压力/N				接触压力/N				峰值力度/N				峰值取样区压力/N				峰值接触压力/N				输出值
1	37.4	34.0	45.9	45.7	226	210	166	141	1.0	0.8	1.2	1.1	1.7	1.6	2.8	3.2	1.6	1.4	2.3	2.6	3.9	3.4	5.5	6.3	3.9	3.4	5.5	6.3	1(132mm)
2	6.1	2.3	57.3	68.2	82	28	162	179	0.2	0.1	1.5	1.7	0.8	0.8	3.5	3.8	0.6	0.6	3.7	4.4	1.5	1.3	9.0	10.6	1.5	1.8	9.0	10.6	1(127mm)
3	25.7	17.3	105.3	116.1	173	145	210	261	0.7	0.4	2.7	2.8	1.5	1.2	5.0	4.4	1.7	1.4	5.4	4.7	4.1	3.3	13.1	11.3	4.1	3.3	13.1	11.3	1(149mm)
4	28.1	20.9	80.7	105.4	197	171	281	327	0.7	0.5	2.1	2.6	1.4	1.2	2.9	3.2	1.3	1.4	3.5	2.9	3.2	3.5	8.4	7.0	3.2	3.5	8.4	7.0	0(157mm)
5	48.2	46.6	80.0	95.1	263	254	284	292	1.2	1.1	2.0	2.3	1.8	1.8	2.8	3.3	2.0	2.7	2.3	4.7	4.9	6.6	5.5	11.4	4.9	6.6	5.5	11.4	0(153mm)
6	64.1	90.7	70.7	154.3	231	329	154	266	1.6	2.2	1.8	3.7	2.8	2.8	4.6	5.8	5.4	5.5	5.6	5.5	13.0	13.4	13.7	13.3	13.0	13.4	13.7	13.3	0(161mm)
7	119.3	112.4	149.3	191.4	364	377	311	363	3.0	2.7	3.8	4.6	3.3	3.0	4.8	5.3	3.0	2.9	5.0	4.2	7.2	7.0	12.0	10.1	7.2	7.0	12.0	10.1	0(175mm)
8	54.5	35.2	125.6	153.0	313	264	314	365	1.4	0.9	3.2	3.7	1.7	1.3	4.0	4.2	1.9	1.3	4.8	4.8	4.5	3.2	11.7	11.5	4.5	3.2	11.7	11.5	0(179mm)
9	117.0	110.7	49.4	93.9	328	366	165	248	3.0	2.7	1.3	3.6	3.6	3.0	3.0	3.8	4.2	2.3	3.1	3.7	10.1	7.9	7.5	8.9	10.1	7.9	7.5	8.9	0(179mm)
10	50.7	41.5	124.7	175.6	317	318	330	393	1.3	1.0	3.2	4.3	1.6	1.3	3.8	4.5	1.5	1.6	4.7	5.3	3.6	3.9	11.3	12.9	3.6	3.9	11.3	12.9	0(173mm)

训练开始时，原始样本需要进行归一化处理。归一化处理是为了将试验样本特征值转换到特定范围内，执行这个步骤主要目的是将进入识别器的数值范围控制在一定区间内，以增加支持向量机正确性。可以将样本特征值归一到0~1之间，然后再用神经网络运算。

神经网络经1785次迭代运算满足精度要求，精度设计要求为90%。此种运算算法收敛速度慢，因此对此算法进行了改进研究。

四、基于模糊神经网络的乘员识别

由于不同乘员、不同坐姿的体压分布具有模糊性和相关性，不可能用单一的判别函数将各种乘员截然分开，因此为了能有效地应用这类模糊知识，有必要采用模糊知识处理方法识别乘员的类别。但是，模糊逻辑缺乏自学习和自适应能力，因此提出了一种基于模糊神经网络的车内乘员识别方法，它既考虑知识的模糊性，又利用了神经网络自学习能力强的特点。但是神经网络 BP 算法自身存在缺陷，因此利用遗传算法优化 BP 网络，提高学习能力。

1. 模糊推理系统

模糊推理系统是模糊系统和神经网络的有机结合，它保留了模糊系统对经验性信息的处理能力，并且具有神经网络的自动知识获取及处理能力。

（1）隶属度函数的类型及参数

三角形模糊化算法简单，不影响控制性能，因此可以采用三角形隶属度函数，如图 8-14 所示。

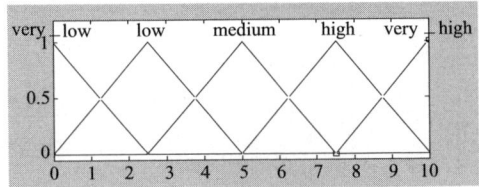

图 8-14　三角形隶属度函数

（2）模糊推理规则

模糊推理规则的形式为：

if x_1 is A_1 and x_2 is A_2，…，

x_m is A_m then y_1 is T_1，y_2 is T_2，…，y_n is T_n with CF

其中 x_i 和 y_i 分别是输入和输出变量，A_i 和 T_i 是模糊集合，CF 表示规则的置信程度，它是 [0，1] 中的一个实数。

（3）模糊神经网络结构

使用 5 层模糊神经网络实现模糊推理，模糊规则如前所述。这种模糊神经网络的结构如图 8-15 所示：第一层为输入层，共有 m 个单元（$x_1 \sim x_m$）；第二层为模糊输入层，共有 $5m$ 个单元；第三层为隐层；第四层为模糊输出层，

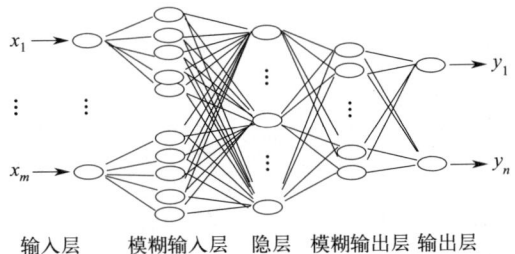

图 8-15　模糊神经网络结构

共有 $5n$ 个单元；第五层为输出层，共有 n 个单元（$y_1 \sim y_n$）。

2. 基于 GA 的参数及结构优化

（1）规则编码

利用"0"表示某个模糊集合不存在，利用"－"表示某个项的否。例如，当"2"表示 low 时，用"－2"表示 not low。为缩短编码的长度、减小复杂性和提高算法的效率，采用十进制整数编码的方法。例如，对于一个 5 输入、2 输出的模糊系统，采用下面一条规则：

If x_1 is not very low，x_2 is not medium，and x_4 is high，then y_1 is medium and y_2 is high with CF.

可以编码成如下的整数串：$-1-304034s$，其中各模糊子集与数字的对应关系如表 8-7 所示。

表 8-7　模糊子集与数字的对应关系

1	2	3	4	5
very low	low	medium	high	very high

s 是表示计算模糊规则置信度变化量的一个参数，是 0 到 10 之间的一个整数。

（2）隶属度函数编码

隶属度函数的编码包括：隶属度函数的中心坐标、三角形右下角的坐标、相邻两个隶属度函数的重叠因子及三角形左下角的坐标。同样，以上这些参数均采用十进制整数编码，每个基因的取值为 [0，1，2，…，9，10]。

设变量 x 的动态区间是 [a，b]，有 n 个模糊集合，如果隶属度函数是均匀地分布在上述区间上的，第 i 个隶属度函数的初始中心点位于：

$$m_i = a + i \times step \quad i = 1, 2, \cdots, n; step = \frac{b-a}{n+1} \tag{8-16}$$

新的隶属度函数中心 m_i 可用下式计算：

$$m_i = m_i + (c_j - 5)\omega \tag{8-17}$$

新的三角形右下角的坐标 b_i 可根据下式得到：

$$b_i = m_i + \frac{(m_{i+1} - m_i)(10 - c_j)}{10} + \Delta \tag{8-18}$$

新的重叠因子 $\delta_{i,i+1}$ 可根据下式得到：

$$\delta_{i,i+1} = 0.3 + \frac{10 - c_j}{10} \times (0.8 - 0.3) i = 1, \cdots, n-1 \tag{8-19}$$

新的三角形左下角的坐标可根据下式得到：

$$a_i = b_{i-1} - \frac{\delta_{i-1,i}(m_i - m_{i-1})}{1 - \delta_{i-1,i}} \tag{8-20}$$

式中，c_j 是在染色体串中第 j 个基因的值；Δ、ω 是三角形的右下角和中心的坐标值的补偿量（0.01）；n 表示从属于系统的某个输入或输出变量的模糊集合的个数。

（3）模糊系统的编码

整个模糊系统的编码包括模糊规则和隶属度函数编码两大部分，例如，对于 5 输入、单输出系统，每个变量被分成 5 个模糊集合，假定该系统最大可接受的规则数是 20，那么系统染色体的总长度是 266，表示如下：

$$c_1\ c_2\ c_3 c_4 \cdots c_{127} c_{128} c_{129} c_{130} \cdots c_{265} c_{266}$$

c_1 表示规则数（在 1 和 20 之间变化），$c_2 c_3$ 表示第一个输入变量的第一个模糊集合中心的变化量、三角形隶属度函数的右下角的坐标（在 0 与 10 之间变化），c_4 表示第一个输入变量的第一个模糊集合和第二个模糊集合的隶属度函数的重叠因子，c_5 表示三角形隶属度函数的左下角的坐标（在 0 与 10 之间变化），c_6 表示第一个输入变量的第一个模糊集合的隶属度函数的类型（在 1 和 5 之间变化）。c_7 到 c_{126} 表示其余 24 个的隶属度函数的编码，c_{127} 到 c_{133} 表示第一条模糊规则的条件和结果的模糊集合（在 -5 和 5 之间变化）和置信度因子的变化量参数（在 0 到 10 之间变化）。c_{134} 到 c_{266} 表示其余 19 条模糊规则。

（4）变异操作

根据此模糊系统的编码方法，染色体中的每个元素根据它所对应的实际量有一定的范围限制，例如 c_{127} 只能取 -5 到 5 之间的整数。因此，每次选中变异的元素后，只能在其取值范围内，随机地增加或减少一个随机数。变异率初设值设定为 0.02，其值可以在 GA 运行过程中自适应的变化。

（5）结构优化

在学习过程中，记录每条规则被激活的次数，若次数为零，说明该条规则无用，从规则集中去除。若经过学习后，某条规则置信度值变为 0，则也从规则集中去除。

3. 应用结果

仍然利用上述数据样本，应用改进的算法进行乘员识别。神经网络经 865 次迭代运算满足精度要求，精度为 95%。可以看出此种运算算法不但收敛速度快，而且精度高。

训练结束后，代入测试样本进行检验，部分样本如表 8-8 所示。测试结果与实际情况一致，证明了神经网络识别子系统的有效性。

总结：基于座椅压力分布信号的汽车车内乘员识别系统，根据实验设计要求，在性别、年龄、身材、姿势等影响因素范围内，针对不同人群和座椅姿势，合理分布乘员的座椅压力采集，基于座椅压力分布输出值及压力分布存在分布区间上的显著性差异，可以识别不同车内乘员的不同座椅姿势的识别，为汽车的舒适性、安全性提供有效的依据。

表 8-8　测试样本及测试结果

样本	力度/N				接触面积/cm²				取样区压力/N				接触压力/N				峰值力度/N				峰值取样区压力/N				峰值接触压力/N				输出值
1	91.1	99.2	85.3	134.7	285	295	200	279	2.3	2.4	2.2	3.3	3.2	3.4	4.3	4.8	4.6	3.8	5.4	4.9	11.1	9.3	13.1	11.8	11.1	9.3	13.1	11.8	0
2	89.0	97.7	136.5	165.1	313	295	283	310	2.3	2.4	3.5	4.0	2.8	3.3	4.8	5.3	4.0	7.2	5.2	6.1	9.6	17.4	12.7	14.9	9.6	17.4	12.7	14.9	0
3	53.8	43.3	133.4	183.0	326	291	296	378	1.4	1.3	3.4	4.4	1.7	1.5	4.5	4.8	1.8	1.7	4.1	5.1	4.5	4.1	9.8	12.4	4.5	4.1	9.8	12.4	0
4	25.2	29.5	57.6	44.5	175	179	193	142	0.6	0.7	1.5	1.1	1.4	1.7	3.0	3.1	1.8	1.6	4.1	3.4	4.4	3.8	9.8	8.2	4.4	3.8	9.8	8.2	1

参考文献

［1］ 娄杰轩，张蕾，徐湜清 . 基于 PID 方法的汽车底盘集成控制研究［J］. 天津职业技术师范大学学报，2014，24（02）：19-22.

［2］ 李振兴，张蕾，柴牧 . 利用 ADAMS 和 Simulink 联合仿真的主动悬架模糊控制研究［J］. 现代制造工程，2013，（01）：11-13＋124.

［3］ 张蕾，张文明，申焱华 . 考虑间隙影响的汽车转向机构稳健优化设计［J］. 农业机械学报，2007，（01）：30-32.

［4］ 张蕾，申焱华，江建 . 汽车转向机构间隙运动副的碰撞接触分析［J］. 计算机仿真，2008，（11）：288-291＋301.

［5］ 张蕾，李燕飞 . 低附着路面下汽车紧急制动稳定性控制策略［J］. 天津职业技术师范大学学报，2017，27（04）：1-5.

［6］ 张开美，张蕾，艾慕伦 . 低附着路面转弯工况下半挂汽车列车横向稳定性控制［J］. 机械设计，2021，38（05）：81-88.

［7］ 王凡，张蕾 . 基于模糊 PID 的汽车高速转弯制动工况控制策略［J］. 天津职业技术师范大学学报，2018，28（03）：37-41.

［8］ 王瑶，张蕾，董恩国，等 . 考虑轮胎侧偏特性的汽车行驶状态参数估计［J］. 天津职业技术师范大学学报，2023，33（04）：24-29.

［9］ Li Y, Dong E, Zhang Y, et al. Driving Style Clustering Study Based on HighD Dataset［C］// 2023 5th International Conference on Artificial Intelligence and Computer Applications（ICAICA）. IEEE，2023：380-383.

［10］ Dong E, Li Y, Sun B, et al. Vehicle Braking Stability Analysis Considering Vehicle Structure Pa-rame-ters Based on CarSim［C］//Journal of Physics：Conference Series. IOP Publishing，2023，2501（1）：012006.

［11］ 张开美，张蕾，董恩国 . 基于 LTV MPC 的横向主动避撞控制策略研究［J］. 机械设计，2021，38（12）：81-88.

［12］ 张蕾，董恩国，关志伟 . 车辆前轮定位参数-转向机构稳健设计研究［J］. 机械科学与技术，2012，31（10）：1682-1686.

［13］ 张蕾，董恩国 . 汽车转向-悬架系统参数协同稳健优化设计［J］. 现代制造工程，2018，（11）：72-76.

［14］ 董恩国，张蕾，申焱华 . 汽车转向机构稳健设计研究［J］. 拖拉机与农用运输车，2008，（05）：77-76＋78.

［15］ 董恩国，张蕾，申焱华 . 基于 2 阶响应面模型的汽车前轮定位参数设计研究［J］. 汽车技术，2007，（11）：22-25.

［16］ 张蕾，张文明，申焱华. 基于蒙特卡罗法的轨迹再现转向机构稳健性设计［J］. 北京科技大学学报，2006，（12）：1174-1177.

［17］ 张蕾，董恩国. 基于多目标优化的车辆转向机构稳健设计［J］. 机械设计，2015，32（03）：51-55.

［18］ 董恩国，陈亮，秦程现. 基于体压分布信息的乘客识别系统设计研究. 汽车技术. 2009（5）：35-37.

［19］ 张蕾，董恩国，陈亮. 基于神经网络技术的乘员体型识别系统. 拖拉机与农用运输车，2009，36（6）：40-42.